Siegfried Lenz

Gelegenheit zum Staunen

Ausgewählte Essays

Herausgegeben von Heinrich Detering

Hoffmann und Campe

2. Auflage 2014
Copyright © 2014 by Hoffmann und Campe Verlag, Hamburg
www.hoca.de
Satz: pagina GmbH, Tübingen
Gesetzt aus der Minion und der Frutiger
Druck und Bindung: Friedrich Pustet, Regensburg
Printed in Germany
ISBN 978-3-455-40493-7

HOFFMANN
UND CAMPE

Ein Unternehmen der
GANSKE VERLAGSGRUPPE

Inhaltsverzeichnis

Der demokratische Stil –
Siegfried Lenz als Essayist

Aus dem Jahr 1961 stammt der früheste Essay dieser Auswahl. Ein Jahr später, im Herbst 1962, bricht der Schriftsteller Siegfried Lenz auf Einladung des amerikanischen Botschafters in der Bundesrepublik auf zu einer großen USA-Reise. Jetzt, auf dem Höhepunkt des Kalten Krieges, sollen junge und für die öffentliche Meinung wichtige Intellektuelle für den amerikanischen Weg gewonnen werden, und so stehen dem Sechsunddreißigjährigen, wohin er auch kommt, die Türen weit offen. Neugierig und unternehmungslustig reist Lenz, als Zeitzeuge und als Schriftsteller, voller Sympathie für das Land und bemerkenswert frei von Ressentiments wie von Verklärung. Und er führt während der Reise – der unter anderem auch der große Essay über die Schauplätze von Faulkners Romanen zu verdanken ist – das einzige Tagebuch seines Lebens. Genau fünfzig Jahre später hat er es erstmals veröffentlicht, mit einem Vorwort, das nun die vorliegende Sammlung beschließt und das noch einmal das damalige »Gefühl großer Dankbarkeit« wachruft. Es ist der Rückblick aus der Spätzeit eines Lebenswerks auf eine Art Urszene. Denn in der Amerikareise kulminiert jene persönliche Variante dessen, was dann »Westbindung« heißen sollte. Begonnen hatte sie schon mit dem Kriegsende, in der Kriegsgefangenschaft. Dort habe er, erinnert sich Lenz, eine englische Zeitung in die Hand bekommen; es war »die erste Zeitung, die frei war von Lüge«.

Früher und leidenschaftlicher als viele seiner Generationsgenossen hat Siegfried Lenz sich Literatur und Kultur der USA erschlossen: lesend, schreibend und dank des Stipendiums auch aus eigener Anschauung. Und die richtet sich eben nicht allein auf sprachliche Kunstwerke, sondern erfährt eine wunderbare Öffnung der Welt durch eine Literatur, die Platz für viele Stimmen und Ansichten hat. Eine Literatur, die Vielstimmigkeit, Offenheit für Widersprüche, Verstehen lehrt, indem sie dies alles selbst praktiziert.

Der Kern des literarischen Kanons, auf den der Essayist Siegfried Lenz sich lebenslang beziehen wird, hat sich in dieser befreienden Nachkriegszeit herausgebildet, zwischen dem Kriegsende 1945 und der Amerikareise 1962. Er bleibt trotz aller neuen Entdeckungen und Fundstücke bemerkenswert stabil bis in die spätesten Arbeiten hinein. Es sind die Dichtungen des französischen Existenzialismus und seiner amerikanischen Verwandten, die sein eigenes Schreiben künstlerisch und moralisch gleichermaßen imprägnieren: die Dramen und Romane Sartres, Becketts und vor allem Camus', es sind die Storys von Ernest Hemingway und die Romane William Faulkners und ihrer Vorgänger von Melville bis Mark Twain. Norddeutsche und skandinavische Autoren kommen hinzu, von Storm über Thomas Mann bis zu dem in aller Größe nie unproblematischen Hamsun und dem uneingeschränkt bewunderten Laxness, die russische Erzählkunst des 19. Jahrhunderts und die Romane von Freunden und Weggefährten der deutschen Nachkriegsmoderne wie Wolfgang Koeppen, Heinrich Böll und Günter Grass. Nie steht Lenz dem Werk seiner Lieblingsschriftsteller in bloßer Bewunderung gegenüber, immer erweist er ihnen die Ehre der Kritik und, wo es ihm geboten erscheint, auch des Widerspruchs. Dem Stil seines Lehrers Hemingway hat der junge Siegfried Lenz eine »gewissenhafte Schlichtheit« nachgerühmt. Der Ausdruck bezeichnet, in beiden Wörtern, mindestens ebenso sehr sein eigenes Schreiben. Lenz zieht dem stilistischen Prunk das Understatement vor, und gewissenhaft ist sein Sprachgebrauch, weil für ihn, den norddeutschen Protestanten, die Literatur zuerst eine Gewissenssache ist.

Dabei wird dem neugierigen Amerikareisenden bald, auch hier ähnelt er dem Koeppen der *Amerikafahrt*, das komplexe Riesenwerk Faulkners wichtiger als die lakonischen Storys von Hemingway. Einige seiner leidenschaftlichsten Essays sind dem monumentalen Epiker der Südstaaten gewidmet; und in der Verfremdung durch die aus bundesdeutscher Perspektive so exotische Welt von Yoknapatawpha County findet er die eigenen, existenziellen Lebensthemen wieder (mit seinen eigenen, früheren Worten: »von Fall, Flucht und Verfolgung, von Gleichgültigkeit, Auflehnung und verfehlter Lebensgründung« (so in *Ich zum Beispiel*), die Wiederkehr der Vergangenheit, auch die Verschränkung von Rassismus und Gewalt, Schuld und Schande, Sühne und Gnade), nur ohne Vokabular und stilistischen Gestus der existenzialistischen Generation, im stilistischen Reichtum unendlicher perspektivischer Facettierungen. Zugleich entdeckt er in Faulkner die in die äußerste künstlerische Subtilität gesteigerten Sujets seiner abenteuerlichen Jugendlektüren neu. Und wenn die eigene Reise ihm in Faulkners Own Country nur einen »von jeder Mythologie befreiten Mississippi« zeigt und die fortdauernde Wirklichkeit des »Rassenwahns«, dann beweist ihm dies gerade die Überlegenheit der literarischen Modellierung gegenüber der Empirie des Augenscheins, die Gestaltung eines Mythos als Ausdruck einer menschlichen Wahrheit. Denn Faulkner »wiederholte das

Land und die Menschen am Mississippi so endgültig, dass sie nie aufhören werden, zu bestehen«.

Für den einstigen blutjungen Seekadetten und »Heldenlehrling«, der nach eigenem Bekunden Hitler erst nach dem Attentat vom 20. Juli 1944 aus der Distanz gesehen und als besiegbar erkannt habe, bedeutete die literarische Welt-Öffnung der Nachkriegszeit auch einen neuen Blick auf die eigene Herkunft und Geschichte. Der 1966 erschienene Essay *Ich zum Beispiel*, eine explizite Entfaltung der Selbstbefragung, die er in *Der unspaltbare Nachtkern* zwei Jahre zuvor implizit begonnen hatte, erzählt die Geschichte der eigenen Jugend im Dritten Reich als Beispiel »eines Jahrgangs«. Dass man »die Bedeutung von Vergangenheit« erkennen müsse, gehört da zu den Lektionen, die er von Hemingway lernt. »Ich wollte«, schreibt Lenz, »gleichzeitig verstehen und zugeben: so begann ich zu schreiben.« In späteren Essays wird das damit Umschriebene noch schärfer, offensiver benannt, bis hin zur ausdrücklichen Bewunderung für die Forderung des deutschen Bundespräsidenten Gustav Heinemann nach einer »Solidarität der Schuld«. Nach dem Ineinander von »Irrtum und Schuld« fragt er noch bei der Lektüre von Thorkild Hansens *Der Hamsun-Prozeß* (1979); wenig später (1982) liest er dann Halldor Laxness' *Sein eigener Herr* als eine bewusste Antwort auf Hamsuns in der Nazizeit missbrauchtes Epos des Bauerntums.

Schon der früheste hier aufgenommene Essay, ein Artikel über das – oder sollte man sagen: gegen das? – allseits gefeierte Jubiläum des Turnvaters Jahn, gerät ihm zum Musterstück einer kulturgeschichtlichen Reflexion, in der die deutsche Vergangenheitsbewältigung über die NS-Zeit hinaus zurückverfolgt wird. Lenz, der Sportler, der selbst einen der großen deutschen Sportromane geschrieben hat, *Brot und Spiele* – dieser Lenz beschreibt nun aus Anlass des Jahn-Jubiläums »die Geburt der Turnkunst aus dem Geiste nationalen Ressentiments«. Mit Heine beäugt er Jahns germanisierenden Hass auf alles Nicht- und Undeutsche, und Heines würdig sind manche seiner eigenen Bemerkungen über Jahns »bizepsgeschwelltes Demagogentum« – im selben Jahr 1961, in dem das Werk des Turnvaters noch deutschlandweit als pädagogische Großtat gepriesen wird. Die Geschichte, so eröffnet er diesen Essay, werde von uns nicht aufgesucht, »sie sucht uns heim«. Der diesen Satz schreibt, weiß, wovon er spricht. In seinem Essay *Der unspaltbare Nachtkern*, geschrieben im Jahr 1964, schildert der Überlebende der NS-Zeit und Deserteur der letzten Kriegstage die »äußerste Lage, in der wir überprüft werden«, in dezidiert autobiographischer Perspektive als eine Konstellation, in der »die Alternative lautet: leben und schuldig werden oder sterben und schuldlos bleiben«.

So ist es denn wohl auch dem Eindruck der amerikanischen Begegnungen zu verdanken, wenn Lenz' Essays der sechziger Jahre so etwas wie einen privaten Funktionswandel der Literatur protokollieren. Für den masurischen Jungen hatte einst die Lektüre der reißerischen Abenteuerhefte, die er in *Erste Lese-Erlebnisse* so eindringlich in Erinnerung ruft, Fluchtwege der Phantasie aus der Enge des Alltags eröffnet. Von Jörn Farrows packenden U-Boot-Abenteuern aber war es dann nur ein unheimlich kleiner Schritt gewesen zur Verklärung eines fatalen Heldentums in der Hitlerjugendliteratur; da hatten auch die vom Lehrer nahegelegten Gegenlektüren Kästners, Lessings, der Brüder Mann wenig ausrichten können. Wenn Lenz rückblickend ausgerechnet bei seiner Kriegsgefangenschaft an eine »schöne Kulturanstrengung« denkt, dann deshalb, weil von hier an eben Schriftsteller wie Hemingway und Faulkner dem jungen Mann, der kurz vor dem Kriegsende desertiert war, eine neue, weltoffene Literatur zeigten und durch die Literatur eine neue, offene Welt. Hemingway, so erinnert sich Lenz in dem ihm gewidmeten Essay, habe ihm zuerst die Möglichkeit gezeigt, zu »schreiben mit dem einzigen Wunsch, verstehen zu lernen«.

Schreiben wird für den Erzähler wie für den Essayisten schon früh und wegweisend zur Bearbeitung einer deutschen Schuld, die er – Siegfried Lenz, Jahrgang 1926 – auch als die seine empfindet. Und eben weil Zugeben und Verstehen für ihn verschwistert sind, darum wird dieses Schreiben schon so bemerkenswert früh und entschieden zum Beginn eines Austausches, der auch vor unüberwindlich erscheinenden Grenzen nicht zurückscheut.

Wie lebhaft und unverklemmt dieser Austausch werden kann, das zeigt beispielhaft die ruhige Präzision seines Plädoyers für die Aufnahme von Beziehungen mit Polen, geschrieben 1965. Selbst einer von denen, die ihre Kindheitsheimat in Masuren verloren haben, spricht Lenz darin nicht vom eigenen Schmerz, sondern erinnert an verdrängte Schuldzusammenhänge: an den einfachen Sachverhalt etwa, dass Polen »unter der Diktatur Hitlers am meisten gelitten hat«. Auch anderes spricht er aus, was damals viele Deutsche, vor allem seine eigenen ostdeutschen Landsleute, nicht hören wollten, »was von unserer Seite verschwiegen wird«, beispielsweise dass auf Polens »Territorium einst die größten Konzentrationslager errichtet wurden«. Eindringlich gibt er zu bedenken, dass in Anbetracht des kollektiven Verschweigens und Verdrängens, in einer Lage politischer Beziehungs- und Sprachlosigkeit doch zuerst die Literatur gefordert sei – dass es also wohl die Schriftsteller beider Länder sein sollten, die »auf die Herausforderungen einer Unterlassungspolitik« antworten.

Lenz schreibt das vier Jahre bevor mit der Wahl Willy

Brandts zum Bundeskanzler die Möglichkeit einer neuen Politik überhaupt in Sichtweite rückte. Und er zeigt mit diesem Text exemplarisch, worin für ihn die moralische und damit auch die politische Verantwortung einer Literatur liegt, wie er sie verstehen gelernt hat: einer Literatur, deren Aufgabe (und deren Wesen) die Öffnung des Blicks und des Denkens ist, die Einübung in ein Verstehen, das Gegensätze nicht aufheben muss, sie aber in Beziehung zueinander bringt. Medium der Vielfalt und der Widersprüche soll die Literatur sein; das, nicht bestimmte Verhaltensanweisungen und Deutungsvorgaben, ist für ihn die eigentliche Botschaft.

Ebendarum findet sich im selben Essay über die Schriftsteller und die deutsch-polnische Stummheit der Satz: »Wir werden immer skeptisch sein, sobald eine Literatur uns zu gewissen idealen Meinungen rät, uns bestimmte Handlungen empfiehlt, uns zu überreden sucht, für die Errichtung dieser oder jener Paradiese zu sorgen.« Wie eine bessere Gesellschaft aussehen könnte, das sollte nach seiner Überzeugung zuerst deren Mitgliedern überlassen bleiben; festgelegt sehen will dieser Schreiber allein die Grundsätze der Offenheit und der Gleichberechtigung des Meinungsaustausches. Weil sie sich aus dieser Grundforderung nach gleichberechtigter Teilhabe zwingend ergibt, darum kann Lenz hier wie an vielen anderen Orten nicht davon absehen, »für eine Solidarität der Gedemütigten einzutreten«.

Lenz' Vertrauen in die Möglichkeiten der Literatur ergibt sich aus diesem Eintreten für eine offene, in ihrem Pluralismus versöhnte Gesellschaft (und umgekehrt): »Es ist Unvorstellbares geschehen. Damit aber das Geschehene anerkannt wird und zu wünschenswerten Konsequenzen führt, braucht die polnische Literatur hierzuland mehr Leser, und zwar Leser, die bereit sind, sich, wenn es sein muß, entsetzen zu lassen. Im

Entsetzen liegt durchaus eine Möglichkeit oder doch ein Anfang zu klaren Beziehungen: wir erkennen uns in den Leiden der andern.« Der Polen-Essay beglaubigt und konkretisiert mit jeder Zeile, wovon diese Grundsätze sprechen.

Gegen alle ideologischen Festlegungen einer Gesellschaft – und in diesem keineswegs feindlichen, nur zurückhaltenden Gegenüber sieht Lenz ihren eigentlichen Ort – »plädiert Literatur dafür, eine Wirklichkeit nicht als endgültig hinzunehmen. Auch auf Schleichwege angewiesen, besteht sie noch auf einer offenen Welt«; so schreibt er in seinen 1981 veröffentlichten *Mutmaßungen über die Wirkung von Literatur*. Grundsätzliche Bemerkungen wie diese finden sich oft fast nebenbei, jedes Mal aber sind sie unmissverständlich. Beispielhaft etwa für das Sprachempfinden des politischen Essayisten Siegfried Lenz ist seine Lektüre von Gustav Heinemanns Reden. Weil ihm darin der leitmotivische Appell zu einem demokratischen Umgang mit der nicht nur politischen Sprache auffällt, darum überprüft er ihren eigenen Sprachgebrauch. Darum rühmt er »den Stil dieser Rede, ihre Kargheit, ihre Eingängigkeit, ihre konsequente Schmucklosigkeit, die dennoch Humor zuläßt« und damit selbst praktiziert, was sie fordert – so wie eben der Essay, in dem dieser Satz steht. Und darum kann er im selben Atemzug Heinemanns undifferenzierter Ablehnung von Fremdwörtern, namentlich von Amerikanismen, freundlich und bestimmt »die Bereicherung« entgegenhalten, »die unsere Sprache durch sie erfährt«.

Dem Existenzialismus verpflichtet bleibt Siegfried Lenz auch dort, wo die literarischen Vorbilder verblasst sind und die Sprechweisen sich geändert haben. Seine Liebe gilt der offenen Gesellschaft, in der jedem Einzelnen die Freiheit der Entscheidungen gelassen ist; sein Misstrauen gilt allen Forderungen, den Einzelnen diese Entscheidungsfreiheit wohlmeinend wieder abzunehmen. Von ihm waren Plädoyers für die vermeintlich idealen Gesellschaften in Nordkorea oder in Maos China so wenig zu bekommen wie eine Relativierung der Nazivergangenheit. Umso entschiedener aber bezieht er Stellung, wo er die Prinzipien der offenen Gesellschaft und der Brüderlichkeit verletzt sieht.

Es ist wunderbar zu sehen, wie offen und neugierig, wie bereit zum Staunen er die Lebenserinnerungen Pablo Nerudas liest, in denen doch für »die Errichtung dieser oder jener Paradiese« durchaus handfeste Empfehlungen gegeben werden – derselbe Lenz, der den Verkündern auch eines sozialistischen Heils misstraut, und durchaus ohne Aufgabe seines Vorbehalts. Lenz liest diesen Text, mitsamt den Porträts von Mitkämpfern wie Fidel Castro und Che Guevara, nicht nur bewundernd, sondern liebevoll, weil er begreifen kann – und nun seinen Lesern begreiflich macht –, wie sich die politischen Entscheidungen aus den Forderungen des Tages ergeben haben: »die Poesie schlägt gewissermaßen die Augen auf und findet sich unvermeidlich der Politik gegenüber.« Wenn aber Lenz doch den Wegen Castros und Ches keineswegs folgen will, warum empfiehlt er dann so eindringlich die Lektüre ihres Weggefährten Neruda? Weil er in dessen Haltung einen »archaischen Liebeskommunismus« erkennt, der »als äußerste Bestätigung des Menschen den Begriff der Brüderlichkeit« proklamiert, und weil mit der erst anderthalb Jahre zurückliegenden Ermordung Salvador Allendes auch dieser Begriff geschändet worden ist.

In dem so präzisierten Sinne war und blieb auch der Sozialdemokrat Lenz ein politisch engagierter Autor, eben weil er seine demokratischen Maximen nicht als dekorative Kalendersprüche, sondern als moralischen Auftrag verstand: »Ich persönlich«, so bemerkt er am Ende des Neruda-Essays, »halte die Besorgnis erstaunlich vieler Leute, das schriftstellerische Talent könne durch politisches Engagement Schaden nehmen, entweder für arglos oder für heuchlerisch. Der Schriftsteller – meinetwegen auch: der Dichter – ist kein Zierfisch.« Es ist bezeichnend, dass Lenz dasselbe Bild in seiner Friedenspreisrede in der Frankfurter Paulskirche noch einmal verwendet, dreizehn Jahre später: Wer den Schriftsteller als »Zierfisch« betrachte, als »Sachwalter des Scheins«, habe das genuine Ethos der Literatur missverstanden.

Metaphern wie diese sind witzig, und sie vermögen sehr zielsicher die kollektiven Schmerzpunkte seiner Hörerschaft zu berühren. Weil Lenz auch als Essayist und Redner die Diskretion liebt, hat man die Provokationskraft seiner Argumente zuweilen unterschätzt. Doch so leise die Zimmerlautstärke seiner demokratischen Reden klingt und so leicht ihr um Verständnis und um Verstandenwerden bemühter Ton ist, so scharf sind seine Argumente, so präzise die Analysen, die ihnen vorangehen. Nein, die Unbarmherzigkeit, die manchen Literaturkritikern als Ausweis der Unbestechlichkeit galt, ist seine Sache nicht. Stattdessen aber zeigen seine literarischen Essays, zu welchen differenzierten Einsichten eine Kritik imstande ist, die barmherzig sein will, gewissenhaft und nach Möglichkeit wahrheitsgemäß. Exemplarisch zeigen das die aufmerksamen und kritischen Würdigungen Ernst Jüngers und Heinrich Bölls. Beiden denkbar gegensätzlichen Schriftstellern widmet er eine Lektüre, die ihre Absichten zu verstehen sucht, ihre Vorzüge benennt und ihre Schwächen nicht verschweigt.

Bölls verletzliche, unglückliche, klagende Helden etwa: Sie zeigen sich Lenz' fragendem Blick als »Leibeigene ihrer Erfahrung« und eben in dieser freiwilligen Fixierung als im

Grunde unfähig zu ebenjener Freiheit, nach der es sie doch so inständig verlangt. Sie tragen »ihre Leiden nicht schön zu Markte« – aber »ein abgründiges Einverständnis mit ihrer Lage« hält sie im Leiden gefangen. Weil Böll sie aber vor allem aus dieser »Leidenswilligkeit« bestehen lasse, darum erscheinen sie Lenz als letztlich »unwirkliche Leute«. Genauer und kürzer hat niemand die tiefe Verwurzelung Bölls in der radikalen Armutstheologie eines Léon Bloy erkannt, ohne diese Quelle benennen zu müssen. Und genauer, kürzer und diskreter hat niemand die ästhetisch heiklen Konsequenzen dieser Leidens- und Armutsverklärung beim Namen genannt, als Lenz es mit der Beobachtung tut, die Gegenfiguren der Böll'schen Helden dienten »mehr der Belichtung als der Modellierung«. Weil er ihn aber so skeptisch und solidarisch, so verständnisvoll und distanzwahrend zugleich gelesen hat, darum kann Lenz dem Kollegen und politischen Mitstreiter, diesem Anwalt der »berufsmäßig Trauernden«, dann auch so entschieden die eigene Überzeugung entgegenhalten, »daß es heute keine praktizierbare Alternative zur Massengesellschaft gibt, zumindest nicht diese Alternative: Ursprünglichkeit«. Und erst nachdem das alles geklärt ist, kann er schließlich sich selbst mitsamt solcher Gewissheiten wieder dem Böll'schen Gegen-Zweifel aussetzen: Wird man nicht doch, Böll lesend, »zum Leser seiner eigenen Not«? Und wenn dem so wäre, »warum sollte ein Autor nicht das Recht haben, sein Interesse begrenzten, gewissermaßen verfügbaren Charakteren zu widmen?«

Nicht dass in diesen schwebenden Fragen die eigenen Bedenken verschwunden wären, sie werden nur mit der stark gemachten Gegenposition konfrontiert. Hermeneutik, hat Hans-Georg Gadamer geschrieben, sei die fortgesetzte Kunst des Gesprächs. Nimmt man das beim Wort, dann ist der Essayist und Kritiker Siegfried Lenz ein geborener Hermeneutiker. Für ihn heißt alles verstehen auch: vielem widersprechen, aus dem Widerspruch erst ergibt sich ein tieferes Verständnis.

In ganz ähnlicher Weise gelingt auch Lenz' Beitrag zu Ernst Jünger, wahrhaftig einem Antipoden Bölls, eben deshalb so glänzend, weil er gar nicht glänzen will, sondern nur genau sein. Geschrieben ist der Text aus Anlass des siebzigsten Geburtstags und des abermals von Jünger eingreifend redigierten Schlussbandes der ersten Werkausgabe. Und pointiert sind die Formulierungen auch diesmal, indem sie sich auf Augenhöhe mit ihrem Gegenstand bewegen. Wo Anspielungen auf Werktitel oder Stichworte der Jünger'schen Selbststilisierungen ins Auge fallen, dienen sie nicht dem Nachweis der eigenen Belesenheit, sondern der prägnant abkürzenden Charakterisierung: In »funkelnder Dunkelheit« habe Jünger seine durch die Selbstredaktion »schon veredelte Beute« gemacht, »in sehr subtilen Grabenkämpfen der Erkenntnis«. Dass der Meister der subtilen Jagden sich in seinen Tagebüchern auch als Hauptmann zeigt, gibt dem Kritiker die Gelegenheit festzustellen: »Man fühlt sich zur Lagebesprechung angehalten.« In der Tat, eine Lagebesprechung ist dieser Essay im vollen, Jüngers eigene Maximen ernst und beim Wort nehmenden Sinne. Ob »der große Zauberer auf dem Grunde seines Huts einen Tausch vorgenommen und den nationalen Knallfrosch durch das weiße Kaninchen des Humanismus ersetzt hat« – diese Frage resümiert den verbreiteten Argwohn gegenüber dem Rückzug des Hauptmanns in den einsamen Waldgang, und sie lässt dem Zauberer doch auch dort seine Größe, wo er womöglich nur Taschenspielertricks vorführt.

Wer hätte schärfer, als Siegfried Lenz es hier tut, Jüngers einstigen »dünkelhaften Nationalismus und das feudale Frostblumen-Ideal seiner Ästhetik« benannt, und wer hätte unter dieser Prämisse glaubwürdiger als er dem »hochempfindlichen

Einzelgängertum« des Gewandelten seinen Respekt gezollt? Wer könnte einfühlsamer den »in der Gesamtausgabe gefangenen Schriftsteller« betrachten, wie er, »gebeugt über sein rissiges Selbstbildnis«, mit den Geistern der eigenen Vergangenheit kämpft? Noch wo er Jüngers ursprüngliche Textfassungen gegen seine teils beherzten, teils verschämten Revisionen verteidigt, tut er das »nicht frei von Staunen«.

Das ist der Grundzug, der all diese unterschiedlichen Lebens- und Leseäußerungen des Schriftstellers Siegfried Lenz verbindet und zusammenhält: ihre Bereitschaft zum und ihre Freude am Staunen. Der hier titelgebende Essay über den Müßiggang als »Gelegenheit zum Staunen« und das benachbarte Bekenntnis zur »Lieblingslandschaft« der Flensburger Förde als einer Landschaft »der schönen und ergiebigen Langeweile«: Nicht nur als Ausdruck einer allgemeinen Lebenseinstellung haben diese frühen Essays programmatische Bedeutung, sondern auch als Einspruch gegen eine ökonomische Geschäftigkeit, die mit den Wirtschaftswunderjahren keineswegs verebbt ist. Weil der Bewunderer Hemingways und Faulkners von der Literatur ein aufmerksames Gehör für die Stimmen der Toten verlangte, für die Gegenwärtigkeit des Vergangenen, deshalb wurde er zum Anwalt, zur Stimme einer Gelassenheit, der man nicht mehr anmerkt, wie mühsam sie errungen ist.

Weil er seinen Gegenständen mit der Bereitschaft zum Staunen begegnet, darum sieht er sie so genau, so einfühlungs- und lernbereit an, als sähe er sie zum ersten Mal; und weil er sie so betrachtet, als könne sich infolge dieser Betrachtungen jederzeit sein Leben ändern, wahrt er auch im Staunen die aufmerksame Distanz. Dieser Schriftsteller ist ein aufgeklärter Romantiker und ein romantischer Aufklärer, eine seltene deutsche Doppelbegabung.

»Ja, ich weiß«, schreibt Lenz am Ende seines Böll-Essays, mitten im Rebellionsjahr 1967, »die Literatur liegt weit hinter unseren Einsichten zurück.« Anthropologie, Biologie, Soziologie hätten ihr die alten Kompetenzen streitig gemacht. Es sind Einwände, die heute nicht weniger aktuell klingen als ein halbes Jahrhundert zuvor: Wo aus Poesie endlich Wissenschaft geworden sei, da werde der Literatur ihre Daseinsberechtigung streitig gemacht. Warum verteidigt dieser Schriftsteller sie trotzdem so beharrlich? »Ich glaube«, so lautet seine Antwort, die hier zum so unfeierlichen wie entschiedenen Bekenntnis wird, »ich glaube, die Literatur hat nichts von ihrer Funktion eingebüßt, zur Erkenntnis des Menschen in der Zeit beizutragen; zumindest die Möglichkeiten der Erkenntnis festzustellen. Es kommt ihr weniger darauf an, Fragen des Daseins zu lösen, als Fragen an das Dasein zu stellen.«

Fragen an das Dasein: In solchen Wendungen wird noch einmal der Ursprung von Lenz' Schreiben im Existenzialismus spürbar, nun aber bezogen auf die im Augenblick der Veröffentlichung vorherrschende und im Rückblick als so voreilig erschienene Rede vom Tod der Literatur. Keine der in den Nachkriegs-Jahrzehnten kursierenden kulturkritischen Thesen könnte seinem Credo ferner und fremder sein, seiner inständigen Hoffnung auf die Fähigkeit der Literatur zur Befragung der Gewissheiten, zum Beharren auf dem unveräußerlichen Recht des Einzelnen gegenüber dem Allgemeinen, zur Schulung von Solidarität und Empathie. »Josef K. und Julien Sorel«, so erklärt er fast beschwörend beim Wiederlesen der Romane von Max Frisch 1981, »Fürst Myschkin und Kapitän Ahab haben mehr zur Erkennbarkeit der Welt und des menschlichen Herzens beigetragen als ganze Archive dokumentarischer Erlebnisberichte.« In seinem 1993 erschienenen Versuch *Über den Schmerz* greift er diesen Grundgedanken auf und verknüpft ihn mit dem alten, wieder erneuerten existenzialistischen Blick auf Leiden und Hoffnungen aller Menschen, die in der Literatur immer als einzelne Menschen sichtbar werden: »Die überlieferten archetypischen Konflikte der Literatur heben die Zeit auf. Seine Wange an den Stein geschmiegt, wird Sisyphos ihn immer zum Gipfel hinaufstemmen und, wie Camus meint, ein kurzes Glück empfinden, wenn er dem hinabgerollten Brocken folgt. Hamlet wird niemals aufhören, das Zaudern vor weitreichenden Entschlüssen zu legitimieren.« (Wohlgemerkt: nicht lediglich zu verkörpern, sondern zu rechtfertigen!) »Rücksichtslos gegen seine Mannschaft, wird Kapitän Ahab uns für alle Zeiten vor Augen führen, welche Opfer gebracht werden müssen, um den weißen Wal der Träume zu erlegen. Und auch sie, die gehorsame Tony Buddenbrook, die uns das Erbarmungslose in den Konventionen der bürgerlichen Welt vorführt, wird für immer den klassischen Konflikt zwischen Pflicht und Neigung personifizieren.«

Das Geschichtenerzählen wird in solchen Passagen – denen sich leicht weitere an die Seite stellen ließen – zum Mittel nicht einer Verkündigung bestimmter Botschaften, sondern zur Einübung in die Einfühlung, zur Einübung in eine Gesellschaft, in der aus den Einzelnen ohne Aufgabe ihrer Einzelheiten offene, freie und solidarische Wesen werden können. Als das »unkontrollierte Zwiegespräch mit dem Einzelnen« beschreibt er einmal das Lesen, in einer denkwürdigen Formulierung. Nicht dass Lenz grundsätzlich etwas gegen Botschaften hätte; manche von ihnen, diejenigen einer sozialen Demokratie und einer christlichen Nächstenliebe etwa, sind seinem Herzen und seinem Verstand offenkundig nahe, und er teilt sie mit Gefährten wie Grass oder Böll. Nur sieht sie der *Schriftsteller* Siegfried Lenz, so scheint es, eher als einen der Begleitumstände der Literatur an, nicht als ihren eigentlichen Gegenstand. Was allein die Kunst des Geschichtenerzählens vermag, das ist die Möglichkeit, Sisyphos und Hamlet, Ahab und Tony Buddenbrook neben- und miteinander zu sehen und, wer weiß, in sich selbst oder in seinen Nächsten etwas von ihrem Zaudern und Glück, ihren Leiden und Träumen wiederzuerkennen. Vielleicht sind ihm gerade darum die zögernden und zweifelnden unter seinen literarischen Zeitgenossen, Autoren wie Wolfgang Koeppen, Manès Sperber oder Paul Celan, so besonders nahe und lieb.

Dabei liegt ihm, dem Liebhaber der Distanz, eine Überschätzung auch dieses Potenzials der Literatur durchaus fern. Im selben Essay, in dem er die Wirkung von Literatur in der Einübung einer offenen Gesellschaft sieht, bemerkt er selbstironisch: »Man tut gut, sich als Schriftsteller daran zu erinnern, daß mehr als achtzig Prozent aller Menschen in der Welt ohne unsere Produkte auskommen; und es ist nicht auszuschließen, daß diesen Menschen die Bedingungen ihres Glücks ebenso bekannt sind wie die Ursachen ihres Unglücks – ohne Aufklärung durch Geschriebenes, ohne Erkenntnishilfe durch Literatur.« So viel dieser leidenschaftliche Leser den Schriftstellern zutraut, der Gedanke, sie sollten zu Lehrmeistern werden und zu Führern in eine bessere Zukunft, ist ihm auch dann verdächtig, wenn er ihn bei Freunden wie eben Böll oder Grass zu bemerken meint (man lese nach auf Seite 206).

Wieder zeigt er sich hier als, im Wortsinne, gebranntes Kind jener Zeit, die der Literatur von Staats wegen vorschrieb, wie sie auf Glück und Unglück ihrer Leser einzuwirken habe. Sollte sie also, wenn es nach ihm geht, unpolitisch werden? Aber keineswegs, fügt er sogleich hinzu; nur dürfte, ja sollte es doch auch zwischen Literatur und Politik lieber beim »alten Gegenüber« bleiben als beim einträchtigen Miteinander: »Zögern ist angebracht, Skepsis bekommt uns.« Ein kleiner Satz wie dieser resümiert auf engstem Raum die politischen wie die literarischen Überzeugungen des Essayisten Siegfried Lenz. Und wieder geschieht das nicht nur in dem, was er schreibt, sondern auch in der Weise, in der er sie ausdrückt: in der unpathetischen Lakonie und Leichtigkeit, in dieser wunderbar höflichen Diskretion seines demokratischen Stils.

Heinrich Detering

Vorturner der Nation

Friedrich Ludwig Jahn: ein Jubiläum in moll

Geschichte gibt uns keinen Anlaß zur Nachsicht, denn sie sucht uns heim. Geschichte ist auch keineswegs der objektive Stoff, der in den Verliesen der Zeit ruht, schweigend und entrückt, sozusagen die verdaute Speise des Weltgeistes. Von der Geschichte geht vielmehr eine permanente Herausforderung aus, die jeden in seiner Gegenwart betrifft, die jeden zwingt, seine Fragen an vergangene Begebenheiten zu stellen. Insofern ist Geschichte eine Möglichkeit zum Selbstverständnis.

Das wird immer deutlich, sobald wir irgendwelche Jubiläen begehen und dabei versuchen, diesen Jubiläen eine Rechtfertigung zu geben; und wer selbst einmal Jubiläums-Redner war, wird sich seiner verzweifelten Bemühungen erinnern, gleichsam die goldenen Kettenglieder freizulegen, mit denen Vergangenheit und Gegenwart verbunden sind. Wer sich an diesen Kettengliedern entlangtastet, wird sehr bald spüren, daß Geschichte etwas ist, an dem man gegenwärtigen Verdruß oder gegenwärtiges Leid finden kann, beziehungsweise daß die historische Ferne eine beunruhigende Nähe haben kann.

Mir jedenfalls ging es so bei einem wenig beachteten Jubiläum, das gleichwohl ein bemerkenswertes Jubiläum ist: vor 150 Jahren, im Frühjahr 1811, zog Friedrich Ludwig Jahn, der sogenannte Turnvater, mit einer Schar von Knaben hinaus auf

die Hasenheide bei Berlin und weihte dort den ersten Turnplatz ein. Die Entdeckung des Körpers schien hier vorzeitig
erfolgt zu sein. Unsere deutsche Turnkunst, die sich heute zu
Recht auf so viele Anhänger beruft, die der reinen Freude ab-
sichtslosen Spiels huldigen, nahm hier ihren entscheidenden
Anfang. Turnvater Jahn aus dem Dorfe Lanz bei Lenzen, der
1778 geborene Sohn eines Predigers, gilt als ihr Erwecker und
Mentor, als ihr besessener Förderer. Er wurde von Brodwolf
in Stein gehauen, neben Scharnhorst und Gneisenau, neben
Fichte und Schleiermacher; man hat ihm Bücher gewidmet
und Denkmäler errichtet: der bärtige Erzieher zu »Vollkraft
und Biederkeit« wurde für seine Verdienste mit Unsterblichkeit belohnt. Friedrich Ludwig Jahn ist längst ein Monument
der Geschichte.

Doch dies Monument drückt und bedrückt und wirft kühle
Schatten. In der Geschichte zählen auch die Beweggründe, die
Ziele; wenn man das Monument daraufhin befragt, stellt sich
alsbald eine Unsicherheit ein, ein gewisses Frösteln. Und wenn
man unverdrossen weiterfragt, den Begründer der deutschen
Turnkunst von allen Seiten betrachtet, dann stellt sich auch
Melancholie ein und ein Maß von Unruhe, das wir nicht für
möglich gehalten hätten. Es beginnt sich zu zeigen, daß Ge-
schichte in der Gegenwart anwesend ist. Der Vorturner der
Nation ist unter uns.

Friedrich Ludwig Jahn, dieser »Nationalromantiker mit
einem Überfluß an vaterländischen Gefühlen«, ist nicht unschuldig daran, wenn aus dem heiteren Anlaß des Gedenkens
unwillkürlich ein Jubiläum in moll wird.

Als er sich als Vorturner der Nation einführte, tat er dies
aus dem obligaten Patriotismus, der damals, beim Zusammenbruch des preußischen Staates, eine selbstverständliche Erscheinung war. Er ließ keinen Zweifel daran, welchen Beweggrund

die deutsche Turnkunst hatte, welch ein Ziel. Er selbst sagt es in einem Brief an seinen Lehrer Zernial: »Es lag in der Natur der Sache, daß man schon damals, als das Turnen begann, den Knaben und Jünglingen nicht verschwieg, daß ihre Übungen vorzüglich den Zweck hätten, sich körperlich zum Kampf gegen den Feind des Vaterlandes zu erkräftigen, daß man sie mit glühendem Enthusiasmus für das Vaterland zu beseelen, mit Haß gegen den Feind zu erfüllen suchte. Ersteres, daß nämlich die Turnübungen dazu dienen sollten, in den Turnern Kräftiger des Vaterlandes zu erschaffen, wurde auch fortwährend den Turnern mitgeteilt.«

Die deutsche Turnkunst war für ihn schlicht »die Schutz- und Schirmlehre einer Wehrhaftmachung«, und es versteht sich, daß jeder Klimmzug am Ast einer Eiche, jeder Handstand am Barren als Dienst am Vaterland angesehen wurde.

Gewiß, auch der erste Anlaß des griechischen Sports, der frühen hellenischen Gymnastik, lag ausschließlich in dem Wunsch nach Wehrertüchtigung, aber die Griechen gingen nicht so weit, in der Stärkung des Bizeps das allerbeste Mittel zur Volkserziehung zu sehen. Jahn tat dies. Nachdem sich die Geburt der Turnkunst aus dem Geiste nationalen Ressentiments vollzogen hatte, erläuterte er nach und nach, wozu er den turnenden Menschen erziehen wollte. Für Jahn war Turnen eine nationale Andachtsübung; es war »geschichtemächtiges Tun«. Der Turner wird in Rede, Feier und Lied »erfaßt«, kleidet sich »deutsch« (das heißt: in graues Leinen), ißt Salz und Brot, und falls er Durst bekommt, labt er sich vorzugsweise mit einem Trunk aus deutschem Quellwasser; überhaupt läßt Jahn nur gelten, »was aus altdeutscher Wurzel gezogen ist«. Darum erzieht er seine Turner methodisch zu einem Haß auf jede weltfreie Geistigkeit. Er sprach vom »öden Elend wahngeschaffener Weltbürgerlichkeit« und plädierte für ein grobes, wie er meinte: herzerfrischendes, deutsches Mannestum. Schließlich setzte er sich dafür ein, daß jeder, der beharrlich wider das Deutschtum handelte, vom Turnplatz gewiesen würde. Dieser Tatbestand war für den unsterblichen Provinzler bereits erfüllt, wenn jemand die französische Sprache lernte; das war sogar ein Doppelvergehen, da es außerdem »zur Hurerei« anleitete.

Offenbar gehörte auch das zu des Turnvaters pädagogischem Programm, die Jugend auf dem Turnplatz zu »humanisieren«. Schon damals also verstand man sich auf terminologische Rabulistik; denn wie Diesterweg folgert, war die »Humanisierung« auf dem Turnplatz gleichbedeutend mit einer Injektion Haß gegen das Franzosentum. Heinrich Heine zog in seiner »Romantischen Schule« eine besorgte Bilanz:

»Der Patriotismus des Deutschen bestand darin, daß sein Herz enger wird, daß es sich zusammenzieht wie Leder in der Kälte, daß er das Fremdländische haßt, daß er nicht mehr Weltbürger, nicht mehr Europäer, sondern nur ein enger Deutscher sein will. Da sahen wir nun das idealistische Flegeltum, das Herr Jahn in System gebracht; es begann die schäbige, plumpe, ungewaschene Opposition gegen eine Gesinnung, die eben das Herrlichste und Heiligste ist, was Deutschland hervorgebracht hat, nämlich gegen jene Humanität, gegen jene allgemeine Menschenverbrüderung, gegen jenen Kosmopolitismus, dem unsere großen Geister, Lessing, Herder, Schiller, Goethe, Jean Paul, dem alle Gebildeten in Deutschland immer gehuldigt haben.«

Sicher, Jahn hat gegen den Anspruch der Schule ein gewisses Recht auf Leibesübungen gefordert. Er hat den Turner auf die Einhaltung von Regeln verpflichtet und sich bemüht, ihn zu »Geradheit und ernstem Gutmeinen« zu erziehen; aber dieses »ernste Gutmeinen« war halt mit der Turneruniform drapiert, aus der später die Uniform der Lützowschen Jäger wurde.

Doch gerechterweise sollte man nicht nur danach fragen, wozu Jahn den Turner erziehen wollte, sondern auch *wie* und mit Hilfe welcher Mittel er es vorhatte.

Diese Mittel sind sehr aufschlußreich, sie sagen auch denen etwas, die immer noch der Meinung sind, daß sich die Auffassungen des begrenzten Spiels bei Jahn und Huizinga annähernd decken.

Was also tut und wie verhält sich des Turnvaters Zögling, sobald er den Platz betreten hat?

Zunächst bekennt er sich zu der Gemeinschaft der Turner, wird einer Riege zugeteilt, die der »Anmann« (der Vorturner) befehligt, der in der sogenannten Turnrast (der Pause) durch vaterländische Ansprachen für die rechte Einstimmung sorgt. Die Erweckung und Ausbildung des Bizeps »zerfällt« in bestimmte Vor- und Hauptübungen und stellt sich so dar:

»Erstens: das Gehen. Hierbei wird in den Vorübungen Anstand, Dauer, Schnelligkeit und Gewandtheit geübt. Als Turnübung betrachtet man 1. den Kriegsschritt, wobei Haltung des Körpers, das Blickwerfen oder die Kopfbewegung, halbe und ganze Wendung, gewöhnlicher und Geschwindschritt, die Richtung in Gliedern, das Schließen, Marsch geradeaus, der Schräg- und Reihenmarsch, die Richtungsveränderung, Auslaufen der Rotten, Schwenkung von der Stelle und im Marschieren berücksichtigt wird.

Das Laufen: Vorübungen sind langsames Traben und Ablaufen eines Weges von 10 Minuten, die endlich kaum zum dritten Teil gebraucht werden. Dabei darf keiner am Ziel außer Atem seyn.

Turnübungen sind: der Schlängellauf, der Schnellauf und schließlich der Springlauf, welcher zur Absicht hat, die beim

31

Laufen sich entgegenstellenden Hindernisse des Bodens durch Sprung zu überwinden, was man durch aufgeworfene Gräben bewirken kann.

Das Springen: der Sprung, welcher mit Beihülfe der Arme und Beine geschieht, ist ein gemischter, der hingegen, welcher nur durch Schnellkraft der unteren Glieder erfolgt, ein reiner Sprung. Zu Sprüngen gehören Hochsprung, Tiefsprung, Weitsprung, bei dem als Turnübung gilt: der Sprung über den langen, ein Fuß tiefen Graben, zuerst ungebunden, dann mit Gewehr, endlich im Trab.«

So lauteten einige Anweisungen zu turnerischer Erziehung. Natürlich gibt es noch mehr davon. Immerhin, in der Bilanz heißt es, »daß alle Turnkunst den jungen Menschen so bilden soll, daß er von den Beschwerden des Lebens soviel als möglich zu seinem Vorteil kehre und insbesondere den Krieg sich erleichtere.«

Die Anlässe, die Methoden und Ziele der Jahnschen Turnkunst sprachen für sich. Die Absichten sind klar: sie denunzieren den Turnvater als »Anmann« einer grob-nationalen Gesinnung, der die guten Ideale des Turnens vielleicht nicht verriet, aber doch den Militärs opferte. Der wehrhafte Vorturner selbst wurde bei der ersten Gelegenheit Werber für die Lützowsche Freischar, später Kommandeur des III. Bataillons.

Selbst wenn man bereit ist, historische Bedingungen als mildernde Umstände anzuerkennen, macht Jahn es einem schwer, sich für ihn zu entscheiden. Durch sein bizepsgeschwelltes Demagogentum, durch das »Rohe und Renommistische« seines Wesens verlor er nicht nur viele Freunde, sondern belastete auch die Ideale des Turnens selbst. Wie bei allen Sektierern ihr Metier, war Turnen für ihn die Mitte der Welt, der Ansatzpunkt zur Veränderung der Welt – und das kennen wir doch: sobald eine Gruppe von Menschen sich darauf geeinigt hat, einer gemeinsamen Leidenschaft anzuhängen, wird aus dieser Leidenschaft ein weltbewegendes Prinzip. Ob es sich darum handelt, gemeinsame Götter zu verehren, eine Gesundheitsmarmelade zu essen oder gemeinsam auf den Insektenstaat zu warten: eines Tages wird man besessen von der Idee, daß die Welt nur unter dem Gesichtspunkt der Gruppenleidenschaft zu verstehen ist.

Für Jahn war das bewegende Prinzip der Welt das Turnen, und zwar in so vollkommener Weise, daß er, figürlich gesprochen, glaubte, durch die Kniebeuge alles ändern und durchsetzen zu können: die patriotische Gesinnung, die Enthaltsamkeit, eine Kleiderreform, eine neue Völkerpsychologie, und wahrscheinlich hätte er Kniebeugen auch gegen abstehende Ohren verordnet.

Nun läßt sich mit einiger Berechtigung darauf hinweisen, daß auch die Einflüsse des modernen Sports nicht eben gering sind: er beeinflußt unsere Kleidung, unseren Haarschnitt und unsere Ernährung gleichermaßen. Das trifft durchaus zu; allerdings – und darin liegt der Unterschied zu Jahn – würde es heute keinem zu proklamieren einfallen: Turnen heißt deutsch sein. Welche Folgen diese Proklamation damals hatte, erwähnt Fritz Simon, ein guter Kenner Jahns, in seinem Buch: »Die deutsche Welt zerfiel nur noch in Turner und Nichtturner. Unter der turnenden Jugend machte sich eine Schwärmerei und Besserwisserei breit, die oft bis zur Geschmacklosigkeit führte. Jahns Grobheit – der Gouverneur von Berlin meinte dazu, man brauche statt Grobian jetzt nur noch Jahn zu sagen – seine Grobheit also wuchs sich bei seinen Anhängern zur Radaulust aus ...«

Und das war bezeichnend: das Turnen gab eine Gelegenheit zum Haß auf die Nichtturner, die man »Kuchenbäcker« nannte oder auch »Eckner mit dem Bahgesicht«. Man hatte einen konkreten Gegner, was ja bei solchen Leidenschaften wichtig ist – einen Gegner, den man für eigene und allgemeine Miseren verantwortlich machen konnte. Nun hatte man es in der Hand: sobald Napoleon eine Schlacht gewann, die Preise anzogen oder Wolkenbrüche den Turnplatz aufweichten – die Nichtturner, so konnte man jetzt sagen, waren an allem schuld.

Unter Kennern Jahns gilt es als ausgemacht, daß man den Turnvater nicht ohne den Schriftsteller, den Amateur-Germanisten Jahn verstehen kann. Die Bücher und Schriften, die dieser Mann veröffentlichte – »Über die Beförderung des Patriotismus im Preußischen Reiche«, »Runenblätter«, »Denknisse«, »Bereicherung des hochdeutschen Sprachschatzes« und sein Hauptwerk »Deutsches Volkstum« – Jahns Bücher zeigen uns einen Autor, der nur die Entsprechung des Turnvaters war.

Bereits die Titel lassen auf einen pädagogischen Schriftsteller schließen, der von einigen Leuten nicht zu Unrecht als »Seher« bezeichnet wurde. (Wie Gottfried Benn sagte, gelten hierzulande Männer als Seher, die ihrem Weltbild sprachlich nicht gewachsen sind.) Der Seher Jahn erhob denn auch in seinem »Volkstum« sehr früh schon die Forderung nach rassischer Reinerhaltung des deutschen Volkes – worauf später seine nationalsozialistischen Lobredner feststellen konnten, daß Jahn »mit diesen Erkenntnissen seiner Zeit um ein Jahrhundert voraus war«. Er spricht sich im »Volkstum« dagegen aus, nackte Statuen öffentlich aufzustellen, da Nacktheit undeutsch sei: »… unser Himmelsstrich will für alle ein Kleid.« Und schließlich empfiehlt Jahn in seinem »Deutschen Volkstum«: »… unreife Bücher sind weit gefährlicher als unreife Kartoffeln; schlechte Bücher verderblicher als ungesundes Fleisch. Es gibt Bücher genug, die von Henkershand samt ihren Verfassern verbrannt zu werden verdienten.«

Diese Empfehlung wurde nicht nur auf der Wartburg befolgt. Die Bücher, die er allein gelten ließ, mußten folgendes enthalten: »… alten kindlichen Sinn, einfältige Lehre, herzliche Biedersprache.«

Selbst Jahns eifrigste Freunde waren sich darin einig, daß dies Werk zumindest absonderlich sei; jedenfalls spürten sie wohl, daß zum Verständnis des Jahnschen »Volkstums« eine bestimmte seelische Disposition notwendig war. Der Turnvater sah sein Volkstum so:

»Wogen rollen um Felsen, Orkane stürmen gegen Alpenhörner, die Erde erbebt und besteht. Den Charakter beugt die Not nicht zum Brechen nieder, neukräftig entsteht er aus Leiden, wie die hinschmachtende Blume von Himmelsthau gebadet. Was im gewöhnlichen Menschengewühl der edle Charakter vollendeter Menschen, das im Völkergebiete das Volkstum. Volkstum ist eines Schutzgeistes Weihungsgabe, ein unerschütterliches Bollwerk, die einzige, natürliche Gränze.«

Selbst wenn nichts gegen Jahn spräche – die Sprache spricht gegen ihn, und zwar sein eigentümlicher Gebrauch der Sprache ebenso wie die spezifisch altdeutsche Sprachwelt, für die er sich unermüdlich einsetzt. Er schreibt:

»Rabennachsprechen, Staarmätzigkeit und Papageienkunst entstellen kein Volk so sehr als das Deutsche. Infolge unserer Affenliebe für fremde Sprachen haben wir in den fremden Sprachlehrern gefährliche Kundschafter ins Land gezogen, durch die Immerzüngler und Näseler unser biederherziges Volk verdorben, unsere sinnigen Weiber verpuppt. Klar wie des Deutschen Himmel, fest wie sein Land, ursprünglich wie seine Alpen, und stark wie seine Ströme bleibe seine Sprache. Sie lerne der Schriftsteller und Redner stimmen, wie der Tonkünstler das Werkzeug, auf dem er Wohllaut hervorzaubert …«

Wenn das erreicht ist, besteht für Jahn die Hoffnung, daß

deutsche Dichter zu ihrer notwendigen Aufgabe finden: »... den vaterländischen Heerbaum begeistern und Siege ersingen.«

Das Ideal des Turners deckt sich durchaus mit seinem Ideal des Dichters. Die Dichter sollten Siege ersingen, eine deutsche Bücherhalle sollte ein deutscher Bardenhain sein (nach Möglichkeit in der neuen Hauptstadt Teutonia, von der Jahn träumte), und aus der Walhalla unserer Geschichte sollte eine Geisterversammlung von Helden hervorgehen, die täglich kämpfen, fallen und wieder aufleben. Darin liegt für Friedrich Ludwig Jahn schönstes deutsches Volkstum.

Allerdings muß erwähnt werden, daß Jahn auch verdienstvolle Arbeit leistete; derselbe Mann rügte das Regelunwesen der deutschen Rechtschreibung, plädierte für ein neues deutsches Wörterbuch und setzte sich für einen frühen Leseunterricht in den Schulen ein.

Insgesamt jedoch muß man feststellen, daß Jahn durchaus mit sich übereinstimmt: was der Turnvater anstrebte, setzte der Germanist mit anderen Mitteln fort, und woran es dem Germanisten offenkundig mangelte, das gleicht der Turner wieder aus.

Vor hundertfünfzig Jahren, bei der Einweihung des ersten Turnplatzes, nahm der handgreifliche Ruhm des Turnvaters seinen Anfang. Sein Werk wurde exportiert, wurde besonders von Völkern aufgenommen, die im Turnen eine Möglichkeit fanden, der nationalen Unterdrückung zu begegnen. (»Sokol« der Tschechen, »Strzeliec« der Polen, »Luh« der Ukrainer.) Er hat Nachahmer und Lobredner gefunden und ist auch heute noch für manchen ein seelisches Standbild. An seiner Unsterblichkeit ist schwerlich zu zweifeln.

Es wäre falsch, ihm die Verantwortung für das zu geben, was lange nach seinem Tode unter ausdrücklicher Berufung auf seine Lehre geschah. Aber er zwingt uns, zu sagen, daß von seiner Haltung, von seinem Denken und seiner Gesinnung etwas ausging, was verhängnisvoll wirkte bis in die jüngste Zeit. Er hat seinen Teil dazu beigetragen, die Helligkeit des Geistes zugunsten einer dräuenden Welt dunkler Volkskräfte abzuwerten. Er wird der engherzige Mann bleiben, der alles Weltläufige, Urbane zurückwies und uns zu einem Deutschtum erziehen wollte, das sich darin gefiel, die Welt als Turnplatz anzusehen und die Probleme der Welt als deutscher Turner zu lösen.

(1961)

Gelegenheit zum Staunen

Das hätte ein Grieche zur Zeit Platos hören müssen, ein Mann im antiken Rom oder ein florentinischer Zeitgenosse der Medici: man hätte ihnen einmal sagen sollen, daß unser Leben durch Arbeit geadelt, versüßt oder sogar geheiligt wird; man hätte ihnen gegenüber behaupten sollen, daß der Inbegriff des menschlichen Lebens in der Leistungssteigerung liege – ich fürchte, all die kulturbegabten und kulturstolzen Leute von einst hätte es geschaudert. Sie wären in Versuchung gekommen, diese Ansicht für eine krankhafte Besessenheit zu halten, sie als eine Form undiskutabler Verrücktheit anzusehen. Generationen aufgeklärter und produktiver Müßiggänger hätten durch nichts tiefer erschreckt werden können als durch die heute sprichwörtliche Behauptung, daß Arbeit unser Leben versüßt. Denn sie maßen das Niveau einer Kultur unter anderem auch daran, wie hoch die Muße, das aktive Nichtstun eingeschätzt wurde.

Galt es einst als Zeichen von Urbanität, von Lebensmeisterschaft, wenn man seine Muße hervorkehren und sie gleichsam als Gewinn »ausstellen« konnte, so gilt es heute als zeitgemäß, wenn man sich auf seine Arbeitslast beruft, seine Arbeitswut hervorkehrt: niemand wird übersehen, wie genüßlich überbeanspruchte Leute von ihrer Erschöpfung reden. Die Leute haben nicht mehr ihre Arbeit, sondern die Arbeit hat sie, und je härter und heftiger man schuftet, desto größer sind oftmals die Genugtuungen. In gewissen Kreisen wird denn auch über den Herzinfarkt gesprochen, als handele es sich um einen Ritterschlag, um die Aufnahmegebühr in einen Orden der Rastlosen, der entschlossen ist, sich der Arbeit zu opfern. Wir haben wirklich keinen Grund, über Stachanow zu lächeln – Stachanow ist bereits in uns, er ist eine Schlüsselfigur dieser Epoche; sein Name läßt sich auch amerikanisieren.

Weil die Arbeitswut eine weitgehend internationale Erscheinung ist und ohne Rücksicht auf politische Systeme besteht, darum ist eine Verteidigung des Müßiggangs heutzutage bereits ein müßiges Vorhaben; es ist verschwendet, es muß wirkungslos bleiben – eine Feststellung übrigens, die nur von einem Menschen getroffen werden kann, der seinerseits von der Arbeit besessen ist. Denn natürlich wird ein leidenschaftlicher Müßiggänger nicht nach Wirkung und Zweck fragen, nach kalkuliertem Nutzen, vielmehr wird er sich gerade für das erklären, was ihm verschwendet erscheint, er wird das Müßige als das einzig Schätzenswerte ansehen. Und das bezeichnet auch die Qualität seines »Tuns«: es ist nicht blinde Geschäftigkeit, die nur die Zeit füllt oder an einem Zweck gemessen wird, sondern schöpferische Nichtarbeit, produktives Träumen, eben: Müßiggang.

Das hat keineswegs etwas mit Faulheit zu tun. Faulheit im einfachsten Sinne ist zunächst nichts anderes als die tatenlose, ermattete Freiheit von der Arbeit; man lebt ohne Kraft zur Entscheidung wie Oblomow, bis man vom sanften Schlagfluß heimgesucht wird. Dem Müßiggang hingegen liegt eine definitive Entscheidung zugrunde: man ist bereit, das Nichtstun auszukosten, auszubeuten, auf absichtslose Weise aktiv zu sein. Somit ist Müßiggang alles andere als eine Ermattung des

Geistes. Der verständige Müßiggänger lehnt es ab, sich mit Betriebsamkeit zu betäuben, da er es durchaus bei sich selbst aushält. Pascals Bemerkung, daß »alle Leiden des Menschen daher kommen, daß er nicht ruhig in seinem Zimmer sitzen kann«, trifft auf ihn nicht zu. Er kann lange ruhig sitzen, er kann wahrnehmen, er kann staunen. Und vielleicht ist dies das überzeugende Geschenk des Müßiggangs: die Gelegenheit zum Staunen, die uns gewährt wird. Wer aber staunt, wer sich selbst aus bescheidenem Anlaß wundert, der beginnt unweigerlich zu fragen, und wer Fragen stellt, wird zu Schlußfolgerungen gelangen: der Müßiggang wird zu einem aufregenden Zustand.

Wenn Oblomow seufzt: »Man schläft, man schläft und hat nicht mal Zeit, sich zu erholen« – dann ist damit doch gesagt, daß der wahre Müßiggang nicht in den Daunen bestätigt werden kann. Der Kenner wird immer darauf aus sein, sozusagen in der Welt müßig zu gehen: an Flüssen und in Kneipen, auf Behörden und belebten Straßen, überall dort, wo anscheinend etwas geschieht; er wird es in seiner Art befragen und durchschauen, vor allen Dingen aber dem geschäftigen Leerlauf ein Beispiel geben: ein Beispiel nämlich für den Rückfall in die Weile. Der Überfluß an Zeit, an Weile ist der sichtbarste Reichtum des Müßiggängers, und indem er ihn zeigt, macht er auch schon unser Verlangen nach Kurzweil fragwürdig. Aber dieser ganz bestimmte Überfluß ist es auch, der eine wesentliche Rolle bei der Entstehung von Kultur gespielt hat.

Der zerstreuungssüchtige Konsument, der Abnehmer von Kurzweil wird bei allem verbissenen Fleiß nie in der Lage sein, Kultur hervorzubringen, da ihm das sublime Nichtstun unbekannt ist. Kultur entsteht immer nur im produktiven Müßiggang, in großen Augenblicken schöpferischer Faulheit. Das ist eine landläufige Ansicht, und wenn wir sie gleichwohl in

Erinnerung bringen, so nur deshalb, weil es müßig ist, auf die Vorzüge des Müßiggangs hinzuweisen.

(1962)

In Faulkners Welt

Augenschein am Mississippi

Die Fremde war mir bekannt. Ich kannte viele der Chevaliers und Schufte, die dieses Land berührt hatten, kannte die Namen von Familien, deren Glück und Unglück in der ganzen Welt zur Kenntnis genommen wurden: die Compsons, die Snopes und die Sartories, die McCaslins und die Sutpens – all die Leute, denen William Faulkner ein Schicksal in Mississippi zugewiesen hatte, waren mir vertraut. Sie gehörten so selbstverständlich zum Süden, daß ich darauf vorbereitet war, ihnen zu begegnen, sie wiederzuerkennen.

Sie lebten nicht nur hier im Süden der Vereinigten Staaten, sie waren der Süden selbst mit seiner Vergangenheit, seiner Gier und seinen Träumen. Faulkners Riesenwerk, diese tragische Gewissenslegende, hatte sie zum zweitenmal erschaffen und mit ihnen den amerikanischen Süden. Ja, es hatte für mich den Anschein, daß Faulkners Süden der alleinige, der tiefe, der wahre Süden sein müßte: sein legendäres Yoknapatawpha – das ungefähr mit den Grenzen von Lafayette County übereinstimmt – und sein Jefferson, unter dem seine Heimatstadt Oxford, Mississippi, erscheint, waren schärfer und achtsamer durchforscht als jeder andere Bezirk, hier war alles von einer unbarmherzigen Erinnerung und Einbildungskraft entblößt, der Süden William Faulkners war durch eine Topographie des menschlichen Herzens beglaubigt. Er existierte ohne Zweifel. Er übte Wirkungen aus und ließ Schlußfolgerungen zu. Er ließ uns Anteil nehmen, ließ uns erschrecken, lächeln, nachsichtig und resigniert sein.

Dieser Süden Faulkners bot uns mit seinen Auflehnungen, mit seinen Gewalttaten, Versuchen und Irrtümern ein Abbild der Welt. Er wurde sogar zu einem bestimmenden Modell der Welt; Jefferson wurde zur Hauptstadt menschlichen Scheiterns, und Yoknapatawpha zur auserwählten Provinz exemplarischer Verhängnisse.

Aber diese wirkungsvolle Stadt, diese mächtige Provinz – stimmen sie auch mit der Landkarte überein? Lassen sie sich betreten? Kann man sie wiederfinden und in Augenschein nehmen? Und wieviel ist wiederzuentdecken? Und wie fällt ein Vergleich aus zwischen dem Land, das Faulkners Phantasie entwarf, und dem Süden, der sichtbar ist?

Ich wollte versuchen, Faulkners legendäres Yoknapatawpha wiederzuerkennen, ich hatte mir vorgenommen, die Heimat von Old Ben zu sehen, dem unbesiegbaren Bären und lebenden Anachronismus, die Baumwollfelder der Compsons wollte ich wiederfinden, den Franzosenwinkel, in dem der sanfte Froschaug mit der Pistole herrschte, den hellen, fluchbeladenen Distrikt in Mississippi, wo Thomas Sutpen dem Wahnsinn verfällt und der weiße Neger Lucas Beauchamp gelyncht werden soll.

Das Boot, mit dem ich den Mississippi hinabfuhr, hieß »Nachbarschaft«. Es war ein sauberes, nicht mehr neues Motorschiffchen mit festem Sonnendeck und einer geräumigen Kajüte von altmodischer Eleganz. Die Messingteile blitzten. Ein feiner Öldunst zog vom Maschinenraum herauf. Ich fuhr hinab nach New Orleans, und mit mir reiste natürlich nicht nur Faulkner, sondern auch Cooper und Gerstäcker und Mark

Twain. Pünktlich stellten sich Jugendträume ein; die Abenteuer, die die Knabenlektüre gewährt, sie waren auf selbstverständliche Weise da, als ein einarmiger Neger die Leinen loswarf und das Boot hinausdrehte in das trübe, lehmtrübe Wasser des Mississippi. Der Himmel war klar, eine glühende Lichtglocke. Es war windstill. An den unterwaschenen Ufern standen reglos schöne, langbeinige Vögel, wie aus gebleichtem Holz geschnitzt. Das Gras war verbrannt.

Meine Mitreisenden begannen, sich endgültige Plätze zu suchen, nun, da wir in die Mitte des Stroms drehten: für welche Seite, für welches Ufer sollte man sich entscheiden? War der laue Schatten in der Kajüte erträglicher als die klare Sonnengrelle des Decks? Was mußte man gesehen haben? Wie zu einer Theateraufführung nahm man die Plätze ein, denn der Autor hieß William Faulkner, und sein Hauptdarsteller war der Mississippi. Oder täuschte ich mich? Wer waren meine Mitreisenden? Woher kamen sie, wohin fuhren sie? Trug ein einziger von ihnen die Stigmata Faulknerscher Figuren? Wer von ihnen hatte das tragische Vorrecht, aus Yoknapatawpha zu stammen?

Der Mann an der Heckreling, selbstbewußt und wohlgewachsen, erinnerte mich an jemanden: sein überlegenes Lächeln, die schnöde Siegesgewißheit, die reizvolle Selbstgefälligkeit – das konnte Rhett Butler sein, den der Wind hierhergeweht hatte. Vielleicht war er unterwegs, um seiner Scarlett O'Hara schöne Dinge von der Küste mitzubringen. Er stand mit gekreuzten Beinen da, zwei Finger in der Westentasche, und blickte in das wirbelnde Heckwasser. Nein, eine Faulknergestalt war er nicht.

Und auch das Paar, das sich zwei Liegestühle aufgeschlagen hatte, konnte nicht aus Jefferson stammen: der junge Mann, der mit freimütigem Behagen sein Bier trank, der seine athletischen

Glieder ausstellte und laut sprach und sich heftig bewegte – er wiederholte den Stan Kowalski aus der »Endstation Sehnsucht«. Und mit ihm reiste, vogelleicht und neurotisch, seine Vivien Leigh.

Aber es waren noch mehr Passagiere an Bord, eine Familie mit drei Töchtern, bei der es mir nicht gelang, die Mutter zu identifizieren; ein kleiner Junge in einer Sheriffuniform, der alle Reisenden als Gangster bezeichnete und sie mit seinem Spielzeuggewehr nacheinander umlegte; ein sehr schönes, sehr träges, sehr künstliches Mädchen, das in ein kostbares Buch blickte, ohne eine Seite umzublättern; ein hübsches, sorgfältig gepflegtes älteres Ehepaar, das sich mit jedem Blick seine ungeduldige Liebe eingestand; eine Gruppe langbeiniges College-Volk, das die Bänke auf dem Bug besetzt hielt; zwei Inspektoren mit randlosen Brillen und ein schweigsamer Kahlkopf mit einer sehr teuren Angelausrüstung.

Diese Reisenden jedoch wurden überlärmt und durchwirkt von einer gemischten Gesellschaft, deren Mitglieder einander unentwegt auf die Schulter hieben, die einander unentwegt zum Trinken einluden und die hier offenbar etwas feierten, mit kühlen Getränken und ihren sonntäglich angezogenen Frauen. Sie waren sehr nett zueinander, und ich glaubte zu verstehen, daß sie ausnahmslos mit der Ausbeutung und Verwertung von Erdgas zu tun hatten. Erdgas kommt bei Faulkner nicht vor.

Das Motorboot trug uns alle gemächlich den Mississippi hinab, über seine trübe, wellenlose Oberfläche, und ich hatte das Gefühl, daß dieser Strom, der im Volksmund des Südens Old Man genannt wird, nur noch in seiner Tiefe lebte und wirksam war, tief über dem schlammigen Grund, wo keine Sonne hintraf. Obwohl die Oberfläche wellenlos war, verriet sich auf ihr etwas von der schweren wallenden Bewegung, mit der die Wasser über den Grund drängten, New Orleans zu, dann in den kochenden Dschungel des Mississippideltas und durch die Bayous in die See. In seichten Stellen hatten sich Barrieren aus angetriebenem Astwerk gebildet, an dem die Strömung zerrte. Pappkartons trieben auf dem Wasser und Flaschen und leere Bierbüchsen. Zwei Motoryachten kamen uns in schneller Fahrt entgegen, und ich sah schlanke, sonnverbrannte Männer, die zu uns herüberwinkten, sah schöne weiße Mädchen in bequemen Leinwandstühlen, die trotz der Hitze kühl wirkten – Erbinnen von Plantagen vielleicht, deren Haut weder von der Hitze noch von der Arbeit versehrt war. Ich sah, wie Fische aus dem Wasser schnellten, ihre gekrümmten Leiber schwebten einen Augenblick in der Luft, bevor sie eintauchten und auf der Oberfläche einen schwankenden Ring zurückließen. Auch ein Wasserflugzeug sah ich, es flog stromaufwärts, trug vielleicht einen Besitzer von Baumwollfeldern nach Hause, der in New Orleans über die nächste Ernte verhandelt hatte.

Ich stand an der Reling und blickte auf den Mississippi und wartete auf etwas, wartete darauf, daß der Strom sich verwandelte und zu erkennen gab, daß er so erschien, wie Faulkner ihn beschrieben hatte. Ich dachte an seine Erzählung »Der Strom« und wartete auf das geheimnisvolle, unverkennbare Geräusch, mit dem der Fluß sich da anzeigte:

»Da hörte der größere Sträfling ein großmächtiges Geräusch. Er hörte es nicht in einem bestimmten Augenblick, er merkte nur auf einmal, daß er es schon die ganze Zeit gehört haben mußte, ein Geräusch, das jenseits all seiner Erfahrung und Aufnahmefähigkeit lag, und für das er bis zur Stunde ebenso taub gewesen war wie die mit einer Lawine reitenden Ameisen oder Flöhe für deren Tosen; nun war er schon seit dem frühen Nachmittag durchs Wasser gefahren und hatte bereits sieben Jahre Pflug und Egge und Pflanzmaschine im Schatten eben jenes

Deiches geführt, auf dem er jetzt stand, aber dieses abgründige, dunkle Raunen, das von der andern Seite herüberdrang, konnte er nicht sogleich deuten. Er blieb stehen. Die Schlange der ihm folgenden Sträflinge stieß ruckartig gegen ihn wie ein anhaltender Güterzug, und ihre Fesseln klirrten wie dessen Wagen. ›Weiter‹, rief ein Wärter. ›Was is'n das‹, sagte der Sträfling. Ein Neger, der an einem nahen Feuer saß, antwortete ihm: ›Das is er. Is Old Man.‹ Schließlich verstummten sie, und nun hörten es alle und lagen und horchten auf das tiefe, starke und mächtige Baßraunen. ›Old Man?‹ sagte der Zugräubersträfling. ›Ja‹, sagte ein anderer. ›Der hat's nicht nötig, sich aufzuspielen.‹«

Ich fuhr einen anderen, fuhr einen gemäßigten, von jeder Mythologie befreiten Mississippi hinunter. In verstopften, schillernden Bayous sammelte sich die Hitze. Das Laub der Bäume wirkte schlaff, verfilzt, von der Glut bezwungen. Kein Geräusch, kein Baßraunen, das uns hätte verstummen lassen, war zu vernehmen. Erschöpfung, eine Art von blendender Erschöpfung lag über dem Gebiet. Lehmrote Bänke schimmerten ölig. Im brühwarmen Wasser einer Bucht meinte ich Schlangen zu sehen, doch es waren wohl nur langsam kreisende Äste. Wir fuhren durch ein sonnenflimmerndes Traumreich. Keiner der Passagiere machte den Eindruck, als ob er zum unvermeidlichen Inventar unseres Bootes gehörte – so wie einst Spieler und Händler und Sklaven zum Inventar der mehrstöckigen, aber flachen Flußdampfer gehört hatten, deren Schaufelräder die schwere Brühe walkten. Es schien eine zufällige Gesellschaft zu sein, die den Strom hinabfuhr.

Der Steward, ein Neger in weißer, gestärkter Jacke, kam mit einem Tablett aufs Achterdeck und reichte uns Erfrischungen. Er tat es wortlos, drehte wortlos das Tablett in den Händen, bis das gewünschte Glas mühelos zu erreichen war. Ich trank ein kühles, nach Rum schmeckendes Getränk, das ich mehr in den Beinen als im Körper spürte. Der kleine Junge mit seinem Spielzeuggewehr kam zum zweiten Mal zu mir und erschoß mich zum zweiten Mal. Die schöne, träge Lesende konnte sich nicht entschließen, eine Seite ihres Buches umzuschlagen. Das rosige alte Ehepaar blickte verlangend zu einem am Ufer verankerten, grau und schwarz getünchten Hausboot, wünschte sich womöglich dorthin, errichtete sich eine von der Strömung gewiegte Liebesinsel. Ich sah über das fahlgrüne, anscheinend menschenleere Land, das unter der Sonne zu gilben schien.

Nur wenige Häuser waren zu erkennen, leicht und wie vorläufig, wie auf Probe ins Land gesetzt – ein Eindruck, der sich später oft wiederholte. Man schien das Land nur auf Widerruf genommen, nur auf Widerruf bebaut zu haben. Für eine einzige, kleine, aber schnelle Stute – so erzählt Faulkner in »Schall und Wahn« – hatte einst ein Compson eine ganze Quadratmeile dieses Landes von dem vertriebenen amerikanischen König Ikkemotubbe eingetauscht; er hatte sie natürlich mit der Zeit verloren und verspielt. Angestrengt spähte ich hinüber, erwartete, das weiße Haus zu sehen unter schattenspendenden Ulmen, das berühmte Compson-Haus, in dem ein glückloser Gouverneur geboren wurde und ein verbitterter und ebenso glückloser General. Ich hielt Ausschau nach dem legendären Herrenhaus, in dem privilegierte Müßiggänger nach einem Ritt über ihre Plantagen Catull oder Livius lasen. Faulkner hatte doch erzählt:

»... und Compson gehörte die ganze Quadratmeile Land, bereits damals beforstet und auch zwanzig Jahre später noch beforstet, wenngleich mehr Park als Forst, mit den Sklavenhütten und Ställen und Küchengärten und den abgezirkelten Rasen und Promenaden und Pavillons, angelegt vom selben Architekten, der das Haus mit der Säulenvorhalle erbaut hatte, das Haus, dessen Einrichtung als Schiffsladung aus Frankreich und New Orleans gebracht worden war.«

Ein verfallener Schuppen, eine Bruchbude, von Unkraut überwuchert – dies konnte nicht das Compson-Haus sein. Außerdem sollte sich ja mit der Zeit Jefferson auf der berühmten Quadratmeile ausgebreitet haben, und von einer Stadt war nichts zu sehen. Plötzlich kam Rhett Butler auf mich zu, schlenderte heran mit seinem überlegenen Lächeln, und ich dachte, er würde mich zu einer Pokerpartie einladen, er, der berühmte Spieler; doch nach einer Weile sagte er: »Fremd hier, nicht?«, und ich sagte: »Aus Hamburg.« – »Oh«, sagte er freundlich, »Ripabähn«, und ich antwortete: »Von dorther.« Er spendierte mir ein eiskaltes Getränk und fragte mich dann, ob ich Verwendung hätte für militärische Geheimnisse. Er lächelte überlegen und vielsagend und deutete auf ein Kanisterfloß, auf dem Negerjungen durch seichtes Wasser paddelten. Ich sagte ihm, daß mein Gepäck das Höchstgewicht erreicht habe und daß ich jedes zusätzliche Pfund sehr teuer bezahlen müßte, worauf er sagte: »Meine Geheimnisse sind's wert.« Ich wollte wissen, welche Art von Geheimnissen er anzubieten hatte, und er stellte sich als Verpackungsspezialist vor. »Schaun Sie, Fred«, erläuterte er, »alle Waffen, von der Patrone bis zur Titan-Rakete, müssen kunstgerecht verpackt werden. Damit das geschehen kann, müssen uns die Militärs gewisse Eigentümlichkeiten der Waffen anvertrauen. Wäre das nichts für Sie?« – »Ein andermal«, sagte ich, »wenn ich mehr Platz im Koffer habe.« Und er war einverstanden damit und fragte mich lächelnd, was ich auf dem Mississippi suchte. »Faulkner«, sagte ich, »ich will herausbekommen, ob man das Land und die Leute, die er in seinen Büchern entworfen hat, wiederfinden kann. Ich will einfach mal vergleichen: den Süden, den er schuf, und den Süden, der sichtbar ist.« – »Und?« fragte Rhett Butler. »Ich glaube«, sagte ich, »der wahre Süden steckt in seinen Büchern.« Der freigebige Geheimnisträger schüttelte den Kopf, hörte nicht auf zu lächeln. »Ich werde Ihnen etwas sagen, Fred«, meinte er, »um etwas zu finden, empfiehlt es sich, die Verpackung zu öffnen. Auch der Süden hier ist verpackt, wie alles in der Welt. Von allein zeigt sich nichts. Sie müssen etwas dazu tun, Ihren Teil dazu beitragen. Suchen Sie den Süden in Ihrem Gesichtskreis, ganz in der Nähe, und Sie werden ihn finden.«

Rasch schließt man auf dem Mississippi Bekanntschaften. Leicht kommt man in ein Gespräch, besonders, wenn man als Fremder erkennbar ist. Die Höflichkeit, die Fürsorge und Gastfreundschaft des Amerikaners erinnert sehr an die russische Gastfreundschaft und Fürsorge. Rhett Butler, das spürte ich, hatte große Lust, mich mit den anderen Passagieren bekannt zu machen, mich ihrer Fürsorge zu empfehlen. »We have a man from the Ripabähn among us«, hätte er vielleicht gesagt, »let's take care of him.« Diese Bereitwilligkeit zu einer Gunst gegenüber dem Fremden widersprach ebenfalls dem Verhalten einiger Faulknerscher Figuren, die weder Auskünfte verlangten noch Auskünfte gaben, da sie der Meinung waren, man dürfe sich von Fremden nichts erbitten. Meine Mitreisenden waren Gentlemen von der aufmerksamsten Art. Sie halfen mir, die uneinsehbaren Schönheiten des Stroms zu entdecken, den lehmtrüben Sumpfgewässern einen Reiz abzugewinnen. Sie versicherten, daß die Schwüle und das erbarmungslose Licht erträglich seien, und sie wurden wirklich erträglich.

Von einer alten, baufälligen Pier, einer Privatpier vielleicht, legte ein flacher Flußdampfer mit dünnem Schornstein ab. Ich sah, daß er beladen war mit Menschen, Fahrzeugen und Tieren. Rückwärts manövrierte er in den Strom, gab ein langgezogenes

Signal mit der Dampfpfeife, das auf dieser flirrenden Einöde des Wassers so bescheiden wirkte; und auf einmal kam mir dies Bild bekannt vor, so hatte ich ein Ablegemanöver in Erinnerung, wie Faulkner es beschrieben hatte:

»... Sie verfolgten, wie der Dampfer absetzte und drehte und wieder auf der tellergleichen Fläche des kahlen Wassers dahinkrabbelte, das sich mehr und mehr kupfern färbte, und wie sein Rauchfaden in langsamen, kupfergeränderten Püffen aufstieg und sich dünner werdend über den Fluß schlängelte, wie er verblaßte und sich dann in der weiten friedevollen Einsamkeit auflöste, wie das Schiff kleiner und kleiner wurde, bis es nicht mehr zu krabbeln, sondern nur noch auf einem Fleck im zarten, ungreifbaren Sonnenuntergang zu hängen schien und dann zu nichts wurde wie ein winziger Klumpen dahintreibenden Schmutzes.«

Ein Bild, der Augenblick einer Stimmung – das war das erste, das ich wiederentdeckte. Der Flußdampfer hatte es hervorgerufen, als er, unseren Kurs schneidend, vorüberglitt. Es roch nach Öl. Die Luft war gesättigt von Ölrauch. Wir fuhren dem Delta entgegen, wo überall Ölfeuer brannten und riesige Tanks Häuser und Bäume überragten. Die Erdgasleute mit ihren Frauen hielten die Kajüte besetzt, sprachen laut und freundschaftlich, versicherten sich wohl unaufhörlicher Sympathie. Obwohl es sehr schwül war, zog keiner der Herren sein Jackett aus, wagte es niemand, sich diese Erleichterung zu verschaffen. Man reiste in Gesellschaft von Damen.

Ich kam mit einem der Erdgasleute ins Gespräch. Er stellte mich seinen Freunden vor, und dann sprachen wir von der Weltlage und von Texas; denn er stammte aus Texas, und für ihn war das Land am Mississippi ein schwieriges, anachronistisches Land; die Zukunft Amerikas, die Zukunft der Welt lagen in Texas. Ich fragte ihn treuherzig, ob, seiner Meinung nach, Gott ein Texaner sei, und er sagte prompt: »Was denn sonst?« Und als ich bemerkte, daß man sich im Libanon Gott als Libanesen vorstellt, sagte er: »Dann hat dieser Gott allen Grund, uns Texaner zu beneiden.« Und er wiederholte, daß das Land am Mississippi ein dunkles, unheimliches und anachronistisches Land sei, befangen in alten, verhängnisvollen Vorstellungen, ruhelos und ohne Heil. Um zu sehen, wo die Chancen lägen, müßte ich Dallas in Texas besuchen oder Houston oder San Antonio. Als ich ihm sagte, daß ich bereits in Houston gewesen sei, spendierte er eine neue Runde, und die Freunde des Erdgasbewanderten hieben jetzt auch mir auf die Schulter: ich war in Texas gewesen, und das qualifizierte mich. Zwei der College-Burschen hatten die schöne träge Lesende beobachtet, nun gingen sie zu ihr, hockten sich neben ihr hin, dienstbereit, als ob sie beim Umblättern der Seiten helfen wollten. Ich hörte, wie einer der Burschen das Mädchen fragte: »Wozu eigentlich lesen Zierfische Bücher?« – und die Lesende antwortete: »Wegen der Barracudas, wenn du's wissen willst.« Bald darauf stand sie auf und ließ sich von den wohlgewachsenen Barracudas auf das Vorschiff geleiten.

Eine alte Barkasse, eine Fähre vermutlich, kreuzte den Strom, kam nah an unserem Heck vorbei. Der Steuermann und die Passagiere waren ausnahmslos Neger. Sie hatten keine sanftmütigen, sie hatten selbstbewußte Gesichter. Schulkinder, die ihre Lehrbücher in der Hand hielten, waren unter ihnen. Am Heck der alten Barkasse wehte das Sternenbanner. Ich sah ihnen nach und dachte an die zweihundertjährigen Verzichte ihrer Rasse hier am Mississippi.

Ich dachte an Sklavenverkäufe, wie ich sie in einer Bibliothek in Washington auf Stichen abgebildet gefunden hatte.

An die Schandbarkeiten reisender Sklavenbefreier dachte ich, die von Plantage zu Plantage wanderten, die Leibeigenen zur Flucht überredeten und sie dann mit eigenem Gewinn verkauften – oder in den Mississippi stießen und ihre toten Seelen feilboten. Ich dachte an das florierende Geschäft, das Weiße hier mit Salben und Getränken gemacht hatten, Mittel, die an Neger verkauft wurden zum Bleichen der Hautfarbe, zum Entkräuseln des Haars. Der Absatz war enorm gewesen, denn der einzige schwere Traum der Versklavten lief darauf hinaus, der feindlichen, der herrschenden Rasse zu gleichen. Wurde dieser Traum auch jetzt noch insgeheim geträumt? Ich blickte auf die selbstbewußten Negergesichter in der alten Barkasse und zweifelte nicht, daß dieser Traum ebenso vergessen war wie die Not der Väter. Vielleicht hätten sie mir bestätigt, was mir ein Negerstudent in New York gesagt hatte: »Neger? Zuerst und vor allem sind wir Amerikaner. Und wenn Sie daran zweifeln, dann riskieren Sie nur, als Ausländer etwas gegen unseren Präsidenten zu sagen. Riskieren Sie es, und warten Sie ab, was passiert.«

Ich blickte zu dem Ufer, an dem die Barkasse anlegen würde, blickte über das Land, auf dem die dunkle Flanke eines kleinen Waldes erkennbar war. War das der Wald, in dem der legendäre Bär Old Ben gestreift hatte? In dem Isaac McCaslin und Major de Spain ihr einzigartiges Jagdglück gefunden hatten? Eine Autostraße führte an dem Wald vorbei, und in einer Kurve blitzten Windschutzscheiben, wenn sie die Sonne traf. Aber das hatte Faulkner ja schon beschrieben: in der Erzählung »Herbst im Delta« muß die Jagdgesellschaft zweihundert Meilen mit dem Auto ins Revier fahren, da die glänzende Wildnis sich vor der Industrialisierung zurückgezogen hat. Ja, dieses Land war beherrscht und verwandelt. Es hatte Besitzer, und wer einen Anspruch auf diese Erde erhob, brauchte nicht unbedingt als vermessen oder zynisch zu gelten – etwa in der Weise, wie Faulkner es in der Geschichte »Der Bär« erkennen ließ:

»Er konnte es aussprechen, er selbst und sein Vetter, beide im Hinblick nicht auf die Wildnis, sondern auf das gezähmte Land, das sein Erbe hätte sein sollen, das Land, das der alte Carothers McCaslin, sein Großvater, mit dem Gelde des weißen Mannes von den wilden Männern gekauft hatte, deren Großväter ohne Flinten darin gejagt hatten, und der es gezähmt und beherrscht oder geglaubt hatte, es zu beherrschen, und zwar deswegen, weil die menschlichen Wesen, die er in Sklaverei hielt und in der Macht über Leben und Tod, den Urwald davon entfernt und die Oberfläche des Bodens im Schweiße ihres Angesichts aufgekratzt hatten, bis zu einer Tiefe von vierzehn Zoll, um etwas daraus zu ernten, das vorher nicht dagewesen war, und das wieder in das Geld umgesetzt werden konnte, das er, der da glaubte, das Land gekauft zu haben, hatte bezahlen müssen, um es zu erwerben und zu besitzen, und einen anständigen Profit obendrein; aus welchem Grunde ferner der alte Carothers McCaslin, der es besser wußte, seine Kinder, seine Nachkommen und Erben in dem Glauben aufziehen konnte, daß das Land sein Eigentum sei und von ihm zu vererben; denn der Mensch, der stark und hart ist, ist auch zynisch genug, seine eigene Eitelkeit und seine Kraft und seinen Hochmut im voraus zu kennen ...«

Würde ich nichts wiederfinden von Faulkners leidenschaftlicher Welt? Ruhte ihre Wahrheit nur in der Phantasie dieses unerhört reservierten Schriftstellers? Ich sah Baton Rouge in Louisiana, und es wirkte tot und unwirklich trotz des Verkehrs auf dem Wasser und der Geschäftigkeit auf den Piers der Kanäle. Wieder sah ich Feuer, in denen Ölrückstände verbrannten, blendende

Tanks, leuchtende Schornsteine von Tankschiffen, eine surrealistische Landschaft, in der offenbar nicht mehr Mut und Ehre, Stolz, Mitleid, Erdulden und Aushalten alles waren und bedeuteten; vielmehr schien alles eine Folge des Öls zu sein, das in den Gärten von Oklahoma so reichlich floß. Für das Öl wurden Kanäle gegraben, Piers für tiefgehende Tanker angelegt; ihm zu Ehren errichtete man eine blendende, gewaltsame Aluminiumarchitektur.

Schwüle ließ uns die Fenster und Türen der Kajüte öffnen. Auch die Zugluft brachte keine entschiedene Erleichterung. Ich hatte sehr große Lust, mein Jackett auszuziehen, doch ich tat es ebensowenig wie die anderen, denn es waren Damen an Bord.

Zwei Zollkutter lagen mit dem Bug in der Strömung. Erwarteten sie ein Schmugglerboot, das im Delta verbotene Fracht übernommen hatte? Groß und abenteuerlich war hier das Geschäft während der Prohibition. Faulkner selbst hat das bestätigt, denn er war bei mancher Whiskyübernahme dabei. Er hatte den kurzweiligen Beruf des Alkoholschmugglers selbst kennengelernt.

Zum Delta hinab ging die Fahrt, in heißes Sumpfland, in Indianerland, ins Land des Alligators und der Mokassinschlange. Der Strom bevölkerte sich, New Orleans kündigte sich an, der größte Ölhafen des Landes neben New York. Ich sah zurück. Mein Blick fiel zufällig auf den biertrinkenden Stan Kowalski und seine neurotische Stella, und ich war betroffen: der Schatten eines Geländers fiel über die Gestalt des Mannes, ein Gittermuster, ein Sträflingsmuster, und auf einmal sah ich auch, daß die Frau schwanger war. Und da wußte ich, daß ich dieses Paar kannte oder hätte kennen können: so wie dieser Mann, mit dieser Hilflosigkeit und Verlegenheit, hatte sich der Sträfling über die schwangere Frau in der Geschichte »Der Strom« gebeugt. Dieser Riesenstrom erfand für sie eine Gefangenschaft in einem Boot, das er in ein unbekanntes Gebiet hinabtrug. Sie werden auf einer Insel voll Schlamm und Schlangen landen. Sie werden weiterfahren. Er wird in einem deichgeschützten Sumpfgebiet auf Alligatorenjagd gehen, und eines Tages wird er sich, um den »Frauen« zu entgehen, freiwillig in seinem Gefängnis zurückmelden. Vor der endlosen Fläche, vor der gelben Einöde des Wassers, die gar nicht mehr an einen Strom erinnerte, sondern an ein kleines Meer, erschienen mir diese beiden Menschen durchaus vertraut. Und dann, als wir an einer Insel vorüberglitten, dachte ich daran, wie Faulkner ihre Landung beschrieben hatte:

»Sie saßen im Boot, inmitten des breiten friedlichen Beckens, das keine Grenzen kannte, und in dem das winzige, verlorene Boot der unbezwingbaren Gewalt einer Strömung entgegenfloh, von der er wieder einmal nicht wußte, wohin sie zog. Er fuhr nirgendwohin und floh vor nichts, er paddelte nur weiter, weil er nun schon so lange gepaddelt hatte, daß er sich einbildete, wenn er aufhöre, müßten seine Muskeln vor Schmerzen schreien. Und da tauchte tatsächlich Erde vor ihm auf – eine lehmige und glatte und steile Böschung, bizarr, fest und unfaßlich, ein Indianerdamm, und er stolperte den glitschigen Abhang hinauf, rutschte zurück, und die Frau in seinen glitschigen Händen wehrte sich mit Händen und Füßen. Er hatte mit der kaum noch zu bewältigenden Last fast die Kuppe erreicht, als sich ein Knüppel unter seinem Fuß dick und zuckend zusammenrollte. Eine Schlange, dachte er, als sein Fuß ausglitt und er mit letzter Kraft die Frau die Böschung hinaufstieß ...«

Auf dieser schlammigen Insel hätten sie gelandet sein können, denn es war von Baton Rouge und New Orleans die Rede gewesen, und ausdrücklich von Louisiana. Und auf einmal sah ich auch eine kleine saubere Stadt in der Sonnengrelle – vielleicht die gleiche, die der Sträfling für eine Fata Morgana gehalten hatte oder doch hätte halten können. Jedenfalls spürte ich unvermutet, daß ich mich einzusehen begann, daß ich etwas wiederfand und wiedererkannte, trotz aller zeitlichen Ferne und aller Verwandlungen. Das feste und bewegliche Inventar aus William Faulkners Süden war, auch wenn man einiges hinzusehen mußte, wirkungsvoll vorhanden. Und auf einmal glaubte ich manche meiner Mitreisenden als Delegierte aus Faulkners Werk zu erkennen.

Die ältliche Frau mit ihren rosigen Wangen und den smaragdgrün geschminkten Augenlidern – sie hätte die sitzengebliebene Jungfer Miß Minnie Cooper sein können, die von einem Neger – wie das Gerücht besagt – überfallen, erschreckt oder in ihrer Ehre gekränkt worden sein soll. Zwar ist alles Lüge, alles nur ein Wunschbild in der Phantasie einer Hysterikerin, doch der alte unschuldige Neger Will Mayes wird ihretwegen sterben müssen, ein Opfer des Rassenwahns. Und die schöne träge Lesende – war das nicht das Mädchen Temple Drake aus der »Freistatt«? Neben ihr saß der Student Gowan Stevens, der sie zur Schwarzbrennerei mitnehmen und sie zu gegebener Zeit im Stich lassen wird, sie, die Tochter eines Richters aus Jackson.

Und der kleine Junge mit dem Spielzeuggewehr, der nicht müde wurde, den Gangster im Passagier zu erledigen – er kam mir in einem gewissen Augenblick wie der junge McCaslin vor, aus der Geschichte »Das alte Volk«. Auch der junge Isaac war auf der Jagd, er durfte den ihm zubestimmten Hirsch schießen, den Hirsch seiner Träume, und hinterher wurde er von seinem Lehrer mit dem Tierblut im Gesicht gezeichnet. Damit »hört er auf, ein Kind zu sein« – er wird ein Jäger und ein Mann.

Meine Mitreisenden waren ohne weiteres literaturfähige Erscheinungen – so wie der Mississippi und New Orleans und die berühmten und geduldeten Familien hier längst literarisch beglaubigt und womöglich sogar geheiligt waren. Die Kais von New Orleans waren dicht besetzt von Tankern, Frachtschiffen, von den flachen, mehrstöckigen Mississippidampfern. An der Stadtseite sah ich auch die grauen Rümpfe von Kriegsschiffen. Seltsamerweise machten auch diese Kais den Eindruck vorläufiger Hafenanlagen – gerade so, als ob man auf einen Wechsel, auf eine Veränderung vorbereitet sei. Louisiana selbst hatte ja mehrfach den Besitzer gewechselt, war französisch, spanisch und wieder französisch gewesen, bevor das Sternenbanner über verfilzten Mangrovenwäldern und Paradiesbäumen aufging. Hinter den Kais erhoben sich Schuppen, Decks, Munizipalgebäude, verwahrloste Lagerhallen. Da war der Markt, auf dem der Süden verkauft wurde: Artischocken, Bananen, Muscheln, seltsame Fische, Zitronen und die erfrischende Alligatorbirne, die ich in verschiedenen Zubereitungen gegessen hatte. In der Nähe der Hafenkommandantur legten wir an. Ich nahm den Bus namens »Sehnsucht«, der hier seine Endstation hat, und fuhr in die Stadt, in der Faulkner zur Prosa gefunden hatte.

New Orleans ist eine romanische Stadt. Es ist eine lateinische Stadt trotz der Wolkenkratzer, der modernen Highways und eines imponierenden Jahresumsatzes von zwei Milliarden Dollar. Und das beweist nicht nur das »French Quarter«, die unerläßliche Sehenswürdigkeit für Touristen, wo schmiedeeiserne Balkons, Gitterfenster und Türen vom Einfluß der bourbonischen Lilie künden. Das beweisen auch die Kirchen und der Friedhof, die schweigenden Innenhöfe, die Farben der Häuserwände und die immer noch bemerkbare, ein wenig überholte bizarre Würde mancher Bewohner. Hier ging immer noch der Geist eleganter Schurken um; exilierte Edelleute, besessene Abenteurer, galante Glücksucher gehörten zur heimlichen Bevölkerung der Stadt. Offiziere, die im alten Europa aus der Gunst gefallen, Beamte, die mißliebig geworden waren – hier hatten sie nach neuen Anfängen gesucht, hier fanden sie ihr Glück oder ihr Verhängnis, hier errichteten sie aus Heimweh eine Architektur, die ihnen helfen sollte, die Ferne zu vergessen.

Ich sah hinauf zu den schmiedeeisernen Gittern der Balkons, meinte behütete weißhäutige Frauen zu sehen, die vorsichtig paradierenden Truppen zuwinkten, und ich dachte an heftige Eifersucht und an Duelle unter uralten Bäumen.

Aber ich fand auch das andere, das amerikanische New Orleans. Ich ging durch Basin Street, wo der Jazz beheimatet ist in der Nachbarschaft von Garagen und Eßlokalen. Ich schlenderte über den Striptease-Boulevard, der erst in der Dämmerung erwachen würde: Haus neben Haus liegen die Stätten optischer Verheißung, die Höhlen vergnügter und johlender Nabelschau. Von den Zugnummern hingen Bilder neben dem Eingang. Langsam, im Schatten großer Bäume, durchquerte ich den Distrikt der Wohlhabenden, nur verfolgt vom Echo meines Schritts. Weiße Häuser mit Säulenportalen und Galerien lagen zurückgezogen in vollkommener Friedhofsruhe da. Ein grauhaariger Neger harkte achtsam einen Kiesweg. Ein kleines Mädchen schwang lautlos auf einer Schaukel dahin. Ein Negerchauffeur fuhr ein lackblitzendes, sehr teures Auto in die Garage. War das eine überholte, eine abgelebte Welt? Es war eine wirkliche Welt.

Ich wanderte zum Hafen zurück, nahm den Weg übers Vieux Carré, diesen ganz und gar lateinischen Erbteil von New Orleans. Hier hat sich William Faulkner im Winter 1926 zur Arbeit eingerichtet, und die New Orleanser Zeitschrift »Iten« bewahrt noch eine Notiz aus dieser Anfangszeit: »Mister Faulkner«, heißt es da, »sonnengebräunt von seiner Tätigkeit als Fischer auf einem Pascagoula-Schoner, im Munde eine Pfeife mit Widmung – den Preis des Frühjahrsturniers, als er als Berufsspieler im Golfclub von Oxford den Ball mit einem Schlage einlochte – saß in seiner Wohnung in der Altstadt, den Blick auf den regennassen Dächern draußen vorm Fenster.« Die Trauer war hell hier, und die Erinnerung an vergangene Größe gelang nicht recht.

Vor einem Hafenschuppen standen Stapel von Kisten mit eingesperrten Gänsen und Truthähnen, fröhliche Negerjungen ärgerten die Tiere durch das Drahtgitter. Eine üppige schwarze Köchin schleppte riesige Einkaufstaschen vorbei. Weiße Polizisten beobachteten durch Sonnenbrillen das grelle Marktleben. Fast lief ich in einen alten Neger hinein, der, mit seinem Frühstücksbrot in der Hand, zum Hafen ging. Ja, das war er, das konnte er sein: der schwarze Hafenarbeiter, den Faulkner in »New Orleans« beschrieben hat und den er sagen läßt:

»Jesus in der Höh: schaut euch das an, wie das Faß ro-ollt! Der weiße Mann kommandiert, und der Nigger führt's aus. Lad mir das Dampfboot, lad es mir voll, oh, Dampfboot, breit aus die weißen Flügel und flieg! Sonnenschein schlitzt den Mauerschatten, gleitet an mir hoch, färbt mir Overall und schwarze Hände mit goldenen Streifen, wie Sträflingstracht. Sünder im Kittchen, Sünder im Himmel, hinter goldenen Gittern! Ich flieg hoch, du fliegst hoch, alle Gotteskinder fliegen ho-oo-och! ... O Gott, aber diese Sonne, und das Licht überm Fluß, und im Herzen die Nacht, die schwarze Nacht ... O Gott, sind die Sterne kalt, und die großen Bäume gleiten wie Schiffsmasten alle Flüsse der Finsternis hinauf, sie fegen die alten Sterne beiseit, immerfort und vergebens. Warm ist allein die Erde, geheizt von den Toten, die in ihr liegen. Aber sie selbst sind kalt, die Toten, o Herr, kalt mitten in Wärme und Dunkel.

Feierabend, die Sirenen brummen und heulen wie beim Konventikel die Sünder in der ersten Bankreihe. Ah, Gott, wie singt das Blut, das schwüle Blut, singt Antwort dem wilden Feuer in den Adern der Mädchen, singt aus den Aschen die alte Glut. Der weiße Mann gibt mir Kleidung und Schuh, aber deswegen liebt sein Straßenpflaster meine Füße noch lange nicht. Seine Städte sind nicht meine Städte, aber seine Nacht ist meine Nacht mit all den alten Leidenschaften und Fürchtnissen und Sorgen, die mein Volk in sie aushauchte. Soll dies Blut getrost singen; schuf denn ich dieses Blut? Ich flieg hoch, du fliegst hoch, alle Gotteskinder fliegen ho-oo-ch!«

Ich ging zum Hafen hinab, wo unser Boot lag. Vor dem Laufsteg schimpfte eine weiße Dame mit einem Hut aus künstlichen Blumen auf unseren schwarzen Steward ein, der ihr in einem Tonfall antwortete, in dem ebensosehr Demut wie Zurechtweisung, ja sogar Anklage lag.

Wir fuhren weiter stromabwärts, durch die lehmtrüben Wasser des Mississippi, dem Delta zu, dem warmen Golf, und ich war voller Erwartung. Ich wartete auf den Augenblick, wo Werften und Kais, wo ausgebaggerte Ankerstationen aufhörten, wo die rote Schrift der Fahrwasserbojen ein Ende nähme. Ich hielt Ausschau nach der Wildnis, dachte an dampfende Mangrovenwälder, an Schlinggewächs und brütende Gefahr – dort, wo Faulkners »Mosquitos« spielen und wo indianische Jäger den geflohenen Negersklaven verfolgen, um ihn ihrem gestorbenen Häuptling ins Grab zu geben. Aber Meile um Meile öffnete sich, und es änderte sich nichts, nur Ladeplätze, Bunkerstationen, Dalben zum Festmachen. Merkur hatte sich den Strom unterworfen. Der Gott des Handels hatte ihn von Geheimnissen gereinigt. Der dunkle Fluch des Gottes Voodoo, der Fluch, der auf Ländereien, Herrenhäusern und Schicksalen lag – hier schien er außer Kraft gesetzt. Der verworfene und verhängnisvolle Süden, der Faulknersche Süden, der bezeichnet ist durch Schall und Wahn und durch eine Art kühnen Scheiterns – hier war er ganz und gar nicht mehr vorzufinden, kein Detail bezeugte ihn inmitten der Geschäftigkeit auf dem Strom.

Der College-Bursche, den ich einen Augenblick für Gowan Stevens gehalten hatte, spielte auf dem Vorschiff Guitarre und sang. Er sang für seine Temple Drake, die träge Lesende, die nie eine Seite umgeblättert hatte und jetzt bereits den Kopf an die Schulter des Sängers lehnte und ihm zuhörte mit geschlossenen Augen. Er sang einen Blues, beschwor die Einsamkeit Chicagos und zählte die Möglichkeiten auf, die ihm nach dem Verlust seines Mädchens geblieben waren. Es waren sehr, sehr dürftige, sehr betrübliche Möglichkeiten. Ich ging mit den Erdgas-Leuten aufs Vorschiff, um ihm zuzuhören. Auch die beiden Inspektoren, der Negersteward und ein farbiger Maschinist traten hinzu, und der Sänger sang einen anderen Blues, diesmal von der schattenlosen Einsamkeit der Baumwollfelder.

Später, als ein Wind sich erhob, der die Palmen schüttelte und das Wasser hochwarf, erzählte mir der Mann mit der Angelausrüstung von geknickten Bäumen und zerstörten Häusern, und ich mußte an Charlotte Rittenmeyer und Harry Wilbourne denken, die sich an der Flußmündung einen Schlupfwinkel für ihre Liebe gesucht hatten und schließlich alles verloren. Ich dachte an Faulkners Schilderung eines Hurrikan-Ausläufers:

»Eines Nachmittags sah er die Flaggen, eine über der andern, steif abstehen von dem schlanken Mast des Regierungsgebäudes an der Flußmündung, sah sie vor dem tiefhängenden, stahlfarbenen, dahinjagenden Himmel, und die ganze Nacht stöhnte und heulte eine Boje draußen im Fluß, und die Palme vorm Fenster drosch und peitschte, und kurz vorm

Morgen schlug der Schwanz – der Hurrikan selbst galoppierte irgendwo im Golf weiter und weiter –, nur der Schwanz war es, ein Schütteln seiner vorbeifliegenden Mähne, die am Ufer die trübgelbe Flut drei Meter hochtrieb und sie zwanzig Stunden lang nicht fallen ließ, die durch die wilde, wütende Palme tollte, deren immer noch trockenes Dreschen über das Dach der Zelle wischte, und so hörte er die ganze zweite Nacht lang in der peitschenden Dunkelheit das Dröhnen der Seen gegen den Hafendamm …

Er glaubte sogar, das Röhren des Wassers zu hören, während der Regen weiterjagte, hinein in die nächste Morgendämmerung, wenn auch mit gebrochener Wut, vor dem Ostwind herjagte, hinein ins flache Land. Hinein ins stille Binnenland, um sich dort zum strahlenden, silbernen, geschorenen Rasen zu wandeln, denn er war bestimmt geschoren.«

Wir brauchten diese Wahrnehmung nicht zu wiederholen. Es näherte sich kein Hurrikan.

Wie es ausgemacht war, wendete unser Motorschiff und trug uns wieder nach New Orleans zurück, das nicht mehr die Stadt Faulkners, sondern die Stadt der Touristen und des Öls war. Aber war Lafayette County denn jemals mit Yoknapatawpha identisch? Ließ sich der Süden Faulkners denn jemals effektiv wiederfinden? Wer darauf aus ist, eine genaue Geographie, die vorbildhaften Gemarkungen zu erkunden, der läßt sich in ein aussichtsloses Unternehmen ein. Denn natürlich war es Faulkners Vorrecht, sich seinen Süden zu schaffen, indem er das, was er vorfand, verwandelte. Seine Wahrheit ist offenkundig; man kann ihr begegnen in charakteristischen Einzelheiten, sie entzieht sich, sobald man ihrer insgesamt habhaft werden will. Die schicksalhafte Provinz, die er entwarf, kann niemand betreten, und er selbst wußte, daß es keinen Reiseführer dorthin

gibt. Gleichwohl schuf er einen wirkungsvollen und dauerhaften Süden, und er wiederholte das Land und die Menschen
am Mississippi so endgültig, daß sie nie aufhören werden, zu
bestehen.

(1962)

Der Künstler als Mitwisser

Eine Rede in Bremen

Ich danke der Jury der Rudolf-Alexander-Schröder-Stiftung für die Zuerkennung des Bremer Literaturpreises, und ich danke Ihnen persönlich für die Gelegenheit, hier vor Ihnen sprechen zu können. Ich habe nicht vor, die Empfehlung eines Kollegen aufzunehmen, der dem Schriftsteller riet, bei jeder aussichtsreichen Gelegenheit aus Herzensgrund bösartig zu sein und die Wonnen der Brüskierung auszukosten. Ich schätze nun einmal die Kunst, herauszufordern, nicht so hoch ein wie die Kunst, einen wirkungsvollen Pakt mit dem Leser herzustellen, um die bestehenden Übel zu verringern. Wer darauf aus ist, zu provozieren, braucht nichts anderes zu tun, als starrsinnig die Wahrheit mitzuteilen: es wird immer jemanden geben, der an der bescheidensten Wahrheit Anstoß nimmt.

Auch Brüskieren will gelernt sein; doch da ich dies nicht als die Aufgabe des Schriftstellers ansehe, erlauben Sie mir, kurz auf die Vorstellung einzugehen, die ich mir vom Schriftsteller mache; ich möchte Ihnen ganz bekenntnishaft sagen, welch einen Anspruch ich an ihn stelle, welche Entscheidungen ich von ihm erwarte, und zwar in einem bestimmten Fall, in einer gewissen Lage: dann nämlich, wenn die Macht die Sprache zu beeinflussen, zu bedrohen, zu zerstören beginnt.

Sprache und Macht – für ihre schamlose Beziehung haben

wir gerade bei uns zahlreiche Zeugen. Im Prisma unserer Sprache finden wir aufschlußreiche Schatten und Unreinheiten. Unser eigener Wortschatz enthält immer noch Beispiele solidester Nötigung und erschreckenden Zwangs – Rückstände aus einer Zeit, in der eine tobsüchtige Macht die Sprache mißbrauchte, verletzte, veränderte. Es ist offenbar eine zwangsläufige Erscheinung: Macht verändert die Sprache, zumindest läßt sie ein anderes Verhältnis zu ihr aufkommen. Was aber ist es, das sich verändert?

Hobbes, der Autor des »Leviathan«, bemerkte einmal, daß die »größte Wohltat der Sprache darin besteht, daß wir befehlen und Befehle verstehen können«. Für ihn war die Sprache ein Mittel der Mächtigen, das ihnen zur Selbstbehauptung und zum Selbstgenuß diente. Wer einen Denkzwang ausüben will, muß beim Sprachzwang beginnen: eine Erfahrung, die von den Mächtigen erbarmungslos beherzigt wird. Jeder Sprachzwang aber legt zunächst eine Überprüfung des Wortschatzes nahe; was unliebsam, was vieldeutig, geheimnisvoll ist, wird geächtet oder denunziert; was erwünscht und brauchbar erscheint, wird hervorgehoben, gepflegt und mit neuen probaten Schöpfungen angereichert. Die erste Veränderung, die die Macht an der Sprache vornimmt, betrifft also unmittelbar den Wortschatz; das allerdings ist nur Bedingung und Vorstufe, um etwas anderes zu ändern: das allgemeine Bewußtsein. Da dieses allgemeine Bewußtsein für die Stabilität der Macht entscheidend ist, muß sie es mit Hilfe der Sprache lenken und notfalls verwandeln. Das »Gewand der Gedanken«, das die Sprache darstellt, muß dem Anspruch der Mächtigen genügen, und das heißt: durchsichtig sein.

Seien wir nicht allzu zuversichtlich: auch für die Sprache gibt es Katastrophenzeiten, sie ist keineswegs ungefährdet, und wir erinnern uns mit Beklommenheit, was alles eine Sprache mitmachen kann, wenn sie von der Macht beschlagnahmt wird. Talleyrand, der der Meinung war, die Sprache sei dazu da, die Gedanken des Diplomaten zu verbergen, übersah etwas Entscheidendes: daß nämlich die Sprache die Eigenschaft hat, sowohl das Gesagte wie das Nichtgesagte preiszugeben, die Wahrheit wie die Unwahrheit, die Reinheit wie die Entstellung. Sprache sagt nicht nur sich selbst aus, sondern auch ebensoviel über den, der sie gebraucht.

Und in diesem Sinne gab bereits die Sprache zu erkennen, was von den Meistern der Gewalt zu erwarten war, die von »arthafter Lebensschau« und »völkischer Macht« sprachen, von »Garanten des Staatsdenkens« und »im Blut verwurzelter Kultur«. Die Sprache kündigte desgleichen schon die Schrecken an, als Worte wie »bindungsloser Intellekt«, »zersetzende Kritik« oder »tödliche Entwurzelung« nicht nur gelegentlich benutzt wurden, sondern zum täglichen Sprachhaushalt gehörten – was zur Folge hatte, daß der Haß der Meinungslosen hervorgerufen wurde, die sich über ihre Gefühle nicht im klaren waren. Die Sprache enthüllte weiterhin die Absicht der Herrschenden, die Graz zur »Stadt der Volkserhebung« machten, Stuttgart zur »Stadt der Auslandsdeutschen« und das arglose Celle zur »Stadt des Reichserbhofgerichts«. Und schließlich brachte die Sprache es an den Tag, welche Forderung die Mächtigen selbst an den Raucher stellten, dem sie Tabakerzeugnisse unter Titeln wie »Wehrsport« oder »Sportbanner« verkaufen ließen. Um ein Schiller-Distichon abzuwandeln: die Macht schuf sich die Sprache, die für sie dichtet und denkt.

Doch ich fürchte, daß Sie sich verwundert zu fragen beginnen, warum ich mich, den heute auszuzeichnen Sie die Freundlichkeit und das Vertrauen hatten, gleich zu Beginn mit dem düsteren Verhältnis zwischen Sprache und Macht beschäftige, Sie an eine Niederlage der Sprache durch die

Macht erinnere. Das hat einen einfachen Grund: ich teile die Ansicht der Herrschenden, daß bereits ein einziges Wort eine Gefahr darstellen, eine Krise hervorrufen kann; ich bin überzeugt, daß sich nirgendwo eine größere Wachsamkeit empfiehlt als da, wo Sprache in fremdem oder eigenem Auftrag gebraucht wird. Die Großinquisitoren wußten und wissen, daß jedes Wort seine Geschichte hat, daß es mit Leiden und Träumen beschwert ist, daß es Sehnsucht auslöst und die Lüge enthüllt; darum gilt ihre Aufmerksamkeit denen, die sich aus Berufsgründen mit der Sprache befassen: dem Journalisten und dem Schriftsteller.

Mir schien es wichtig, zunächst die Risiken anzudeuten, denen die Sprache durch die Macht ausgesetzt ist – lediglich um den Konflikt zu erwähnen, den jeder Schriftsteller vorfindet und in dem er sich entscheiden muß.

Solch eine grundsätzliche Entscheidung gehört zu der Vorstellung, die ich mir vom Schriftsteller mache. Ein Schriftsteller ist ein Mensch, den niemand zwingt, das zu sein, was er ist; zum Schriftsteller wird man weder bestellt noch berufen wie etwa ein Richter. Er entschließt sich vielmehr freiwillig dazu, mit Hilfe des schärfsten und gefährlichsten, des wirksamsten und geheimnisvollsten Werkzeugs – mit Hilfe der Sprache – die Welt zu entblößen, und zwar so, daß niemand sich in ihr unschuldig nennen kann. Der Schriftsteller handelt, indem er etwas aufdeckt: eine gemeinsame Not, gemeinsame Leidenschaften, Hoffnungen, Freuden, eine Bedrohung, die alle betrifft.

Darin liegt für mich das selbstverständliche Engagement des Schriftstellers, was so viel heißt, daß man sich nicht nur für einen bevorzugten Stil entscheidet, sondern daß man sich auch dafür erklärt, die Seufzer und die Erwartungen der anderen zu seinen eigenen Seufzern und Erwartungen zu machen. Der

Einwand, jede Bindung der Literatur sei bereits eine Schwäche und schließe die Möglichkeit zum Kunstwerk aus, ist ebenso oft erhoben wie widerlegt worden. Wer die Äußerungen eines Schriftstellers als Kommentar zur Welt ansieht, wird in jedem Kunstwerk irgendein Engagement entdecken können: bei Aristophanes, bei Cervantes, bei Jean Paul ebenso wie bei Günter Grass.

Mein Anspruch an den Schriftsteller besteht nicht darin, daß er, verschont von der Welt, mit einer Schere schöne Dinge aus Silberpapier schneidet; vielmehr hoffe ich, daß er mit dem Mittel der Sprache den Augenblicken unserer Verzweiflung und den Augenblicken eines schwierigen Glücks Widerhall verschafft. In unserer Welt wird auch der Künstler zum Mitwisser – zum Mitwisser von Rechtlosigkeit, von Hunger, von Verfolgung und riskanten Träumen –, und darum fällt es mir schwer, einzusehen, warum ausgerechnet er den »Luxus der Unschuld« für sich fordern sollte. Es scheint mir, daß seine Arbeit ihn erst dann rechtfertigt, wenn er seine Mitwisserschaft zu erkennen gibt, wenn er das Schweigen nicht übergeht, zu dem andere verurteilt sind.

Das gehört gleichsam noch zu dem Versprechen, das er sich selber gibt, zu dem Auftrag, den er von sich aus übernimmt; denn darüber besteht wohl Einmütigkeit: der Schriftsteller erhält den Auftrag keineswegs von der Gesellschaft, in der er lebt. Die Gesellschaft ermächtigt ihn nicht, sie delegiert ihn nicht, sie ermutigt ihn im allgemeinen nicht einmal; statt dessen verlangt sie das Recht, dem Schriftsteller zu mißtrauen, da sie gewärtig sein muß, daß er ihre Lebensweise zu ändern versucht. Doch obwohl die Gesellschaft zu keiner Rückendeckung bereit ist, besteht sie darauf, den Schriftsteller zu verurteilen, sobald er sie schwerwiegend enttäuscht hat. Ein Fabrikant, der sich der Macht verdingt hat, braucht nicht für sein Leben zu fürchten, wenn man ihn zur Rechenschaft zieht: wir kennen Beispiele genug. Ein Schriftsteller hingegen, der der Macht gedient hat, der die Wehrlosen verriet und die Wahrheit nicht aussprach, obwohl er sie kannte, wird von der Gesellschaft erbarmungslos verfolgt werden. Er gab den kostbarsten und gefährlichsten Besitz preis: die Sprache. Er lieferte den Mächtigen das Wort aus, in dem die Machtlosen ihre letzte Freiheit, ihre letzte Hoffnung und vielleicht auch Trost fanden. Das Verbrechen eines Schriftstellers wird von der Gesellschaft immer unnachsichtiger geahndet als das Verbrechen eines Waffenfabrikanten, und das scheint mir zu zeigen, daß die Gesellschaft, die dem Schriftsteller aus guten Gründen mißtraut, gleichzeitig unbewußte Erwartungen in ihn setzt – Erwartungen, die so bestimmt sind, daß sie im Falle einer Enttäuschung leidenschaftlichen Haß herausfordern. Ein Haß von solch instinktiver Art ist aber nur da möglich, wo ein instinktives Einvernehmen besteht: was uns gleichgültig ist, kann uns nicht entsetzen.

Für dieses instinktive, widersprüchliche Einvernehmen zwischen Gesellschaft und Schriftsteller hatten die Mächtigen schon immer einen besonderen Sinn, sie hatten einen Gaumen für die Gefahr, die ihnen von der Sprache drohte und von denen, für die die Arbeit mit der Sprache zum Beruf gehört.

Es gibt zwar Leute, die der Meinung sind, daß die Macht den Schriftsteller und die Bedeutung des Wortes überschätzt, daß sie die Bedrohung zu hoch veranschlagt: diese Meinung wird indes von Leuten geäußert, die selber keinen Grund haben, sich bedroht zu fühlen.

Die Großinquisitoren jedenfalls hat diese Meinung nicht beeindruckt, sie »überschätzten« den Schriftsteller, und wen die Macht überschätzt, der hat nichts zu lachen. Überall da, wo die Macht den freien Ausdruck fürchtet, werden Schriftsteller verfolgt, unterdrückt, in Gefängnisse geworfen; man entzieht ihnen das Wort und richtet eine Mauer des Schweigens auf zwischen ihnen und den anderen. Und überall, wo Macht sich bedroht fühlt, schlägt uns das Schweigen des unterdrückten Schriftstellers entgegen, ein Schweigen, das mittlerweile zum Kennzeichen geworden ist, das man wahrnimmt und erfährt und in dem man liest wie in einem Kommentar, den die Macht sich selbst geschrieben hat. Ein Schweigen, das in geknebelter Sprache besteht, ist keineswegs stimmlos und nichtssagend; es ist eine Fortsetzung der Rede mit anderen Mitteln.

Das wissen die Mächtigen nur zu gut: ein gewisses Schweigen denunziert sie, klagt sie an, und darum sind sie darauf aus, sich gemietete Schriftsteller zu halten, schönsprechende Vögel, die den Herrschenden ein gutes Gewissen verschaffen sollen.

Meine Damen und Herren – vieles kann man von der Literatur verlangen, aber unter keinen Umständen dies: daß sie irgendjemandem zu einem guten Gewissen verhilft. Wo Herrschende ein gutes Gewissen zur Schau stellen, da geschieht es auf dem Grab einer freien Literatur. Ein von der Macht gedungener Schriftsteller, der nicht nur sich selbst, sondern auch die Sprache zum Opfer bringt, wird nicht das begründete Mißtrauen der Gesellschaft erfahren – er wird ihre Verachtung erfahren. Und wieviel die Mächtigen insgeheim von ihren gemieteten Zungen halten, kann man an der Art sehen, in der diese an ihre Pflichten erinnert werden.

Doch wie Camus sagte, sollte der Schriftsteller sich berufen fühlen, zu verstehen, nicht zu richten, und wer das Verhalten der Schreibenden zu verstehen sucht, die sich der Macht verbinden, wird eine seltsame Entdeckung machen: es gibt allem Anschein nach ein Gedächtnis der Sprache. Die Sprache vergißt offenbar nicht, was ihr geschehen ist, und eines Tages beginnt sie sich denen zu widersetzen, die sie unter Gewaltanwendung mißbraucht haben. Ein Schriftsteller, der einmal dem Sprachzwang huldigte, wird dieses Vergehen wie ein Stigma zu tragen haben, er wird – und es gibt auch in dieser Hinsicht Beispiele – kaum noch zum Wagnis des freien Worts zurückfinden. Wenn die Sprache beschädigt ist, dann fällt Dunkelheit auf unser Denken; ein Denken aber, das seine Klarheit eingebüßt hat, ist nicht mehr in der Lage, uns bei der Suche nach der Wahrheit zu helfen.

Das mag vielleicht alles selbstverständlich sein – aber ein Schriftsteller kann leider nichts für selbstverständlich halten. Auf die Gefahr hin, sich zu wiederholen, muß er, schon aus beruflichen Gründen, zweifeln, und das heißt zugleich: immer von neuem Fragen stellen. Wir können zwar Probleme erben, die Lösung dieser Probleme jedoch nicht; um die Lösung muß jede Zeit für sich bemüht sein.

Und manchmal bedarf es nur eines bestimmten Anlasses, um eine Frage zu stellen, die längst überfällig war. Solch ein Anlaß ergab sich für mich, als ich mir darüber klarzuwerden versuchte, welche Entscheidung ich, ich persönlich, vom Schriftsteller erwarte, der sich im Konflikt zwischen Sprache und Macht befindet. Dabei wunderte ich mich über etwas, was mir bis dahin nicht allzuviel zu denken gegeben hatte: über meine Berufsbezeichnung, die ich selbst hundertmal sorglos gebraucht hatte und die in all meinen biographischen Angaben steht: freier Schriftsteller. Es ist übrigens eine eingeführte Bezeichnung, die auch vor Gericht gebraucht wird. Sie, meine Damen und Herren, denen ich diese ehrenvolle Auszeichnung verdanke, haben im Briefkopf Ihrer Stadt das gleiche Adjektiv, das zu führen, wie ich mir vorstellen kann, Ihre Senatoren einst beharrlich und wohl auch unerschrocken einkamen. Was mich betrifft, so handelt es sich um kein Verdienst, wenn ich dieses Adjektiv vor meiner Berufsbezeichnung nenne; ich lebe nicht gefährlich dabei, ich laufe kein Risiko – wie der Schriftsteller im Westen heute überhaupt weniger Risiken läuft als der Fensterputzer in mehrgeschossigen Bürohäusern.

Aber da ich schon diesen Vergleich gewagt habe, erlauben Sie mir noch, zu sagen, daß ich diese Ehre, die eine freie Stadt einem freien Schriftsteller zuteil werden läßt, als eine Auszeichnung des freien Schriftstellers schlechthin ansehe. Weil das Schreiben für mich unter anderem auch eine Möglichkeit zur Selbstbefragung ist, wobei man sich zwangsläufig einigermaßen kennenlernt, glaube ich meine Grenzen mittlerweile festgestellt zu haben; und deshalb möchte ich in diese Ehrung meine Kollegen und Freunde einbeziehen, die wie ich freie Schriftsteller sind. Für diese Ermutigung danke ich Ihnen, und ich danke Ihnen dafür, daß Sie mir Ihre Aufmerksamkeit geschenkt haben.

(1962)

Die Chancen der Frist

Über Carson McCullers' »Uhr ohne Zeiger«

Der Tod, sagte Thomas Mann im »Zauberberg«, ist eine Sache der anderen; er ist das Mißgeschick, das Unglück der anderen; denn der eigene Tod liegt außerhalb landläufiger Erwägungen: selbst in den luxuriösen Sterbeseminaren des »Zauberberg« zieht man ihn weniger in Betracht als die Illusionen über die Vergangenheit. Die Wirklichkeit des Sterbens gilt sozusagen nur für den Nachbartisch, etwa für den »guten Russentisch«.

Nun hat Carson McCullers in ihrem letzten Roman versucht, den Tod gewissermaßen zu einer eigenen Angelegenheit zu machen, zu einer Wirklichkeit, die uns persönlich betrifft, zu einem unabwendbaren Vorgang, der für den einzelnen allgegenwärtig ist und zu einer übergreifenden Wahrheit wird, in der er sich wiederfindet. Dieser einzelne ist hier der Apotheker Malone, dem von seinem Arzt die Wahrheit eröffnet wird, daß sein durchschnittliches Dasein nur noch ein gutes Jahr dauern kann – ohne Zweifel eine naheliegende Modellsituation, in der man zur Bilanz eingeladen, angehalten wird. Wie nimmt Malone diese Eröffnung auf, wie reagiert er auf sie, wie erträgt er sie? Wie spiegelt sich sein Sterben in seinen Handlungen, wie in seiner Umgebung? Das ist das Thema dieses ruhigen, eindringlichen Romans: das Sterben als Selbsterlebnis.

Selbstverständlich ist auch Malone nicht in der Lage, immerfort an die Wirklichkeit seines Todes zu denken, aber die Welt um ihn scheint sich zu verändern, seine Wünsche und Entscheidungen ändern sich, es kommt zu Augenblicken der Selbstbefragung, wie sie vorher nie möglich gewesen wären. Malone beschäftigt sich ausdauernd mit seinen Vermögensverhältnissen. Er läßt sich, erschreckend abgemagert, einen grauen Oxford- und einen blauen Flanellanzug schneidern. Er entscheidet sich, seine schmerzenden Zähne ziehen und sich kostspielige Brücken anfertigen zu lassen. Im Sterben sorgt Malone mehr für sich, als er es je zu seinen Lebzeiten getan hätte.

Er besichtigt seinen Jugendtraum und denkt an die Wiederholbarkeit dieses Traums, er widersetzt sich dem Ende und nimmt es müde auf sich, er sucht sich während der letzten Frist vom Alltag zu befreien und verfällt ihm immer wieder, und dabei wächst unmerklich seine Entfernung zum Leben. Dem Wunsch, sich selbst angesichts des Todes zu erfahren, entspricht die Weigerung, sich für verloren zu halten. Malone stirbt lautlos, beiläufig, gleichsam unter der Hand. Die Formel für sein Sterben findet er in der Lesefrucht aus »Krankheit bis zum Tode«: »Die größte Gefahr – sein Ich zu verlieren – kann sich so still vollziehen, als wäre es nichts; jeder andere Verlust – von einem Arm oder Bein, von fünf Dollar, von einer Ehefrau und so weiter – fällt einem bestimmt auf.«

Während nun aber Malone auf seinen Tod reagiert – müde oder heftig oder widerspruchsvoll –, verhalten sich die andern gegenüber diesem Ereignis überwiegend gedankenlos. Malone »stirbt für sich allein«. Die Aufmerksamkeit, die Anteilnahme, die sie ihm schenken, besteht in gedankenlosen Beschwichtigungen beim Whisky, in Zureden, in routinehafter Betreuung durch seine Frau. Kein Erschrecken stellt sich ein, keine Lähmung. Ihr Aufbruch läßt ihnen keine Zeit, sich mit Malones Abschied zu befassen. Gleichwohl hängen sie alle auf bestimmte Art mit dem sterbenden Apotheker zusammen, verbindet sie der gemeinsame Wunsch, sich selbst zu erfahren oder zu gewinnen. Der alte vertrottelte Richter Clane ist darauf aus, Malones Freund, der sich selbst ruhmredig in einer übersonnten Vergangenheit sucht und die Realität einer neuen Zeit nie anerkennen wird. Ein Denkmal vergangener Bedeutung, träumt er von der Möglichkeit, Vergangenes durch sonderbare politische Ideen aufrechtzuerhalten. Er ist ein Befürworter der Rassentrennung, ein Fanatiker sogenannter Ordnung.

Auf andere Weise als der Richter ist sein Enkel Jester darauf aus, sich und seine Möglichkeiten zu erproben: der Gymnasiast und Flugschüler Jester trägt seine Freundschaft einem blauäugigen Negerjungen an. Er ist der Mann des Aufbruchs, der Zukunft, der gleichsam grenzenlosen Entwürfe; er ist es so lange, bis auf das Haus seines Negerfreundes Sherman von weißen Männern eine Bombe geworfen wird. In diesem Augenblick erkennt er seine Grenze, geht die Zeit ungewisser Leidenschaft zu Ende. Er wird vermutlich nichts tun, um den Freund zu rächen.

Und auch Sherman, das Findelkind, versucht sich selbst zu begründen, sich Gewißheiten über seine Herkunft zu verschaffen, indem er an angenommene Mütter schreibt, bis er schließlich die Wahrheit über sich erfährt. Er stirbt noch vor Malone, der sich bei einer heimlichen Abstimmung in der Apotheke weigert, die Bombe auf des Negers Haus zu werfen, das in einem weißen Distrikt liegt. Malone weigert sich mit der Begründung, daß er nicht seine »unsterbliche Seele« verlieren möchte, und mit dieser Begründung, scheint mir, hat er endlich sein Los anerkannt.

Es ist erstaunlich, wie leicht, wie behutsam Carson McCullers die Schicksale der Personen miteinander verbunden hat. Sie erscheinen keineswegs so, als verbinde sie eine Notwendigkeit oder der Zwang der Geschichte. Sie treten auf, geraten aus dem Blickfeld, kehren unerwartet wieder – nicht, um einer Symmetrie zu genügen, sondern weil sie von einem schattenhaft vorbeigleitenden Dasein gerade herausgehoben werden. Auf diese Weise entwirft die Autorin ein Lebensspektrum, in dem nichts gemacht und erzwungen scheint. Man gewinnt den Eindruck, daß sie selbst sich aufs Warten verlegt, indem sie Nebensächliches erzählt, Vorgänge und Regungen beschreibt, die zur Stille beitragen. Deshalb wird die Lektüre mitunter zu einer Geduldsübung; zumindest hat man das Gefühl, zu einer Geduldsübung aufgefordert zu werden. Die Begründung dafür wird von allen Personen gegeben.

Der Rang dieser Schriftstellerin zeigt sich insbesondere am Schluß des Buches in der Abstimmungsszene: in einem Augenblick, da ihr die Ereignisse einen ganzen Strauß von herrlichen, dramatischen Möglichkeiten anbieten, verzichtet sie auf alle und entscheidet sich für das Unscheinbare, das Alltägliche, das Beiläufige. Malone stirbt mit einem Seufzer. Das Außergewöhnliche wird am Gewöhnlichen dargestellt. Carson McCullers ist eine Autorin, die mit anscheinend müheloser Sicherheit die Hauptsache in der Nebensache findet und ausdrückt. Träumerisch übergeht sie den spektakulären Konflikt. Dadurch kommt sie einer verdeckten Wirklichkeit in sehr empfindlicher Weise nahe; sie macht Begebenheiten erfahrbar und erfaßbar, die sich tief unter der Oberfläche ereignen. Und was sie erzählt, erscheint von tragischer Selbstverständlichkeit.

Ein ruhiges Buch, getragen von der gelassenen Schwermut des Erzählens, ein Roman der Selbstbefragung des Menschen, schmerzhaft und unaufdringlich: ein Buch von Carson McCullers.

(1962)

Faulkners Gedächtnis

Faulkners Genie ist für mich gleichbedeutend mit seinem Gedächtnis, oder doch mit seinen erinnernden Fähigkeiten, die ihn zum Gedächtnis des Südens werden ließen. Was immer der Süden der Vereinigten Staaten war, was sich in ihm ereignete, welche Schufte und Chevaliers er hervorbrachte – Faulkners ruheloses, vorstellendes Gedächtnis fing alles ein, bewahrte es und brachte es an den Tag. Einige Leute in Oxford, Mississippi – das er in seinen Büchern »Jefferson« nannte – weisen nicht ohne Stolz darauf hin, daß in Faulkners Haus die Möglichkeit und das Verhängnis des Südens aufbewahrt wurden, gesammelt von einer unvergleichlichen Einbildungskraft. Sie wissen, daß hier nahezu alle Zeugnisse der Achtbarkeit und Schande, der Vernichtung und Unsterblichkeit aufgehoben wurden, die den Süden menschlich existent machten. Es hat mitunter den Anschein, als ob der Süden Faulkner hervorbrachte, um sich selbst kennenzulernen und zu begreifen – in seiner Herkunft, seiner Gier, seiner Zukunft.

Welch eine Tiefe des Gedächtnisses, und welch eine Weite! Jeder Name, der bei Faulkner auftaucht, verbindet sich sofort mit dem Schicksal seiner Herkunft: Quentin und Compson, die Snopes und die Sartories, Sutpens und McCaslins – einmal mit Namen versehen, werden sie ihrem Autor nie mehr entkommen und nie mehr ihr Schicksal loswerden. Diesem unbarmherzigen Gedächtnis scheint nichts zu entfallen: kein einziger Name, kein entlegenes Ereignis, keine Auflehnung, keine Gewalttat, kein Schuß, kein Scheitern und kein Irrtum; alles, was sich »begeben« hat, bleibt bestehen; und eines Tages erfolgt die entscheidende Anspielung, von der jedes Verständnis abhängt. Wahrscheinlich mußte Faulkner so zurückgezogen leben, einfach um die Entwicklungen in seinem Universum aufmerksam durch Jahrzehnte begleiten zu können. Er hat Lafayette County, sein legendäres Yoknapatawpha, in der Tat zum zweiten Mal bevölkert, ein selbstbewußter Rivale Gottes, dem nichts verborgen blieb.

In welcher Weise Faulkner in seinem Universum von eigenen Gnaden lebte, das haben die Studenten der Universität von Virginia erfahren, die ihn zu einer Reihe von Gesprächen eingeladen hatten. Dieses Gedächtnis, diese bedrängende Nähe zu allem und jedem, muß in der Tat Beunruhigung hinterlassen haben: seine Erinnerung war unerschöpflich. In seiner Erinnerung war alles gegenwärtig.

Man fragte ihn etwa, welch eine Bedeutung der Zweig Eisenkraut habe, der – in »Die Unbesiegten« – zum Schluß auf Bayards Kopfkissen liegt; er antwortete so prompt, als ob er das gerade eben geschrieben habe und nicht über zwanzig Jahre vorher. Man fragte ihn, warum Benjy und Quentin zumeist ohne Subjekt und Prädikat redeten – Faulkner antwortete, indem er das Verhältnis Quentins zur Grammatik beschrieb, so genau, als demonstriere er es am Objekt. Man fragte ihn nach den Eigentümlichkeiten des Jagdhundes in »Der Bär«, und Faulkners Gedächtnis antwortete darauf sogar mit der Gewichtsangabe des Hundes. Die geheimsten Beziehungen zwischen Personen; die zartesten Symbole; die geringfügige Besonderheit eines Charakters: selbst nach vierzig Jahren wußte Faulkner, was sie besagten und wozu sie dienten.

Da der Mensch für ihn »die Summe seiner Vergangenheit« ist, muß die Vergangenheit unbarmherzig erinnert werden; nur so können wir den Menschen verstehen.

Es liegt auf der Hand, daß dies scharfe, imaginative Gedächtnis Faulkners für ihn selbst nicht ohne Folgen bleiben konnte. Sein Gedächtnis bedeutete Kennerschaft, und diese Kennerschaft vielleicht war die Ursache seiner außerordentlichen Reserviertheit. Die Leute in Oxford, Mississippi, nennen die Reserviertheit übereinstimmend als sein auffälligstes Kennzeichen, und viele andere können das beglaubigen: der junge Schriftsteller kann es, der von Faulkner während eines halbstündigen Besuches zwei lakonische Antworten erhielt, und schließlich sogar Präsident Kennedy, dessen Dinner-Einladung ins Weiße Haus William Faulkner mit den Worten kommentierte: »Es scheint ein reichlich langer Weg, um essen zu gehen.« In ähnlicher Weise war er auch sehr zurückhaltend gegenüber dem Wunsch, seine Bücher zu signieren.

Faulkner wurde in einem einfachen Fichtenholz-Sarg begraben, wie er es sich gewünscht hatte; er ruht auf dem St.-Peters-Friedhof in Oxford, Mississippi, einer Stadt, in der nicht lange nach seinem Tod die Rassenkämpfe aufflammten – gerade so, als habe der Süden, auf einmal gedächtnislos geworden, alle Lehren aus der Vergangenheit vergessen.

(1963)

Der unspaltbare Nachtkern

Jedes Mal erschrecken wir von neuem, jedes Mal fragen wir uns ungläubig und verstört, wie es denn geschehen konnte, daß dieser erfolgreiche Anwalt, dieser beliebte Briefträger, dieser geachtete Arzt oder freundliche Gärtner dem Verbrechen diente. Wir fragen uns mit Verblüffung und Trauer, was den Musterschüler zum Lagerschreck, den Kinderfreund zum Scharfrichter, den ehrsamen Kaufmann zum Fangschußspezialisten gemacht haben könnte – Leute, deren wir sicher zu sein glaubten, die wir schätzten, verehrten womöglich, denen wir vollkommen vertrauten. Nach zehn, nach fünfzehn, nach zwanzig Jahren argloser Nähe und nie enttäuschter Nachbarschaft reißt plötzlich ein Film, ein längst vergangener Augenblick bringt sich in Erinnerung, und entgeistert, starr vor Befremden erfahren wir, daß wir unser Vertrauen einem Unbekannten geliehen haben, einem Mann, der in einer besonderen Lage zum Henker wurde.

So verständlich unser Erschrecken ist, so unnötig ist unser Befremden. Der Mensch birgt alle Möglichkeiten in sich: er hat seine Tagseite, und er besitzt – wie Breton sagte – auch seinen unspaltbaren Nachtkern. Freilich braucht er diese Möglichkeiten nicht unbedingt zu demonstrieren, sie können verborgen und unerkannt bleiben, nie erweckt, nie herausgefordert, ein

Leben lang – was oft jedoch nicht viel mehr darstellt als einen Glücksfall. Die wahre Schärfe aber, glaube ich, erreicht ein Leben erst dann, wenn es gezwungen wird, sich seine letzten Möglichkeiten einzugestehen, sie preiszugeben – und damit den Nachtkern sichtbar zu machen, der ganz allgemein zum Menschen gehört.

Es ist anzunehmen, daß viele der Männer, deren Namen wir plötzlich mit Schaudern nennen, selbst nicht wußten, welche fürchterlichen Möglichkeiten sie in sich bargen – bis zu dem Augenblick, in dem eine äußerste Lage sie zwang oder es ihnen nahelegte, sozusagen die latente heimliche Existenz hervorzukehren: den schlafenden Scharfrichter, den träumenden Tyrannen. Die extreme Lage, die äußerste Situation ist es, in der wir erprobt, bestätigt oder widerlegt werden, und darum erscheint es unmöglich, Garantien für irgendjemanden abzugeben, solange er sich nicht einer unerhörten Belastungsprobe unterworfen hat. Deshalb ist es keineswegs sonderbar oder befremdlich, daß ein achtbares Leben, das glimpflich und verschont durch die Jahre kam, in einem einzigen Augenblick widerlegt werden kann – nämlich unter den unbarmherzigen Forderungen oder Anfechtungen einer extremen Lage. Schließlich kann man nicht vom Menschen sprechen, ohne seine Schwächen zu berücksichtigen.

Was aber diese äußerste Lage, in der wir überprüft werden, kennzeichnet, das sind, wie ich vermute, vor allem zwei Merkmale: die Unmöglichkeit einer freien Wahl und die Möglichkeit, beliebig zu wählen. Ich habe beispielsweise nicht den Mut, da noch von einer freien Wahl zu sprechen, wo die Alternative lautet: leben und schuldig werden oder sterben und schuldlos bleiben. Und was das zweite Merkmal betrifft, so hat sich in der Geschichte gezeigt, daß uns kaum etwas so stichhaltig erprobt wie die Möglichkeit, beliebig zu herrschen, und das heißt, das geträumte Vergehen, die gedachte Tat ohne persönliche Verantwortung auch ausführen zu können. Beides kann also eine äußerste Lage kennzeichnen: eine rigorose Begrenzung und eine Aufhebung der Grenze, die Ohnmacht zur Entscheidung und die Macht zu beliebigen Entscheidungen. Wir werden ebenso überprüft, wenn alle Mittel uns verlassen haben, wie in dem Augenblick, in dem uns unbeschränkte Mittel zufallen.

Damit möchte ich allerdings nicht sagen, daß eine extreme Lage, die äußerste Situation, in die wir geraten können, so etwas wie ein halbes Alibi darstellt oder gar gewisse Handlungen rechtfertigt. Im Sinne einer konsequenten Moral gibt es für Entscheidungen, die in einer extremen Lage getroffen werden, nicht einmal mildernde Umstände, und es ist schon eine sonderbare Zeit, die dem Mörder aus Gehorsam mehr Verständnis entgegenbringt als dem Mörder aus Leidenschaft, der sein Risiko allein trägt. Wenn man vom Selbstmord absieht, den die Sprecher der Stoa uns als Möglichkeit anbieten, schuldlos zu bleiben, so gibt es in der äußersten Lage immerhin doch zwei Verhaltenswege: man kann im erwünschten Sinne handeln, oder man kann sich für eine grundsätzliche Teilnahmslosigkeit erklären – wobei es allerdings als selbstverständlich gelten sollte, daß Teilnahmslosigkeit noch nicht freispricht. Vor solch einer Alternative, das hat unsere jüngste Zeit gezeigt, wählen wir oft genug das Handeln, auch wenn wir spüren, daß wir dabei außerhalb des Gesetzes geraten oder das Verbrechen unterstützen. Doch das Handeln wird wiederum dadurch erleichtert, daß das Verbrechen zum Gesetz erklärt wird und dabei dem untertänigen Mörder sogar das Gefühl gibt, legal zu handeln. Darum haben die Großinquisitoren der Geschichte nie versäumt, den blutigen Vollstreckern ihres Willens ein gutes Gewissen und einen ruhigen Schlaf zu belassen.

Und so können wir es heute immer wieder beobachten, daß

ehemalige Vollstrecker, die aus ihrem ruhigen Schlaf geweckt werden, verwundert, aufgebracht und auch arrogant fragen, was man ihnen vorzuwerfen habe. Sie berufen sich auf Gesetze, berufen sich auf Notstände und auf außergewöhnliche Situationen, und man versteht sie. Gegenfragen sind selten, doch wo sie gestellt werden, wird der Skeptizismus gegenüber dem Menschen bestätigt, den die Zwangslage dazu bringt, seinen Nachtkern zu offenbaren. Resignierte Forscher, die sich mit der Erscheinung des Menschen befassen, wissen, warum sie den Gegenstand ihrer Forschung – mitunter widerwillig – in Verruf bringen: er hat gezeigt, daß er die Tugend üben und das Verbrechen träumen kann; er hat gezeigt, daß seine Ehrbarkeit oft nur ein Glücksfall und seine wirklichen Friedhöfe mitunter schon in Gedanken geplant waren. Der Triumph eines einzigen Mächtigen ist schon die Niederlage aller.

(1964)

Die Deutschen, die Polen und die Literatur

Die Bundesrepublik unterhält mit dem Land, das unter der Diktatur Hitlers am meisten gelitten hat, keine diplomatischen Beziehungen. Es gibt – außer handelspolitischen Gesprächen und Abkommen – keine offiziellen Begegnungen, keine offiziellen Verhandlungen oder Konferenzen mit den Vertretern eines Landes, auf dessen Territorium einst die größten Konzentrationslager errichtet wurden.

Nun liegt aber mitunter in einer offiziellen Beziehungslosigkeit ein Hinweis darauf, daß es nur um so stärkere inoffizielle Bindungen und Beziehungen gibt, und zwar psychologische, moralische, menschliche und historische Beziehungen, die sich als desto folgenreicher und dauerhafter erweisen, je ausschließlicher sie im Verborgenen, im Menschlichen bestehen. Die politische Psychologie zeigt, daß gerade ein bedrückender Reichtum an inoffiziellen Beziehungen manchmal die offizielle Verbindung erschweren oder hinausschieben kann. Ein offizielles Verhältnis schließt zwangsläufig die Anerkennung bestehender Pflichten, Forderungen und Ansprüche ein, es nötigt dazu, daß man sich zusammensetzt, um sich auseinanderzusetzen. Ein offizielles Verhältnis schließt auch den selbstverständlichen Wunsch ein, die Beziehungen zu klären, Inventur zu machen, Konsequenzen zu übernehmen.

Wer heute die deutsch-polnischen »Beziehungen« zu bilanzieren sucht, wird die seltsame Feststellung machen, daß diese Beziehungen sowohl vorhanden als auch nicht vorhanden sind. Das gehört zu den ersten notwendigen Eingeständnissen. Nicht existierende offizielle Verbindungen kann man nun zwar beklagen, aber nicht bestimmen, und deshalb bleibt uns nichts anderes übrig, als zum Verständnis der Lage die vorhandenen inoffiziellen Beziehungen zu betrachten; möglicherweise sind sie aufschlußreich genug. Welcher Art sind diese Beziehungen? Wie sind sie entstanden? Zu welchen Hoffnungen oder Befürchtungen geben sie Anlaß?

Verschweigen kann mitunter beredter sein als Aussprechen, und in der Tat werden die heutigen Beziehungen Westdeutschlands zu Polen zu einem guten Teil durch das charakterisiert, was von unserer Seite verschwiegen wird, was man sich nicht bekennt. Natürlich fällt es niemandem leicht, sich selbst zu bezichtigen, doch in diesem Fall wird es uns einfach durch die Gerechtigkeit nahegelegt. Und es gibt in der Bundesrepublik eine nicht unbedeutende Anzahl von Menschen, die bereit sind, dies zu tun, die willens sind, die Konsequenzen zu übernehmen, die sich aus der jüngsten Geschichte ergeben haben. Aber diese Bereitschaft, dieser Wille, diese Initiative – sie muten uns ein wenig unverbindlich an, sie erscheinen nicht verpflichtend genug, sie bestehen eben inoffiziell. Und in weiterem Sinne erscheint denn alles als inoffiziell, was die deutsch-polnischen Beziehungen von heute überhaupt ausmacht und was der Literaturkritiker Marcel Reich-Ranicki als eine »keineswegs leicht durchschaubare Mischung von edlen Regungen und Ressentiments, von Schuldgefühl und heimlichem Groll, von Gewissensbissen und Argwohn, von Hochachtung und Abneigung« bezeichnet hat.

Falls dieser Zustand der inoffiziellen Beziehungen fortdauert, haben wir für das Verhältnis beider Länder zueinander gewiß mehr zu befürchten als zu erhoffen. Eine Verbindung, die fast ausschließlich in unkontrollierten, emotionellen Bereichen besteht, verschleiert und verschärft die Lage: das Dunkel wächst, die Gegensätze verhärten sich; die Nachbarschaft wird dämonisiert. (Das trifft auf Polen allerdings nicht weniger zu als auf die Bundesrepublik.) Wo die Lösung dringender politischer Probleme der Zeit überlassen wird – in der Hoffnung, daß sie sich wohl eines Tages gleichsam von selbst erledigen –, werden nicht die Probleme überholt, wohl aber die politisch Verantwortlichen widerlegt werden.

Gegensätze im Leben der nachbarlichen Völker können zählebiger sein als Politiker, das ist sicher, und deshalb halte ich es, um die Ferne nicht wachsen zu lassen, für unerläßlich, daß man sich so früh wie möglich abstimmt, bespricht, daß für Klarheit gesorgt wird. Ich fürchte, daß wir uns bereits dem Augenblick genähert haben, in dem viele Menschen in der Bundesrepublik keine klare Vorstellung mehr davon haben, was eigentlich das »Trennende« zwischen Deutschland und Polen sein soll. Was bekannt ist, das sind Forderungen, Erwartungen, Ansprüche – doch die sind siebzehn Jahre alt und werden unentwegt wiederholt. Wir sprechen von ihnen und bedenken nicht die Veränderungen.

Da nun die offizielle Politik sich dazu bekannt zu haben scheint, daß Nichthandeln besser – und das heißt wohl: bequemer – sei als Handeln, liegt es nahe, andere Möglichkeiten zu prüfen, um die deutsch-polnischen Beziehungen aus einem unkontrollierten Gefühlsbereich zu befreien. Dabei bietet sich wie von selbst die Literatur an, auch wenn man gleich zu Anfang sagen sollte, daß Literatur keine schwerwiegenden politischen Versäumnisse wettmachen kann. Es ist nicht Sache der Literatur, Grenzfragen zu klären, Tugenden zu verbreiten oder für den guten Ruf der Regierenden zu sorgen; vielmehr sehe ich ihre Aufgabe vor allem darin, dem Menschen die Wahrheit über sich selbst in gewissen Situationen mitzuteilen.

Im Bloßlegen, im Enthüllen liegt die Freiheit der Literatur, liegt aber auch ihre Selbstbestätigung. Wir werden immer skeptisch sein, sobald eine Literatur uns zu gewissen idealen Meinungen rät, uns bestimmte Handlungen empfiehlt, uns zu überreden sucht, für die Errichtung dieser oder jener Paradiese zu sorgen. Eine Literatur, die geeignet wäre, die Beziehungen beider Länder im besseren Sinne zu verändern und zu vertiefen, muß uns die Freiheit lassen, unser eigenes Bild wählen zu können. Wir müssen uns erkennen und bereit sein, die Konsequenzen aus diesem Erkennen zu ziehen – sei es etwa, daß sie dazu führen, für eine Solidarität der Gedemütigten einzutreten.

Was die polnische Literatur in der Bundesrepublik betrifft, so braucht man ihr wohl einstweilen nichts heftiger zu wünschen als – Leser, viele Leser. Mit den meisten bedeutenden Namen der polnischen Gegenwartsliteratur sind wir, besonders in den letzten fünf Jahren, bekannt geworden: Witold Gombrowicz etwa hat einen Verleger gefunden, Marek Hlasko, Slawomir Mrozek, Jerzy Andrzejewski, aber auch Kazimierz Brandys und der von der SS ermordete Bruno Schulz. Außerdem sind mehrere Anthologien erschienen, etwa »Polen erzählt ...« und »16 polnische Erzähler«.

Es ist ein literarisches Spektrum von erstaunlicher Vielfalt: die rabiate surrealistische Satire und ein unerbittlicher Realismus, der phantastische Schreckensbericht und der historische Roman, der die Gegenwart erhellt – das Spektrum enthält alle Farben. Aber genügt solche Vielfalt bereits, um die Beziehungen beider Länder zu verbessern?

Die polnische Literatur der Gegenwart zeigt auch noch etwas

anderes: ein Bild der Deutschen und ein Leiden an Deutschland, das durch die Erfahrungen der jüngsten Vergangenheit hervorgerufen wurde. In vielen Erzählungen polnischer Autoren kommt dies immer wieder zum Ausdruck, und selbstverständlich wird kein Einsichtiger erwarten, daß man uns epische Zeugnisse ersparen möchte, in denen gesagt wird, was geschah. Es ist Unvorstellbares geschehen. Damit aber das Geschehene anerkannt wird und zu wünschenswerten Konsequenzen führt, braucht die polnische Literatur hierzuland mehr Leser, und zwar Leser, die bereit sind, sich, wenn es sein muß, entsetzen zu lassen.

Im Entsetzen liegt durchaus eine Möglichkeit oder doch ein Anfang zu klaren Beziehungen: wir erkennen uns in den Leiden der andern. Wenn Literatur nichts anderes erreicht als dies: uns selbst erkennen zu lassen in den Leiden, die wir andern zufügten, dann – glaube ich – hat sie bereits ihre Notwendigkeit bewiesen. Aber natürlich kann sie noch mehr. Literatur ist nicht nur ein Spiegel vergangener, sondern auch gegenwärtiger Leiden; in ihr finden wir die Erwartungen und Ängste, die Sehnsucht und die Furcht, die Hoffnung und die Verzweiflung einer einzigen dauernden Gegenwart, die den Menschen unaufhörlich auf die Probe stellt. Wer Literatur nicht als eine imaginäre, sondern als eine höchst konkrete Wirklichkeit ansieht, wird sich auch durch sie auf die Probe gestellt finden, und ich glaube, daß wir in dieser Hinsicht der polnischen Literatur nicht ausweichen dürfen.

So hoffe ich für die polnische Gegenwartsliteratur, daß sie den Lesern der Bundesrepublik die Kenntnisse vermittelt, die notwendig sind, um uns verstehen zu lassen, in welchem Maße deutsches Schicksal von polnischem Schicksal abhängt und umgekehrt. Und ich wünsche dieser Literatur, daß sie den westlichen Leser zu Schlußfolgerungen veranlaßt, zu denen wir alle gezwungen sind, wenn wir aus den furchtbaren Geschehnissen von gestern für die europäischen Erfordernisse und Bedingungen von morgen lernen wollen.

Aber wenn Literatur – in Ermangelung offizieller Beziehungen – helfen soll, ein besseres Verhältnis zwischen zwei Völkern zu konstituieren, so sollte der Austausch von Kenntnissen von beiden Seiten aus unbelastet und unbefangen vor sich gehen. Und damit meine ich, daß die deutsche Literatur der Gegenwart in Polen die gleiche Chance haben sollte; es sollten nicht nur deutsche Bücher übersetzt werden, die einen alten, begründeten Argwohn bestätigen und das Urteil über Deutschland vereinfachen, es sollten dem polnischen Leser auch solche Bücher zugängig gemacht werden, die darauf hinweisen, daß es in der Bundesrepublik auch andere Zeichen und Tendenzen gibt.

Und deshalb wünsche ich dem polnischen Leser, daß er ein sehr widerspruchsvolles Bild aus der deutschen Gegenwartsliteratur empfängt, ein Bild, das unbelehrbaren Starrsinn aufweist und offene Verständigungsbereitschaft, traurige Ressentiments und den entschiedenen Willen zu nachbarlichem Einvernehmen. Das größere Panorama der deutschen Gegenwartsliteratur könnte jedermann davon überzeugen, daß die Bundesrepublik beispielsweise nicht der militaristisch-revisionistische Staat ist, zu dem man ihn gemacht hat. Die Literatur wäre wohl in der Lage, dieses Bild zu korrigieren, und sie könnte außerdem zeigen, wie stark bei uns der Unwille gegenüber einer Politik ist, die ihren alten Versäumnissen neue hinzufügt. Kurz gesagt, auch die westdeutsche Literatur ist in der Lage, Kenntnisse über Deutschland zu vermitteln, die von einem gewohnten, leicht übernommenen Bild abweichen.

Diese Kenntnisse nun, die im freizügigen Austausch der Literaturen entstehen, können sowohl dazu führen, daß man sich selbst überprüft, als auch dazu, sich neu zu entscheiden.

Hierin liegt vermutlich für die Beziehungen beider Länder der größte Gewinn, zu dem die Literatur beitragen könnte. Eine sorgfältige Selbstprüfung muß uns klarmachen, daß die einzige Chance in Verhandlungen liegt, und auch der Ratschlag der Vernunft läuft darauf hinaus, uns für Verhandlungen zu entscheiden. Auch wenn die Literatur nun nicht den Gegenstand der Verhandlungen bezeichnen kann, sie kann immerhin für ein entsprechend günstiges und begünstigendes Klima sorgen. So hätte die Literatur bei einer Verbesserung des deutsch-polnischen Verhältnisses vornehmlich eine vorbereitende Rolle.

Aber könnte der Vorbereitung, der Einleitung nicht entscheidende Bedeutung zukommen, wenn man bedenkt, daß das Schweigen Westdeutschlands die Entfremdung beider Länder von Jahr zu Jahr größer werden läßt? Wir wollen die Wirksamkeit der Literatur gewiß nicht überschätzen, doch in dieser Hinsicht traue ich ihr eine erhebliche Wirksamkeit zu. »Der Schriftsteller«, sagte Sartre, »ist ein Vermittler par excellence, und seine Bindung ist die Vermittlung.«

Was aber sollte, was könnte noch getan werden, um die Wirksamkeit der Literatur zu erhöhen? Zunächst bietet sich ein Austausch von Schriftstellern an: Lesungen, Gespräche, Diskussionen. Ferner wäre zu erwägen, ob nicht in Warschau, Krakau, in München oder Hamburg Kulturzentren errichtet werden sollten, von deren Arbeit man sich am Anfang vielleicht nicht allzuviel, auf die Dauer jedoch einiges versprechen könnte. Schließlich hielte ich es für nützlich, gemeinsame Publikationen herauszubringen, in denen Schriftsteller beider Länder zum gleichen Problem, etwa zur Frage der Oder-Neiße-Linie, Stellung nehmen.

Von Empfehlungen an die Regierungen halte ich nicht allzuviel, um so mehr aber von einer Abstimmung der Schriftsteller untereinander, von einem freizügigen Austausch ihrer

Sorgen und Erwartungen, ihrer Schwierigkeiten und ihrer Zuversicht, bei einer vorurteilslosen Behandlung der politischen Gegebenheiten. An greifbare Resultate zu denken, scheint mir dabei vorerst nicht so wichtig; entscheidend ist, daß die Schriftsteller mit ihren Mitteln und Möglichkeiten auf die Herausforderungen einer Unterlassungspolitik antworten, die die Dinge in der Schwebe hält und dabei unaufhörlich Mißverständnisse möglich macht.

Mag sein, daß manche bei uns stark zu sein glauben, wenn sie sich weigern, Verhandlungen aufzunehmen – ich kann keine Stärke darin erblicken. Es gibt nur eine Stärke, die mich überzeugt: die Stärke eines vernünftigen Arguments; und sprechen nicht alle Argumente für die Aufnahme von Verhandlungen? Mit Stärke umgibt man sich auch, wenn man sich vor seinen Schwächen fürchtet. Stünde es uns aber nicht gut an, auch einmal unsere Schwächen einzugestehen? Was unsere Beziehungen zu Polen betrifft, wäre solch ein Eingeständnis möglicherweise schon eine Initiative.

(1965)

Gepäckerleichterung

Ernst Jünger zum 70. Geburtstag

»Partielle Blindheit gehört jedoch zum Plan.«
Ernst Jünger: letztes Vorwort zu *Der Arbeiter*,
Gesamtausgabe 1963

Nun ist der »capitano« selbst an eine Zeitmauer geraten; der kosmische Spähtrupp hat ein (vorläufiges) Ende gefunden; der alte Patrouillengänger gewährt sich selbst Gepäckerleichterung und legt die schon veredelte Beute nieder, die in funkelnder Dunkelheit, in sehr subtilen Grabenkämpfen der Erkenntnis gewonnen wurde. Ernst Jünger ist siebzig Jahre alt geworden, und rechtzeitig zu seinem Geburtstag erscheint der zehnte und letzte Band seiner Gesamtausgabe, die diffizile Weltbeute ist präpariert und ausgebreitet; all die blitzenden Orakel, die herrischen Einsichten in Leben und Tod, die Gleichnisse aus Rauchglas sind in einer bedachtsamen editorischen Leistung zu einem literarischen Monument vereinigt, dessen ungerührte Exklusivität immer noch frösteln, dessen stilisierte Einsamkeit abermals nachdenklich macht. Mit »Heliopolis«, diesem epischen Kurierbericht aus einer marmornen Stadt, ist ein zehnbändiges Unternehmen abgeschlossen, das den Autor Ernst Jünger nicht weniger als zehn Jahre in Anspruch nahm. Das große Planspiel ist also vorüber. Man fühlt sich zur Lagebesprechung angehalten.

Und zum siebzigsten Geburtstag, nach der Wiederlektüre

eines Werks, in dem mittlere Lagen, mittlere Konflikte und Leiden keinen Platz haben, nach der Wiederbegegnung mit diesem hochalpinen, vereisten Monument in Prosa möchte man sich doch fragen, wieviel Verlaß noch auf Ernst Jünger ist, wie weit man mit ihm noch rechnen kann nach den schmerzhaften Lektionen, die uns die Geschichte erteilte. Wie, so fragt man sich, glückte dem »vom Geist getriebenen Krieger« der Rückzug zum Waldgänger? Und zu welchem Preis, wenn überhaupt, wandelte sich der hochdekorierte, narbenbedeckte Landsknecht des Ersten Weltkrieges, der einen absoluten Sinn für die »Farbensymphonien der Materialschlacht« bewies, zum fragenden Einzelgänger, der über Sanduhr, Linie und Schleife meditiert? Unermeßlich und vertrackt ist doch der Weg von »In Stahlgewittern« und »Der Kampf als inneres Erlebnis« bis zu »Am Sarazenenturm« und »An der Zeitmauer«; daher ist wohl die vergröberte Neugierde entschuldigt, die herauskriegen möchte, bis zu welchem Maß man Ernst Jünger selbst immer noch Ernst Jünger vorwerfen kann. Es ist doch denkbar, daß der große Zauberer auf dem Grunde seines Huts einen Tausch vorgenommen und den nationalen Knallfrosch durch das weiße Kaninchen des Humanismus ersetzt hat.

Wie ihn die Legende pflegt und eine unbewegliche Erinnerung, das ist ja leicht – und leider zu leicht – gesagt: der Jünger der zwanziger und dreißiger Jahre kann gar nicht verstanden werden ohne seine Verherrlichungen des Krieges und die, sagen wir, »bräutliche« Todeshaltung, ohne einen dünkelhaften Nationalismus und das feudale Frostblumen-Ideal seiner Ästhetik. Der Jünger von ehedem, der anspruchsvolle Stoßtruppführer, der Diagnostiker in »salamandrischer Ruhe«, der in Typen dachte und sich von Typen etwas versprach, der Zeitdenker, der sich mit durchsehendem Auge über eine disparate Welt beugte wie über ein Herbarium, er ist längst bestimmt und bezeichnet, von der Literaturkritik – wenn auch unterschiedlich – aufbereitet. Jedenfalls, ein Bildnis anzufertigen vom frühen Jünger, das geht schon; da sitzt er eindeutig Porträt und verwirrt nicht den Stift durch vieldeutige Regungen. Und wenn es heißt: der frühe Jünger, so meint man aus Gewohnheit den »prekären« Jünger, den Autor von »Feuer und Blut« und »Die totale Mobilmachung«, den gelassenen Verächter ziviler Niederungen, dessen Äußerungen oft anmuten, als habe sich ein norddeutscher Mystiker am Regimentsaushang erklärt. Aber gerade das »Prekäre« an Jünger führte ihm auch damals Anhänger zu, bestimmte ihre Zahl und Qualität – Anhänger, die allerdings die gleiche Zurechtweisung durch die Geschichte erfuhren wie ihr Idol. Hat Ernst Jünger selbst diese Zurechtweisung empfunden? Sah er sich zu Korrekturen genötigt? Drängte es ihn womöglich, den prekären jungen Autor selbst akzeptabler zu machen mit Retuschen, die die Altersmilde eingab?

Daß der zeitgenössische Ernst Jünger eine andere Position einnimmt als der frühe, das zeigt sich im Denken, zeigt sich aber auch in einer Bemerkung seines ehemaligen Sekretärs Armin Mohler: »Der Mann, der – mit Recht – auf seinen *Pour le mérite* immer so stolz war, nahm den unkriegerischsten aller Orden, das Bundesverdienstkreuz, an. Der Mann, der sich sein Leben lang von allem Literaturbetrieb ferngehalten hatte, nahm plötzlich zwei Literaturpreise an, und zwar nicht einmal große.«

Auch wenn er selbst sein Werk als Einheit verstanden wissen möchte: wir müssen heute mit einem anderen Ernst Jünger rechnen, müssen die Wandlung zu einer mitunter stoischen Gemütslage feststellen, zu hochempfindlichem Einzelgängertum, müssen vor allem den Suchenden bemerken, anstatt den hochmütigen Bescheidwisser, der sich für einen irrtumslosen Seismographen hielt.

Wie aber dieser siebzigjährige Ernst Jünger über den früheren Ernst Jünger denkt, das zeigt sich unwillkürlich an der Art, wie der eine den anderen bei Gelegenheit der Gesamtausgabe durchsieht, redigiert, bearbeitet und kommentiert. In einem Nachwort »auf eigenen Spuren« rechtfertigt der Autor seine Bearbeitung, verteidigt Streichungen und Veränderungen und stellt fest: »In der Jugend neigt der Mensch zu Überheblichkeiten, in der Mitte des Lebens zu Banalitäten, im Alter zu Wiederholungen. Es ist gut, wenn er diese Mängel beim Blick auf das Ganze seines Werkes bemerkt.« Sind es tatsächlich nur diese Mängel, die er beseitigen will?

Vergleicht man, beispielsweise, die erste und die letzte Fassung der »Strahlungen« miteinander, so stellt man zunächst fest, daß Namen ausgelassen oder geändert wurden, daß Ortsbezeichnungen wegfielen, Gespräche verkürzt wurden – das mag hingehen. Nicht frei von Staunen ist man indes bei der Entdeckung, daß der Autor beinahe methodisch das verknappte oder eliminierte, was doch das »Jüngersche« an diesem Kriegstagebuch zu einem Teil ausmacht: in einer leidenden Welt über Orchideen, Landschaften, Kochkunst zu sprechen, inmitten unerhörter Bedrängnisse mit der Ätherflasche loszuziehen, die Stimmung der Schilfwälder zu genießen oder über den Reiz zerstreuter Blütenblätter unter großen Vasen zu meditieren. Diese Wahrnehmungen von exquisiter Schönheit, die uns herausforderten durch ihre Gleichzeitigkeit mit exquisitem Grauen, sind offensichtlich reduziert, ich möchte sagen, in ihrer provokanten Eigenschaft gemildert. Was dem frühen Jünger soviel galt, der ältere scheint Anstoß daran genommen zu haben, empfindet jedenfalls den Wunsch zur Revision des Tagebuchs. Worauf dabei verzichtet wird, was verloren geht, zeigt ein beliebiges Beispiel. Unter dem 18. Juni 1943 heißt es in der Erstausgabe der »Strahlungen«: »Gegen neun Uhr Ankunft in Paris. Schlief dort zunächst zwei Stunden in meiner kleinen

Boîte im Raphael, die auch ein wenig vom Fuchsbau hat. Sodann mit Neuhaus, Humm und dem Präsidenten im Coq Hardi. Dort ließ ich mir vom Präsidenten über das Schicksal der Gefangenen berichten, das dunkel ist.« Die gleiche Stelle in der vom Autor durchgearbeiteten Gesamtausgabe liest sich nun so: »Gegen neun Uhr Ankunft in Paris. Ich ließ mir sogleich vom Präsidenten über das Schicksal der Gefangenen berichten, das dunkel ist.« Ich halte solch eine Veränderung, und besonders in einem Tagebuch, durchaus nicht für eine Kleinigkeit, und für einen Vorteil, wie er Jünger doch vorgeschwebt hat, schon gar nicht. Der außerordentliche Unterschied beider Fassungen wird sofort evident, wenn man zwischen Ankunft und Erkundigung nach den Gefangenen Zeit verstreichen, eine Begegnung an einem bezeichneten Ort stattfinden, mit einem Wort: das Schicksal wirtschaften läßt. Zwei Stunden Schlaf, Gespräche und mutmaßlicher Umtrunk kommen jedenfalls in der letzten Fassung nicht vor, und vielleicht wäre dies für einen Tschechow gerade der Angelpunkt des Dramas.

Aber manches kommt in der letzten Fassung nicht vor, womit der Autor in der ersten einverstanden war, etwa die scharfsinnige Selbstanalyse, die unter dem 18. Juli 1943 notiert wurde: »Meine moralische Schwäche könnte mir ein solches Abweichen durchaus als wünschenswert erscheinen lassen, ich könnte dem Verrate willensmäßig zustimmen, allein es würde mir die Ausführung unmöglich sein. Ich gebe zu, daß mein Charakter nicht genügen würde, dem Dienste und der Bestechung durch falsche Mächte zu widerstehen – allein mein Wesen widersteht.« Was der Hauptmann Jünger im besetzten Paris von sich bekannte – der altersweise Waldgänger widerspricht ihm nicht einmal, sondern macht das erregende Bekenntnis ungeschehen, indem er es wegläßt. Sollte Ernst Jünger möglicherweise hier und da Ernst Jünger beanstanden, zurechtweisen, mißbilligen?

Zumindest empfindet er ihn als revisionsbedürftig – selbst da, wo es um die Entlehnung eines für ihn so wichtigen Schlüsselbegriffes wie Desinvoltura geht. Ein Vergleich der beiden Fassungen von »Heliopolis« macht das nicht nur deutlich, sondern läßt außerdem erkennen, was Jünger an Jünger entbehrlich erscheint. In der ersten Fassung hieß es: »Dies eine ist Desinvoltura – so nennt man eine Art der höheren Natur, wie sie den freien Menschen ziert, der zwanglos sich in dem Kostüm bewegt, das ihm von Gott verliehen ist. Desinvoltura wird gewonnen an den Höfen der Fürsten, in ihrem stolzen und edlen Gefolge und in der freien Rede, die sich in ihrem Rat erhebt. Du findest sie dort bei den Spielen, den Turnieren, den Jagden, den Banketten und im Feldlager, wo sie den Waffen ritterlichen Glanz verleiht.« Dagegen heißt es nun in der Gesamtausgabe: »Desinvoltura ist eine Art der höheren Natur – zwanglose Bewegung freier Menschen im angeborenen Gewand. Du findest sie bei Spielen, Turnieren, Jagden, Banketten und im Feldlager, wo sie den Waffen Glanz verleiht.« Die soziale Stratosphäre, das feudale Panorama, in dem Ernst Jünger so bewandert ist – sie erweisen sich heute als entbehrlich. Sie taugen wohl nicht mehr als bestimmendes Signalement – wie so vieles in schwarzen Trümmern dahintreibt, was einst einen Maßstab lieferte.

In jeder Revision, glaube ich, schlummert ein Richterspruch, und zwar objektiver und subjektiver Art; da gibt es wohl keinen Zweifel, in welcher Gestalt hier der alte Autor dem jüngeren begegnet, dessen Namen er trägt. Und nicht nur hier; mit Ausnahme von »Das abenteuerliche Herz« und »Der Arbeiter«, die unverändert in die Gesamtausgabe aufgenommen wurden, finden wir oft einen besorgten Autor bei der Durchsicht seines Werks, einen durchaus nicht milden Korrektor, der wohl spürt, wie weit er sich von sich selbst entfernt hat. Man kann das auch Wandlung nennen. Wer lange lebt, kann vieles überleben – mitunter auch sich selbst. Und ist da nicht der Wunsch verständlich, die Brechungen zu mildern, die Irrtümer zu beseitigen, die eigene Person rückschauend neu zu definieren? Aufgehoben die schöpferische Teilnahmslosigkeit, vergessen die alten anspruchsvollen Verschwörungen, die seismographische Starre überwunden und der exklusive Herrensinn beschädigt: wer möchte da nicht von Veränderungen sprechen? Der in der Gesamtausgabe gefangene Schriftsteller, allein mit seinem Lied, das keine Jugend mehr aufnimmt, allein auf subtiler Jagd nach dem Absoluten, das uns nicht schert – Ernst Jünger, gebeugt über sein rissiges Selbstbildnis, wird siebzig Jahre alt; ich weiß kein anderes Geschenk als das, worum er wohl selbst einmal bat, als er sich zu den Wenigen rechnete: Widerspruch. Er verdient ihn.

(1965)

Hervorragend mißglückt

Zu Herman Melvilles »Pierre«

Unbegreiflich sind manchmal die Verzögerungen, mit denen wir das Werk eines Schriftstellers zur Kenntnis nehmen: Melville brauchte immerhin mehr als zwei Generationen, um im deutschen Sprachgebiet das zu werden, was man einen »bekannten Autor« nennt. Er brauchte diese Zeit, obwohl sein Werk manche Kennzeichen der Moderne aufwies, obwohl er als Autor besaß, was einige seiner Kollegen auszeichnete: den Walfisch-Appetit eines Thomas Wolfe und den Hang zum Gleichnis des späten Hemingway, Conrads Sinn für Schicksalhaftigkeit und die allegorische Kühnheit eines Nathaniel Hawthorne. Zwei Generationen – doch heute wird sein Werk so beachtet, daß es nicht nur als gerechtfertigt, sondern als selbstverständlich erscheint, wenn auch die Bücher Melvilles herauskommen, die er sich – wie er in einem Brief bekannte – vor allem zu schreiben wünschte: nämlich Bücher, die danebengehen. Was Melvilles Roman »Pierre« angeht, so hat er sich diesen heiklen Wunsch durchaus selbst erfüllt. Dieses Buch, ein Jahr nach dem Meisterwerk »Moby Dick« herausgekommen, doch erst jetzt zum ersten Mal ins Deutsche übersetzt, erscheint mir auf höchst bedeutsame, auf faszinierende Weise danebengegangen.

Das aber soll kein Anlaß zu vermindertem Interesse sein; im

Gegenteil, das problematische Buch eines so hervorragenden Schriftstellers wie Melville sollte die gleiche Aufmerksamkeit erhalten wie ein vollkommen geglücktes, denn die Gründe des Mißlingens sind für das Verständnis eines Autors unter Umständen aufschlußreicher als die Bedingungen seines Erfolgs. Außerdem läßt sich über »Pierre« durchaus ergiebig streiten. Was also ist es, das diesen Roman problematisch macht?

Der Grundeinfall ist rasch erzählt: Pierre – Sohn eines verdienstvollen Generals, der mit seiner Mutter auf einem neuenglischen Herrensitz lebt, zärtlich, schwärmerisch und von erstaunlicher Arglosigkeit – Pierre erfährt eines Nachts durch einen Brief, daß er eine Halbschwester hat. Diese Tatsache erscheint ihm wie ein Fleck auf dem Wappenschild: gefüttert mit den Leckerbissen idealistischer Philosophie, versucht er, das Unrecht, das das Vaterdenkmal hinterlassen hat, wiedergutzumachen. Er opfert diesem Wunsch das geschwisterliche Liebesverhältnis, das ihn mit seiner Mutter verbindet. Er geht mit der Halbschwester eine Scheinehe ein, zieht in die Stadt, läßt sich als Schriftsteller nieder; doch der auf erbauliche Maximen gegründete neue Lebensentwurf scheitert, es endet mit dekorativem Tod in der Gefängniszelle. Der Schluß hat sinnbildliche Züge: der Tod aller Figuren weist darauf hin, wie jeder Entwurf enden muß, der ein Leben maximenhaft korrigieren möchte.

Das ist, sehr verknappt, die Geschichte, und in ihrer Art ist sie gewiß musterhaft und einwandfrei: die Bedenken beginnen beim Helden. Dieser Pierre, den Melville zu einer Hauptgestalt gemacht hat, in der er seine eigene jugendliche Persönlichkeit idealisiert, dieser Pierre macht eine seltsame Wandlung durch vom zärtlichen Parsifal zu einer moralischen Kunstfigur. Niemand wird die außerordentlichen psychologischen Einsichten Melvilles in Zweifel ziehen; dieser Pierre indes scheint mir überpsychologisiert. Er trägt zu schwer an symbolischer

Fracht. Er ist überfüttert mit Mystik und ungenügend zubereiteter Philosophie. Die Motive seines Handelns sind mitunter schwer einsehbar, selbst wenn man ihm die Grundbefindlichkeit des reinen Toren zugesteht. Auch die Absonderlichkeiten eines Helden sollten uns anrühren oder angehen; Pierres Absonderlichkeiten tun es nicht. Er hat zuviel zu repräsentieren, und das bekommt ihm nicht.

Welch ein umfassendes Prinzip er auf Wunsch seines Autors darzustellen hat, sagt er selbst in einem seiner wortreichen Monologe: »Laß alle Schrecken los und alle Flüche. Hinfort will ich nur noch die Wahrheit kennen, frohe Wahrheit oder traurige Wahrheit. Ich will wissen, was ist, und tun, was mein innerster Engel mir befiehlt.« Das war natürlich auch das erklärte Programm des Autors selbst, von dem sein Übersetzer, Walter Weber, in einem sehr informativen Nachwort sagt, daß Melville augenscheinlich die Absicht gehabt habe, sich selbst durch die Gestalt von Pierre »unverhüllt mitzuteilen«. Somit wurde Pierre unter anderem zum Vorwand für des Autors biographische, religiöse und philosophische Bekenntnisse – was wiederum eine Einbuße an kritischer Distanz bedeutete.

Gewiß, es gibt Gleichnisse, die einleuchten, Erkundungen des Unbewußten, die uns erstaunen lassen, es gibt einige Bilder und Motive, die anzeigen, welch ein Erzähler hier am Werk ist, doch insgesamt kann uns dieser »Pierre« nicht überzeugen – als Roman nicht.

Vielleicht liegt der Grund für die formale Unzufriedenheit darin, daß Melville, wie Walter Weber in seinem Nachwort bemerkt, die Absicht hatte, »eine Art klassischen Dramas in poetischer Prosa« zu schreiben. Dafür sprechen nicht nur einzelne Szenen und Stimmungen, sondern auch die Konzeption der Handlung und schließlich die Bewunderung des Autors für Shakespeare und das ganze elisabethanische Theater. Stellt aber die Absicht eines Autors bereits einen mildernden Umstand dar? Werden wir diesem Buch gerechter, wenn wir, einer Empfehlung des Übersetzers folgend, »Pierre« als Drama auffassen? Ich meine, Drama und Roman erfordern jeweils ein anderes kritisches Besteck, und es hilft uns nicht weiter, wenn wir anstelle des Resultats die Absicht des Autors erforschen. In diesem Fall, fürchte ich, hat einfach die dramatische Konzeption das epische Resultat fragwürdig gemacht; da gibt es Sprünge und unwahrscheinliche Schürzungen, da gibt es hastige Verwandlungen, abrupte Blenden, da gibt es überstürzte dramatische Lagen, gegen die man vielleicht nicht soviel einzuwenden hätte, wenn sie nicht in einem Stil vollkommener Unangemessenheit geschrieben wären. Allein die gravitätischen Satzperioden und die mitunter schweifende Rhetorik vereiteln die Absicht, »Pierre« als Drama aufzufassen und damit diesem Buch zu einem Kunstwert zu verhelfen.

Doch da es das mißglückte Werk eines so großartigen Schriftstellers wie Melville ist, wird die Lektüre immer lohnend sein. Denn zum Bild eines Schriftstellers gehört nicht nur das, was er erreicht hat, sondern in gleicher Weise das, was ihm mißglückt ist.

(1966)

Eine Lieblingslandschaft

Welcher nordische Gott auch die Flensburger Förde erschuf: er hatte den Blick des Amateurfotografen. Er wollte augenscheinlich weniger erregen als erheitern, nicht so sehr herausfordern als auf schläfrige Weise erfreuen. Ein früher Liebhaber der Postkarte war hier am Werk, ein Freund des gefälligen Panoramas, ein temperamentloser Urheber von Gegend, die den Betrachter, nun ja: durch ansehnliche Langeweile erquickt. Hier reitet kein Schimmelreiter im Zwielicht vorüber. Hier hat die Ostsee Mühe, ihre Erregung glaubwürdig zu machen. Dem Wasser fehlt das düstere Grün, das Nolde der Nordsee absah, und dem Himmel fehlt das Zinngrau mit den schlohweißen Rissen, das im Westen, von Heide bis Husum, bekannt ist.

Eigensinnig versucht die Flensburger Förde ein norddeutscher Lido zu sein: unter arglosem Blau bietet sie sich an, gibt sich sorglos, fröhlich, von gleitenden Segeln bestückt, sie hat stille Heiterkeit angelegt und möchte gern von Dufy gemalt werden. Die mitunter steil ansteigende Küste ist bewaldet; alte Buchen zwingen den Wind, sich erträglich aufzuführen. Auf den bewaldeten Hängen hat sich hier und da bürgerliche Sehnsucht einen Alterstraum errichtet: eine Veranda für matte Tage, eine Loge für den Feierabend, von der man hinabblickt auf die bierflaschengrüne Förde, in deren Mitte etwa die Landesgrenze verläuft. Hotels, Bade- und Strandhotels garnieren den Saum der Förde, viele Fenster stehen offen, tropfnasses, verfilztes Badezeug hängt da zum Trocknen. Der Strand ist stellenweise sandig. Einige Ecken sind verschilft, steinig, verkrautet. Pfähle, an denen Aalreusen hängen, markieren die Buchten, und in flachem Wasser warnen wippende Fähnchen vor ausgelegten Schollen-Netzen.

Bei Sönderhav erheben sich die beiden Ochseninseln aus der Förde, grüne, braungefleckte Erdstücke, mit denen, so scheint's, zwei Riesen einst den Kugelstoß übten. Zwischen Kollund und Flensburg, quer durch das schläfrige Ballett der Segel, tuckert die weiße, gutmütige Armada der Schnaps-Schiffchen, auf denen von unwirschen Verkäufern ein zollfreier Rausch angeboten wird. Sie singen auf den weißen Schiffen, sie trinken und schwanken und kotzen einen Tageslohn in die fischreiche Förde. Das große graue Schiff, das in der Höhe von Mürwik vor Anker liegt, hat weder acht Segel noch hundert Kanonen; es ist ein gedrungener Tanker der NATO-Flotte, der die hier stationierten Minensucher versorgt. Der Tanker befleckt die Idylle. Er versaut die Postkarte. Daran können auch die Herings- und Mantelmöwen nichts ändern, die hier ihre dekorativen Aufgaben erfüllen und sowohl deutsche wie dänische Badegäste umschichtig erfreuen.

Auf deutscher Seite ist das Badeleben lauter, wimmelnder, augenfälliger: das paddelt auf Gummitieren, das spritzt und plärrt und schneidet sich an scharfen Muscheln den Fuß auf, das gräbt sich Sandburgen, macht Bocksprünge und zerschneidet sterbende Quallen. Auf dänischer Seite trinkt man angesichts der Förde vor allem Kaffee, löffelt nachdenklich Sahne und ißt goldbraune, weichgebackene Stücke Wiener Brød, bevor man eine Fahrt auf dem Schnapsschiff unternimmt. Hüben wie drüben jedoch brummen Busse mit Krankenschwestern, Forsteleven und Hausgehilfinnen die Strandwege hinab, erhitzte, gerötete Gesichter erscheinen hinter den Scheiben, und vierzig Fotoapparate richten sich auf die unschuldige Förde und werden ihre Ansicht nach Duisburg und Ingolstadt mitnehmen.

Kurz sind die Wellen auf der Förde. Die Boote der Angler treiben langsam über die unsichtbare Landesgrenze. In der Mitte der Fahrrinne ist die Förde etwa zwanzig Meter tief, hier zieht der Dorsch in Schwärmen. Bojen wippen in den verlaufenden Bugwellen eines Motorbootes. Wohin man sich dreht: überall ist Land in Sicht. Erst weit hinter Brunsnaes, vor der Geltinger Bucht, öffnet sich die Förde zur freien See und könnte Beunruhigung hervorrufen.

Abends sehe ich von meinem Fenster das Leuchtfeuer der Geltinger Bucht. Es leuchtet den Schiffen heim, die in lockerer Prozession der Förde zustreben: mittlere Frachter, Küstenmotorschiffe, NATO-Fahrzeuge, Fischerboote und gelegentlich wohl auch Spezialtanker mit Rum. Wer sich lange genug erkundigt, wird eines Tages gewiß erfahren, wieviel Mal die aufeinandergestellten Rumfässer, die hier an der Förde verschifft wurden, zum Mond reichen.

Wer sich hier lange genug umsieht, wird aber auch bemerken, daß die Förde ihr soziales Gefälle hat, daß sie für jeden da ist oder es doch sein möchte: für die Großen der Welt, die sich an einer bestimmten Zigarettensorte, an einem angemessenen Feuerzeug erkennen, für bürgerliche Gediegenheit, die sich für die Vollpension in einem der strandnahen Hotels entscheidet, für junge Transistorbesitzer, für fanatische Campingfreunde, für umfangreiche Familien, denen von einem Flensburger Zille das Ende der Förde zugewiesen wurde, das flache Stück unterhalb der Straße nach Krusau. Die Flensburger Förde möchte sich für jeden öffnen, möchte für jeden daliegen. Von demokratischer Gegend möchte man deswegen aber noch nicht sprechen, da es stille, uneinsehbare Winkel gibt, in denen das Wasser nicht flaschengrün, sondern sandtrübe erscheint, Strömungen, die sich nicht zu erkennen geben und den Schwimmer gefährden. Sonst aber gesteht die Förde, daß sie eine Postkarte ist, ein vorteilhaftes Panorama, eine Ausflugslandschaft. Hier trifft man die Freunde aus Witten an der Ruhr. Man begegnet seinem alten Lehrer am Strand. Wen man seit langem vermißt hat, hier kann man ihn wiedertreffen: unter blauem, den Umsatz förderndem Himmel, an grüner Küste und Steilküste, auf sonngebleichten Landungsbrücken, unter flatterndem Hotelwimpel, auf unerregtem Wasser, mit einem Wort: in der heiteren, der schönen und ergiebigen Langeweile der Flensburger Förde.

(1966)

Ich zum Beispiel

Kennzeichen eines Jahrgangs

Man kann nicht gleichzeitig mit der Welt groß werden, sie ist immer schon da wie die Erwachsenen, sie ist eine anmaßende, aber vollendete Tatsache, hält nur einen Inhalt für uns bereit, eine Rolle, einen Charakter womöglich. Das war auch am 17. März 1926 der Fall, als ich geboren wurde, als ich unter ordentlichen Seufzern und Hoffnungen auf eine Welt kam, die ich weder übersehen noch zurückweisen konnte, denn sie war schon da. Die kleine Stadt Lyck war schon da. Man nannte sie bereits die ›Perle Masurens‹. Der Lyck-See war schon da, die sandigen Exerzierplätze, die Fischverkäuferinnen mit den Kapitänsnacken, die gedrungenen Kriegerdenkmäler, das gekalkte Gefängnis, die Vorurteile und die trübseligen Kasernen, in denen das feldgraue Unglück wohnte: alles war schon da. Die trockenen, pulsenden Sommer Masurens waren schon von den Redakteuren des Hundertjährigen Kalenders gemacht, Hindenburg blickte schon unter geschwollenem Lid auf die Schulklassen herab, der Bosniaken-Kommandeur von Gunther besaß schon sein Denkmal und die Lycker ihre pruzzisch-sudauische Vergangenheit: offenbar hatte man mir nichts mehr zu tun übriggelassen, denn die Masuren hatten auch schon ihr Masurenlied (Wild flutet der See), ihr Stück über Pogorzelski und ihre Ansichten über unsere sudauischen Vorläufer, die ich immer für unterwürfig hielt, für tückisch, krummbeinig und bescheiden.

Alles war schon da, als ich geboren wurde, ich hatte strenggenommen keine Daseinsberechtigung, ich war überflüssig, entbehrlich, ein fahrlässiger Luxus; die Gesellschaft hatte sich ohne mich bereits in Rollen und Privilegien geteilt; die Besetzungsliste meiner Stadt war komplett: die Arbeiter stellten Arbeiter dar, die Handwerker Handwerker, die Fischer Fischer; die kleinen Lycker Geschäftsleute kannten ihren Text, die Polizisten spielten Polizisten, und die Beamten, zu denen auch mein Vater gehörte, waren gedankenlos in ihren Rollen ergraut. Vielleicht kam ich in Versuchung, früh zu sterben: mit erträglichem Gewissen kann man doch nur in einer Welt leben, die einem erlaubt, seine Möglichkeiten herauszubekommen. In Lyck, der Hauptstadt Masurens, stand am Tag meiner Geburt alles schon fest, war alles eingerichtet, verteilt und beschlossen: ich war ihr Überfluß, und das vereitelte wohl den Selbstgenuß.

Bevor ich mir aus Entrüstung eine unvollendete Stadt gleichen Namens erfand, ging ich daran, die fertige so weit zu entdecken, wie es mir möglich war. Ich wohnte in einem kleinen Haus am Seeufer, und der Lyck-See war für mich die Welt im Spiegel. Ich erkundete seine Ufer. Ich lernte fischen und schwimmen, bevor ich lesen lernte. Der ruhige See weihte mich in seine Geheimnisse ein und gewährte sanfte Abenteuer. Als ich an einem Märzmorgen durch das mürbe Eis brach und nur mit Mühe gerettet wurde, glaubte ich mich künftig gegen alle Mißgeschicke auf dem See gefeit: welch ein Glück, sagte ich, nun kann mir nichts mehr passieren. Ich sah in dem Unglück eine Vertraulichkeit. Ich nahm dem See nichts übel. Im Boot, auf träge driftendem Binsenfloß, im Segelschlitten und im schwülen Schilfgürtel bot ich ihm eine zarte Freundschaft an. Wer mich suchte, brauchte nur ans Wasser zu gehen, wo ich auf den schwarzen Fischkönig wartete, den meine Großmutter nicht müde wurde zu denunzieren, weil sie sich Sorgen um mich machte. Ihre Warnungen hatten das Gegenteil bei mir erreicht: ich sehnte mich nach dem Anblick des schwarzen Fischkönigs, um ihm meinen Dienst anzubieten, ich wollte sein Admiral ohne Bezahlung werden, seine Gegner vernichten und hinterher seine fischlippige Tochter heiraten, die ich mir als entzückend gefährdete Karausche vorstellte.

Nachdem ich lesen gelernt hatte, erfand ich mir eine Stadt Lyck, über die ich herrschen konnte, erfand mir vor allem die Wonnen und Konflikte eines Herrschers von eigenen Gnaden. Ich nahm die Stadt als Kosaken-Hetman in Besitz, getreu dem begeisternden Bild, das meine Großmutter vom Einzug der Kosaken 1915 entworfen hatte: auf kleinem, zottigem Renner sprengte ich durch die versteinerte Promenade, ließ mich vor Übermut aus dem Sattel rutschen, ritt eine Weile kopfunten und ließ die Erde über dem Himmel schweben, richtete mich dann mit beherrschtem Schenkelschlag wieder auf und ließ mir auf dem Lycker Marktplatz die Gefangenen vorführen: ein Senken meiner zierlich geflochtenen Knute brachte den Tod, ein Lächeln die Verurteilung zum Leben. Die Tochter des Bürgermeisters hatte allerdings nie etwas zu befürchten. Als Klage über meine unwiederbringliche Kosakenexistenz schrieb ich später, als Student, mehrere Kosakenspiele, wovon eines ausdrücklich Taras Bulba gewidmet war, in der Absicht demütiger Huldigung.

Nach meiner Kosakenzeit ernannte ich mich zum Ersten Offizier von Jörn Farrows U-Boot, dessen Abenteuer in bebend erwarteten Fortsetzungen geschildert wurden. Ich las mehr als hundert Hefte. Ich gab Befehl, im Lyck-See zu tauchen, ließ das Gefängnis beschießen, den Wasserturm und das Lehrerzimmer in meiner Schule; indem ich anderen ein Schicksal bereitete, erwarb ich mir selbst ein Schicksal: ich wußte endlich, wozu ich da war. Ich setzte Jörn Farrow ab, degradierte ihn zum Bademeister in Ohles Badeanstalt und lud meine Klassenkameraden zu Lampionfahrten ein, ich ließ Eistüten verteilen und torpedierte zum Spaß die Fischerboote von Sybba. Mit der Tochter des Bootverleihers und meiner Katze entwich ich zuletzt in die Südsee, wo ich mir ein neues Ansehen als Meisterspion erwarb.

Nachdem ich Rache an der Stadt Lyck genommen hatte, wurde ich ein anderer. Ich söhnte mich mit meiner Heimatstadt aus, die von mehreren Exerzierplätzen eingeschlossen war, auf denen sommers und winters Maschinengewehre hämmerten, Kanonen das Schweigen zerstörten. Manchmal, wenn von den Detonationen die Scheiben klirrten, begann meine Großmutter erbittert zu singen; sie sang in heftiger Gläubigkeit »Aus seines Irrtums Finsternissen« oder »Auch Sünder können selig sein«, und ich wunderte mich, daß das Schießen nicht augenblicklich aufhörte und eine erschrockene Stille das Land überzog. Ich lief hinaus zu den Lycker Exerzierplätzen, manchmal gleich nach der Schule, versteckte meinen Ranzen in einem Gebüsch und bot mich den Soldaten als Mitspieler an, als Toten vor allem, ich spielte ihnen Tote und gelegentlich auch Verwundete vor, und sie nickten in bewunderndem Einverständnis und überließen mir die leeren Patronenhülsen als Honorar. Auch wenn ich mit meinen Freunden »Räuber und …« spielte, übernahm ich die Rolle des Toten mit der gleichen wortlosen Selbstverständlichkeit wie Gründgens die des Mephisto. Als Toter muß ich stark überzeugt haben. Als Toter gefiel ich. Meine Mitwirkung bei einem Freilichtspiel, das die rüde, aber gläubige Kolonisierung durch den Ritterorden schilderte, wurde ein zwangsläufiger Mißerfolg: als ich in der Rolle eines Ritterpagen auf die Bühne trat und etwa die Worte äußerte: »Herrche, auch mir leckert nach Schwert und holder Frau«, da ging meine Glaubwürdigkeit im Gelächter unter. Seit dieser Zeit bin ich auf den Ritterorden nicht gut zu sprechen: er hat mich entlarvt, er hat mir die Grenze meiner Fähigkeit gezeigt, er hat mich in der schmalen Rolle des Toten bestätigt.

Mit zerstreuter Feindseligkeit nahm ich daher zur Kenntnis, was mein Geschichtslehrer vom Ritterorden erzählte: mir kam ein Sieg Jagellos nicht ungelegen. Mein Verhältnis zur masurischen Geschichte war gestört. Selbst ein späterer Besuch in der Marienburg änderte nichts daran; statt mit tadelloser Ergriffenheit dazustehen, suchte ich unwillkürlich nach den schwachen Punkten der Festung – als müßte ich den Herren mit Verzögerung heimzahlen, was man mir angetan hatte. Außerdem hatte die masurische Geschichte einen erheblichen Nachteil für mich: sie wiederholte sich zu sehr. Immer nur leichte, sommerliche Scharmützel und schwerfällige Umfassungsschlachten im Schnee, immer nur beherzte Vormärsche und traurige Rückzüge – die konnte man zu leicht miteinander verwechseln, sie erschwerten jede Prüfung. Dabei hatte ich mit meinem Geschichtslehrer Glück; er, der so oft berauscht von Hindenburg sprach, bis er ihm physiognomisch zu ähneln begann und wir ihn selbst Hindenburg nannten, gab außer seinem Lieblingsfach noch Sport und Singen, und er verschaffte uns die Möglichkeit, miserable Geschichtszensuren oder hoffnungslose Noten im Singen an der Kletterstange, am Reck aufzubessern. Der Bizeps wurde in meiner Schule als Bildungsfaktor anerkannt; gelungene Kniefelgen und Riesengrätschen wogen den mangelnden Sinn für die Wissenschaften auf. Nicht Könige, nicht Vandalen, Pruzzen, Sarazenen weckten meine Leidenschaft für die Geschichte, weder Drachenbezwinger noch Lindwurmtöter waren meine Wunschfiguren; das einzige Ideal, das die Geschichte mir anbot, war die Gestalt des Kosaken-Hetmans.

Ihn hatte ich auch vor Augen, nachdem ich Pimpf geworden war. Ich zog zu Pimpfen-Spielen aus, sang Pimpfen-Lieder, las die Zeitschrift »Der Pimpf«, ging mit Pimpfen auf Fahrt durch Masuren und schlief im Pimpfen-Mief unter spitzem Zelt: die ganze Welt stand offenbar im Zeichen des Pimpfs, der erfunden war, um seine Indianerspiele einem Mann namens Hitler zu weihen.

Als ich zehn Jahre alt wurde, begann ich mitzuspielen: arglos, heißwangig, insgeheim ein kosakisches Leben hartnäckig mit der Seele suchend. Für mich brannten die Lagerfeuer am Don, im Gesang hörte ich das Hufgetrappel der zottigen Renner, und über Geländespielen wölbte sich selbstverständlich ein aufmerksamer Kosakenhimmel, der den Listigen gewogen war. Ich wurde Pimpf wie jeder, und wie jeder erwarb ich die Rechte eines Pimpfs. In Uniform durfte ich von keinem Lehrer mehr geschlagen werden. Ich durfte ein Fahrtenmesser tragen. Ich durfte Altmetall sammeln und mit einer Winterhilfsbüchse fordernd an Erwachsene herantreten. Und ich durfte mit Tausenden von Pimpfen Spalier stehen, als es Leute namens Hitler oder Koch oder Goebbels in die Hauptstadt und Perle Masurens verschlug; wir jubelten auf Handzeichen und winkten auf Pfiff mit Kornblumen. Wir stellten jede erwünschte Form von Begeisterung her. Die Männer in den schweren, schnell fahrenden Autos grinsten nur zufrieden: in uns schmeichelten sie sich selbst.

Aber ich war kein absoluter, kein Dauer-Pimpf. Die Verheißungen des Lyck-Sees waren immer noch groß, und ich nahm seine Aufforderung an und erkundete ihn allein an all seinen Ufern, fischte von all seinen Fischgattungen und lernte von geduldigen, polnisch sprechenden Holzflößern, wie man

Angelschnüre dreht, Bleifische gießt, wie man Barsche brät und alle Genugtuungen in der Erwartung auf den Biß findet. Und außerdem mußte ich zur Schule – trotz aller Vorrechte, die mir als Pimpf automatisch zugefallen waren; denn hatte mich die Uniform auch dem Rohrstock entzogen, Reife ersetzte sie anscheinend noch nicht. So willigte ich darin ein, mich unterrichten zu lassen. Einige meiner Lehrer waren Offiziere gewesen oder waren immer noch Reserveoffiziere, und der Unterricht bei ihnen hatte durchaus Ähnlichkeit mit einer Instruktionsstunde am Bildungsgeschütz: nach knapper Vorbereitung besetzten wir die strategischen Punkte des Wissens im Handstreich. Wir erbeuteten Jahreszahlen, mathematische Gleichungen, chemische Formeln. Wir glaubten an das, was wir besaßen. Wir leisteten uns nicht den ergiebigen Luxus des Zweifels, obwohl wir auch Lehrer hatten, die uns vorsichtig dahin zu bringen suchten – besorgte Pädagogen, die uns nicht aufgaben, sondern unsere Infektionen mit sanften Überzeugungsversuchen mildern wollten. Sie ließen uns Aufsätze über den Luftschutz schreiben und empfahlen uns Lessing zur Lektüre; pflichtschuldig diktierten sie uns ›Das Leben von Hermann Göring‹ und machten uns mit Büchern von Erich Kästner bekannt. Auch an meiner Schule gab es Pädagogen, die sich nicht abfanden, die sich mit den andern auseinandersetzten – wobei der Schnittpunkt der Auseinandersetzung in uns lag, in den Schülern. Längst war neben dem Bild von Hindenburg, der trübe und gedankenlos auf uns herabblickte, das Bild von Hitler aufgehängt worden. Es war eine Fotografie, die ihn unter Pimpfen zeigte: Hitler scherzte mit seiner zartwüchsigen Gefolgschaft. Der höchste gewalttätige Pimpf fühlte sich offensichtlich wohl unter »seinen« Mitpimpfen, die darüber aufgeklärt waren, daß sie seine persönliche Freude vermehrten, wenn sie weiter werfen, schneller rechnen, länger laufen und besser singen konnten. So blieben unsere verbesserten Leistungen zumindest nicht unbemerkt und nicht ohne Folgen. Bei Schulfesten, bei Sportkämpfen, bei der Erntehilfe galt demnach jede besondere Anstrengung offiziell der Mehrung seiner Freude.

Das zu tun hatten sich augenscheinlich auch etliche unserer Lehrer entschlossen, sie erfreuten ihn, indem sie zu Reserveübungen einrückten, die natürliche Erhabenheit des Katheders gegen die zugige Kühle der Kasernen tauschten, und zwar gleichzeitig, plötzlich, wie auf Verabredung. Das schien mir um so weniger verständlich, als die ganze Stadt schon voll von Soldaten war. Sie biwakierten auf dem Rennplatz. Sie hielten jedes freie Bett in den Privatwohnungen besetzt. Am Bootshaus, auf den Straßen, auf unserm Schulhof, überall dampften ihre Feldküchen und überzogen die Perle Masurens mit einem deckenden Geruch von Erbsensuppe. An den Brücken waren Kanonen in Stellung gegangen, und unsere Greise und Invaliden sprachen mit den Soldaten, entsannen sich ihrer Taten, nicht ihres Unglücks. Pioniere flitzten in flachen Booten über den Lyck-See, betäubten die Tochter des schwarzen Fischkönigs mit Handgranaten, brieten und aßen sie. Es war ein glühender, elektrisch geladener August; immer mehr Soldaten strömten in die Stadt, kampierten und wachten, und die Bänke in der Schule waren in diesen Tagen heiß und voller Splitter; wir konnten das Ende des Unterrichts kaum erwarten, stürzten nicht nach Hause, um mit Robinson Crusoe eine Palisadenwehr zu errichten, mit Lederstrumpf zu streifen oder Winnetous feucht gewordenes Pulver zu trocknen; wir stürzten vielmehr zu den Kanonen, Sturmbooten und mobilen Funkstationen, in denen die Chiffren des Unheils aufgefangen und knisternd weitergegeben wurden.

Ich war dreizehn Jahre, als der Krieg begann: ein Schüler,

ein Pimpf, ein geduldiger Spaliersteher, der keine Zwischenfragen stellte, der auf Handzeichen jubelte, als sei Jubeln so etwas Sachgemäßes wie Essen. Mit fünf, mit sieben, mit neun Jahren hatte ich mir hinter der spanischen Wand meiner Phantasie eine Rolle zugelegt; ich hatte Vorstellungen von Dingen, die getan werden mußten; es schwindelte mir angesichts der Möglichkeiten, die es für mich als Kosaken-Hetman gab. Mit dreizehn hatte ich die träumerische Tollheit unerhörter Einzelaktionen hinter mir, mit denen ich die Welt zu korrigieren hoffte. Man hatte mich zu äußerlichem Gehorsam bekehrt. Ich begann einzusehen, daß man lernen muß, zu verstehen, bevor man handelt. So wurde ich zum minderjährigen Spaliersteher verurteilt.

Während von der nahen Grenze der Geschützdonner zu uns herüberdrang, dem meine Großmutter mit erbitterten Chorälen antwortete, stand ich im erregten Spalier der Lycker und beobachtete die Soldaten, die heiter das Nachbarland überfielen, die fröhlich und selbstgewiß, aber auch hochmütig vorbeizogen, beschenkt und mit Blumen dekoriert, siegessicher wie alle Soldaten zu Beginn, wohlgenährt, rasiert natürlich. Panzerwagen zogen drohend vorbei – zum phantastischen Rendezvous mit der besessenen polnischen Kavallerie. Pioniere mit Sturmbooten und Pontons zogen vorbei. Flugzeuggeschwader flogen südwärts über die Stadt. Ich dachte an die Holzflößer, von denen ich soviel gelernt hatte: galt dieser entsetzliche Aufwand ihnen? Richtete sich die hochmütige Heiterkeit der Soldaten gegen die polnischen Landarbeiter? Wollten sie die listigen polnischen Bauern bestrafen, die uns zu Weihnachten Gänse schickten? Jede Frage richtete sich gegen mich selbst. Winken war leichter, erträglicher, vorteilhafter, und so stand ich am Tag, an dem der Krieg begann, am Rand der Straße und winkte dem feldgrauen Unglück zu. Ich beklagte nicht, was ich sah, ich war nicht erschrocken, ich fragte mich nicht, wie alles ausgehen wird, ich hatte weder den Wunsch, mich zu verleugnen, noch die Phantasie, mich zu fürchten: ich fühlte mich einfach nur unentbehrlich als Zuschauer. Damit hatte ich mein Leben dem Zufall entrissen. Ich hatte eine Tätigkeit, wenn auch ohne Ziel, und diese Tätigkeit übte ich auch aus, nachdem meine Familie nach Braunsberg gezogen und ich in eine Internatsschule gekommen war. Es genügte mir in dieser Zeit, die Welt von außen zu empfangen, mir lag nichts an eigenen Wirkungen, ich kannte mich in den Ereignissen wieder, die der Krieg mit sich brachte. Der Krieg nahm alles für sich in Anspruch, er bewohnte uns. Meinen Schulkameraden ging es nicht anders. Jeder hatte einen Vater, einen Bruder, einen Schwager im Krieg – aus Paris kamen Pakete mit betörender Seife, aus Polen trafen Schmalzkonserven ein, aus Norwegen dunkelroter Rentierschinken und aus Griechenland Korinthen; der Krieg war fern und ging gut und verlief allem Anschein nach rentabel.

Wir schmeckten den Krieg zunächst aus Paketen. Wir hörten ihn im Radio, sahen ihn mit seinem jungen Triumph in der Zeitung. Wir nahmen den Krieg zu uns bei der Lektüre geschwind verbreiteter, wohlfeiler Heldenliteratur: da empfahlen sich die Bezwinger der Maginotlinie und die unbedenklichen Dreinschläger von Narvik; Kapitänleutnant Prien lockte uns nach Scapa Flow, und ein Stoßtruppführer Geiger suchte uns für die Möglichkeiten des Flammenwerfers zu begeistern. Es war nicht selbstgenügsames Heldentum, was sich da aussprach, präsentierte und spreizte; das Heldentum sollte als Reklame wirken, es war eine Annonce für den Krieg, und wir sollten der überredenden Wirkung erliegen. Es gab aber nicht nur diese Annoncen, es gab auch Reklamereisende für den Krieg, junge, enthusiastische Invaliden, hochdekoriert und erträglich verstümmelt; sie kamen in Offiziersuniform in unsere Schule, schoben die Lehrer zur Seite und machten uns, die wir längst erwachsen waren, geschwind wieder zu Kindern, indem sie uns ein unerhörtes Spielzeug anboten: Panzer, geballte Ladungen, Stukas, U-Boote und den bräutlichen Karabiner. Aus frischer, aus heiterer, aus verzückter Erfahrung erzählten sie von den Genugtuungen, die dieses Spielzeug ihnen gewährt hatte. Sie ließen uns teilhaben: wir saßen auf und fuhren auf Panzern in ein polnisches Abendrot; erregt beobachteten wir im ausgefahrenen Sehrohr den ahnungslosen Konvoi; wir stürzten uns auf niederländische Brücken, ließen französische Bunker erzittern, trieben Gefangene zusammen und waren mit der Furcht einverstanden, die fremde Zivilisten vor uns empfanden.

So wurden wir vorbereitet. So wurde unsere Ungeduld entfacht, und wir übersahen die kosmetisch verdeckte Invalidität des Lobredners und sorgten uns auf einmal, daß der Krieg aus und vorbei sein könnte, bevor wir Städte erobert, Schiffe versenkt und bedeutende Brücken zerstört hatten. Es gab viele unter meinen Schulkameraden, die diese Sorge hegten, die bedauerten, noch nicht sechzehn oder siebzehn zu sein, um sich freiwillig melden zu können. Da half nichts. Das resignierte, ironische Lächeln meines Deutschlehrers blieb ohne Wirkung und die riskanten Kommentare des Lateinlehrers. Auch die Tatsache änderte nichts, daß die Gedenktafel für gefallene Schüler eines Tages nach unten zuwuchs und es sich als notwendig herausstellte, eine zweite Gedenktafel zu enthüllen. Wir konnten sie betrachten, ohne das Notwendige zu denken, wir wandten uns ab und starrten auf die Europakarte, auf der mit Wollfäden und Stecknadeln die Front des Triumphes und des Unheils markiert war.

Manchmal war ich an der Reihe, den Frontverlauf nach neuestem Stand zu bezeichnen, und ich ärgerte mich, daß ich den Wollfaden nie über Leningrad hinausschieben konnte. Leningrad störte mich besonders, weil es widerstand und mich zwang, eine komplizierte Bucht zu stecken. Dafür war ich in Nordafrika großzügig, dort machte mein Wollfaden Geländegewinne nach Herzenslust, ebenso im Kaukasus und in der staubigen Einöde der Kalmückensteppe; hier stieß ich vehement vor und legte mitunter schon die Etappen der Eroberung für den nächsten Tag fest. Der Geographielehrer, der die Karte täglich überprüfte, zwang mich nie zu einer Korrektur, und mein Deutschlehrer merkte es nicht, da er immer nur blicklos an der Karte vorbeiging, mit einer milden, ganz und gar träumerischen Geringschätzung. Heute ist mein alter Deutschlehrer Lehrer für Russisch in der DDR: ein leichter, zartwüchsiger, manchmal verschmitzter Pädagoge, dessen Lächeln für jede lehrhafte Behauptung sogleich um Entschuldigung bittet. Er infizierte mich mit Literatur. Er kontrollierte meinen Lektüreplan.

An dem Tag, an dem mein Pimpfendasein endete und ich in die »Hitler-Jugend« überwiesen wurde, saßen wir wie so oft beim Tee in seinem Haus, drei Schüler und er, und scheu, händereibend interpretierte er die Ringerzählung aus »Nathan« oder die »Buddenbrooks« oder »Raskolnikow« oder »Deutschland, ein Wintermärchen«.

Am stärksten wurde ich ergriffen, wenn er von Schriftstellern erzählte. Fast jedes Werk sah er vor dem biographischen Hintergrund seines Schöpfers, jede Dichtung war für ihn ein Ausgang aus biographischer Not. Worunter litt der Autor, als er dieses oder jenes Werk schrieb? Das war die Frage, die niemand zu stellen unterlassen durfte, der Aufschluß verlangte. Balzacs chronischer Geldbedarf, Dostojewskis sozial-religiöse Visionen, Heinrich Manns kunstvolle Klagen über die Gesellschaft – alles erhielt einen biographischen Leidensgrund; die Schriftsteller hörten auf, glorreiche, körperlose Gespenster zu sein, sie litten offenbar, um schreiben zu können. Mein Deutschlehrer rief sie ins Zimmer, preßte ihnen sanft Bekenntnisse ab, und in dem Augenblick, da sie ihre Leiden bekannten und zu Belastungszeugen ihrer Zeit wurden, verlieh er ihnen traurig die höchste Note und bestätigte ihre Mission, »dem Unglück Worte zu verleihen«. Er hielt lediglich das für Wahrheit, was die Schriftsteller leiden ließ; und da sie in seinen Augen unentwegt litten, sah er ihnen nach, daß sie bemüht waren, sich mitunter ein wenig Behaglichkeit in ihrem Ungemach zu verschaffen. Sie durften heiter im Unglück sein. Sie durften vergnügt die Untauglichkeit des Menschen für die Welt proklamieren. Nichts sprach gegen sie, weder Charakter, Alkoholverbrauch, interessante Verblendungen noch Liebesaffären – nur mußten sie an der Welt beredt Anstoß genommen haben und in der Lage sein, ihren Schmerz einzigartig zu formulieren. Wenn diese Voraussetzung erfüllt war, nahm mein Deutschlehrer sie an seine schmächtige Brust und sprach sie von allen Irrtümern und Verfehlungen frei. – Am gleichen Abend schrieb ich unschuldig mein erstes Gedicht in Prosa, es war den wilden Schwänen des Lyck-Sees gewidmet, die ich als flammende Glückskometen aus einer Nachtwolke herabstürzen ließ, zum Trost der Gefangenen auf der Halbinsel; mein vorsorglicher Anspruch auf eine Zukunft als Schriftsteller war damit angemeldet.

Doch ich verlor die Zukunft schon über Nacht wieder aus den Augen. Ich hatte alle Hände voll zu tun, um der maßlosen Gegenwart zu genügen: ich übersetzte aus dem Gallischen Krieg und trieb mich mit dem Hilfskreuzer »Atlantis« im Indischen Ozean herum; ich paukte unregelmäßige Verben und machte einen Vorstoß auf Stalingrad; in kurzen Hosen bestätigte ich am Vormittag Euklid und startete in der Dämmerung zu einer eleganten Patrouille mit den Nachtjägern. Eine Jugend im Krieg steht unter einer besonderen Spannung: obwohl man sich allen Helden überlegen fühlt, muß man sich mit einem Ersatz-Heldentum in der Einbildung begnügen. Man ist da in der Lage des verletzten Fußballspielers, der von der Reservebank das Spiel seiner Mannschaft verfolgt: zwar läuft alles zufriedenstellend, aber doch beileibe nicht so erfolgreich, wie alles liefe, wenn das eigene kribbelnde Bein dabei wäre. Wir saßen auf der Reservebank des Krieges. Man hatte uns beigebracht, im Sieg der Mannschaft den individuellen Sieg zu erblicken.

Wenn wir einstweilen auch noch aus der Arena ausgeschlossen waren, das Training blieb uns nicht erspart: in den Ferien – und nicht nur in den Ferien – schickten sie uns in Lager. Es waren »Wehrertüchtigungslager«, die Ausbilder waren hochdekorierte, von Verwundungen genesende Unteroffiziere; die Gewehre waren richtige Gewehre, die Handgranaten richtige Handgranaten. Nachsichtig erklärten uns die Ausbilder den Gebrauch der Waffen. Sie gaben sich nicht sehr viel Mühe mit uns. Sie verzichteten vor allem auf Schikane und Demütigungen als Erziehungsmittel. Was mich am meisten beeindruckte, das war ihre unerhörte Müdigkeit: sie schliefen sitzend beim Heimabend, schliefen beim Geländespiel, und wenn wir Übungsschießen hatten, übernahm ein Ausbilder die Aufsicht, während sich die vier anderen unter einen Wacholderbusch legten und schliefen. Als wir wieder zur Schule zurückkehrten, demonstrierten auch wir eine unbesorgte Müdigkeit, wir trugen sie zur Schau wie das Abzeichen eines Ordens.

Die Schule ging weiter, obwohl der Krieg draußen anscheinend nicht mehr so rentabel verlief; wir merkten es zuerst an der Seife, am Internatsessen, am grauen Papier der Schulhefte, und ich merkte es augenfällig, wenn ich den roten Wollfaden des Triumphes hinter Tobruk oder Charkow zurücknahm, oder wenn ich den Kaukasus räumte und auf das ausdauernd widerstehende Leningrad gar nicht zu blicken wagte. Wie es um den Krieg stand, bewiesen auch die häufigen Sondermeldungen.

Manchmal eröffnete ein Lehrer den Unterricht mit der Wiedergabe einer Sondermeldung: pünktlich zur Physikstunde waren abermals sechsundzwanzigtausend Tonnen Schiffsraum im Atlantik versenkt worden; das gab Aufschwung für die schriftliche Arbeit über die Gravitation. Verliefen die Schuljahre in dieser Zeit auch konfliktlos, so verliefen sie doch nicht ereignislos.

Da der Krieg bereits so lange dauerte, daß wir uns an ihn gewöhnt hatten, ließ er durchaus das Ereignis der ersten Liebe zu. Des schwarzen Fischkönigs goldschuppige Tochter war längst ein Opfer der Pioniere geworden, ich mußte mich anderweitig umsehen; und ich tat es mit diskreter Geschicklichkeit auf dem Sportplatz, an milden Trainingsabenden, den Speer in der Hand, mein Lieblingsgerät, das ich zur Freude des allerhöchsten Pimpfes schon vierundfünfzig Meter weit geschleudert hatte und eines Tages fünfundfünfzig Meter weit zu schleudern hoffte. Da ich mich selbst nicht genug liebte, hatte ich wohl den Wunsch, von einem andern freimütig und kurzweilig geliebt zu werden: so geriet ich an die Hochspringerin. Sie war zäh, busenlos und intelligent, was mich allerdings weniger beeindruckte als die Tatsache, daß sie in schwebendem, seltsam verzögertem Rollsprung regelmäßig über einmeterachtundvierzig kam und sich eines Tages auf einmeterundfünfzig zu steigern hoffte. Außerdem war sie Führerin, befehligte zwölf zottelhaarige oder bezopfte Geschöpfe ohne Geschlecht. Wir verglichen unsere Trainingsmethoden und kamen uns dabei näher. Ich fuhr sie auf dem Fahrrad nach Hause. Ich hörte ihr im Wald unregelmäßige Verben ab. Ich holte sie zum Schwimmen ab und hatte es ganz gern, wenn ihr dunkles, kurzes Haar lackglänzend im Nacken klebte. Es dauerte lange, bis ich merkte, daß ihr Lieblingswort »Pflicht« war. Sie sagte etwa: »Wir haben die Pflicht, dafür zu sorgen, daß die Menschen Europas wieder hell lachen können«, und es kamen ihr keine Zweifel bei solch einem Satz. Alles war für meine Hochspringerin ein Akt der Pflicht: das abendliche Training, die Feldpostbriefe, die sie an ihre drei Brüder schrieb, die Schularbeiten, das Zähneputzen, und als ich sie zum ersten Mal küßte, nahm sie es gewiß als sachliche Pflicht – freilich bat sie darum, nicht in Uniform geküßt zu werden. Die Briefe, die sie mir später schrieb – und die ich heute noch besitze –, zeigten mir, daß es eine Zuneigung aus Pflicht geben kann, daß ein bedächtig waltender Eros der Pflicht die Gefühle so beherrschen kann, daß jeder Verrat aus Leidenschaft ausgeschlossen ist. Wenn alles eine Verpflichtung ist, haben die gefährlichen Wonnen der Wahl ausgespielt. Mitunter, oft sogar, habe ich den Komplex, mir meine Jugend vom Leibe halten zu müssen, und ich glaube heute zu wissen, daß meine erste Liebe ihren Teil dazu beigetragen hat.

An den Fronten hatten sie sich anscheinend totgesiegt, immer häufiger wurden die Sondermeldungen, Ruhmestaten, Heldengesänge, unablässig brachten wir der gegnerischen Welt Niederlagen bei, und wo immer sich ein Stalingrad ereignete, ging es zu unseren Gunsten aus. Da war es eines Tages nur selbstverständlich, daß sie keine Rücksicht mehr auf unser Alter nahmen: weil sie in siegreicher Not waren, erließen sie mir die Prüfung zum Abitur. Sie bescheinigten mir die Reife auch ohne Examen. Sie überreichten mir ein Zeugnis, das für sich sprach: alle Zensuren waren um mindestens eine Note aufgebessert. Sie waren von Mitleid inspiriert, von Abschieds-schmerz, vielleicht auch von schlechtem Gewissen; ich war durch die Kriegslage zu einem vielseitig begabten Schüler geworden, der, wenn er fallen sollte, zumindest das Abitur besaß. Mein Deutschlehrer, der gleichzeitig mein Klassenlehrer war, hatte meine Freude über das famose Zeugnis befürchtet, und er kam noch vor der Abschiedsfeier zu mir, zögerte lange, scheu und händereibend, aber dann sagte er doch: »Dein Zeugnis ist ein Geschenk – an den Soldaten, nicht an den Schüler. Beherzige das.« Es war einer der unbarmherzigsten Ratschläge, die ich je erhielt.

Endlich war ich dabei; die Zeit des Spalierstehens, Winkens, der tatenlosen Jahre war vorüber; mit siebzehn holten sie mich, weil sie mir die Schule nicht mehr zumuten wollten und weil sie gewiß glaubten, daß ich ihnen zum Sieg verhelfen könnte. Ich verstärkte ihre Marine, und ich weiß noch: auf der Fahrt in die kleine pommersche Garnison, beim Anblick des stillen, unzerstörten Hafens wiederholte sich ein kindlicher Traum, den ich schon einmal an den verlassenen Ufern des Lyck-Sees geträumt hatte: ich hielt mich für einen Favoriten des Wassers, der Meere, für einen ausgemachten Günstling der einflußreichen Wassergeister, und ich glaubte mich in der Lage, zunächst Ost- und Nordsee, dann alle anderen Ozeane von den Schiffen unserer Gegner unnachsichtig zu reinigen. Seit dem Märzmorgen, an dem ich durch das Eis des Lyck-Sees brach, hatte ich eine besondere Beziehung zum Wasser – eine Art dämmerndes Heimweh verbindet mich mit ihm, ein sanfter neurotischer Eros beginnt wirksam zu werden, sobald ich unter die Oberfläche tauche; es gab schon Augenblicke, da hielt ich mich für einen masurischen, rundköpfigen Bruder Undines. Märchenwelt, reglos gespiegelte Kindheit, der Genuß dunkler Erwartungen, die Schönheit der Fische, die Verheißungen des Horizonts: vieles kommt zusammen, und ich habe oft in arglosem Pathos geglaubt, daß ich mich auf dem Wasser würde bestätigen müssen. Ich sah mich als Boot, durchschnitt mit meinem Bug die Wellen, und die einzige Lebensspur, die ich zurückließ, war die schaumige, sacht sterbende Linie des Kielwassers. In trüber Voraussicht erkannte ich, daß ich meine Höchstleistung auf dem Wasser vollbringen würde.

Mit Pappkarton und Stellungsbefehl meldete ich mich bei der Marine und griff aus meinem bevorzugten Element in die kriegerischen Geschehnisse ein – oder, nach dem Niveau meiner damaligen Erfahrung, in das Kriegsspiel. Ein Zeichen des Spiels ist es ja, daß der Ernstfall geleugnet wird, und ich ertrug gelassen die Schikanen der Grundausbildung, schenkte den Quälereien und Demütigungen einstweilen keine Beachtung, alles war für mich ein Spiel, zumindest ein unerläßliches Vorspiel, und deshalb stieg ich in die Regentonne, wie ein Ausbilder es befahl, hob, wie er's befahl, von Zeit zu Zeit meinen Kopf über den Tonnenrand und rief über den Platz, zu erstaunten Zivilisten draußen auf der Straße: »In mir hat die Marine einen guten Fang gemacht.« Kein gravitätischer Ehrbegriff empörte sich da, ich hielt mich wirklich für einen guten Fang der Marine, und deshalb war ich weder gekränkt noch beleidigt; denn was mich mit siebzehn beschäftigte, das waren weniger vorgestellte Konflikte, Ängste, Passionen, als reale Ereignisse. Und ich begeisterte mich für die Wirklichkeit, weil sie mir als Spiel erschien: ich lernte das Flaggenalphabet, ich lernte winken und morsen. Ungeduldige Ausbilder, die die Sprache der Ausbildungsfibel sprachen, brachten mir Knoten und Spleißen bei, ließen mich Kutter segeln und Boje-über-Bord-Manöver fahren, unterrichteten mich im Zurren der Hängematte und im Gebrauch der Bootsmannspfeife. Ich ergab mich dem trübseligen Fernweh der Shanties, die wir abends sangen. Mit dem Kompaß wurde ich intim. Ich lernte Nähen, Waschen, Haareschneiden, erwarb mir Kenntnisse über das Grußzeremoniell fahrender Schiffe, über Rangabzeichen, Schiffstypen und Bestattungen auf hoher See. Ich zweifelte nicht, daß dies alles zur günstigen Entscheidung des Krieges nötig sei; vor allem war ich still davon überzeugt, daß meine künftigen Heldentaten, die ich für die Marine vollbringen wollte, nur mit Hilfe solider seemännischer Kenntnisse möglich waren. Trotz dieser Kenntnisse blieb ich ein Ich ohne Inhalt, ein emsiger Seemann ohne Tätowierung, ein sogenannter blauer Junge aus dem Bilderbuch, dessen einzige Hygiene in »Körperpflege« bestand. Die Diktate der Erfahrung fanden erst später statt. Ich hatte noch nicht gemerkt, daß jedermann zustieß, was einem einzelnen widerfuhr.

Die viermonatige Ausbildung ging vorüber, ich erhielt mein erstes Bordkommando, und ich entsinne mich einer angenehmen Erregung beim Betreten des Decks: ich war an dem Ort, der eines Tages stummer Zeuge meiner Heldentaten werden würde. Es war ein schwerer Kreuzer, auf den sie mich kommandierten, die Engländer nannten seinen Typ geringschätzig »Westentaschen-Schlachtschiff«, denn seine Bewaffnung stand in katastrophalem Mißverhältnis zu seiner Panzerung und Geschwindigkeit: mein Gott, mir machte das nichts aus! Und wenn man mich auf eine Dschunke kommandiert hätte – ich besaß nautische Kenntnisse und die glänzende Ahnungslosigkeit, die Heldentum ermöglicht. Angst ist die unschuldigste Form der Reife, und sie besaß ich nicht; vor dem grauen Riesenspielzeug wurde ich zum zweiten Mal zum Pimpf: ich befand mich auf dem nassen Kriegspfad, ein Lederstrumpf zur See.

Um mich zu legitimieren, mußte ich etwas vollbringen, doch ich erhielt keine Gelegenheit dazu: das graue Ungetüm, das einstweilen nur im gefahrlosen »Idiotendreieck« Swinemünde-Bornholm-Gdingen kreuzte, erwies sich auch nur als Stätte der Ausbildung: ich wurde Ladenummer an einem Fünfzehn-Zentimeter-Geschütz, wurde Kuttergast, erhielt eine Feuer-, Gefechts-, Wach- und Abblendrolle, und die einzige Möglichkeit, mich hervorzutun, bestand bei Schuhappellen, bei Kleider-, Spind- und Sauberkeitsappellen. Da ist es verständlich, wenn ich mich nicht genügend beansprucht fühlte; in mir schlief Lord Nelson, dem sein Trafalgar vorenthalten, vielleicht sogar geraubt wurde. Ich wußte nicht, daß man mich der letzten Reserve zugeteilt hatte, die in einem unvermuteten, späten Augenblick für strahlende Überraschungen sorgen sollte.

Der Augenblick kam. Er kam bald – und anders, als ich es gedacht hatte – nach dem Tag, an dem die Besatzung auf die Schanz befohlen wurde und der Kommandant von einem Attentat sprach. Er sprach im Seewind. Es hatte da ein Attentat auf den sogenannten Obersten Kriegsherrn stattgefunden, unzufriedene Offiziere hätten da eine Bombe, die Fäden bis nach Berlin, die Bombe sei hinter dem Rücken der ganzen kämpfenden Front, aber er lebt, denn der Herr oder die Vorsehung oder ein Flügel des Engels des Herrn, weil wir ihn brauchen, mit ihm für Deutschlands Sieg, und aus Dankbarkeit und aus Freude, aus Stolz würden seine Soldaten nicht mehr militärisch, sondern mit dem deutschen Gruß, mit seinem Gruß grüßen und ihr Leben noch freudiger …

An diesem Tag stürzte ich aus einer Illusion, ich entdeckte, daß sich der Mann, in dessen Dienst ich als Heldenlehrling stand, nicht auf allgemeine Zustimmung berufen konnte, daß man an ihm zweifelte und offenbar sogar Gründe hatte, ihn zu töten. Ich erfuhr zum ersten Mal, daß man ihm widersprach – also gab es nicht das Wunder eines kollektiven Gehorsams. Man hatte ihm hier und da das Vertrauen entzogen; das schien mir sehr bedeutungsvoll: ich mußte ihn von nun an beobachten, ich empfand eine neue Art der Aufmerksamkeit für ihn.

Sein Krieg erinnerte sich endlich an mich: wir erhielten überstürzte Einsatzbefehle, dampften dorthin, wo man in Bedrängnis war, und man war überall in Bedrängnis: nächtliche Kriegsmärsche, U-Boot-Alarme, Angriffe sowjetischer Bomber und Torpedoflieger, dekorative Fontänen bei Artillerieduellen über lange Distanz, gemächliches Kreuzen vor Inseln und Küsten mit gelegentlichen Bombardements, Geleitschutzfahrten, Beschießungen sowjetischer Panzeransammlungen: sie gaben mir einen Krieg, doch dies war nicht der Krieg, den der minderjährige, heimliche Admiral, der meinen Namen trug, sich gewünscht hatte. Was hatte ich mir gewünscht? Einen Spielzeugkrieg vielleicht, in dem alle mitspielten: die Schiffe spielten versenkt, die Verwundeten spielten nur Verwundete, und die Toten spielten nur Tote, so wie ich es einst als Kind getan hatte auf den sandigen Exerzierplätzen von Lyck. Ich war ratlos, ich war fassungslos und war verzweifelt, denn die Schiffe, die einmal versenkt worden waren, erhoben sich nicht vom gleichmütigen Grund der See; das Stöhnen der Verwundeten erfüllte die Decks und war wirklich, und die Toten stiegen nicht übers Fallreep an Bord zurück. Eine Gelegenheit zum unblutigen Erwerb von Ruhm gab es nicht. Ich bekam keinen Gegner zu Gesicht, er schickte nur seinen Tod herüber, so wie wir unsern weitreichenden Tod zu ihm schickten, und ich sah die Wirkungen auf unserer Seite: ich hatte sie nicht begehrt. Zuerst dachte ich, endlich erlebe ich etwas; dann, mitten in der Arena, mitten in den Wirren und Untergängen und Katastrophen, verlor ich meine Arglosigkeit, und die Erlebnisse hinterließen einen hellen Schrecken und einen unbekannten Schmerz.

Wir liefen in den Seekanal nach Königsberg ein. Wir verlängerten das Sterben in der Festung Königsberg, indem wir den Verteidigern mit unseren schweren Geschützen halfen. Wir stellten Landkommandos, die auf Schneefeldern, auf vereisten Piers Verwundete bargen. Wir fuhren auf kleinen Schlitten Tote zum Pillauer Friedhof und begruben sie nicht: wir mußten an Bord unseres Schiffes zurück, wo Schuh-, Kleider- und Spindappelle angesetzt waren. Ein alter sächsischer Seemann lenkte meinen Blick auf Hitlers Bild und sagte: mit dieser Visage zum Sieg, Kleiner – und ich protestierte nicht, die Bemerkung lähmte mich nicht, ein ruhiges Mißtrauen hatte mich bereits unterwandert. Ich war ein Gefangener des Augenscheins. Ich mußte die Tode anerkennen, die Verzweiflung der Flüchtlingstrecks, die Schiffstragödien. Ich konnte nicht wegsehen von treibenden Trümmern, von flammenden Parolen, von Gehenkten in kahlen Bäumen und den Spieren gesunkener Lazarettschiffe, die schwarz über der winterlichen Einöde der Ostsee standen: der Augenschein veränderte mich. Solange ich darauf aus gewesen war, blitzenden Ruhm zu erwerben, hatte ich den Tod als schüchternen Abteilschaffner angesehen; nun, da er mich umgab, erschien er mir als versteinerter Chef, der nur den Zeigefinger auszustrecken brauchte, um alle Hoffnungen zu zerstören.

Ich denke, wir waren sein Flaggschiff: der letzte intakte schwere Kreuzer, der noch in der Ostsee schwamm, und ich tat Dienst auf ihm. Ich ging U-Boot-Ausguck, ich verrichtete die Arbeit einer Ladenummer, ich fuhr nächtliche Kuttermanöver und lernte, im Stehen zu schlafen. Ich erwarb mir die redliche Müdigkeit, die ich bei meinen Ausbildern im Wehrertüchtigungslager so bestaunt hatte. Die Kette der Erinnerung ist nicht gebrochen: Bilder von hastiger Munitionsübernahme bei Scheinwerferlicht tauchen auf, bissige Angriffe sowjetischer Schlachtflieger, riskante Zickzackfahrten und vorbeiflitzende Torpedos, und dann ein klarer Wintermorgen, gepfiffene Kommandos, der alte sächsische Seemann, den der Bordwachtmeister vor versammelter Besatzung verhaftete wegen »Zersetzung der Wehrkraft«: er hatte mit einer Bierflasche nach Hitlers Bild geworfen.

Ich fragte mich: welche Rolle spielte Hitler selbst dabei, und ich wußte es nicht, ich erfuhr nur die Auswirkungen seiner unbeweglichen, unvergleichlichen Rachsucht. Lord Nelson in mir starb einen unbemerkten Tod, und Lady Hamilton, die aus Pflichtgefühl den Hochsprung trainierte und mir unverzagte Feldpostbriefe schrieb, empfing überrascht meinen formulierten Zweifel.

Wir brauchten zum Krieg nichts dazuzutun, er hatte seine eigene Dramatik, er war in seiner Weise vollkommen als vollkommenes Grauen, das Inferno als Form, der Wahnsinn, der nach letztem Ausdruck verlangte, und wer wollte, wer Zeit, Klarheit oder Herz besaß, konnte sich in ihm erkennen. Er konnte sich und seinem Werk begegnen in verstümmelten Körpern, in der Tränenlosigkeit der Kinder, in untergegangenen Schiffen. Der Krieg ist eine Sache des Menschen, in der er sich wiedererkennen kann: unter Schlägen und Leid findet er sein deformiertes Bild.

Mein Schiff ging im Bombenhagel unter, und mit ihm die Fünfzehn-Zentimeter-Langrohr-Geschütze: die Ladenummer hatte ihre Arbeitsstelle eingebüßt, ich durfte an Land. Hin- und hergeschoben, von neuem ausgebildet an modernen Minen, modernen Torpedos und ich-weiß-nicht-was, bis zuletzt gedrillt und quälend beschäftigt mit Aufgaben, die nie erfüllt werden konnten, da Erde, Luft und See verloren waren, wofür wir weiterhin feierlich und schikanös trainiert wurden: da mieteten sich Kafka und Ionesco in meinen Krieg ein, und Professor Parkinson fand die blendende Bestätigung seiner Lehrsätze. Ich lernte die Paradeaufstellung auf Schiffen, und wir hatten keine Schiffe mehr, man brachte mir die Bedeutung des geschossenen Saluts bei, doch wir besaßen keine Salutkanone, sie unterrichteten uns über die Behandlung von feindlichen Schiffbrüchigen auf hoher See, und wir selbst waren zumindest symbolisch die Betroffenen. Kein Stillstand, kein Atemholen, nur keine Pause, das schien die dringlichste Sorge derer, die das Wort hatten. Sie hielten uns in Bewegung. Sie fürchteten sich vor den Ergebnissen der Stille. Sie ließen uns Ein- und Aussteigen üben und verlegten uns nach Dänemark.

In den letzten Monaten kam ich nach Dänemark, und ich war von nichts mehr beeindruckt. Ich erinnere mich, daß ich gleichgültig auf alles reagierte, was sie mit uns taten. Ich war keineswegs darauf aus, mir heimliche Reservate von Freiheit zu sichern. Ich empörte mich nicht, floh nicht nach vorn, suchte weder mich noch die andern zu rechtfertigen, sondern begegnete allem mit der aufmerksamen Gleichgültigkeit, zu der der Soldat von einem gewissen Punkt an gelangt. Nichts wird mehr verwandelt, bewertet, zur Bestimmung der eigenen Person herangezogen. Man ist klar, offen, nüchtern, doch man sieht keine Aufgabe. Man nähert sich dem Zustand des Minerals.

Ich war in Dänemark und lernte Stillstehen, Warten, Laufen, Wachen, und ich hatte einen Strohsack und ein Kochgeschirr, und das genügte. Es genügte bis zu dem Tag, an dem sie einen erschossen, weil er sich aufgelehnt hatte mit Worten; sie brauchten einen Toten, um uns an ihre Macht zu erinnern, sie brauchten ihn aus pädagogischen und disziplinarischen Gründen; ich erfuhr es und erwachte. Was erhoffte ich mir, was wollte ich erreichen, als ich in einer Nacht mein automatisches Gewehr nahm und in die Wälder ging und mich versteckte? Lossagung vielleicht, eine stillschweigende, beiläufige Art der Lossagung ohne Plan – nicht mehr. Es war ein warmes Frühjahr, und ich streifte nachts durch die Wälder westwärts, verbarg mich am Tag. Sie verfolgten mich nur kurz und lustlos und ließen mich dann allein – zum ersten Mal allein. Ohne Kameraden, Freunde und Nebenmänner, ohne Lehrer, Erzieher, Vorgesetzte, ohne die bergende Anonymität der großen Zahl, und ohne geregelte Tage, Nächte und Gedanken: mit neunzehn Jahren hatte ich es erreicht, zum ersten Mal allein zu sein. Ich schlief unter Büschen an Seeufern. Ich schlief in Schuppen und in einem Autowrack. Ich aß allein, wusch mich allein, ruhte und dachte allein. Nur mir gehörte meine Angst, niemand war zuständig für meinen Hunger, ich sicherte für mich, ich plante für mich, ich hoffte für mich: die Welt befand sich mir gegenüber. In Ruhepausen, krank von braunem Rohzucker, der meine Hauptnahrung war, wachsam und tückisch und von Tag zu Tag vorsichtiger, entwarf ich eine Aufgabe für mich allein: ich wollte am Leben bleiben.

Dänische Bauern halfen mir, ein dänischer Chauffeur teilte sein Brot mit mir, und durch einen dänischen Studenten erfuhr ich schließlich vom Ende des Krieges. Am ersten Tag des Friedens war ich allein.

Auch Geschlagene können Konformisten sein, und ich zog ihre Straße südwärts, nachdem ich dem Studenten mein Gewehr geschenkt hatte; ich fand wieder zur Marine, zu bayrischen U-Boot-Leuten, die mit sich zufrieden waren, die gelassen heimkehrten wie nach einer Herrenpartie. Die einzige Gewißheit, die wir besaßen, betraf den Inhalt unserer Taschen, sonst nichts. Die Angehörigen, die zahlreichen Führer, die Freunde, Deutschland gar: alle Schicksale waren ins Ungewisse gestürzt; zum Anfang – das dachte ich – würden Information und Aufklärung gehören. Ein leichter Panzerspähwagen dirigierte uns in lässige Gefangenschaft unter freiem Himmel. Wir schlugen da Zelte auf. Wir erklärten die Brennessel zum Hauptgericht und die Zigarette zur Währung. Goethe und Schiller im Herzen, reagierten wir auf die geschichtliche Misere durch Vorträge, Diskussionen, Rezitationen und Liederabende. Schöne Kulturanstrengung machte die Niederlage erträglich. Und dort im Lager las ich die erste Zeitung, die frei war von Lüge. Es war eine englische Zeitung, und die Informationen wirkten infektiös, sie zwangen mich, Stellung zu nehmen, meine Lage zu betrachten.

Was erfuhr ich? Sie, die uns mit Geraune und Gewalt, mit Drohung und Schmeichelei in den Krieg geführt hatten, waren auf einmal fort, sie waren untergetaucht, hatten Rock und Namen gewechselt, waren geflohen oder hatten sich einen schmerzlosen Tod beigebracht. Ich erfuhr von neuen Grenzen, von Besatzungszonen, von toten, unheimlichen Städten. Die Zeitung berichtete Gefangenenzahlen. Ein Foto erbeuteter Waffen, ein Foto einer phantastischen Ruinenlandschaft, ein Foto von einem lädierten Engel, der eine gewaltsam hervorgerufene Ödnis segnete: auch das fand ich in der Zeitung. Und ich hörte durch sie den Jubel der befreiten Städte und Länder, überall in Europa läuteten die Glocken, bevor man daranging, die Toten zu zählen. Jeden Tag bekam ich von einem englischen Posten die Zeitung, und jeden Tag erfuhr ich mehr.

Ein Panzerspähwagen holte mich, ich wurde Dolmetscher einer englischen Entlassungskommission, die kreuz und quer durch Schleswig-Holstein fuhr, bewaffnet mit Stempeln und Formularen, beauftragt, jedermann offiziell aus dem Krieg zu entlassen, der noch keinen Entlassungsschein besaß. Wo wir unsere Klapptische aufschlugen, strömten die Überlebenden zusammen, scheu, mißtrauisch, doch von dem Wunsch erfüllt, ein beglaubigtes Abschiedsformular zu erhalten. Sie kamen in Uniformen. Sie kamen in schlechtsitzendem Zivil und in gemischter Kleidung. Sie kamen an Krücken und am Arm einer Krankenschwester, und auf meine stehende Frage, was sie zu tun gedächten, wußten alle eine Antwort. Solange man weiß, daß man nur Überlebender ist, sind die Ziele bescheiden, aber klar. Zum Schluß entließ ich mich selbst. Aufgeregt nahm ich mir ein Formular, ertappte mich bei dem Gedanken, das Geburtsdatum zu fälschen, mich ins Knabenalter zurückzubefördern: es war nutzlos, mein Leben hatte zu viele Zeugen, und ich selbst war mein schroffster Belastungszeuge. Im Jahre Null bekannte ich mich zum Alter von Neunzehn. Ich erließ mir nicht meine alten heroischen Träume, die angestrengten Entwürfe aus Pimpfen-Phantasie und maritimer Trunkenheit. Ich unterschrieb meinen Entlassungsschein, stempelte ihn sorgfältig und tötete mit dem Stempeldruck endgültig den schlafenden Admiral. Ich entließ mich nach Hamburg. Danach genoß ich das Vakuum. Die vollständige Offenheit, die Abwesenheit jeder Spur, jeden Zwangs, jedes rechthaberischen Glaubenssatzes, der Augenblick flimmernder Leere – ich genoß sie. Da ich damals nicht dazu neigte, mich anzuklagen, war der Genuß ungetrübt. Ich wollte mich nicht festlegen, bekennen, zu unmißverständlicher Aktion entscheiden, denn ich hatte gemerkt, daß mit einmaligen Entscheidungen nicht alles getan ist.

So bezog ich die Universität und studierte ohne gerichteten Eifer, ohne lockendes Ziel – solange ich von den Beständen lebte, die die Engländer mir zum Abschied hinterlassen hatten. Mit einem Vermögen von sechshundert Zigaretten studierte ich ehrgeizlos Philosophie, Anglistik, Literaturgeschichte, schrieb mehrere in szenischer Sinnlichkeit ertrinkende Kosakendramen, verschaffte mir Genugtuung als umsichtiger Schwarzhändler, dessen Erfolg durch Spezialisierung auf Nähnadeln, Zwiebeln, Präparieralkohol begründet wurde. Disponibel leben, geschärft leben, ein bißchen hungrig sein und ein bißchen durstig, hier mal schlafen und da mal, bei Schramm und bei Johannsen: die muntere Vorläufigkeit des Verhaltens entsprach der geheimen Skepsis des Gedachten. Ich wurde ein Zeitversäumer, ein Sammler von unschädlichen Eindrücken; ich benutzte die Bibliotheken zur Zerstreuung und die Universität zu oft erstaunlichen Geschäften. Ich besaß nichts, hatte weder ein Heim noch eine erklärte Mission, darum glaubte ich, aus der Patsche zu sein. Jeder Tag war offen. Jeder Tag war eine Falle. Ich war glücklich.

Dann, auf einmal, versiegten meine Quellen, es ging mir sehr schlecht, und um meine dringenden Unkosten zu decken, ließ ich mich als Blutspender anwerben. Ich blieb im Bett, um außergewöhnliche Unkosten zu vermeiden. Ich schränkte meine Bewegungen ein, um meinen Appetit zu reduzieren. Ich las, und ich spürte vor allem, daß ich las, um mich selbst zu verstehen. Je mehr ich mir mißfiel, desto mehr Chancen gab ich mir: ich kam blinzelnd aus dem Schatten hervor, sah mich um und entdeckte, daß etwas zu tun war.

Ich entschied mich für den Lehrberuf und begann mit planvollem Eifer zu studieren und fand Zeit, ein Wunschbild von mir selbst zu entwerfen: im Kreis meiner Schüler, nicht verehrt, aber wohlgelitten, unter Kollegen bekannt als Verfasser einer zweibändigen »Geschichte des Fisch-Motivs in der Literatur«, Herausgeber eines Bandes »Kosakisches Brauchtum im Donezbecken«, Besitzer eines Hauses, vollgestopft mit Büchern, Sportfischer in den Ferien: ich mühte mich, dem Bild zu entsprechen. Endlich hatte ich die Zeit der Ungewißheit hinter mir. Meine Irrtümer hatten sich anscheinend gelohnt: ich wußte etwas mit meinem Leben anzufangen und nahm bereits Wohnung in der Zukunft. Der Aufbruch begann, und ich fühlte mich zum Pädagogen bestimmt, ich wollte meine Schüler zum Zweifel bekehren, ihnen beibringen, einfachen Lösungen zu mißtrauen und jede Art von kollektiver Begeisterung für eine Krankheit zu halten. Sie sollten durch mich die kargen Wohltaten erfahren, die die Säure der Klarheit hervorruft, sie sollten die Chancen des Widerspruchs, des Widerrufs bekenntnishaft kennenlernen. Ich hielt aus, obwohl ich sah, wie einer nach dem anderen absprang, unzufrieden mit sich die Universität verließ. Die auf Zivil getrimmten Uniformen wurden seltener, die Gesichter der Kommilitonen jünger; allmählich fühlte ich mich wie ein Fossil. Ich studierte emsig und tröstete mich mit »nachher und dermaleinst«, so wie ich mich schon einmal als Eleve des Heldentums getröstet hatte. Ich war die Welle, die auf einen Strand zurollte, lang, gleitend, getragen von unabänderlichem Rhythmus. Aber warum sollte ich den Strand erreichen? Lohnte es sich, so weit vorzudringen? Ich hatte verständige, ich hatte menschliche und verehrungswürdige Professoren. Sie boten mir Zigaretten an. Sie zogen mich ins Vertrauen hier und da. Sie wußten, wie man zu Geld oder zu einem Wintermantel kommen konnte, und sie behielten dies Wissen nicht für sich. Ein freies, ein tröstliches Komplizentum entstand mitunter: man steckte unter einer Decke, man erkannte im andern den Überlebenden. In ungeheizten Hörsälen wurde Hamlets Zaudern verständlich und König Lear trat mit Beginn der Stromsperre auf.

Nachdem ich mein »Kopfgeld« aufgebraucht hatte, das jeder am Tag der Währungsreform erhielt, blieb ich im Bett und stand erst wieder auf, als ich mich entschlossen hatte, all meine Bücher zu verkaufen. Die Zigarette hatte keinen Kurswert mehr, und um weiter studieren zu können, mußte ich mich von meinen Büchern trennen. Ich entschuldigte mich bei Swift, bei Hobbes und Bolzano und versetzte sie; auch im Verrat blieb ich höflich. Hartnäckig wiederholte ich mir, der Verkauf meiner Bücher sei ein Opfer gewesen, doch ich glaubte nicht daran, ich konnte mir selbst nichts mehr vormachen, denn es hatten sich Ansichten bei mir eingeschmuggelt, die jedes Versteckspiel uninteressant machten. Ich versteckte mich hinter dem Wunsch nach Gewißheiten, und ich wußte, daß ich Ungewißheit zu meinem Leben brauchte. Ich gab vor, auf ein glänzendes Ziel hinzuarbeiten, und sehnte mich nach rechtschaffener Ziellosigkeit. Ich widersprach meiner eingebildeten Genugtuung über eine beschlossene Berufslaufbahn. In der kleinen Studentenbude in Bargteheide bei Hamburg korrigierte ich in listigen Denkspielen die Schicksale berühmter literarischer Personen: ich sprach Raskolnikow frei, ließ Josef K. mit einer Klage gegen Unbekannt auftrumpfen, Werther überlebte seine Folgen und Hans Castorp heiratete Clawdia Chauchat. Was feststand, reizte mich, es setzte mir so lange zu, bis ich es aufhob, veränderte, öffnete.

Als ich mir eine Frist zur Beendigung meines Studiums gesetzt hatte – aus Schwäche, denke ich, aus Mißtrauen gegen mich selbst –, begegnete ich einigen Journalisten. Ihre Erzählungen erwiesen sich als so ansteckend, daß ein Gespräch von einer Stunde genügte, um von dem Pädagogen Abschied zu nehmen, der in meiner Haut steckte. Ich wollte Journalist werden. Ich war so angezogen von diesem Gedanken, daß ich mir nicht einmal die Zeit nahm, meinen beruflichen Hakenschlag vor mir selbst zu rechtfertigen. Wie ich zunächst auf den Kosaken-Hetman, dann auf den Admiral und den Pädagogen hingelebt hatte, lebte ich nun auf den Journalisten zu, mit der usurpatorischen Heftigkeit, mit der man ein verheißungsvolles Angebot der Vorsehung annimmt. Ich sagte mir einfach: du wirst Journalist, schön, also bist du zum Journalisten geboren. Die Rechtfertigung erfolgte über die Hintertreppe. Und nicht nur dies: wie immer, wenn ich etwas Neues zu werden beschloß, veränderte sich der Blickwinkel, unter dem ich die Welt sah.

Nachdem ich von der Zeitung »Die Welt«, die damals ein Blatt der englischen Besatzungsmacht war, einen Vertrag erhalten hatte, betrank ich mich vor Begeisterung allein in meiner Studentenbude; ich glaubte nun alle Voraussetzungen zu besitzen, um der Welt zu begegnen: was geschah, konnte eigentlich nicht ohne mich geschehen, ja, es geschah sogar nur mir zuliebe. Alle Diskussionen, Amtseinführungen, Verkehrsunfälle, Buchmessen, Dachstuhlbrände – sie ereigneten sich mir zuliebe. Indem ich sie berichtete oder bearbeitete, wurden Kongresse wirklich, Einbrüche, Parlamentsschlachten, Flugzeugabstürze und Kunstausstellungen. Der tote Pädagoge bedrückte mich nicht mehr.

Ich redigierte Kulturnachrichten, politische Nachrichten, Nachrichten über gemischte Verbrechen. Ich lernte streichen. Ich wurde mit den Schwierigkeiten beim Formulieren einer Nachricht vertraut und wunderte mich über die Mitteilungsfreude der Menschen, die ich interviewte. Meine journalistischen Lehrer, von denen einige meine Freunde wurden, nahmen sich die Zeit, mich auf meine Fehler und Irrtümer aufmerksam zu machen; dafür bin ich ihnen dankbar.

Die Lehre hörte nicht auf, auch nachdem ich Feuilleton-Redakteur geworden war. Ich hatte das Bedürfnis, meine Illusionen, meine Abschiede, meine Schwenkungen und Überholmanöver zu begründen; ich wollte meine Rolle an einem ganz bestimmten Punkt verstehen lernen: im Augenblick des Widerrufs, der Lossagung, im Moment der Veränderung. Nichts war geblieben von den alten Entwürfen; entweder waren sie durch die Umstände oder durch mich selbst widerlegt worden. Ich wollte gleichzeitig verstehen und zugeben: so begann ich zu schreiben.

Schreiben ist für mich die beste Möglichkeit, um Personen, Handlungen und Konflikte verstehen zu lernen. Unter dem Einfluß bewunderter Vorbilder wie Faulkner, Dostojewski, Hemingway begann ich Erzählungen, Romane und Stücke zu schreiben, in denen oft die Motive wiederkehren, die mich beschäftigen: es sind die Motive von Fall, Flucht und Verfolgung, von Gleichgültigkeit, Auflehnung und verfehlter Lebensgründung.

Es sind gewiß nicht nur »meine« Motive, »meine« Themen; für mich ist das Schreiben auch eine Form der Selbstbefragung, und in diesem Sinne versuche ich, auf gewisse Anrufe, Aufgaben, Herausforderungen mit meinen Möglichkeiten zu antworten. Ich weiß wohl, daß ich viele dieser Möglichkeiten dem Journalismus verdanke, den ich eines Tages aufgab, um nur noch zu schreiben. Seither lebe ich als freier Schriftsteller in Hamburg.

(1966)

Mein Vorbild Hemingway

Modell oder Provokation

Ein Schriftsteller hat durchaus das Recht, andere Schriftsteller zu bewundern. Ein Schriftsteller hat auch das Recht, sich von anderen Schriftstellern beeinflussen zu lassen – vorausgesetzt allerdings, daß er die Qualität des Einflusses verantworten kann. Ich glaube sogar, daß Bewunderung, die zur unwillkürlichen Beeinflussung führt, für einen Schriftsteller nicht der schlechteste Anfang für die eigene Arbeit ist; indem wir auf verschiedene Weise gezwungen werden, uns den fremden Anteil einzugestehen, kommen wir allmählich dahin, unsere eigenen Bücher zu schreiben. Wenn Bewunderung nicht zur Falle wird, ist sie vielleicht sogar eine empfehlenswerte Voraussetzung für die eigene Arbeit; denn sie macht ohne Zweifel empfindlich und schärft die Aufmerksamkeit. Außerdem liegt in der erklärten Bewunderung für einen Schriftsteller immer schon der Beginn einer unweigerlichen Rivalität: den Einflüssen des Vorbildes entzieht man sich zumeist auf aggressive Art. Schließlich ist es das Los der Meister, eines Tages von den Schülern, wenn nicht geschmäht, so doch widerlegt, zurückgewiesen zu werden.

Der Schriftsteller, den ich beinahe widerstandslos bewunderte, als ich selbst versuchte, ein Schriftsteller zu werden, war Ernest Hemingway. Zwar glaubte ich manches von Dostojewski, einiges auch von Thomas Mann lernen zu müssen, doch zu beiden empfand ich nicht die gleiche, gewaltsame Hingezogenheit wie zu dem zartfühlenden, hart schlagenden Kondottiere aus Oak Park, Illinois, der fast alles, was er schrieb, gegen sich selbst schrieb. War die Bewunderung für ihn auch widerstandslos, so glaubte ich mich doch in der Lage, sie zu begründen: der Krieg war zu Ende, ich war neunzehn, und ich wußte, warum Hemingway mein Favorit war. Seine lakonischen Erfahrungen boten mir in jener Zeit die Möglichkeit eines Selbstverständnisses. Welcher Art waren diese Erfahrungen?

Die Wahrheit, die Hemingway in der Welt fand und seinem Leser anbot, war die Wahrheit einer »Welt im Krieg«. Die Haltung des Menschen wird in all seinen Konflikten von der Kriegsregel bestimmt. Es gibt keine Sicherheit, keinen dauernden Frieden, sondern nur die Gefahr, die eine glänzende Gelegenheit zur Würde ist, es gibt wortlose Abschiede, stumme Schmerzen und Tode. Was allein gilt, ist die Wirklichkeit des Kampfes – eine Wirklichkeit, die auch da besteht, wo anstelle des gegnerischen Soldaten der Stier getötet wird, der Löwe oder der Marlin. Nicht der Ort oder der Gegner ist entscheidend, sondern das waltende Gesetz. Die Weisheit der Narben gilt überall. Alle Figuren Hemingways, seine Matadore, Boxer, Soldaten, Fischer und Spieler, erkennen dies Gesetz an; darum ist für sie Moral lediglich das, wonach man sich hinterher wohl fühlt. Ihre Prüfung, die Prüfung der Hemingway-Helden, geschieht in einer einzigen Sekunde der Feigheit oder des Muts; angesichts des Todes erst beginnt das Verhalten des Menschen rein zu werden – rein, aber auch geheimnisvoll. Die Welt erprobt, zeichnet und zerbricht den Menschen; sein Problem heißt: Ausdauer gewinnen; wer keine Ausdauer aufbringt, wird die Feuerprobe nicht bestehen.

Aber das waren nicht die einzigen Erfahrungen, die Hemingway preisgab: seine Welt, die in den handelnden Personen ebenso reduziert bleibt wie in den Schauplätzen, zeigte mir, daß jedermann zu jeder Zeit entweder gerade einen Kampf hinter sich oder aber vor sich hat – ob es Jockeys sind, Schwule, Killer, Jäger oder Trinker, ob sie an spanischen Brücken agieren, auf afrikanischen Steppen, in Venedig oder Havanna. Deshalb sind alle Gefühle vorsätzlich geächtet, deshalb ist das Denken strikt verbannt. Das Inventar in Hemingways Welt ist kein meditierendes, sondern ein handelndes Inventar; was Wunder, daß da der Muskel gefeiert wird, ein gutes Auge und ein schnelles Reaktionsvermögen. Es erschien mir nur konsequent, daß die bestimmenden Erscheinungen der Verlierer und der Gewinner sind. Ich lernte früh zu verstehen, warum mein literarisches Vorbild sich für eine Auswahl entschieden hatte, die von vornherein sehr begrenzt war: es kam Hemingway weniger auf die Weite des Panoramas an als auf die Tiefe einer einzigen Perspektive. Und wie er schließlich bekannte, schrieb er etwas, »um es loswerden zu können«. (Von seiner Schreibmaschine hat er sogar behauptet, daß sie sein bester Psychiater gewesen sei.) Sein Stil gibt bereits sein ganzes Verhältnis zur Welt preis, sein Prosastil enthält bereits den absoluten Ausdruck seines Inhalts. Und auch in dieser Hinsicht zeigte mir Hemingway damals eine Möglichkeit: man kann schreiben mit dem einzigen Wunsch, verstehen zu lernen.

Diese Wahrheiten bot Hemingway mir in jener Zeit an, und da ich sie naturgemäß nicht durch Erfahrung überprüfen konnte, übernahm ich sie zunächst in der unbedenklichen Arglosigkeit, zu der Bewunderung anfangs noch verleitet. Ich übernahm sie, übertrug sie auf meine Welt – oder auf den Ausschnitt meiner Welt –, und sie schienen zuzutreffen. Es waren besonders zwei Einsichten Hemingways, die ich bei meinen eigenen Erkundungen immer wieder bestätigt fand, die mir halfen, eine Grundbefindlichkeit zu verstehen: das war die Erfahrung, daß alle Konflikte des Menschen von der Kriegsregel bestimmt werden, und das war weiterhin die Ansicht, daß ein einziger Augenblick ausreicht, um einen Menschen zu überprüfen. Damals, nach dem Krieg, hatte ich mitunter den Eindruck, daß diese Erfahrungen für mich formuliert waren – vielleicht im Sinne eines erwünschten Komplizentums –, und da ich sie ehrgeizig auszufüllen suchte wie einen vom Vater abgelegten Anzug, tat ich ein übriges: in der Überzeugung, daß ich auch ohne die Lektüre Hemingways, einfach durch meinen Hunger nach zutreffenden Sätzen, zu den gleichen Erfahrungen gelangt wäre wie er, kürzte ich das Verfahren ab und machte einfach seine Erfahrung zu meiner – unbewußt natürlich, und von Bewunderung überredet.

Auch ich hatte ja mit sechzehneinhalb Jahren den Krieg erlebt, und da meine Teilnahme den Ausgang des Krieges nicht wesentlich beeinflußte, wollte ich zumindest versuchen, das, was geschehen war und überhaupt so geschehen konnte, verstehen zu lernen. Die Mächtigen waren machtlos geworden, die Meister der Gewalt hatten ihre Herrschaft eingebüßt, und im Verlauf einer unaufhörlichen Selbstbefragung versuchte ich mir Klarheit über einen Menschen zu verschaffen, der »fällt«, abstürzt, verliert. Mein Interesse gehörte vor allem dem Augenblick des Falls; ich wollte für mich die Chance der Niederlage erkunden und etwas über die geheimnisvollen Beziehungen erfahren, die offenbar zwischen Sieger und Besiegtem bestehen. Ich wollte herausbekommen, wo die Bitternis des Sieges beginnt. In gleicher Weise jedoch interessierte ich mich für den Augenblick der Auflehnung gegen ein unvermeidliches Los – wahrscheinlich in der Absicht, den Untergang aufzuwerten. Ich wußte durchaus, wovon ich erzählen wollte, doch mir fehlte – neben manchem anderen – die Perspektive, und ich fand sie bei Ernest Hemingway. Ich fand sie vor allem in seinen Geschichten, die für mich, zum Teil auch heute noch, den Ausdruck einer musterhaften Spannung darstellen: es ist der Antagonismus zwischen Traum und Vergeblichkeit, zwischen Sehnsucht und Erfahrung, zwischen Auflehnung und demütigender Niederlage. Das Schweigen und die Auflehnung – sie erschienen mir als reinste Form der Zuflucht in einer Welt, in der der Tod seine sieghafte Erscheinungsform verloren hat. Im Schweigen des sterbenden Toreros, in der nutzlosen Auflehnung des Boxmeisters fand ich die letzte Würde bestätigt, die uns noch verblieben ist: die Würde der Aussichtslosigkeit.

So glaubte ich mein literarisches Vorbild Hemingway verstanden zu haben, den Mann, der selbst in Übereinstimmung mit dem Kodex lebte, nach dem seine Helden handelten. Ich muß zugeben, daß mir am Anfang mehr daran lag, mein literarisches Vorbild zu verstehen, als mich selbst zu verstehen. Und bevor ich mein Verhältnis zur Welt bestimmte, wußte ich bereits, welch ein Verhältnis Hemingway zur Welt besaß. Jede eigene Erfahrung mußte ich durch eine Zollstation schmuggeln, an der Hemingway die Kontrollen vornahm: er konfiszierte gleichmütig oder ließ achselzuckend passieren; so entschieden hatte ich ihn als Vorbild anerkannt. Ich versuchte, das Schreiben zu lernen, und so, wie er es bei Anderson, Twain und Ford Madox Ford gelernt hatte, lernte ich es nach Möglichkeit bei ihm.

Was war es, das sich von Hemingway lernen ließ? Ich glaube, daß eine der größten Schwierigkeiten beim Schreiben darin liegt, nicht nur über das Bescheid zu wissen, was man erzählt, sondern gleichzeitig zu wissen, was man selbst, in jedem Augenblick, gegenüber dem Erzählten empfindet. Höchste Aufmerksamkeit gegenüber der Erzählung genügt also nicht, wenn der Schreiber nicht die gleiche Aufmerksamkeit gegenüber sich selbst aufbringt. Das ist eine Forderung, die Hemingway stellte und, wie mir schien, auch erfüllte; und mit einer bedachtsamen Geste der Aneignung übernahm ich diese Forderung für mich. Was sich außerdem von ihm lernen ließ – und was für einen Geschichtenerzähler auch heute noch von Bedeutung sein kann –, das war die rigorose Methode des Schreibens, nur das wiederzugeben, was ihn selbst erregt. Das setzte eine erprobte Kenntnis der Aufeinanderfolge von Bewegung und Tatsache voraus, das verpflichtet aber auch den Erzähler, alles, was geschieht, allein auf sich zu beziehen – zumindest aber nicht in der Absicht zu schreiben, spezielle Empfindungen bei andern hervorzurufen. Der Autor hat sich allenfalls zu fragen: was geschieht wirklich, und zwar in der Handlung, in der Erzählung – und nicht: was könnte nebenbei und außerdem geschehen unter besonderen Bedingungen. Hemingway, das glaubte ich verstanden zu haben, wollte erregen durch Unerregtheit, kommentieren durch Kommentarlosigkeit, zur Teilnahme bewegen durch distanzierte Kälte. (Heute weiß man, wieviel er in dieser Hinsicht Gertrude Stein verdankt.) Und das war auch etwas, was sich von Ernest Hemingway, mit Vorsicht, lernen ließ.

Bei der Lektüre meiner frühen Geschichten – die ich in direkter und durchaus freimütiger Anspielung auf das literarische Vorbild »Geschichten aus dieser Zeit« nannte – läßt sich ohne weiteres erkennen, was ich Hemingway verdanke. Mit der obligaten Nachsicht, die jeder seinen Anfängen gegenüber aufbringt, muß ich mir sogar eingestehen, daß da eine erhebliche – sagen wir: Abhängigkeit bestanden hat.

Die Analyse einer einzigen Geschichte beweist es. Sie heißt »Das Wrack«, und in ihr wird von einem Mann namens Baraby erzählt, der als Flußfischer an der Elbe lebt und eines Tages auf der Heimfahrt ein unbezeichnetes Wrack auf dem Grund des Stroms entdeckt. Der Fischfang ist miserabel geworden. Die Entdeckung des Wracks belebt die Hoffnungen des alten Mannes: er träumt von heimlicher Bergung. Je länger er davon träumt, desto besessener wird er; er ist bereit, seinem Traum alles zu opfern – es ist wie bei Hemingway. Auch sein Junge, eine Nick-Adams-Ausgabe, spielt mit und reflektiert kühl den Traum des Alten – in ganz und gar ähnlicher Weise, wie Nick Adams die Träume und Niederlagen seiner Umwelt spiegelt und dabei auch noch den Autor Hemingway selbst. Der alte Mann verschafft sich unter riskanten Opfern ein Tauchgerät. Immer wieder fährt er, nur von seinem Jungen begleitet, zu dem Wrack hinaus und versucht, zu ihm hinabzudringen. Während der Alte wortreich seinen Traum von Beute schildert, sagt der Junge immer nur ein einziges Wort: Ja, Vater. Mit dieser einsilbigen Skepsis korrigiert der Junge das Wunschbild seines Vaters. Und als es dem Alten schließlich unter äußerster Anstrengung gelingt, das Wrack zu erreichen, und als er entdeckt, daß der Dampfer einst Pferde geladen hatte und mit den Pferden untergegangen war – da ist er keines einzigen Gefühls mehr fähig. Wie bei Hemingway wird die Niederlage ohne Erregung, ohne Kommentar mitgeteilt. Das Eingeständnis der Niederlage drückt sich allenfalls in der Regungslosigkeit aus, mit der Vater und Sohn sich am Schluß gegenübersitzen, während die Strömung ihr Boot abtreibt.

Abgesehen von der stilistischen Nähe muß ich hier ganz besonders eine motivische Nähe eingestehen: wer Hemingways Geschichte »Nach dem Sturm« kennt, wird ohne weiteres bereit sein, von verwandten Beziehungen zu sprechen. Was mich jedoch heute erstaunt, ist das Maß an Sorglosigkeit, das ich mir gegenüber meinem bewunderten Vorbild leistete; ich vermute, daß es die zu große Nähe war, die den Blick einengte, die Kritik behinderte; denn immerhin gab es auch in Hemingways

Geschichte ein gesunkenes Schiff und den – freilich anders-artigen – Traum von der Beute. Natürlich gibt es überall zu-fällige Übereinstimmungen, aber mir gelingt es einfach nicht, sie in diesem Fall für mich zu reklamieren. Anscheinend ist man als sehr junger Schriftsteller, der einen anderen Schrift-steller als Vorbild ansieht, immer zu besonderer Großmut auf-gelegt; man ist versucht, alles in die große Firma einzubringen und erwartet dafür, über die vorhandenen Mittel verfügen zu können. Das tat sicher auch Hemingway selbst, als er seiner-seits eine Geschichte schrieb – nämlich: »Mein Alter« –, die in geradezu schmerzlicher Weise Andersons sehr guter Erzählung »Ich möchte wissen, warum« verpflichtet ist – ja, eigentlich nur eine andere Fassung des gleichen Motivs darstellt.

Doch ich merke, daß ich nach mildernden Umständen für die Tatsache suche, daß ich meinem Modell zu nahe getreten bin; ich bezichtige Hemingway, um mich freizusprechen, und das verdient er nicht; schließlich stellte er für mich zeitweilig eine Falle dar, in die ich freiwillig lief. Mein Verhängnis – wenn man es so nennen will – bestand vermutlich darin, daß ich einige seiner Passionen teilte, und daß ich sie auch schon aus-geübt hatte, bevor ich ihn gelesen hatte: ich fischte wie er, ich erkannte wie er das Argument des Bizeps in gewissen Augen-blicken an, und wie er hatte ich ein Gefühl für Landschaft – diese Gemeinsamkeit trieb mich ihm geradezu in die Arme. Ich fürchte, ich war disponiert dafür, Hemingway eines Tages zu begegnen und mir, zumindest vorübergehend, seinen Blick übertragen zu lassen. Wenn ich mir meine »Geschichten aus dieser Zeit« ansehe – heute, nachdem ich meine persönliche Unabhängigkeitserklärung abgegeben habe –, hört das Staunen darüber nicht auf, was mein literarisches Vorbild in mir aus-löste. Das Inventar etlicher Geschichten ist Hemingwaysches Inventar: der Jäger, der Anarchist, der verlorene Kämpfer, der

Läufer, die Liebenden ohne Chance. Freilich, es hat sie auch vor und nach Hemingway gegeben, doch in der Art, wie ich mit ihnen umging, zeigte sich der Einfluß des Lehrmeisters. »Die Festung«, »Der Läufer«, »Drüben auf den Inseln«, »Die Flut ist pünktlich« – der Einfluß ist in diesen Geschichten unverkennbar, und als Friedrich Sieburg damals meinen Erzählband besprach, lag es nahe, der Kritik den Titel zu geben: »Der junge Mann und das Meer«. Ich hatte den Anlaß dazu geliefert, ich war einverstanden oder mußte es doch sein. Jedenfalls war ich weit davon entfernt, Hemingway für die Lage verantwortlich zu machen, in die ich geraten war: ich hatte das offizielle Etikett eines seiner Jünger erhalten und trug es ohne übertriebene Genugtuung, aber auch ohne Bitterkeit. Ich scheute mich auch nicht, nach dieser Feststellung immer noch Hemingway zu lesen und wiederzulesen. Ich hatte eine Menge von ihm gelernt und war bereit, es mir selbst und andern einzugestehen.

Aber je länger ich zu ihm hielt, desto stärker begann ich etwas zu vermissen: meinen eigenen, bestimmbaren Anteil nämlich, meine Möglichkeit, all das, was nur auf mein Konto ging. Es erfolgte keine plötzliche Herausforderung durch das Vorbild, ich dachte an keine gewaltsame Distanzierung, wollte Hemingway nicht spontan überwinden, um, sozusagen, das Etikett seines Schülers zu verlieren; vielmehr war ich nur darauf aus, herauszubekommen, wie weit der eigene Pfeil fliegt. Neugierde auf meine Möglichkeiten – das war es, was die Tendenzen zur Unabhängigkeit zunächst weckte und charakterisierte. Um diese Neugierde zu befriedigen, schrieb ich einige Geschichten, die auch mit Anstrengung nicht in die Nähe Hemingways gebracht werden können: Satiren und zeitkritische Erzählungen, in denen gedacht und unwillkürlich kommentiert wurde. »Mein verdrossenes Gesicht«, »Der seelische Ratgeber«, »Der große Wildenberg« – das sind solche Beispiele.

Die begrenzte, aus künstlerischer Vorsätzlichkeit begrenzte Perspektive Hemingways gab keinen Blick frei auf die Sachverhalte, Konflikte, Motive, die ich an meinem Ort, in meiner Umgebung entdeckte, und die ich mich allmählich für ebenso wichtig zu halten gezwungen sah wie die Wirklichkeit des Kampfes und die heroischen Augenblicke des Scheiterns à la Hemingway. Manchmal wird ja auch Milch getrunken und sehr oft auch Tee, und ich mußte in dieser Hinsicht Tschechow zustimmen, der die Welt am Teetisch zum Einsturz bringt. Ich erfuhr, wie wichtig es ist, die Hypotheken der Vergangenheit anzuerkennen, überhaupt einen Gaumen für die Bedeutung von Vergangenheit zu zeigen – etwas, was mein literarisches Vorbild nicht tat, nicht tun konnte. Ich lernte einzusehen, daß Leben nicht nur aus Momenten gewaltsamer Erprobung besteht. Ich kam zu der Überzeugung, daß auch andere Augenblicke Würde beanspruchen oder verleihen als nur die Nähe des Todes. Und schließlich machte ich die Erfahrung, daß in dieser Welt eine verändernde Intelligenz wirksam ist, die bei Hemingway nicht vorkam. Was mich interessierte, und was ich bei meinem Vorbild vermißte, das ist die Zeit zwischen und nach den Niederlagen, das sind die Jahre der Entscheidungslosigkeit, das sind die Vorspiele und Nachspiele zu den Sekunden der Prüfung.

Ich hörte zwar nicht auf, Hemingway zu bewundern, aber je beharrlicher ich an meiner privaten Unabhängigkeitserklärung arbeitete, desto deutlicher wurde mir bewußt, was ich bei meinem Lehrmeister nicht fand und niemals finden würde. Er hatte sich damit begnügt, die Tat zu feiern – ich bestand darauf, auch verstehen zu lernen, was eine Tat begünstigt oder nachträglich widerlegt. Er hatte sich damit begnügt, dem notorischen Scheitern die Vision der Ausdauer entgegenzusetzen – ich wollte erfahren, welche Gründe das Scheitern hat und ob Ausdauer die einzige Antwort sein kann. Hemingway hatte sich dazu entschieden, nur ein einziges Zentrum anzunehmen – ich glaubte feststellen zu müssen, daß es verschiedene Zentren gibt, die am Rande liegen. Natürlich versuchte ich am Anfang, meine Erfahrungen durch ihn beglaubigen zu lassen. Es ging nicht. Was ich suchte, kam bei ihm nicht vor. Ich war keineswegs enttäuscht darüber, aber ich hielt es jetzt für notwendig, meine Beziehung zu Hemingway gewissermaßen bilanzierend zu bestimmen. Er entsprach mir nicht mehr, und ich wollte das für mich begründen.

Ich tat es mit einer Geschichte. Sie steht in dem Band »Das Feuerschiff«, und ihr Titel erscheint bereits wie eine unmittelbare Entgegnung auf eine großartige Geschichte Hemingways. Ich nannte sie »Der Anfang von etwas«, und bezog sie direkt auf Hemingways »Das Ende von etwas«. Wenn ich Hemingway richtig verstehe, läßt er Nick und Marjorie nur deshalb zum Fischen hinausfahren, um ihnen eine Gelegenheit zu geben, auf besondere Weise Schluß zu machen. Sie bestücken die Angeln, sie sehen die Forellen springen, sie kehren ans Ufer zurück und zünden ein Feuer aus Treibholz an. Da fragt Marjorie Nick, ob die Liebe nicht schön sei, und Nick sagt nein und hat nichts anderes zu sagen als daß etwas in ihm »zum Teufel gegangen sei«. Das genügt Marjorie; sie klettert ins Boot, Nick schiebt sie hinaus aufs Wassers und sie rudert davon: ein musterhafter Hemingway, fast eine Selbstimitation.

Bei aller Verschwiegenheit indes und aller lapidaren Verkürzung, wird in dieser Geschichte eine Erfahrung verkündet, die bei Hemingway oft wiederkehrt und mir persönlich nicht mehr genügte: es ist die Erfahrung, wonach das Unglück darin besteht, daß wir alles hinter uns haben. Ich bin der Meinung, daß sich das Unglück ebenso durch das rechtfertigen läßt, was vor uns liegt: durch offene Räume, durch offene Entscheidungen. So schrieb ich also, mit eingestandenem Wunsch nach Korrektur, meine Entgegnung und nannte sie »Der Anfang von etwas«. Es ist die Geschichte eines Wachmanns auf einem Feuerschiff, der im Schneetreiben sein Schiff versäumt. Dieser Harry Hoppe macht keinen Versuch, seinem Schiff nachzufahren, er zieht mit seinem Gepäck in eine Kellerkneipe, genehmigt sich dort einiges gegen das Schneetreiben und begegnet in der Kellnerin seiner Vergangenheit. Er wird gezwungen, seine Gegenwart mit der Vergangenheit zu vergleichen und erhält eine Möglichkeit, die Entwürfe von damals an den Resultaten von heute zu messen. In einem Augenblick der Unentschiedenheit erfährt er, daß das Feuerschiff, das er versäumt hat, von einem Tanker gerammt wurde, daß niemand von der Besatzung gerettet werden konnte, und daß auch sein Name unter den Opfern ist. Harry Hoppe wittert eine zweite Chance, er geht mit seinem Gepäck an den Strom und wirft es zwischen die Eisschollen: der »Anfang von etwas« kann beginnen.

Ich wollte Hemingway antworten, daß nichts mit dem Ende aufhört, und daß andererseits jeder Anfang nicht makellos vorhanden ist, sondern seinerseits eine Vorgeschichte voraussetzt. Dabei kam es mir nicht darauf an, Hemingway zu widerlegen, sondern ihn zu korrigieren im Sinne meiner Erfahrungen. Ich legte keinen Wert darauf, ob irgendein Leser diesen Wunsch nach Korrektur, der in meiner Geschichte versteckt war, entdecken würde – es war für mich eine Angelegenheit, die allein meine Beziehungen zu Hemingway betraf.

Nachdem ich mich also auf so erklärte Weise seinem Einfluß entzogen hatte, seine Begrenztheit eingesehen, seine Maximen bezweifelt, seine Wahrheit als nicht immer übertragbar vorgefunden hatte – nach all dem entzog ich mich dem stilistischen Einfluß, den es ohne Zweifel einmal gegeben hatte, nur noch zwangsläufig. Ich bin auch heute noch der Meinung, daß Hemingway als Stilschöpfer außerordentliche Anerkennung verdient, und wie groß der Eindruck war, den er als Stilist machte, sieht man ja an der Wirkung, die er auf viele junge Schriftsteller ausübte. Sicher, auch der Hemingway-Stil hat seine Vorläufer, und eine gründliche Stilanalyse wird unweigerlich auf diese drei Namen stoßen: Stephen Crane, Mark Twain und Gertrude Stein; aber schließlich war es doch Hemingway selbst, der sich aus allen Elementen den Stil schuf, den er benötigte. Es ist ein Stil der Strenge, der Sparsamkeit, der Einfachheit. Sein typischer Satz ist gekennzeichnet durch gewissenhafte Schlichtheit. Sein Satz stellt fest oder verbindet mehrere kurze Aussagesätze durch eine Konjunktion; er ist unbedingt rhythmisch und eingängig auch in der Monotonie. Alle Wahrnehmungen des Schriftstellers werden unmittelbar, unverändert, ungefiltert mitgeteilt; Hemingway gibt streng darauf acht, jederzeit aus dem Spiel zu bleiben, das heißt: er vermeidet es als Autor, sich zwischen Geschehnis und Leser zu drängen.

Ich bekenne, daß ich am Anfang diesen Stil vorbildlich fand – so wie ihn Schriftsteller wie O'Hara oder Vittorini ebenfalls für vorbildlich hielten. Von Hemingway habe ich gelernt, wie man Ironie und *understatement* dialogisch wirksam macht. Ich habe außerdem gelernt, wie sehr es auf die Auswahl der Einzelheiten ankommt, die man erzählt, und welch eine Bedeutung die Folge der Geschehnisse hat, für die man sich entscheidet. Doch das galt lediglich für die Zeit, in der Hemingway mein literarisches Vorbild war. Mit den Vorbehalten gegen seine Perspektive und seine begrenzten Erfahrungen der Welt ergaben sich auch Vorbehalte gegen seinen Stil. Obwohl ich seine Detailschärfe bewundere, scheint sein Stil nicht ausreichend zur Wahrnehmung der Randzonen. Da wird zuviel übersehen, vernachlässigt. Der Stil Hemingways formt die Geschehnisse zu wenig um. Er verzichtet auf den Gebrauch von Synonymen. Er hat vor allem zu wenig Raum für Reflektion.

Weil ich dies feststellte, war es mir nicht möglich, so zu schreiben wie Ernest Hemingway. Ich vollzog eine stillschweigende Abkehr, ohne essayistische Rache, ohne Protest, ohne die obligate Gereiztheit des Schülers, der einen Bruch mit seinem Meister herbeiwünscht. Doch auch jetzt gab ich meine Bewunderung für Hemingway nicht auf; ja, ich möchte sagen: von dem Augenblick an, wo ich einsah, daß ich anders erzählen mußte als Hemingway, wurde meine Bewunderung für ihn gelassener, meine Bereitschaft, ihn zu verteidigen, unbefangener – vielleicht nur, weil ich mich nicht mehr mitbetroffen fühlte, wenn er gemeint war. Er hatte geglaubt, daß man dieser Welt nur gewachsen sein kann, wenn man sie nachahmt: dieser Glaube bestimmte seine Erzählweise. Ich bin der Meinung, daß wir zur Nachahmung nicht verpflichtet sind und daß wir starrsinnig und unentmutigt darin fortfahren sollten, an einem Gegenentwurf zu arbeiten. Mag sein, daß der Schmerz die größte Erfahrung ist, die die Welt gewährt: die einzige Erfahrung ist er nicht.

Ich habe nicht aufgehört, Hemingway zu lesen, und wenn man mich fragt, was ein junger Schriftsteller vor allem nötig hat, dann kann ich nur sagen: die Lektüre eines sehr guten Schriftstellers – auf die Gefahr hin, unter seinen Einfluß, in seinen Bann zu geraten. Aber stellt es überhaupt eine Gefahr dar, von einem sehr guten Schriftsteller beeinflußt worden zu sein? Die größere Gefahr, scheint mir, liegt darin, wenn man sich als Geschichtenerzähler die Einflüsse verschweigt, unter die man durch Bewunderung oder Begeisterung geraten ist. Wenn wir uns die Wirkungen, die andere in uns hervorgerufen haben, ausreichend eingestehen, wenn wir sie genügend bezeichnen, so tun wir damit den ersten Schritt zur Unabhängigkeit.

(1966)

Heinrich Bölls Personal

1

Ich denke an einen Strand, vielleicht an ein befestigtes Flußufer, da ist ein Ortsschild, sagen wir ruhig: Neu-Zimpren; man weiß noch nicht, wie die Leute hier wählen, man erkennt lediglich, daß es Schnaps- und Biertrinker sind. Es gibt keine westwärts reitenden Denkmalsfiguren, keine Wegweiser, die an Berlin, an Görlitz und Königsberg gemahnen, keine Straße, die nach einem Militär benannt ist. Der Bundeswehr ist die Durchfahrt nicht gestattet. Da übrigens ist die Bank – man hat sie in einer Baracke untergebracht – und hier der Bahnhof: man versteht schon, warum der Vorsteher dieser attraktiven Trübseligkeit in jeder freien Minute mit seinem Vertreter »Mensch ärgere dich nicht« spielt.

Die Leute heißen Feinhals, Schneider und Schnier, Frau Bach und Frau Brielach wohnen hier, Fred und Käte selbstverständlich, man begegnet den Fähmels, der Elsa Baskoleit, einem Doktor Murke; man glaubt die Leute irgendwoher zu kennen, natürlich, nach einer Weile besteht kein Zweifel mehr darüber, daß in Neu-Zimpren das gesamte epische Personal von Heinrich Böll wohnhaft ist. Alle diese Leute, denke ich mir, haben die Schmerzlosigkeit romanhafter Existenz aufgegeben, haben sich, nach allen nachgesagten Beschädigungen durch Geschichte und Gesellschaft, verabredet, einen realen Ort mit

Verheißungen zu gründen, man kennt sich, man glaubt, eine Expedition ins Wirkliche riskieren zu können.

Bölls Personal ist also aus den Büchern desertiert, hat – so nehmen wir an – Neu-Zimpren gegründet, nicht um leben zu lernen, sondern um ohne »die andern« leben zu können; und man hat insofern einen Grund zur Hoffnung, als man durch eine besondere Solidarität miteinander verbunden ist; man weiß, daß man überlebt hat.

Wie lebensfähig ist solch ein Ort? Welche Wahrheit mutet er uns zu? Und wieviel beispielhafte Wirklichkeit können wir ihm und seinen Bewohnern zugestehen?

2

Zugegeben: als ich Heinrich Bölls Personal kennenlernte, erschrak ich manchmal. Woher kennt er deinen Lehrer, deine Wirtin, deinen Kumpel, so fragte ich mich – wo begegnete er dem Beschädigten, mit dem du selbst eine Weile gezogen bist? Ich weiß, für die Galionsfiguren unserer Literatur gehört solch ein Erschrecken schon zum Kulinarischen, aber ich gebe trotzdem zu, daß ich auch noch über anderes unvermutet erschrak: über die Verletzlichkeit von Bölls Personal nämlich, über seine lakonische Reizbarkeit und Befangenheit, über die mitunter listige, jedenfalls erklärte Untauglichkeit zur Anpassung. Die geht so weit, daß man Gesten unterdrückt – aus Furcht, man könnte sie sich im Kino angeeignet haben. Ich erkannte meine eigene Befangenheit und Verletzlichkeit wieder, ich entdeckte einen Grund für meine eigene Weigerung, mich ohne Erinnerung einzurichten.

Also Selbstgenuß in erträglicher Identifikation? Kaum. Viel eher, scheint mir, war dieses Erschrecken – und eine Art heikler

Zustimmung – eine Folge der Einsicht, daß es Heimsuchungen gibt, die keine freie, souveräne oder gar beliebige Haltung zulassen. Ja, ich weiß, in diesem Sinn ist Bölls Personal kein »freies Personal«: der Mann mit den Messern, der Mann mit dem teuren Bein, der Mann, der mit seiner Frau nicht zuhause, sondern in billigen Hotels schläft, und auch der Mann, der aus Enttäuschung und Protest nur noch »Augenblicke« sammelt – sie sind Leibeigene ihrer Erfahrung, sie sind verurteilt, mit Erinnerungen zu leben, kühne Klimmzüge in eine von Schmerzen aufgeräumte Welt gelingen ihnen nicht. Sie sind nicht »frei«. Und nicht nur dies: an manchen Figuren Bölls läßt sich, glaube ich, ein abgründiges Einverständnis mit ihrer Lage feststellen; zwar tragen sie ihre Leiden nicht schön zu Markte, aber sie scheinen nicht allzuviel dagegen zu haben, wenn sie bestehen bleiben, eine Zeitlang zumindest, eine gewisse Zeit – und sei es nur für die Dauer eines weltbeglückenden Drogisten-Kongresses.

Die Leidenswilligkeit dieser unwirklichen Leute stellt die Wirklichkeit bloß, die die Leiden durch Vergeßlichkeit korrumpiert hat. Nella Bach will ihren gefallenen Mann nicht vergessen; der Knabe Heinrich ist einverstanden mit seinem Leid über den vermißten Vater; Fred hat nicht den Mut, seine Frau anzusprechen, um – vielleicht – die Zeit der Not zu beenden; der junge Elektriker gesteht sich ein, daß er nicht »vorwärtskommen« will.

Sie wollen alle nicht »vorwärtskommen«. Sie wollen nicht gerettet werden. Sie bestehen darauf, mit dem Schrecken zu leben, der in sie eingebrochen ist; das hat mit Wehleidigkeit nichts zu tun. Robert Fähmel will das beschämendste Kapitel der Familiengeschichte nicht aufdecken; warum? Weil er vermutlich verhindern will, daß es durch kosmetische Beichten neutralisiert wird; es soll keine wohlfeile Rettung geben.

Es trifft zu: die Kennkarte des Böllschen Personals ist seine manchmal lächelnde, manchmal kohlhaasische, immer aber herausfordernde Leidenswilligkeit. Da bietet sich allerdings kein Traum von »freien« Handlungen an (und welch ein Mißverständnis in ihm liegen kann, hat ja Sartre mit seinem Matthieu erlebt, der nichts weniger als das Abenteuer der Freiheit suchte). Da ist jede Figur gebunden. Und darin scheint mir eine der unbarmherzigsten Wahrheiten im Böllschen Werk überhaupt zu liegen: seine Personen, machtlos, empfindlich beschädigt und allem ausgesetzt, diese Personen ziehen sich, da ihnen alle Hoffnungen bestritten werden, auf eine unglaubliche Gegenwehr zurück: sie bleiben ihren Leiden treu. Ja, sie verteidigen sich gegen die Umwelt, indem sie ihre Leiden bestätigen, ihre Depressionen ins Recht setzen. Das ist fast schon zu erwarten. Es geschieht mit Notwendigkeit.

3

Figuren sind nicht erkennbar ohne Gegenfiguren, Spieler nicht ohne Gegenspieler. Man kann eine Person segnen mit Sinnlichkeit, kann ihr sogenannten Saft eintrichtern, sie mit Gegenständlichkeit kostümieren oder sogar mit filigranhaft feinem, von mir aus Proustschem Bewußtsein ausstatten – es wird nichts helfen ohne die entscheidende Beglaubigung durch eine Gegenperson. Man kann das durchaus den Beatrice-Effekt nennen. Das klingt nach abgedroschenem Schema, doch da ist kaum etwas zu ändern: das Leben folgt nun einmal – und zwar häufiger, als es den Priestern der Originalität lieb ist – dem Schema, dem Muster, dem Modell. Es gibt halt den andern, und dieser andere kann zum Schicksal werden: er sorgt für das Leiden oder für ein bißchen Glück; das ist der generelle Befund.

Auch im Personal von Heinrich Böll ist die Gegenfigur vorgesehen, freilich nie im Sinne eines konsequenten, die Hieb- und Stichfähigkeit erprobenden Gegenspielers. Ein permanentes Duell wie, sagen wir, zwischen Naphta und Settembrini findet nicht statt. Die Gegenfigur: das können zunächst alle sein, und das heißt niemand Bestimmtes; also aus zweiter Hand lebende Kinogänger, Fernsehzuschauer, Sparer, Militärs, mit einem Wort: Leute wie du und ich, die nicht ursprünglich leben, die die Nachmittagssonne des Wohlstands auf sich scheinen lassen, die angepaßt sind, die sich arrangiert haben.

Gegenfigur? Gegenseite sollte man wohl eher sagen. Und in dieser Hinsicht ist all das Gegenseite, was kein Verständnis für die Erinnerungslast heimgesuchter Personen aufbringt, was sich in eifriger Seelenlosigkeit selbst genügt, was für den einzelnen zuständig sein soll, ihn aber in der Masse abspeist: Ministerien, bischöfliche Ordinariate, Amtsstuben, Kasernen. Allerdings, das Personal Bölls lebt nicht allein von einer mehr oder weniger bestimmten Gegenseite; die einzelne Gegenfigur ist durchaus auch vorhanden. Und sie wird auch hier und da zur Reizperson, sie mischt sich ein, sie besorgt sogar eine gewisse Gegenspiegelung; nur eines bringt die Gegenfigur hier kaum zustande: Steigerung, und zwar Steigerung durch die systematische Herausforderung der Person. Die Gegenfigur bewirkt nicht Entwicklung, sondern kommentiert sie allenfalls, sie dient mehr der Belichtung als der Modellierung.

Frau Frankes Einmischung in Freds Ehe kann Käte nicht verwandeln, sie liefert nur den Kommentar des höhnischen Spießers; der ehemalige Leutnant Gäseler, der den Dichter Rai in den Tod schickte und nach dem Krieg Vorträge über ihn hält, bestätigt im Grunde nur die bereits vorhandene (und formulierte) Bitterkeit der Überlebenden; Nettlinger, einst ein überzeugter Nazi und jetzt schon wieder in amtlicher Stellung, denunziert die Gesellschaft mehr durch sein Vorhandensein als durch eine Aktion; Schniers Mutter, einst eine stramme Anhängerin Hitlers, ist heute Präsidentin einer Gesellschaft zur Versöhnung rassischer Gegensätze und hat lediglich die Funktion, die Protesthaltung des Clowns zu rechtfertigen.

Was ich an Bölls Gegenfiguren vermisse, das ist ihre – wenn auch nur zeitweilige – Ebenbürtigkeit mit seinem, sagen wir, erklärten Personal. Sobald sie auftreten, haben sie bereits einen schlimmen Vorsprung. Ihre widerwärtige Überlegenheit scheint gesichert. Sie sind immer »schon da«. Auch wenn unser gemeinsamer Erfahrungshaushalt Böll in der Annahme recht gibt, daß bestimmte Typen immer »schon da« sind: gerade um das Typische zu vermeiden, müßten sich Figur und Gegenfigur dauerhafter bedingen. Sie sollten mehr zu ihrer gegenseitigen Entwicklung beitragen, als sich damit begnügen, ihre verschiedenen Positionen festzustellen und nur noch die Entfernung zu sanktionieren.

4

Nehmen wir also an, Heinrich Bölls Personal befindet sich nicht zwischen Buchdeckeln, sondern im Grünen, in Neu-Zimpren. Dies ist, wie gesagt, kein Ort zum Verwittern; man hat ihn vielmehr gegründet, um ein Muster zu entwerfen, ein mögliches Leben, das ja ebenso mannigfaltig sein kann wie Satzformen. Die Figuren erhalten eine Chance, ihr mehr oder weniger formuliertes utopisches Konzept zu verwirklichen, und wir können sie an ihrem erfüllten Konzept messen. Was fällt ins Auge?

Ich zweifle nicht einen Augenblick daran, daß Neu-Zimpren ein Ort zum Leben wäre: jeder Einwohner ein Fall für sich, ein tief verständliches Durcheinander, jeder im Licht der Erfahrungen, die er nicht vergessen kann. Die Unordnung ist von einnehmender, sie ist von menschlicher Art. Einige Schicksale sind korrigiert: Fred geht nicht hinter seiner Frau her, sondern neben ihr, der Zähler auf der Brücke rächt sich nicht an der Behörde, indem er ein bestimmtes Mädchen ausläßt; und der Clown Schnier lebt immer noch mit Marie Derkum zusammen. Es fehlt alles, was – im Sinne des Autors – das Ideal der Ursprünglichkeit beeinträchtigt: Kinos, Profitgier, Ausstellung von Besitz, blinder Massenkonsum, militärischer Stumpfsinn. Da Heinrich Böll einer Figur tatsächlich deshalb Natürlichkeit zuerkennt, weil sie wenig ins Kino geht, wollen wir einmal annehmen, daß Neu-Zimpren ein ganz und gar ursprünglicher, ziviler, in allen Regungen »spontaner« Ort sei. Aber ist es auch ein glücklicher Ort?

Ich fürchte, daß es der Autor selbst ist, der dem größten Teil seines Personals ein wenn auch graues Glück bestreitet, indem er ihm ein Leben nach dem Massenschema verwehrt und ihm statt dessen eine »Natürlichkeit« vorschlägt, die mir unerreichbar erscheint. In Neu-Zimpren müßte es sich zeigen, daß es heute keine praktizierbare Alternative zur Massengesellschaft gibt, zumindest nicht diese Alternative: Ursprünglichkeit und Originalität.

Zwar sehe ich den Grund des Protestes ein, und es kann keinen unabhängigen Geist geben, der Bölls kunstvoller und unentmutigter Bloßstellung einer angepaßten Gesellschaft seine Bewunderung entzieht: seine Überredungen zum Zweifel am Klassenschema sind allemal gerechtfertigt – fraglich indes ist das Gegenangebot, das so sanft daherkommt und plötzlich solchen Anspruch fordert: das Ursprüngliche, das Echte.

Wer will, wer kann so leben? »Die Welt bestand aus Epigonen«, schreibt Heinrich Böll; nun gut, sollen wir uns in eine

Welt der Originale verwandeln? Dürfen wir übersehen, daß das bescheidenste – und am meisten verbreitete Glück in der Epigonalität gefunden wird?

Neu-Zimpren würde, es müßte den Beweis dafür liefern, daß unser Bewußtsein montiert wird und daß wir uns montieren lassen. Über kurz oder lang würde es auch hier einen berufsmäßig Trauernden geben, ein Wegwerfer wäre vonnöten, und Chefs würden mit dem Ruf ins Büro stürzen: Es muß etwas passieren! Sich selbst überlassen, erschöpft vom zumutbaren Umgang mit ihresgleichen, würden sich die Figuren hilfesuchend nach dem Autor umsehen und ihn bitten, ihnen entweder die Welt mit ihren Heimsuchungen zurückzugeben, oder ihnen wenigstens zu erlauben, die Spielarten der Welt im Ausschnitt zu wiederholen.

Neu-Zimpren würde klarmachen, daß man vom Widerstand ernährt wird. Ohne Heimsuchungen, ohne Schrecken verlöre der Ort seine Wahrheit. Man kann nur leben lernen mit den »anderen«, die für Schmerz sorgen oder für Geborgenheit. Neu-Zimpren, die angenommene Gründung von Bölls Personal, könnte uns kein Beispiel sein, der utopische Entwurf ginge nicht auf.

Was Heinrich Bölls Personen so oft zu »wahren« Personen macht, das sind die Beschädigungen, die sie davontrugen, als sie von der Welt Gebrauch machten, oder die Welt von ihnen. Jede Narbe hat ihre Geschichte, jede Verkorkstheit ihren genauen Grund. In Neu-Zimpren könnten sie nicht sein, was sie unter uns sind: unseresgleichen nämlich; und das heißt: schlaue, gutmütige, erinnerungsfähige und gewitzte Leute.

Kleine Leute? Ja, durchaus, auch kleine Leute, allerdings nicht im Legendenzuschnitt, sondern in einem außerordentlich protesthaften Sinn: sie sind in der Hinsicht klein, als sie ihre Verluste nicht elegant ausgleichen können. Sie sind es, die immer wieder von der Geschichte zur Kasse gebeten werden, die den ganzen Mist ausbaden müssen, die Hilfe nur von sich selbst erwarten können. Da mag sich groß fühlen, wer will. Ich habe die sogenannten kleinen Leute bei Böll immer nur so verstanden: sie sind »klein«, weil sie die Verletzungen nicht leugnen, weil sie, anstatt im allgemeinen Karriere-Ballett mitzumachen, sich damit aufhalten, die Lehre aus ihren Verletzungen zu begreifen oder ihre Trauer zu legitimieren. Deshalb verzichtet Schnier auf die »Scheißmillionen« seiner Familie, deshalb vererbt Robert Fähmel den Familienbesitz dem Liftboy Hugo.

Abgesehen davon hat jeder Schriftsteller das Recht, sich die Objekte seines Zorns oder seiner Sympathie frei zu wählen, das heißt: er sucht sich das Personal, mit dem er sich, gewissermaßen, versteht. Wenn man bedenkt, zu welch einem fatalen Prozentsatz Geschichtsschreibung sich darauf beschränkt, die Biographien von gekrönten Narren, Beutemachern und gesalbten Totschlägern anzubieten, dann muß man doch die Notwendigkeit begreifen, denen Stimme und Beachtung zu verschaffen, die immer nur bezahlen müssen, von mir aus: den kleinen Leuten.

Freilich, schon Camus' beredsamer und heruntergekommener Anwalt warnte davor, alle Witwen und Waisen pauschal unter die Engel zu versetzen; vor Gericht macht man so seine Erfahrungen. Oben und unten: das ist doch nicht nur soziologisch betrachtet ein ziemlich abenteuerlicher Begriff; jedenfalls bringt er kaum einen Zuwachs an Erkenntnis. Neu-Zimpren würde das musterhaft bestätigen. Es müßte zeigen, daß es nicht nur »oben« wie in schlechten Romanen zugeht – etwas, was mich mitunter an Bölls Personal ein bißchen irritiert.

Daß es »oben« mies zugeht, weiß man ja bereits vom Hörensagen, aber als Leser von Gerichtsberichten habe ich erfahren, daß alles seine Entsprechung hat und daß es auch aus den Niederungen Mitteilenswertes gibt, das den Alltag nicht unbedingt erhellt. Und wie fragwürdig der Gegensatz heute geworden ist, das kann man an einem beliebigen sozialen Relief ablesen: mittlerweile sind die »unteren« weniger, die »oberen« zahlreicher geworden. Fast kann man es sich angewöhnen, von den oberen Millionen zu sprechen. Auch Neu-Zimpren hätte sie eines Tages, unausbleiblich.

Man kann sagen, Heinrich Bölls Personal ist auf die Welt angewiesen. Die Konflikte seiner Figuren sind nicht unverbindlicher Art, sondern durch die Erfahrungsregel bestimmt, daß die Wirklichkeit den Menschen erprobt und zeichnet: man wird zum Leser seiner eigenen Not. Wo immer diesen Personen etwas zustößt – im Ruhrgebiet, in Rußland, in einer rheinischen Großstadt –, ihre Not macht sie durch und durch vertrauenswürdig.

5

Ja, ich weiß, die Literatur liegt weit hinter unseren Einsichten zurück. Stück für Stück ihres alten Hoheitsgebiets mußte sie abtreten: an die Anthropologie, an die Biologie, an die Soziologie, meinetwegen auch an die Religionssoziologie; ihre Zuständigkeit wird beinahe in jeder Hinsicht bestritten, seit das Gespräch über den Wettlauf der Ungleichen, über Wissenschaft und Literatur, begonnen hat.

Was also kann Literatur noch bestellen, wenn der ganze Stoff, wenn alle Zwecke und Handlungen des Lebens anscheinend verläßlicher bei der Wissenschaft aufgehoben sind? Sind ihr tatsächlich nur noch Hochzeitsvorbereitungen und Sonnenuntergänge geblieben? Sozusagen Spiele mit feuchten Streichhölzern?

Ich glaube, die Literatur hat nichts von ihrer Funktion eingebüßt, zur Erkenntnis des Menschen in der Zeit beizutragen;
zumindest die Möglichkeiten der Erkennbarkeit festzustellen.
Es kommt ihr weniger darauf an, Fragen des Daseins zu lösen,
als Fragen an das Dasein zu stellen. Um das zu tun, braucht
ein Autor, der das Gesetz der Zeitlichkeit anerkennt, ein spezi-
fisches, und das heißt: ein mehr oder weniger charakterisiertes
oder charakterisierbares Personal.

Heinrich Böll charakterisiert seine Personen knapp und –
etwa im Gegensatz zu Proust, der Albertines auch auf tausend
Seiten nicht habhaft wurde – endgültig. Delikate Identitäts-
probleme werden nicht aufgeworfen. Böll macht seine Figuren
erkennbar, indem er sich immer wieder dieser Charakteristika
bedient: Haut, Zähne, Augen, Haar, Geruch; dazu verwendet
er sanfte Farbvergleiche aus der Lebensmittelbranche. Die Ge-
fühlsäußerungen sind reduziert auf starrsinnige oder lustvolle
Trauer, auf kalkulierte Wut, auf Bitterkeit, Furcht, entschlossenen Grimm und eine Art wehender Angst.

Man weiß nicht nur, wie die Personen aussehen, man kann
hier auch nahezu sicher sein, daß sie sich im Gedächtnis nicht
verändern. Sie sind nicht Bewegung, veränderliche Sensibilität;
die Personen Bölls beziehen ihre Wirkung vielmehr daraus,
daß sie sich so intensiv dem Gedächtnis anvertrauen. Einmal
kennengelernt, empfinden wir sie auch weiterhin als Bekannte –
was von einem gewissen Standpunkt natürlich auch gegen sie
sprechen kann.

Aber indem er so konsequent auf der Unwandelbarkeit seiner
Figuren besteht, will Böll uns zu verstehen geben, daß auch für
ihre Trauer, Bitterkeit und Furcht kein Wandel bevorsteht. Und
warum sollte ein Autor nicht das Recht haben, sein Interesse begrenzten, gewissermaßen verfügbaren Charakteren zu widmen?
Mir scheint, daß die erreichte Tiefe einer einzigen Perspektive

ebenso Aufschluß über den Menschen geben kann wie eine uferlose Folge qualifizierter Beobachtungen, die zu einer kunstvollen Wahrscheinlichkeitsrechnung zusammengebunden werden. In diesem Sinn erfüllen Bölls Figuren den Anspruch, den ich an das Personal eines Schriftstellers stelle: nach einer geschlossenen Bekanntschaft mit ihnen wissen wir mehr über uns selbst. Man kann es auch Bereicherung nennen. Und solch eine Bereicherung können wir wohl kaum aus wissenschaftlichen Einsichten beziehen. Denn worin besteht sie? In der Entdeckung beispielsweise, daß wir einen bestimmten Schmerz heftiger als zuvor empfinden, in der Feststellung, daß unsere Trauer sich nuanciert, unsere Erbitterung sich Klarheit verschafft hat. Man fühlt sich aufgefordert, deutlicher zu leben.

Das Personal von Böll verpflichtet den Leser in unnachgiebiger Weise zur Zeitgenossenschaft; und Zeitgenossenschaft verlangt nun einmal die Deutlichkeit des Gegenwärtigen. Sein Personal macht uns wieder zu dem, was wir zwar seit langem sind, was wir uns jedoch aus Gleichgültigkeit oder Zaghaftigkeit nicht einzugestehen wagen: zu Mitwissern. Zu Teilhabern an einem Erinnerungsfonds, der uns mehr belastet als freispricht, und der uns nicht nur an unsere vergangene Rolle erinnert, sondern auch an unsere gegenwärtige Aufgabe.

(1967)

Die Sprache des Präsidenten

Gustav Heinemann und seine Reden

Gustav Heinemann hat es oft, er hat es vernehmlich und besorgt gesagt: er sei für eine »Reinhaltung der deutschen Sprache«. Die Zuhörer in der deutschen Richterakademie bekamen es ebenso zu hören wie die Mitglieder der Friedensklasse des Ordens *Pour le mérite*, und bei der Einweihung des Literarischen Archivs in Marbach begnügte er sich nicht mit einer Bitte oder mit einem Appell, er sprach von der Verpflichtung zur Pflege der deutschen Sprache. Er trat für »Sprachzucht« ein und beklagte den gedankenlosen Gebrauch von Fremdwörtern.

Freimütig und ungeschützt – so, wie es ihm entspricht – nahm er zu diesem Problem unserer Sprache das Wort, und schon breiteten sich Erstaunen und skeptische Betroffenheit aus. Gustav Heinemann – ein neuer Sprachzuchtmeister? Ein Lobredner selbstgenügsamer Deutschtümelei? Ein Vorsprecher der Nation, der den Fremdwörtern die Einreise verweigert und uns, nach einem Wort von Karl Kraus, wieder »deutsch spukken« lehrt?

Wer Gustav Heinemann, diesen souveränen Zivilisten, so versteht, der versteht ihn zu schnell und außerdem falsch. Der übersieht das Risiko, das heute jeder auf sich nehmen muß, der öffentlich für »Reinhaltung der Sprache« eintritt. Der begreift die Sorge nicht, die Gustav Heinemann bereit sein ließ, unvermeidliche Mißverständnisse in Kauf zu nehmen: die Sorge eines Politikers über Zustand und Wirkung der Sprache in unserer Demokratie.

Die Erfahrung ist alt: wo sich Gruppen bilden, Klassen oder Gesellschaften, da bekommt die Sprache eine zusätzliche Bedeutung: sie hört auf, bloßes Verständigungsmittel zu sein, sie wird zum Erkennungszeichen. Gleichgesinnte, Leute von gleicher Hingezogenheit, von gleichen Fähigkeiten, Überzeugungen oder von gleichem Einkommen geben sich untereinander zu erkennen, indem sie Sprache in eigentümlicher Weise gebrauchen: abgrenzend, zeichenhaft, exklusiv. Sprache wird zu einem Beweis der Zugehörigkeit – sei es zu einer besonderen soziologischen Schule oder zu einem Club der Freunde von klassischen Western-Filmen.

Sprache wird aber gleichzeitig zu einem Beweis der Ausgeschlossenheit: da sie – in ihrer Eigentümlichkeit – nur für einige Erkennungscharakter hat, bleiben andere von Verständnis und Einverständnis ausgeschlossen, sie bleiben »draußen vor«, verwiesen auf die eigene Sprachinsel, die nur eine beschränkte Teilhabe am Allgemeinen erlaubt. Schließlich wird sich niemand für das Ganze zuständig fühlen können, wenn er sozusagen in sprachlicher Trennung lebt – und die Wirklichkeit der Sprache von heute zeigt, wie schwerwiegend die Trennung ist.

Hier liegt der Ausgangspunkt von Heinemanns Besorgnis. Auch in einem demokratischen Gemeinwesen bestehen Sonderinteressen, Sonderwünsche, Sondersprachen, entweder aus dem Verlangen nach elitärer Selbstbestätigung oder als Reaktion auf beschlossenen Aufbruch in die Gleichheit. Es gibt die Sondersprache der Wissenschaft und die Sondersprache der Verwaltung, es gibt die Sprache der Politik und die Sprache der politischen Berichterstattung, und es gibt die besondere Sprache der Gerichtssäle – jede für sich so zünftig, so charakteristisch und formelhaft, daß sie schon besondere Bedingungen des Verstehens erfordern. Um den Unterschied zu bezeichnen, sprach Gustav Heinemann von den »Sprachklüften«, die die Schichten unseres Volkes voneinander trennen. Um die Trennung erträglich zu machen oder gar aufzuheben, setzte er sich für die Pflege einer Sprache ein, die nach Möglichkeit jedem die Chance für ein Verständnis dessen läßt, was er erfährt. Welche Berechtigung diese demokratische Sorge hat, wird sogleich deutlich, wenn man sich fragt, wer durch die bestehenden Sprachklüfte am meisten betroffen ist. Es sind keinesfalls die in geläufiger Sprachsicherheit handelnden Gruppen der verschiedenen Zunftgenossenschaften; es sind vielmehr die Außenseiter unserer Gesellschaft, denen durch unbedacht errichtete Sprachhindernisse ein Gefühl des dauernden Ausgeschlossenseins nicht erspart wird.

Gustav Heinemann hat nie einen Zweifel daran gelassen, daß seine besondere Aufmerksamkeit den grauen Randzonen der Gesellschaft gehört; deshalb erscheint es mir nur folgerichtig, wenn er auch in diesem Zusammenhang auf die Mitbürger hinweist, deren Sprachhaushalt nicht ausreicht, um der Wirklichkeit, die sich mitunter geradezu geheimbündlerisch darstellt, beizukommen. Der sozial Schwache, dem keine Sondersprache zur Verfügung steht, das Opfer eines unzureichenden Ausbildungssystems, der nicht Angepaßte: sie haben ebenso ein Recht darauf, durch Sprache ins Bild gesetzt zu werden, wie ein verurteilter Mitbürger zumindest das Recht hat, die Urteilsbegründung verstehen zu können. Und gerade das ist immer wieder ein Augenblick, der die Praxis demokratischen Handelns überprüft: der Augenblick, in dem ein Mitbürger vor Gericht steht. Was die »Sprachkluft« in der Rechtsfindung bedeuten kann – auch darauf hat Gustav Heinemann aufmerksam gemacht, und er scheute sich nicht, den Theologen ins Stammbuch zu schreiben, daß sprachliche Übereinkunft ein Akt der Nächstenliebe sei.

Diese Begründungen sprechen für sich; sie zeigen, welche Erfahrungen Heinemanns Appell zur »Reinhaltung der Sprache« vorausgingen. Und sie beschreiben zugleich seinen Wunsch: nicht als nationale Sprach-Amme wollte er auftreten, sondern auch da für mehr Demokratie werben, wo wir uns überwiegend unbedacht verhalten und wo doch so vieles beginnt: auf dem Gebiet der sprachlichen Verständigung und Selbstdarstellung.

Um seinen Wunsch zu befördern, hat nun Gustav Heinemann – was vor ihm, wenngleich aus unterschiedlichen Gründen, schon viele taten – das Fremdwort zum mißliebigen Wesen erklärt. Er hat es bezichtigt als Störer des sprachlichen Einvernehmens. Er hat das entlehnte Wort, das sich ja nicht von selbst in unsere Mundhöhle schmuggelt, verantwortlich gemacht für die vorhandenen »Sprachklüfte« – bei aller ausdrücklichen Bereitwilligkeit, es auf einigen Feldern als unersetzbar anzuerkennen, zum Beispiel in einigen Wissenschaften. Und besonders die Amerikanismen bekamen ihr Fett; von ihnen sagte Gustav Heinemann, daß sie »bei uns in alle Bereiche des Lebens eingedrungen« seien.

Ich kann mir nicht helfen: so triftig die demokratische Besorgnis erscheint, der Sprache zu äußerster Verständlichkeit zu verhelfen, so fraglich kommt mir die Bemühung vor, bei den Fremdwörtern zu beginnen und sie höflich über die Grenze abzuschieben. Sicher, man sollte Fremdwörter nicht gerade dort gebrauchen, wo es nicht unbedingt notwendig ist. Aber man sollte sie auch nicht im großen und ganzen zu ungeliebten Erscheinungen erklären. Zu groß ist die Bereicherung, die unsere Sprache durch sie erfährt, zu genau decken sie einen symbolischen und inhaltlichen Wert, der in einer Übersetzung zwangsläufig abhanden kommen muß. Auch Goethe setzte sich für eine Reinhaltung der Sprache ein, aber eben unter gleichzeitiger Bereicherung durch das fremde Wort. Und Karl Kraus, der der Sprache jedes nur denkbare Geständnis abverlangte, sprach nicht nur ironisch von der Möglichkeit, »daß das beste Deutsch aus lauter Fremdwörtern zusammengesetzt sein könnte«.

Ich meine, der Zustand der Welt, der uns mehr und mehr nahelegt, das eigene Schicksal im fremden anzuerkennen, der uns vor Augen führt, daß es nur eine gemeinsame Betroffenheit gibt – er sollte auch eine besondere internationale Verständigung zulassen: über den treffendsten Begriff, über das kürzeste Schlüsselwort, das, unübersetzbar, dennoch alles umschreibt. Notfalls muß geduldige Aufklärung helfen, das fremde Schlüsselwort zum Allgemeinbesitz zu machen. Wie wohl sich schließlich ein fremdes Wort in heimischer Sprache fühlen kann, das haben nicht zuletzt die Angelsachsen bewiesen; sie machten gar nicht erst den Versuch, Wörter wie »Rucksack«, »Gemütlichkeit« oder »Ostpolitik« zu übersetzen; der drohende Symbolverlust wurde vorher erkannt.

Wo also, wenn nicht bei Fremdwörtern, könnte die »Reinerhaltung der Sprache« beginnen? Es gibt gute Gründe, zunächst bei den Verknotungen und Verhunzungen der eigenen Sprache zu beginnen. Wer sich daranmacht, das Ämterdeutsch zu durchlüften; wer es unternimmt, die Geheimformeln der Fachsprachen zu übersetzen; wer sich dazu entschließt, die sektiererisch anmutenden Schutzfloskeln der Innenseiter abzubauen und die Sprache vor den gängigsten grammatikalischen Vergewaltigungen zu bewahren, der hat an Aufgabe genug gefunden.

Freilich, wer solch eine Aufgabe übernimmt, wird durch Verbot und Verfügung weniger erreichen als durch das nachdrückliche Angebot des guten Beispiels. Die Sprache selbst leidet nicht; es leidet nur der, der sie mißhandelt sieht – und wie kann man besser auf Mißhandlungen antworten als eben durch das gute Beispiel? Und worin das besteht – oder doch bestehen kann –, das zeigen unter anderem die Reden von Gustav Heinemann, politische Reden, die er aus Hunderten von Anlässen gehalten hat.

Die Lektüre bestätigt den Eindruck, der oft schon beim Hören entstand: hier spricht sich ein Mann aus, der keine Mißverständnisse hinterlassen möchte, und zwar weder über sich selbst, noch über das Gesagte. Er bietet nicht wie Herbert Wehner saure, zerknautschte Wortmeter an, zahlt nicht wie Helmut Schmidt in aggressiv geschliffener Sprachmünze; Gustav Heinemanns Sätze wirken wie Thesen von bekennerischer Nüchternheit. Ich mag den Stil dieser Rede, ihre Kargheit, ihre Eingängigkeit, ihre konsequente Schmucklosigkeit, die dennoch Humor zuläßt. Das, wenn ich so sagen darf, überzeugende demokratische Element dieser Reden liegt darin, daß dem Zuhörer nicht Gedanken als vollendete Tatsachen aufgetischt werden; vielmehr findet er Gelegenheit, gleichsam Zeuge der Entwicklung von Gedanken zu sein. Nichts ist da unvorbereitet, selbstverständlich, alles muß gerechtfertigt werden: das beginnt oft schon mit der Anwesenheit des Redners.

»Mir ist aufgetragen«, so beginnt Gustav Heinemann, oder »Wir sind hier zusammengekommen, um …«, oder er sagt: »Mein gegenwärtiger Aufenthalt in Hamburg beruht auf einer Einladung des …« In vielen Anfängen seiner Reden gibt sich die Tonart der Rechenschaft zu erkennen: niemand soll im unklaren darüber sein, wer wen wozu eingeladen hat. Und gleich zu Anfang wird auch gleich alles eingestanden: Freude, Dankbarkeit und, wenn es sein muß, sogar Zweifel: »Ob ich mich zum Festredner besonders eigne, weiß ich nicht.«

Da es ständig wechselnde Zuhörerschaften sind, an die der Redner sich wendet, muß er natürlich unentwegt darum bemüht sein, nicht selbst für die Vertiefungen von »Sprachklüften« zu sorgen. Welch eine wohlfeile, vielleicht einträgliche Möglichkeit wäre es schließlich, zu Juristen »juristisch« zu sprechen, zu Soldaten »soldatisch«, zu, sagen wir, Arbeitsmedizinern in der abkürzenden Fachsprache der Arbeitsmedizin. Gustav Heinemann indes verzichtet auf sprachliche Anpassung – er bildet einen Stil der Rede aus, der von einer sehr deutlichen Absicht bestimmt wird: Überbrückung – Überbrückung nämlich der Fachgrenzen, der Sonderinteressen, des sozusagen schichtenspezifischen Einvernehmens.

Dazu gehört, daß der Redner zunächst für sich den Standpunkt des Außenseiters beansprucht, der, unverpflichtet und mit vorgegebener Unschuld, das Besondere darauf befragt, was es für das Allgemeine bedeutet. »Ostasienkenner sind Sie – ich bin es nicht«, stellt er z. B. beim Ostasiatischen Liebesmahl fest und fragt laut, »wer denn hier wen und warum liebe«. Oder er bekennt – bei der Verleihung der Pro-Musica-Medaille – mit allem Freimut: »Ich bin weder ein praktizierender Musiker noch verstehe ich etwas von Musik.« Indem Gustav Heinemann auf solche Art eine spezielle Unzuständigkeit souverän zugibt, beglaubigt er die Rede des Außenseiters, dem es auf allgemeine Schlußfolgerungen ankommt.

Damit die Überbrückung gelingt, bedient sich seine Rede auch noch eines anderen Mittels: es ist die öffentlich gestellte Frage, die mit einem Bekenntnis beantwortet wird. Auch hier stimmt Gustav Heinemann mit sich selbst überein: als ob er das brüske, das unvermittelte Bekenntnis, noch dazu aus der Fallhöhe seines Amtes, für unhöflich hielte oder für erdrückkend, bereitet er es durch eine Frage vor. Daß dieses Muster lehrhaft wirkt, bedeutet hier weniger als die Tatsache, daß niemand im unklaren gelassen wird über die Gründe einer Sorge oder einer Hoffnung. Und so fragt er: »Wie steht es mit der Zivilcourage?« Oder er fragt: »Wie steht es um den Frieden an diesem Weihnachtsfest?« Und um bekennen zu können, daß Gott uns die Erde nicht zur Ausbeutung anvertraut hat, fragt er seine Zuhörer: »Was wird das für ein Leben sein, wenn wir so weitermachen wie bisher?« So wie er die Frage stellvertretend erhebt, versucht er auch, stellvertretend zu antworten. Darin liegt bereits ein unaufdringlicher Appell: jeder ist eingeladen, sich in Beziehung zum Gesagten zu setzen.

Und dies ist ein weiteres Kennzeichen seiner Rede: die Appellhaftigkeit. Mitunter geht er so weit, seinen Besuch als Ansporn für die Zuhörer zu bezeichnen. Da er sich selbst verpflichtet hat, möchte er keinen entlassen, ohne ihn seinerseits verpflichtet zu haben. Sogleich werden die Sätze kürzer, und Ausrufungszeichen beginnen zu blühen – besonders dann, wenn Gustav Heinemann erwünschte Ziele bezeichnet: »Stoßen Sie vor zu neuen Ufern!« Oder: »Übertreffen Sie in Ihrem Kampf jeden an Fairness und Toleranz!«

Freilich – ohne das vermaledeite Fremdwort kann auch Gustav Heinemann nicht auskommen. Es glänzt zwar sparsam bei ihm auf, doch dann mit seiner ganzen Beweiskraft, die keine Übersetzung erreichen kann. Er weiß das. Und ich bin sicher, daß es dem ersten deutschen Bürgerpräsidenten letzten Endes gleichgültig ist, ob wir hierzulande einen Zuwachs an »Zivilcourage« oder an »Bürgermut« verzeichnen können: im Zweifelsfall genügt eines von beiden.

(1972)

Aufenthalt auf Erden

Über Pablo Nerudas Memoiren

Auch für den, der sein Leben darstellen, der es beglaubigen und rechtfertigen möchte, gibt es verschiedene Möglichkeiten: dem Dokument vertrauend, kann er sich wie etwa Churchill aus den Archiven der Welt bestätigen und sein Leben in permanente Beziehung zur Zeitgeschichte bringen; ebenso bietet sich die exemplarische Beichte als Mittel der Selbstdarstellung an, eine schroffe und, wenn es sein muß, sarkastische Beichtbereitschaft, der es besonders darauf ankommt, wesentliche Erfahrungen zu ermitteln und zu kennzeichnen; Sartre gab mit seinen (vorläufigen) Memoiren ein Beispiel dafür. Schließlich Malraux: ermüdet von der Methode, die Dominosteine einer Biographie schön aneinanderzubringen, führt er in seinen Anti-Memoiren eine andere Möglichkeit der Selbstbegründung vor, indem er Zeit und Ereignisse mischt, Traum und Geschichte befragt auf der Suche nach schöpferischem Erkennen.

Hinter solcher Lebensbesichtigung steht ja fast immer der Wunsch, das verflossene Leben zu legitimieren; der Erinnernde wird sich deshalb für die Ausdrucksform entscheiden, der er die größte Beweiskraft zutraut. Was aber liefert den verläßlichsten Beweis? Das Dokument? Die unerschrockene Beichte? Die herrscherliche Vivisektion des Ich vor der Fiebertabelle der Geschichte?

Es gibt offenbar, wie die Memoiren-Literatur der Welt zeigt, mehrere brauchbare Möglichkeiten, um ein Leben zu vermessen, doch es hat wohl noch nie einen Autor gegeben, der in seinen Erinnerungen so völlig der Beweiskraft des poetischen Bildes vertraute wie der große chilenische Dichter Pablo Neruda. Was auch zu gestehen, zu motivieren, was auch zu erzählen, und das heißt ja: zu rechtfertigen ist – es gibt kaum eine Information in Prosa, alles fügt sich bei ihm in ein Bild, drängt zum Gedicht, Daten und Definitionen, Erlebnisse und Bekenntnisse. Von keinem Zettelkasten beraten, von keinen Protokollen unterstützt, nur getragen von der Erinnerungskette erfahrener Bilder, diktiert dieser schwelgerische Poet sein Leben – mit vielen Unterbrechungen übrigens –, so besessen von Sinnlichkeit, Farbe und Aroma, daß schließlich ein Werk entstand, das man den Gesang einer Biographie nennen könnte.

»Die Wahrheit ist die«, sagt Neruda, »ich arbeite immer am Gleichen. Ich habe nie aufgehört, das Gleiche zu tun. Dichten.« Das gilt auch in ungewöhnlichem Maße für sein Erinnerungswerk: der pure Erlebnisstoff erscheint ihm nicht beweisfähig genug; erst die dichterische Chiffre entblößt und kennzeichnet ein Leben, macht es dingfest. Wer sozusagen zum Dichter bestellt ist – und Neruda fühlte sich in arglosester Selbstgewißheit bestellt, »für die Welt zu singen« –, der hat offenbar keine Wahl, dem fließen die Augenblicke eines Lebens zu totaler poetischer Existenz zusammen.

Das wird zunächst deutlich bei der Beschwörung der Orte, der Städte, Berge, Ebenen und Wälder, die zu dieser Biographie gehören. Temuco, die kleine südchilenische Stadt, hebt sich herauf, ertrunken im Polarregen: hier begann es. Nerudas Vater, ein Eisenbahner, Führer eines Schotterzugs, nahm den Jungen auf lange Fahrten mit. So lernte er den Urwald kennen –

»ich bin auch heute noch der Dichter des nackten Urwaldes« – und menschenleere Provinzen; so hörte er zum ersten Mal andere Stationsnamen: »Labranza war die erste Station, dann kamen Boroa und Ranquiloo. Namen mit dem Geruch wilder Pflanzen, mich betörte ihr Silbenklang. Stets bedeuteten die araukanischen Namen etwas Köstliches: versteckter Honig, Lagunen oder ein Fluß in Waldesnähe, ein Berg mit einem Vogelnamen.«

Aus verzauberter Provinz in die Großstadt, nach Santiago: aus dem Gymnasiastendichter wurde ein Studentendichter, der sich rituell kleidete, der redlich hungerte und nur von Selbstverwirklichung träumte mit Hilfe der Poesie. Die Großstadt machte es möglich, die eigene Verzweiflung zu kanalisieren, sie erregte den Wunsch nach neuer Teilhabe – beispielsweise am politischen Geschehen. Neruda war siebzehn, als ein Flugblatt mit einem seiner Gedichte veröffentlicht wurde: Dichtung offenbarte sich plötzlich als Mittel des Aufstands. Der junge Studentendichter unterstützte, wie viele seiner Kommilitonen, die Forderungen der Arbeiter aus den Schwefel- und Kupferminen, er wurde Mitarbeiter von Zeitschriften und Zeitungen, die die herrschende Oligarchie attackierten. Die frühe und entscheidende Schlußfolgerung: er durfte seinen »Gedichten nicht die Tür zur Straße verriegeln«.

Santiago indes, die Hauptstadt: »... sanfteste Augen, steter Geißblattduft wandernder Studentenliebe.«

Ein Ereignis, das den ungestüm publizierenden Dichter in die Lage versetzte, Orte wie Perlen auf eine Schnur zu ziehen, traf ihn im Jahre 1927: Neruda war dreiundzwanzig, als er durch Vermittlung eines Gönners zum chilenischen Konsul in Rangoon ernannt wurde. Die Zeit der Aufbrüche begann, die Zeit der Einsamkeit. Seine Poesie damals, etwa »Aufenthalt auf Erden«, spiegelte die Erfahrungen dieser Einsamkeit, stellte eine

Antwort auf sie dar; das gilt zum Teil auch für die folgenden Stationen, für Ceylon, Buenos Aires, Batavia, weniger für Madrid und Mexiko und Paris. Trunken, manchmal schwermütig, oft aber auch mit schmerzlicher Zuneigung bezeichnete Neruda die Orte seiner Vergangenheit durch das poetische Bild. Wenn er an Birma denkt: »… die Bildhauer lehnten sich auf gegen den Kanon des Schmerzes, und diese kolossalen Buddhas mit Füßen von Riesengöttern tragen im Gesicht ein Lächeln aus Stein, das gelassen ist und menschlich ohne soviel Leiden …« Wenn er sich an Ceylon erinnert: »Die mit überlangen Schwimmern ausgestatteten Seefahrzeuge glichen Meerspinnen. Die Männer förderten gewalttätig-bunte Fische zutage, Fische wie Vögel des unendlichen Urwalds, die einen dunkelblau schillernd wie lebender Samt, andere in Form eines stacheligen Globus, der schrumpfte, bis er nur noch ein jämmerliches Stachelsäckchen war.« Wenn er Mexiko beschwört: »Mexiko mit seinem Feigenkaktus und der Schlange, blühendes, stachliges Mexiko, trocken und orkanreich, gewaltig in Entwurf und Farbe, gewaltig in Eruption und Kreation.« Erstaunlich, wie verhältnismäßig karg dagegen Neruda seine konsularische Tätigkeit behandelte; einige spöttische Bemerkungen, ein souverän ironischer Kommentar: der Beruf, für die meisten die größte Herausforderung, schien ihn – mit Ausnahme der Pariser Zeit – nicht sonderlich erregt zu haben.

Doch was für die Orte zutrifft, die der Dichter auf seine Art identifizierte, trifft ebenso auf die Menschen zu, denen er in allen Ecken der Welt begegnete und die seine Freunde wurden: Poeten vor allem, aber auch Maler und Politiker. Begabt mit Zärtlichkeit wie kein anderer, schrieb Neruda für seine Freunde die poetischsten Steckbriefe. Man kann nicht anders, man muß mit Bewunderung zur Kenntnis nehmen, wie waghalsig und unerschrocken hier Sprache in den Dienst der Charakterisierung genommen wurde. Vermutlich werden überzeugte Wortasketen abschätzig vom Höhenflug der Metaphern sprechen – ich halte Nerudas dichterische Porträts der Freunde dennoch für einzigartig in dem, was sie uns zusätzlich erschließen an neuer Kenntnis. Der Wunsch nach Huldigung spricht sich da ebenso aus wie die Bereitschaft, dem Schmerz Dauer zu verleihen.

Über den Freund Lorca, den er schon als Konsul in Buenos Aires kennenlernte und später in Spanien wiedertraf, schrieb Neruda: »Ein verschwenderischer Zauberer, eine Zentrifuge der Fröhlichkeit, ein Multiplikator der Schönheit … Scheu und abergläubisch, strahlend und gütig, war er eine Art Zusammenfassung der Zeitalter Spaniens, der volkstümlichen Blütezeit; ein arabisch-andalusisches Erzeugnis, das wie ein Jasminstrauch die gesamte Szene jenes ach so entschwundenen Spanien erleuchtete und mit Duft erfüllte.« Das Signalement für den Dichter Hernandez lautet auszugsweise: »Sein Antlitz war das Antlitz Spaniens. Lichtdurchschossen, gerunzelt wie Saatland und ganz wie Brot und Erde. Seine heißen Augen, die auf dieser windgehärteten, verbrannten Oberfläche glühten, waren zwei Strahlen aus Kraft und Zärtlichkeit.« Der Dichterfreund und politische Gefährte Paul Eluard wird so gekennzeichnet: »Seine Größe war aus Wasser und Stein, uralte Kletterpflanzen umwanden sie, Trägerinnen von Blüten und Blitzen, von Nestern und durchsichtigen Gesängen.« Ob Asturias oder Fidel Castro, Alberti oder Che Guevara, Picasso oder Nehru: Neruda porträtiert sie mit dem Blick des Dichters, manchmal ein wenig bissig, manchmal auch mit Selbstergriffenheit, doch fast immer poetisch. Was die Zwiesprache mit der Vergangenheit über Leute zutage fördert, deren Weg Neruda kreuzte, sind eher Bilder als Argumente, eher Stimmungen als Gespräche – darin den Orten vergleichbar, die er rückschauend ausfragt.

Das bezeichnet nun auf sehr konkrete Weise das Selbstverständnis des Dichters Neruda. Er hatte einen gargantuanischen Appetit, eine Weltstoffgefräßigkeit ohnegleichen. »Schreiben«, bekannte er, »ist für mich eine Arbeit wie Schuhemachen, man tut sie nie besser, nie schlechter.« Dichten war für ihn ein Beruf. Er glaubte an die »gelenkte Unmittelbarkeit« als poetisches Prinzip. Dichtung war für ihn aber auch ein Akt des Friedens, denn »der Dichter wird aus dem Frieden geboren wie das Brot aus dem Mehl«. Wer aber bestätigt welche Dichter und welche Dichtung? Neruda schrieb: »Der Dichter, der nicht realistisch ist, stirbt. Aber der Dichter, der nur realistisch ist, stirbt auch. Der Dichter, der nur irrational ist, wird nur von seinem eigenen Ich und seiner Geliebten verstanden, und das ist ziemlich trostlos. Der Dichter, der nur Rationalist ist, wird sogar von den Eseln verstanden, und auch das ist reichlich trostlos.« Nach Nerudas Überzeugung wird dem zeitgenössischen Dichter die Investitur von der Straße, von der Menschenmenge überreicht: die Poesie schlägt gewissermaßen die Augen auf und findet sich unvermeidlich der Politik gegenüber.

Unvermeidlich? Malaparte hat einmal erklärt, daß er, wäre er als chilenischer Dichter geboren, mit Sicherheit Kommunist geworden wäre wie Neruda. »Hier gilt es Partei zu ergreifen«, sagte er, »entweder für die Cadillacs oder für die Leute ohne Schule und Schuhe.« Aus Nerudas Memoiren geht ziemlich deutlich hervor, für welche Qualität von Kommunismus er sich einsetzte: immer wieder gebrauchte er, als äußerste Bestätigung des Menschen, den Begriff der Brüderlichkeit. Er träumte von einem neuen Zeitalter der Solidarität und der Zärtlichkeit. Er wünschte, daß man Kirchen und Druckereien in gleicher Weise ungefährdet betreten dürfe. Neruda, der die Menschenmenge als die Lehre seines Lebens ansah, setzte seine Hoffnungen auf einen, wie mir scheint, archaischen Liebeskommunismus –

etwa von der Art, wie ihn Ernst Bloch definiert hat. Er sollte alles umspannen, Licht und Schatten, beide »Apfelhälften der Schöpfung«.

Dieses Bekenntnis sagt genug: »So wie mir der ›positive Held‹ gefällt, den der Nordamerikaner Whitman oder der Sowjetbürger Majakowski in den wild bewegten Schützengräben der Bürgerkriege findet, hat in meinem Herzen auch der trauervolle Held Lautréamonts Platz, Laforgues seufzender Herr, Charles Baudelaires negativer Soldat.«

Angesichts chilenischer Realität fand der Dichter in der Tat unvermeidlich zur Politik; dennoch, Mitglied der Kommunistischen Partei wurde er weder in seiner Studentenzeit noch während des Spanischen Bürgerkrieges, sondern erst im Sommer 1945. Die Enthüllungen des 20. Parteitages trafen ihn wie ein Schock, machten ihn fassungslos und hellhörig zugleich. Er sprach sogar von einer privaten Tragödie. Doch er blieb, was er war, und sah im Sozialismus die einzige politische Alternative zu den bestehenden Verhältnissen in seinem Land. Als Allende Präsidentschaftskandidat wurde, zog Neruda seine eigene Kandidatur zurück und bewies damit nach meiner Ansicht jene politische Klarsicht, die man Schriftstellern – von mir aus: Dichtern – in manchen Kreisen absprechen möchte.

Ich persönlich halte die Besorgnis erstaunlich vieler Leute, das schriftstellerische Talent könne durch politisches Engagement Schaden nehmen, entweder für arglos oder für heuchlerisch. Der Schriftsteller – meinetwegen auch: der Dichter – ist kein Zierfisch. Er hat das gleiche Recht, für die Verbesserung der politischen Qualität zu sorgen wie ein Jurist oder ein Kaufmann. Gegenwind und sinkende Temperaturen sind mitunter durchaus inspirierend. Die Memoiren des großen Dichters Neruda beweisen es einmal mehr. Er selbst hat sie nicht mehr korrigieren können. Er starb am 23. September 1973, wenige Tage nach der Ermordung seines Freundes Allende.

(1974)

Letzte Worte an das Leben

Über Katherine Mansfields Tagebücher

Längst ist das literarische Tagebuch mehr als nur ein »journal intime«, ein Depot diskreter Beichten und Weltbeschwerden. Autoren wie Frisch und Grass haben in jüngster Zeit einmal mehr demonstriert, wie erheblich sich die Form des Tagebuchs erweitert, wie es sich in seinem Geist verändert hat – vom einst hochprivaten Logbuch, in dem die verkappte Abrechnung mit der Welt stattfand, zum offenen Dokument einer Zeitgenossenschaft, in dem die Fiktion eine nicht unbeträchtliche Rolle spielt. Der zeitgenössische Tagebuchschreiber, soviel ist deutlich geworden, hat bei dem Versuch, privates Schicksal zur veröffentlichten Angelegenheit zu machen, dieser Kunstform unerwartete Möglichkeiten verschafft: er verband Erfahrung und Vision, Bericht und Kommentar, Dokument und Fiktion zum Spektrum einer Auseinandersetzung mit der Welt, deren Ziel allemal darin bestand, Aufschluß über die Lage des Einzelnen zu erhalten.

Katherine Mansfield (1888–1923), der »englische Tschechow«, wie sie sich selbst nannte, geht in ihrem übrigens zum ersten Mal vollständig vorliegenden Tagebuch den anderen Weg: sie verschafft sich Aufschluß über die Welt durch geduldige und unerschrockene Selbstauseinandersetzung. Der neuseeländischen Erzählerin genügt die eigene Person mit ihren Schwankungen und Widersprüchen, mit ihren Ängsten und Sehnsüchten, um sich das Wissen über die Welt zu verschaffen, auf das sie als Schriftstellerin angewiesen ist. Ihr kommt es weniger darauf an, Individualgeschichte als Zeitgeschichte erscheinen zu lassen; sie hält sich ebenso rabiat wie zartfühlend an das eigene Ich, fragt es aus, bestimmt es, erklärt ihm den Krieg und bietet ihm Friedensverträge an – einem Ich, das seine Depressionen nicht weniger poetisch ausbeutet als seine Kaprizen.

Dieses Tagebuch, das mehr und mehr zum Klagebuch wird, beginnt mit dem sechzehnten Lebensjahr der Autorin, und der Einsatz vielfältiger Ausdrucksformen läßt keinen Zweifel daran, daß die Schreiberin sich von vornherein einen beträchtlichen Wert zumißt – was ihr gutes Recht ist. Reisebeschreibung und Traumbericht, Lektüreprotokoll und Erzählskizze, unabgeschickte Briefe und Erinnerungsstücke – alles wird aufgeboten, um eine Hauptperson kenntlich zu machen, die von sich selbst sagt, daß sie sich »ihrer Bedeutung bewußt sei« und daß sie ihre Bedeutung für »grenzenlos« halte. Das ungewöhnlich sensible Mädchen, das aus gutbürgerlicher Existenz ausbricht, das Neuseeland verläßt und in London am Rande des Existenzminimums lebt, notiert mit neunzehn Jahren als Wunschprogramm: »Ich möchte der Mittelpunkt des Interesses sein.« Die Antwort auf solche Programme erteilen bekanntlich die pünktlichen Kalamitäten des Lebens.

Katherine Mansfield lernt sie früh kennen: eine Hals-über-Kopf-Ehe scheitert; ein Kind kommt tot zur Welt; Armut hält ihr unerwünschte Treue, Freundschaften mißglücken; eine schwere Lungenkrankheit macht sie auf Jahre zur Patientin. »Ich bezahle meine Begabung mit meinem Leben«, schreibt sie ins Tagebuch. Was dabei erstaunt: die Selbstanklagen überwiegen die Rechtfertigungsversuche bei weitem. Daß ihr fast ihre gesamte Lektüre mißfällt, wird aus ihrer Situation leicht verständlich: Henry James kommt ihr zunächst »schwülstig und langweilig« vor, »Schuld und Sühne« hält sie »schlicht für schlecht«, und bei E. M. Forster, der »über das Wärmen der Teekanne nie hinauskommt«, hat sie das Gefühl, daß Mädchen von vergessenen Regenschirmen geschwängert werden.

Doch auch sie selbst mißfällt sich mit zunehmender Selbsterkenntnis, notiert besonders freimütig, was sie an der Schriftstellerin K. M. auszusetzen hat. Sie notiert zum Beispiel: »Warum schreibe ich nicht? … Weil ich faul bin, nicht mehr gewohnt, zu arbeiten, und unglaublich verschwenderisch. Wirklich, es ist Faulheit, eine Art ungeheurer Trägheit – hassenswert und schändlich.« Oder: »… das Werk ist da, die Erzählungen warten auf mich, werden müde, verwelken, verblassen, weil ich nicht kommen will … Ich bleibe am Fenster sitzen und spiele mit dem Wollknäul.« Und immer wieder Vorsätze dieser Art: »Morgen muß ich um jeden Preis (das schwöre ich) eine Geschichte schreiben.« Die Geschichte wird selbstverständlich nicht geschrieben, weil Katherine Mansfield es schließlich doch für annehmbarer hält, »im Bett zu bleiben und von da aus widerwärtig zu sein«.

Obwohl der Leser dieser Tagebücher früh erkennt, daß es die Krankheit ist, die den Schreibprozeß hemmt, und weniger die natürliche Neigung des Schriftstellers, jeder Gelegenheit nachzugeben, die ihm Urlaub vom Schreiben gibt, besteht Katherine Mansfield darauf, vornehmlich sich selbst zu bezichtigen. Sie wirft sich Trägheit, Unzuverlässigkeit, mangelnde Disziplin vor, die Krankheit hingegen macht sie nicht haftbar für Ungeschriebenes, sie nennt sie einen »entsetzlichen Unfall«. Es ist schon bewundernswert, wie sich diese junge Schriftstellerin zwischen Todesfurcht und Todesgelassenheit in ihrer Krankheit einrichtet, wie sie versucht, das Leiden zu einem Genesungsprozeß zu machen. Und dies ist ihr Fazit: der Wunsch, über das Leiden »hinauszukommen«, führt zu nichts.

»Man muß sich unterwerfen. Widersetze dich nicht. Nimm es an. Laß dich überwältigen. Nimm es völlig an. Mache es zum Bestandteil deines Lebens.«

Ich glaube, daß auch einige Widersprüche in Katherine Mansfields Grundhaltung aus der Krankheit zu verstehen sind. Einerseits nimmt sie bereitwillig die Leiden an, andererseits erfindet sie sich Todesarten, die mit mancher anderen, nur nicht mit »ihrer« Krankheit zusammenhängen. Sie plädiert heftig für die Zerstörung alles Persönlichen und feiert zugleich das Persönliche als »Schlüssel zum Verständnis der Welt«. Sie nimmt sich vor, »kein Zeichen zu hinterlassen«, und träumt unaufhörlich davon, ihre Existenz durch ein Werk zu rechtfertigen. Einerseits bekennt sie sich zu rücksichtsloser »Selbstverwirklichung« und einer unbegrenzten Disponibilität des Lebens, andererseits bezeichnet sie den bloßen Ortswechsel als ein Unglück, weil dabei »etwas Wertvolles« zugrunde geht. Offensichtlich, daß die Krankheit ihr Denken mitregiert.

Und nicht nur dies: je länger die Krankheit dauert, je schlimmer die Heimsuchungen, desto radikaler die Bilanzen, zumal Lebensanbetung und Todesfurcht endgültig überwunden zu sein scheinen. Der größte, letzte Wert? Jedenfalls nicht Liebe, nicht Leben, nicht Tod. »Am Ende«, notiert Katherine Mansfield, »ist die Wahrheit das einzige, das wert ist, daß man es besitzt; sie ist aufwühlender als Liebe, freudvoller und leidenschaftlicher ... Ich jedenfalls weihe den Rest meines Lebens der Wahrheit, und ihr allein.« Und die Tagebuchschreiberin fügt hinzu, auf welche Weise sie es sich vorstellt: »Ich möchte darüber eine lange, lange Geschichte schreiben, mit dem Titel ›Letzte Worte an das Leben‹. Man müßte sie schreiben, und eine andere über den Haß.«

Lange Hustenanfälle, Fieber, Kraftlosigkeit, knarrende Lungen: sie erträgt alles für einige Seiten geglückter Prosa. Katherine Mansfield geht in einem Bekenntnis sehr weit: wenn sie eine Geschichte geschrieben habe, notiert sie, fühle sie sich frei von Sünde. Rettung durch Schreiben? Jedenfalls hatte ich mitunter den Eindruck, als ermögliche ihr das Schreiben eine Wieder-Inbesitznahme der Welt, die ihr durch die Krankheit entglitten ist. Ja, sie schließt nicht aus, daß, je eher »ihre Bücher« geschrieben werden, sie um so schneller genesen wird.

Katherine Mansfield schreibt unter den Bedingungen eines Wettrennens, eines von der Zeit Verfolgten. Nur eine einzige Geschichte, so bekennt sie, habe sie in Muße geschrieben; alle anderen Arbeiten wurden von der Angst begleitet, daß ihr nicht genug Zeit bliebe, um sie zu Ende zu bringen. Und dieses Tagebuch zeigt, wie stark das autobiographische Element in ihren Erzählungen ist; fast hat es den Anschein, als wollte sie dem unter begriffener Todesbedrohung stehenden eigenen Leben eine andere Art von Dauer verschaffen. Je weiter etwas zurückliegt – Neuseeland, der Vater –, desto leidenschaftlicher arbeitet sie an seiner Vergegenwärtigung, nichts darf entgleiten, nichts nutzlos oder zufällig gewesen sein. Der Blick von wechselnden Krankenbetten trägt ihr zu wenig zu, nur Schnee, Vögel, Bäume, wechselnde Ausschnitte des Himmels – doch durch Vergegenwärtigung aller Erfahrungen, die sie so besessen sammelt, fühlt sie sich in der Lage, mit Hilfe unscheinbarer Wahrheiten das Leben zu entblößen.

Was auch in ihren meisterlichen Geschichten oft unterdrückt und verschwiegen wird, verschwiegen werden muß – über das Problem des nicht ausgespielten Wissens erteilt sie ihrem Vorbild Tschechow eine freundschaftliche Lektion –, diese ebenso zarten wie unerbittlichen Tagebücher geben Aufschluß darüber, warum es so sein mußte. Sie ergänzen das erzählerische Werk.

Sie machen, als schonungsloses Lebensprotokoll aus einem Wartesaal, sogar sonderbare Entscheidungen verständlich, wie etwa die, im Gesundheits-Institut des Georg Iwanowitsch Gurdjieff Heilung zu suchen, bei einem Mann also, der Krankheit dadurch überwinden wollte, daß er den Patienten zum »wesentlichen Menschen« erzog.

(1975)

Thomas Mann war viel später

Thomas Mann war viel später, auch der merkwürdige Lenau, auch Klabund; selbst die Helden von Narvik waren später und Kapitänleutnant Prien und die Bezwinger des Forts Ebenemael – da war ich schließlich schon vierzehn –; später waren sogar Dwinger und Ettighofer und ein schreibender Herr namens Zöberlein. Als ich zu lesen begann, war ich längst imprägniert, infiziert und ›beschrieben‹, hatte meine Initiationsweihen schon hinter mir, das erste Großerlebnis als Leser, das mein Verhältnis zur Welt veränderte.

Ich war etwa zehn Jahre alt, ein argloser Schüler in einer entlegenen masurischen Kleinstadt, als es mich ›traf‹, als mir eine Literatur den Weg verlegte, die eigens für mich gemacht schien. Ich brauchte sie nicht zögernd zu wählen, da sie selbst mich gewählt hatte als ihren süchtigsten Leser, sie kam zu mir wie der Käfig zum Vogel und verurteilte mich zu einer Gefangenschaft, in der willenlose Hingabe durch ein gesteigertes Existenzgefühl belohnt wurde.

Klassenkameraden waren die Vermittler. Sie waren schon Eingeweihte. Sie gebrauchten die Sprache der Eingeweihten, die exklusive Anspielung, die verheißungsvolle Chiffre. Wenn sie ihre lappigen, zerfledderten Heftchen tauschten, ging es nur: Den mußte unbedingt; bei diesem bekommst du das Kribbeln;

hier hörste nicht eher auf, bis. Als einer aus Versehen auch mir ein Tauschangebot machte, mußte ich Farbe bekennen: ich kannte nicht einen einzigen Titel. Mensch, bist du 'ne Nulpe. So einfach kommt man mitunter zur Literatur. Ich pumpte mir einige der fleckigen, von höchster Lesererregung zeugenden Heftchen – Tinte, Fett und Fingerschweiß auf jeder Seite –, begann noch in der Religionsstunde zu lesen und hatte auf einmal das Gefühl, gefunden zu haben, was ich unbewußt und beinahe schmerzhaft entbehrt hatte.

Es war mir damals erklärlicherweise gleichgültig, ob der Mensch durch Literatur gerettet oder preisgegeben werden soll, ich bedurfte weder einer Selbstauslegung noch einer Weltinterpretation, und von einer Anstiftung zum notorischen Zweifel wollte ich schon gar nichts wissen. Wonach ich suchte, war allein dies: Wege, zu entkommen, und Wege, die zu unerhörtem, zu aktionsreichem Erlebnis führten. Der Schule zu entkommen, der überschaubaren Häuslichkeit, der engen und längst erkundeten Kleinstadt, aber auch den ermüdenden Spielen mit den immer gleichen Freunden: erst die Literatur, der ich verfiel, zeigte mir, daß dies mein heftigster Wunsch gewesen war.

Aber Entkommen allein genügte mir offenbar nicht. Lesend wurde ich außerdem gewahr, daß da etwas auf mich wartete, womit ich mein Vorhandensein rechtfertigen könnte: gleich hinter dem Horizont gab es jede Menge Abenteuer und erlebnisreiche Aufgaben, da mußte gezüchtigt und überführt, befreit und gekämpft werden, die Ferne erst bot dem träumenden Weltpolizisten – finanziell unabhängig selbstverständlich – eine Gelegenheit zur Bewährung. Die freiwillige literarische Gefangenschaft sicherte einen Ausweg aus unzureichender Realität. Indem ich mich überwältigen ließ, wurde ich frei.

Ich las Rolf Torrings Abenteuer, Jörn Farows U-Boot-Abenteuer und die harten Western von Zane Grey. Ich las sie sitzend und stehend und im Schein der Taschenlampe unter der Bettdecke. Sobald mir ein unbekannter Titel in die Hände fiel, schlug ich in äußerster Erregung zuerst immer die letzte Seite auf: Sie leben doch wohl noch, meine Helden, ihnen wird doch wohl nichts zugestoßen sein? Erst nachdem ich diese dringende Sorge los war, machte ich mich erleichtert an die Lektüre, die noch jedesmal begleitet war von Hautjucken, beschleunigtem Atem und Augenflimmern. Als süchtiger Leser reagierte ich ordentlich, und das heißt körperlich: auf einmal kratzten mich meine Wollstrümpfe, der Schal zog selbst den Knoten fester, mein Lieblingsstuhl wurde zu einem Schlingerstand.

Welche Möglichkeiten! Welche Nachrichten! Offensichtlich war die Erde auch hinter Sybba und dem Sunowo-See bewohnt. Es gab augenscheinlich Städte, die Lyck – das sich doch selbst die Perle Masurens nannte – an Schönheit und Größe übertrafen. Es schien da Weideflächen zu geben, weitläufiger als ganz Masuren, Gewässer mit gezähnten Küsten, die den Lyck-See zum Spucknapf machten, geheimnisvolle Wälder von einem Ausmaß und einer betörenden Gefährlichkeit, die unseren Borek zum Stadtwald reduzierten, gut genug für wärmebedürftige Rentner. Vor allem aber lebten augenscheinlich etwas weiter hinter Sybba und dem Sunowo-See Menschen, die eine andere Hautfarbe hatten als wir Masuren, die tatsächlich andere Speisen aßen, anderen Beschäftigungen nachgingen, von anderen Tieren gebissen wurden, andere Laster hatten, und die einander auf andere Weise töteten. Wer von ihnen nicht gerade selbst in Gefahr war, der stellte eine Gefahr für andere dar: das reichte mir, dort wurde ich gebraucht.

Ich sah mich außerstande, Interesse für die Frage aufzubringen, ob man nicht, zu unser aller Heil, der beschreibenden Prosa den Gnadenstoß und der evozierenden den Vorzug geben sollte, denn ein purer Aktionismus verschlug mich und erzwang meine atemlose Teilnahme. Auf dem Weg kürzester Selbstversetzung schloß ich mich meinen Helden an und half ihnen, Geschichten zu überstehen – unbekümmert darum, ob Geschichten überhaupt noch glaub- und lebensfähig seien.

Mit Rolf Torring und seinen Freunden – der beste hieß Hans Warren, der stärkste Pongo und war ein Neger – löste ich die Geheimnisse indischer Grabmäler. Wir befreiten meist schon bewußtlose weiße Frauen aus der Gewalt unlauterer Maharadschas, aus den Zelten ewig nur teetrinkender Wüstenräuber, einmal sogar aus den Armen eines offenbar durchgedrehten Gorillas, der mit seinem Opfer durch Urwaldwipfel turnte. In Indochina schlugen wir wirksam Opiumhändlern aufs Haupt. Afrika sah uns als Erlöser unterm Tropenhelm, die den Kontinent endlich von Elfenbeinschmugglern reinigten. Und die Siedler an den dunklen Strömen Südamerikas feierten uns als Befreier von Gefahr und Ausbeutung.

Hatte ich vorübergehend genug von terranen Erlebnissen, so mischte ich mich unter die Besatzung von Jörn Farows U-Boot.

(Ich glaube, er hatte sich nach dem Ersten Weltkrieg geweigert, das ihm ans Herz gewachsene Boot als Reparationsgut abzuliefern, und war, um Geschichten in Fortsetzungen zu ermöglichen, in den Indischen Ozean entwichen.) Mit ihm lag ich in leuchtenden Meeren auf Tauchstation, ließ mich von der Schönheit der Korallenriffe erregen, hinterließ kurzlebige Spuren an besonders feinkörnigen Sandstränden – dies allerdings nur in mühsam ertragenen Pausen. Die meiste Zeit befanden wir uns im Alarmzustand: schließlich kam es darauf an, Schmugglerdschunken noch vor der chinesischen Küste abzufangen oder englischen Zerstörern zu entkommen, die sich mit unserer Anwesenheit nicht abfinden wollten. Wir sägten uns aus der Umklammerung von Riesenkraken frei, ritten

Taifune ab, retteten sympathische und weniger sympathische Leute aus Seenot und mußten jede freibeuterische List aufbieten, um zu Proviant und Öl zu kommen.

Zu meinem Erstaunen war mein Rollenbedürfnis als Leser damit keineswegs erschöpft, ich hielt noch nach anderen Möglichkeiten Ausschau, nach anderen Haltungen, Gesten, Sprech- und Erlebnisweisen, und endlich kam ich auf Zane Grey und erhielt von ihm die Eintrittskarte in den Wilden Westen. Kaum aufzuzählen, wieviel es hier für mich, für mein Pferd Blackie und für meine strafenden Colts zu tun gab. Nachdem ich Bekanntschaft mit allen fabelhaften Burschen geschlossen hatte – mit Duck Moore zum Beispiel, mit Wyatt Earp, Joe Sitter und Billy the Kid –, hielt ich lakonisch Strafgericht über Viehdiebe, stiftete Frieden unter Goldwäschern, redete Büffeljägern zu, ihren Beruf zu wechseln, und ließ mir den Titel eines Texas Rangers ehrenhalber verleihen. Meist ritten wir nach einer exemplarischen Hilfeleistung stumm und unerkannt weg. Gelegentlich stellten wir uns erst vor, nachdem wir geschossen hatten. – Jedesmal aber waren unsere Taten gerechtfertigt – in Indien ebenso wie in Afrika oder in den Tiefen der Südsee. Meine Helden und ich, wir litten nie unter der Krankheit des nagenden Zweifels. Wir handelten: basta!

Ich war süchtig nach Handlung, süchtig nach Ereignissen – so sehr, daß ich oft auch notwendige Naturschilderungen überschlug und unwillig weiterblätterte, sobald etwa Frauen auf die Veranda traten, um uns für alle Strapazen zu entschädigen. Verdrossen suchte ich dann nach dem erlösenden Wörtchen ›plötzlich‹, das neues Geschehen ankündigte. Die lilafarbenen Schatten Arizonas, die glimmende Dunkelheit indischer Dschungel, die phosphoreszierenden Spuren von Lebewesen in der tiefen See: sie galten mir nichts, lenkten mich nur ab, verzögerten jedenfalls den Augenblick, in dem sich mir die Welt offenbarte. Sie offenbarte sich ausschließlich in der Aktion.

Dieser Hunger nach Ereignissen bezeichnete mein Verhältnis zur Literatur. Das Geschehen mobilisierte meine Phantasie. Die Aktion lehrte mich intuitives Begreifen. Begriffe, die ich nicht verstand, ließ ich kurzerhand links liegen; sie erschlossen sich mir zumeist später durch Wiederholung oder durch Kombination. Ich wußte nicht, daß es ein wechselndes Literatur-Verständnis gibt und daß die Ambivalenz eine Chance der Literatur ist: das machte mich als Leser souverän. Ich schwankte nicht. Alles war eindeutig. Zustimmung und Widerspruch brauchten nicht überprüft zu werden. Ich besaß die Klarheit des Fiebernden.

Waren meine Heftchen, die lappigen, zerfledderten, waren meine seligmachenden Schmöker ›gute‹ Literatur, ›schlechte‹ Literatur, ›Schund‹ am Ende? Ich habe diese Frage nie entschieden, möchte sie, da Nachsicht und Herablassung sich schon vordrängen, auch heute nicht entscheiden, obwohl eine sehr diskutable marxistische Literaturauslegung es mir leicht machte, das erste große Lese-Erlebnis meiner Jugend in Schutz zu nehmen. Gut ist das Buch, sagte der alte Georg Brandes, das mich entwickelt. Wie und in welcher Weise mich meine vielfleckigen Heftchen entwickelt haben, werde ich wohl kaum herausfinden, da Literatur – und zur Literatur zählt mehr, als einige unwirsche Hohepriester uns einreden wollen – eine grundsätzlich unterwandernde Wirkung hat. Soviel aber ist sicher: meine Heftchen halfen mir zu entkommen und weckten meine Leseleidenschaft.

(1975)

Elfenbeinturm und Barrikade

Schriftsteller zwischen Literatur und Politik

Literatur und Politik: sie verlangen nacheinander, und sie mißtrauen sich. Sie zählen sich die Chancen einer freiwilligen Gemeinsamkeit auf und sehen sich genötigt zu argwöhnischem Gegenüber. Sie entdecken frappierende Übereinstimmungen und bestehen auf dem alten Schmerz des Widerspruchs. Literatur und Politik: die Geschichte ihrer Beziehungen ist das bekannte Drama von Umarmung und Verfolgung, von Werbung und Drohung. Sie eignen sich dazu, einer des anderen innigster Verbündeter oder Todfeind zu sein – eine vielsagende Eignung. Sie verfügen über eine sonderbare Sensibilität füreinander: die Empfindlichkeit intimer Rivalen. Sie antworten einander häufig mit Überreaktionen – ein Kennzeichen bestrittener Ebenbürtigkeit. Literatur und Politik lassen, wo immer sie zusammenstoßen, keinen Zweifel daran, daß sie sich gegenseitig erkannt haben: in ihrer Rolle, in ihrem Anspruch, in ihrer unterschiedlichen Parteilichkeit.

Um dieses widerspruchsvolle Verhältnis zu verstehen, um einzusehen, wo die Gründe für diese gebrochene Beziehung liegen, ist es unerläßlich, noch einmal zu fragen: Was ist Literatur? Was ist Politik? Worin liegt das Trennende, worin das Verbindende? Ist es ein Argwohn, der womöglich aus der Gleichartigkeit einiger Ausgangspunkte kommt? Eine Gegnerschaft, die ihren Grund hat in ebenbürtigen Fragen an die Welt und in konkurrierenden Bemühungen um den Menschen?

Wenn wir davon ausgehen, daß auch literarische Begriffe altern, daß politische Ideen in die Jahre kommen und den Wert des ersten Augenblicks einbüßen, dann bleibt uns keine Wahl, als unsere Fragen auch da zu wiederholen, wo es sich angeblich um gesicherten Besitz handelt. Übrigens zeigt sich nur allzubald, daß hier der Glaube an gesicherten Besitz eine Illusion ist: indem wir die Welt festlegen, verlieren wir zugleich etwas von ihr.

Für Sartre jedenfalls, aber auch für Adorno und Lukács manifestiert sich Literatur am wirkungsvollsten immer noch im Kunstwerk. Es erscheint als totale Inbesitznahme der Welt. Es weist über die Gegenwart hinaus auf universelle Möglichkeiten. Ob es zur Kommunikation überredet oder zum Widerstand verpflichtet: im autonomen Kunstwerk liegt ein Appell, der sich an unsere Freiheit wendet, an die Freiheit, zu wählen. Die gebieterische Art, mit der das Kunstwerk verteidigt wird, legt die Vermutung nahe, daß man ihm immer noch Unerhörtes zutraut: rettende Eigenschaften. Die Erkenntnisfunktion, die der Kunst zugute gehalten wird, stellt einen unbestrittenen Wert dar. »Kunstwerke«, sagt Adorno, »haben ihre Größe darin, daß sie sprechen lassen, was die Ideologie verbirgt.«

Fraglos ist es eine angestammte Funktion der Literatur, Erkenntnisse zu vermitteln. Indem sie zeigt, bloßstellt, bewußt macht, hofft sie zugleich auf Veränderung. Sartre nennt es »Handeln durch Enthüllen«, Lukács spricht vom »Schock des Bewußtwerdens«. Mit Hilfe der Sprache werden wir über andere aufgeklärt – und damit über uns selbst. Das sollte nicht folgenlos sein. Obwohl Literatur den Anderen voraussetzt, ja, durch den Anderen erst »entsteht« – sie wird nach meinem Verständnis in der Tat zweimal hervorgebracht: durch den

Schriftsteller und durch den Leser –, bleibt ihre Rezeption ein Prozeß mit ungewissem Ausgang. Auch bei einer Literatur der reinen Absichten kann die Wirkung nicht mit vollkommener Sicherheit vorausgesehen werden, da der Leser, auch wenn er gelenkt wird, seine Beziehungen schließlich selbst bestimmt. Eine Literatur ohne den Anderen, eine Kunst an sich im Kantschen Sinne schließt zwar das Risiko des Mißverständnisses aus, ist aber bedeutungslos: sie vermittelt nichts, sie hat kein Gegenüber. Was wäre Josef K. ohne die herkunftslose, anonyme Bedrohung, der auch wir ausgesetzt sind? Was wäre Oskar Matzerath mit seinem augenöffnenden Immoralismus ohne unsere eigene Erfahrung des kleinbürgerlichen Pandämoniums? Wieviel bedeutete die Resignation des Clowns Schnier, wenn sie nicht in unserer Resignation ihren Spiegel fände? Der Leser beglaubigt die Literatur, wie die Literatur den Leser hervorbringt, den sie braucht: darin liegt die Dialektik ihrer Angewiesenheit aufeinander.

Was die Literatur aufdeckt, bewußt macht und vermittelt, tut sie auf ihre Art: durch Erfinden. Sie begnügt sich nicht mit schierer Wiederholung, mit direktem Verweis, mit unverwandeltem Angebot; sie bedient sich, um zu enthüllen, der Einbildungskraft. Daß sich bereits die Dichter der Antike dafür entschieden, das Zeigenswerte durch Erfundenes zu zeigen, darauf hat Bruno Snell hingewiesen.

Was aber bedeutet es, wenn das konkrete Unglück durch ein erfundenes dargestellt wird, wenn ich mir Aufschluß über mein Schicksal oder meine Lage verschaffen soll anhand des Schicksals erfundener Personen, die der Intuition eines Schriftstellers entstammen? Zunächst doch wohl dies: daß die Literatur der Wirklichkeit eine nur mangelhafte Beweiskraft zutraut. Das alte Ungenügen am Konkreten wird da spürbar, die Skepsis gegenüber Realien; für die Literatur sind »wahre« Geschichten oder sogenannte »Geschichten, die das Leben schrieb« untaugliche Objekte, Erlebnisplunder.

Literatur, glaube ich, findet ihre Wahrheit allein im schöpferischen Akt. Indem sie das Sein mit Hilfe der Erfindung aufdeckt, wirkt sie auf bestimmte Weise gesetzgeberisch. Das erfundene Modell enthält zwar immer noch den konkreten Fall, weist aber zugleich über ihn hinaus und macht ihn allgemein verbindlich. Festgesetzte Erfahrungen werden übertragbar: Don Quichotte erscheint im Kölner Funkhaus und erfragt unter methodischer Verkennung der Realität die herrschenden Spielregeln; in der kleinen Hauptstadt schwankt Hamlet zwischen außenpolitischer Neigung und innenpolitischem Gebot; und selbst in einem Arbeiter- und Bauernstaat erweisen sich die »Neuen Leiden des jungen W.« als höchst infektiös.

Der gesetzgeberische Anspruch der Literatur drückt sich aber auch darin aus, daß sie einer dauernden, unabgeschlossenen Wirklichkeit abgeschlossene Schicksale entgegensetzt: das Zufällige wird am Gestalteten gemessen, das Unübersehbare durch das Geordnete verdeutlicht, das Offene durch das Geschlossene bezeichnet. Das gesetzgeberische Element zeigt sich schließlich im gesteigerten Selbstverständnis des Schriftstellers: der alte Hamsun ruft dem vernehmenden Richter zu, daß die Psychologie seiner erfundenen Personen noch gelten wird, wenn die Normen der Gerichtspsychologie längst vergessen sein werden; der alte Tolstoi glaubt sich als Schöpfer seines literarischen Kosmos so weit qualifiziert zu haben, daß er mit einer unbefristeten Verlängerung seines Lebens rechnet, einsichtsvoll gewährt vom höchsten Konkurrenten; Solschenizyn gar spricht, wenn auch im Hinblick auf besondere Umstände, vom Schriftsteller als einer »zweiten Regierung«. Doch obwohl Literatur gesetzgeberisch auftritt, bleibt sie selbst mehrdeutig. Sie behält die unaufhebbare Ambivalenz des Lebens, sie gibt seine Unberechenbarkeit wieder. Ihre Mehrdeutigkeit charakterisiert ihre Wirkung: sie verzichtet auf jeden Zwang, sie vertraut auf die unterwandernde Kraft der vermittelten Erkenntnisse. Ihre Glaubwürdigkeit liegt darin, daß sie nicht versucht, uns auf falsche Alternativen zu verpflichten: »Mein Haus hat zwei Ausgänge«, sagt Grass, »ich wähle den dritten.«

Auch da, wo sie sich nicht unter dem Druck der Verhältnisse zu tarnen braucht, wo sie ohne historisches Kostüm auskommt und ohne die Schutzform der Parabel, selbst wo sie unter keiner Drohung steht, sind ihre Angebote mehrdeutig. Das liegt weniger an der sogenannten Verantwortungslosigkeit des Schriftstellers, an der ihm nachgesagten Scheu, seine Parteilichkeit einzugestehen – es liegt vielmehr offensichtlich an der Mehrdeutigkeit des Menschen, den die Literatur unter allen Bedingungen seiner Existenz beschreibt. Nur wer gegen jede Erfahrung immun geworden ist, wird behaupten, daß der Mensch nur eine einzige Ansicht über sich zuläßt.

Wenn Literatur durch Erfinden zeigt, wenn sie mit Hilfe der Einbildungskraft Zustände aufdeckt, wenn sie anhand unwirklicher Personen Wirklichkeit bewußt macht, dann nimmt sie bereits Partei. Die Parteinahme beginnt in dem Augenblick, in dem der Schriftsteller vor einem Horizont von Möglichkeiten seine Entscheidung trifft: für einen bestimmten Konflikt, für eine bestimmte Landschaft. Mit dieser Entscheidung gibt er zu verstehen, daß die Dinge und Ereignisse für ihn nicht gleichwertig sind. Zu seiner Wahl gelangt er nicht durch privilegiertes Bewußtsein, sondern aufgrund von Herkunft, Erfahrung und persönlicher Betroffenheit.

Kein Zweifel, die Parteilichkeit der Literatur tritt sowohl da zutage, wo etwas angenommen, als auch da, wo etwas übergangen wird. Sie ist Partei im Verschweigen und Benennen: vom gleichen Standort aus kann ich die Sonnenuntergänge hinter dem Memelfluß beschreiben oder den kleinkarierten, nationalen Hochmut der Grenzlandbevölkerung. Eine parteiische Literatur, die zeigt, will zugleich auch immer werben: für eine Perspektive, für eine Stimmung, für eine Veränderung. Zeigen heißt lehren, und die Affirmation der Verhältnisse kann ebenso gelehrt werden wie ihre Aufhebung. Ich glaube, daß Literatur von einer unwillkürlichen didaktischen Energie getragen wird; selbst in hermetischer Lyrik lassen sich noch didaktische Impulse erkennen. Was mir gezeigt wird, soll mich zu einer Stellungnahme veranlassen, mich zumindest in die Nähe jener Empfindungen bringen, die den Schriftsteller beherrschten. Das Reiterdenkmal an der Rheinbrücke könnte mir vollkommen gleichgültig sein, wenn der Autor den reitenden Narren nicht starr westwärts schauen ließe: mein Blick wird auf ein politisches Verhängnis gelenkt. Die Vogelscheuchen im Danziger Werder könnten mir lediglich als phantastisches Landschaftsornament vorkommen; doch indem der Autor sie als Persönlichkeiten der Geschichte kostümiert, zeigt er mir, welchen Wert die gesalbten Lenker der Geschichte für mein eigenes Leben haben und was aus dem Stoff der Geschichte werden kann.

Die alleinige Beglaubigung der Literatur kann freilich nicht darin liegen, daß sie zeigt, Partei nimmt oder sich gar im Bemühen erschöpft, Begriffe wie Mehrwert und Entfremdung zäh zu bebildern. Auch mir gelingt es nicht, im Kunstwerk unweigerlich eine prästabilierte Harmonie zu finden, eine letzte Einheit, eine feierlich-düstere Mystifikation. Allerdings läßt mein Literaturbegriff etwas zu, das mich vielleicht zum hoffnungslosen Individualisten stempelt, das ich gleichwohl aber zugeben muß, weil Erfahrung und Erwartung mich dazu nötigen: nämlich Freude – die kurzlebige Freude schöpferischen Erkennens durch Literatur. In einem Blitz von Hellsicht oder Zusammensicht werden wir uns unserer Lage bewußt; wir empfinden Freude, die nach Teilnahme verlangt, womöglich nach Aktivität. Selbst wenn diese Freude nicht zum Handeln inspiriert und nur auf sich selbst beruht – für mich bleibt sie eine Legitimation der Literatur.

Trotz aller Einsprüche aus dem Elfenbeinturm: Literatur wird nach wie vor für den Menschen gemacht, für den Anderen, für den Zeitgenossen, wie Böll sagt. Gerade das aber trifft nun, freilich mit einem bemerkenswerten Unterschied, auch auf die Politik zu: zwar wird auch sie für den Anderen gemacht, aber gleichzeitig gegen einen Anderen. Sie scheint, anders als die Literatur, die in ihrem Entwurf ungebunden ist, von Anfang an gebunden. Was also ist Politik, rhapsodisch gesehen? Zu welchen Schlußfolgerungen bringt uns eine Betrachtung ihrer Grundzüge?

Machiavelli würde nicht zögern, sie ein Kunstwerk, zumindest ein Kunststück zu nennen: also auch eine Leistung der Imagination, »um Macht zu erwerben, um Macht zu bewahren und Macht auszuüben«. Das sprechende, das entsprechende Bild – auch die Literatur bietet uns Bilder an, damit wir uns kennenlernen –, das entsprechende Bild, wollte ich sagen, ist durchaus eingängig: der Mächtige als kundiger Physiologe am Staatskörper, hier eine Heilung einleitend, dort die Gründe für eine Amputation zusammenzählend. Wieviel Macht und Machbarkeit miteinander zu tun haben, ist gleichfalls bei Machiavelli zu erfahren. Doch wie Literatur ja keineswegs nur aus hochalpinen Kunstgipfeln besteht, definiert sich auch Politik beileibe nicht nur durch die literarisierten Attribute des Leviathans, durch Klaue, Giftzahn und Pranke. Cicero sah in ihr alle Bemühungen um die Wohlfahrt des Staates und der Gesellschaft, Hobbes die Sorge um Frieden und gemeinsame Verteidigung aller Bürger. Unstreitig zielt Politik also jeweils auf etwas Bestimmtes hin, sucht etwas Bestimmtes zu schaffen oder zu verstehen, will unter Druck und Gegendruck etwas verwirklichen, mit einem Wort, sie ist ihrem Wesen nach schöpferisch. Eine Politik an sich – das würde ebenso wenig besagen wie ein Kunstwerk an sich. Wo sie über die geläufige Anwendung normativer Rechtsregeln hinausgeht, wo sie auf Intuition und Antizipation angewiesen ist, wo sie eine ungenügende Wirklichkeit durch konkrete, also einlösbare Utopien korrigiert, da erscheint Politik schöpferisch. Carlo Schmid geht so weit, von Politik überhaupt nur da zu sprechen, wo schöpferisches Wollen feststellbar ist, ein »schöpferischer Umgang mit der Macht« – alles andere ist Verwaltung.

Eine Politik, die sich darin erschöpft, alle Anstöße zum Handeln aus den Aktionen oder Unterlassungen des Gegners zu empfangen, ist unfrei. Zu bloßem Reagieren verurteilt, wird es ihr nicht gelingen, einer vielgestaltigen Wirklichkeit mit einem eigenen Entwurf beizukommen. Entwerfen ist unbedingt ein Inhalt politischer Tätigkeit. Gebunden an die Unvermeidlichkeiten der Realität und ausgehend von der unterschiedlichen Interessenlage der Menschen, bietet uns Politik Entwürfe der Existenz an, alternative, vor allem aber totale Entwürfe, die unsere gesamten Manifestationen einschließen. »Unter Politik«, sagt Gottfried Keller, »kann alles fallen, von der Schuhsohle bis zum Ziegel auf dem Dach.«

Angestrebte Totalität: sie gilt allerdings auch für die Literatur, zumindest für die Romanliteratur, der sowohl Sartre als auch Heinrich Mann ein konstituierendes demokratisches Element zugute halten – »ein großes Spiel aller menschlichen Zusammenhänge«. Ich gebe zu, der Gesichtspunkt der Totalität hat etwas Utopisches; dennoch kann ich mir keine bewegende Politik vorstellen ohne den Geist der Utopie – man braucht es ja nicht gleich Vision zu nennen. Auch die sogenannten »kalten

Macher«, die heute offenbar die Szene füllen, sind gezwungen, ihr Denken in eine Zukunft zu projizieren. Freilich, jeder utopische Entwurf muß von der Frage begleitet sein: wem nützt er, wer hat ihn zu erleiden, läßt sich das Verwirklichte auch verantworten? Utopisches Handeln jedenfalls erscheint mir als eine Aufgabe der Politik, um Wirklichkeit zu gewinnen und in Besitz zu nehmen.

Zu den Konstanten politischen Handelns gehört die Gesetzgebung, der es unter anderem darum geht, die Übereinkünfte einer Gesellschaft dauerhaft zu machen. Der Staat, zeigt Adolf Arndt, kann als »Rechtsform des Volkes« gesehen werden: »Politik ist nur möglich mit dem Wert und in der Zielsetzung, wenigstens Ansätze zur Gemeinschaft zu bilden.« Literatur, wie ich sie verstehe, ist von dieser Zielsetzung nicht sehr weit entfernt: als heimliche Legislative – und zwar besonders dann, wenn die Gesetze zu wünschen übrig lassen – sucht auch sie Gemeinschaften zu bilden, eine Gemeinschaft der Wehrlosen, der Enttäuschten, eine Gemeinschaft der Gleichgesinnten jedenfalls, die sich auf Literatur als auf eine Art versteckter Verfassung einigen.

Das erweckt vielleicht den Anschein, als ob sich über Kunst abstimmen ließe, so, wie sich im politischen Bereich abstimmen läßt, wo wir statt einer Regulierung unserer Verhältnisse durch obrigkeitliche Verfügungen die Selbstregulierung durch alle gesellschaftlichen Kräfte wählen. Das literarische Werk hängt selbstverständlich nicht von einem Mehrheitsbeschluß ab. Dennoch müssen wir uns eingestehen, daß der Leser ebenso wie der politisch besorgte Staatsbürger sein eigener Interessent ist – und das heißt: er wählt, was ihm entspricht, beziehungsweise was er glaubt, nötig zu haben.

Der Politiker, der seine eigenen Schlußfolgerungen aus der Anthropologie gezogen hat, wird davon ausgehen, daß die Ungleichheit der Interessen zu einer Gesellschaft frei über sich selbst bestimmender Menschen gehört: Widersprüche sind nicht samt und sonders aufhebbar. Ein von Konflikten völlig gereinigtes Leben ist eine Illusion, der Traum von rabiat erzwungener Gleichheit birgt Risiken. Zu erwachen und die öffentlich verfügte Abschaffung aller Konflikte zur Kenntnis nehmen zu müssen, bedeutete – wenn auch nicht für alle –, nicht mehr frei zu sein. Politik, deren Stoff das Wirkliche ist, kann nicht mit einem spannungslosen Endzustand der Geschichte liebäugeln, der Parteien, Interessengruppen, religiöse Gemeinschaften wunschlos wiederkäuend nebeneinander sieht. Auch wenn uns die Ideologen der Ganzheit versichern, daß Geschichte durchaus die Möglichkeit habe, in einen konfliktlosen Zustand der Gesellschaft zu münden: ich glaube nicht an ein Happy-End des historischen Prozesses. Eine Ordnung aller gesellschaftlichen Beziehungen läßt sich nur auf Zeit erreichen und nur mit eingestandener Unvollkommenheit. Wir sind dazu verurteilt, ständig unterwegs zu sein. Neue Ideen greifen in die Bedingungen unserer Existenz ein, veränderte Bedingungen lassen neue Ideen entstehen; wir werden uns damit begnügen müssen, politische Modelle in der Praxis auszuprobieren, unter Schmerzen mitunter und mit der entschlossenen Bereitschaft zum Widerruf.

Es genügt nicht, die richtigen politischen Fragen zu stellen. Politik erhält ihre Beglaubigung erst in der Praxis. Eine noch so bezwingende politische Theorie wird sich erst dann als vernünftig erwiesen haben, wenn sie zur Verbesserung des Lebens in der Realität beigetragen hat. Hier hat die Literatur zweifellos einen Gratisvorsprung: sie braucht nicht in die Praxis übersetzt zu werden, um ihre Beglaubigung zu erhalten; sie findet ihre Rechtfertigung bereits im Akt der Rezeption. Ihre Wirkungen brauchen nicht »öffentlich« zu sein, wie es die Wirkungen der Politiker sind.

Öffentlich, das heißt: zugänglich. Und wie es scheint, bietet uns das Feld der Politik heute eine enorme Zugänglichkeit, nicht zuletzt durch die Vermittlung der Medien. Wir sind gegenwärtig, wo sich politische Entscheidungen vorbereiten, wir sind zugegen, wo Beschlüsse verkündet werden. Nicht nur die Dynamik politischer Prozesse erschließt sich uns, wir glauben auch die Gesetze ihrer Mechanik einzusehen. Ist Politik, so möchte man treuherzig fragen, ein Synonym für Durchsichtigkeit geworden? Diese Selbsttäuschung, der man sich gern überließe, dauert nur bis zu dem Augenblick, in dem man gewahr wird, daß es sich nur um eine Schein-Zugänglichkeit handelt. Gezeigt wird ja nur, was gezeigt werden kann oder darf: also das Sichtbare. Wir dürfen außer dem Restaurant vielleicht noch die Küche betreten, aber der mehrsprachige Koch wird sich weigern, alle Kenntnisse über seine Zulieferer preiszugeben. Nein, wir müssen davon ausgehen, daß Politik auch von Kräften bestimmt wird, die nicht sichtbar sein wollen oder können, von Energien, die um so einflußreicher sind, je konsequenter sie im Halbdunkel bleiben.

Ähnliches gilt für die Literatur. Auch sie bietet den Anschein vollkommener Zugänglichkeit, da zu ihrer Konsumption offenbar nicht mehr gehört als Sprache. Dennoch zeigt sich alsbald, daß gerade das, was das Öffnende und Verbindende sein sollte, zugleich auch das Verschließende und Trennende ist: die Sprache nämlich. Gewiß, mit ihrer Hilfe wird entschlüsselt und gezeigt, entblößt und bewußt gemacht. Doch sie kann in gleicher Weise verhüllen und tarnen, abgrenzen und aussperren. Vor allem aber läßt sie verschiedene Spielarten des Verstehens zu. Unmittelbare sprachliche Übereinkunft, fürchte ich, setzt andere Übereinkünfte voraus. Das heißt für mich: wer mich in die Revolution hineinschreiben will und auf mein Bündnis hofft, von dem muß ich leider zweierlei erwarten: zum einen, daß wir übereinstimmen in der Bewertung der politischen, sozialen und moralischen Bedingungen, die eine Revolution – im Sinne von Djilas – unvermeidlich erscheinen läßt; und zum anderen kann ich ihm nicht die Forderung erlassen, daß wir sprachlich übereinstimmen.

Aber ich möchte bei diesen Erörterungen nicht den Eindruck entstehen lassen, Literatur und Politik seien gleichwertige Größen für unser Leben. Als Schriftsteller muß ich mir sagen, daß niemand ernsthaft Schaden nimmt, wenn die Qualität der Literatur schwankt, daß aber alle Schaden nehmen werden, wenn die Qualität der Politik zu wünschen übrig läßt.

Worauf es mir zunächst ankam, war dies: einige Wesenszüge und Grundfunktionen zu befragen, die für das Verhältnis von Literatur und Politik aufschlußreich sein können. Zweifellos sind rivalisierende Ansprüche und Bemühungen feststellbar; die Nachbarschaft einiger Ausgangspunkte ist kaum zu übersehen; Möglichkeiten einer Gemeinsamkeit zeichnen sich ab oder lassen sich zumindest ahnen.

Worin liegen diese Möglichkeiten? Angesichts der Erfordernisse politischer Praxis bleibt der Literatur nur ein Ort, um wirken zu können: das Vorfeld der Politik. Ihr Beitrag ist ebenso unbestimmt wie indirekt: sie kann eine Stimmung schaffen, ein Klima begünstigen, sie kann Vorurteile überwinden und Ideale bestätigen helfen, sie kann unsere Empörung ins Bild bringen und unserer Hoffnung den letzten Ausdruck geben – mit einem Wort, sie kann Politik vorbereiten. Literatur kann die politische Entscheidung befördern. Auch wenn das nicht wenig ist – mehr kann ich ihr nicht zutrauen. Literatur kann Politik bestätigen – ersetzen kann sie sie nicht. In keinem Fall wird sie uns von allen gesellschaftlichen Übeln erlösen, von den effektiven nicht und nicht von den eingebildeten. Literatur – darin liegt ihre Eigentümlichkeit – läßt sich nicht kontrolliert umsetzen in politische

Aktivität. Sie ist Form, die äußerste Entsprechung von Eindruck und Ausdruck, wie Benedetto Croce zeigte, und darum ist sie nicht materiell bestimmbar.

Wenn es zutrifft, daß ihre Domäne lediglich das Vorfeld der Politik ist, wenn sie, wie Urs Jaeggi bemerkt, allenfalls Hebammendienste leisten kann – wie erklärt sich dann die permanente Allergie der Mächtigen gegenüber der Literatur? Wie lassen sich ihre Überreaktionen begründen? Wie läßt sich verstehen, daß für manche die Geschichte der Literatur identisch ist mit der Geschichte ihrer Verfolgung?

Dies kann nach meinem Verständnis nur dadurch erklärt werden, daß Literatur, was ihre Rolle als politisches Agens angeht, von den Mächtigen chronisch überschätzt wurde. Sie wurde überschätzt, weil sie sich von jeher an den Einzelnen wandte, weil sie ihm ein Zwiegespräch vorschlug, das sich jeder Kontrolle entzog. Das Private ist das Konspirative. Ein öffentliches Nein ist für die politische Macht grundsätzlich erträglicher als der Gedanke, daß zwischen Partnern unüberprüfbare Beziehungen bestehen: was unüberprüfbar ist, gilt bereits als mögliche Opposition. Zum Mißtrauen verpflichtet, muß politische Macht vorbeugend auf das heimliche Einvernehmen reagieren, das Literatur unter Lesern herstellen könnte; die Härte, mit der sie zuschlägt, ist eine präventive Härte. Caligula sah sich gezwungen, die Odyssee zu unterdrücken, weil er im autokratisch regierten Rom keine Erinnerung an griechische Freiheitsideale zulassen durfte; der Deutsche Bund mußte die Schriften des »Jungen Deutschland« verbieten, weil man, von anderem abgesehen, die Obrigkeit nicht dem Zweifel ausliefern konnte; die griechischen Obristen, deren Machtübernahme als blendendes Planspiel anerkannt wurde, fürchteten und verboten einen Teil ihrer Klassiker, weil sie bereits eine zwinkernde Anspielung, etwa durch Aristophanes hervorgerufen, als Widerspruch empfanden. Wo sich die Folgen nicht übersehen lassen, entschließt man sich gern zur äußersten Reaktion; Angemessenheit ist ein zweitrangiges Problem. Daß im übrigen die sublimste Art der Bedrohung vom Einzelnen ausgeht, aus der Dunkelzone des Privaten kommt – der Familie etwa, dem kleinsten konspirativen Verband: Maos mühseliger Kampf gegen einen Toten, seine ideologische Auseinandersetzung mit der zweitausendjährigen Familienlehre des Konfuzius, bestätigt diese Ansicht.

Ein Trugschluß besonderer Art, der bei den Mächtigen zu einer Überschätzung der Literatur führte, liegt in der Annahme – einer Annahme, die heute allenthalben wiederholt wird –, daß Leser automatisch zur Gefolgschaft des Schriftstellers werden und daß der Schriftsteller über sie verfügt wie über ein machtpolitisches Potential. Diese monströse, aber hartnäckige Verkennung verdient ihren Ausdruck: ich stelle mir vor, wie sich auf einen Wink Ovids Kohorten von Lesern erheben, die gegen die Verbannung ihres Meisters protestieren, oder wie französische Kürassiere mit Rousseaus »Emile« in der Hand das Parlament zu zwingen versuchen, das Urteil gegen das Buch aufzuheben. Weil dem Schriftsteller bei der Darstellung der Lebenszusammenhänge eine gewisse Kompetenz zugestanden wird, traut man ihm auch zu, Gefolgschaften zu bilden, Gemeinden, die nein sagen, wo er nein sagt, die Beifall klatschen, wo er Beifall klatscht. Dabei wird vorausgesetzt, daß ein literarisches Werk mit seiner Rezeption Katechismuscharakter gewinnt und daß damit die sogenannte Führungseigenschaft des Schriftstellers anerkannt wird. Leser und Schriftsteller erscheinen den Mächtigen notwendigerweise als Verbündete: Sender und Empfänger, die auf einer Welle harmonisieren. Diese Verkennung kann nur Resultat eines Mißtrauens sein, das die Wahrnehmung trübt. Denn hier wird etwas Entscheidendes übersehen: eine zwar parteiische, aber parteilich nicht gebundene Literatur beläßt dem Leser die Freiheit der Verweigerung ebenso wie die Freiheit der Zustimmung. Sie ist von vornherein zu dem Risiko bereit, abgelehnt oder mißverstanden zu werden; schließlich bietet ja auch sie dem Leser ein Korrektiv an und widerlegt ihn in seinen Verhältnissen.

Nein, Heinrich Böll verfügt nicht über ein einziges Bataillon, und Günter Grass wird sich im kritischen Augenblick nicht der Gefolgschaft deutscher Pfarrersfrauen erfreuen können, die ihn, wie er mir sagte, zu ihrem Lieblingsautor gemacht haben. Wo der Literatur an ihrer Integrität gelegen ist, da bleibt der Schriftsteller eine Ein-Mann-Partei. Er darf nicht davor zurückschrecken, mit dem zunftgemäßen Widerspruch zu leben, der seine Lage kennzeichnet: eingegrenzt in seiner politischen Wirkung, lediglich aufs Vorfeld verwiesen, und doch gleichzeitig von der politischen Macht in seinem Einfluß eklatant überschätzt.

Es ist jedoch nicht zu übersehen, daß der zeitgenössische Schriftsteller auch hierzulande mehr und mehr die herkömmliche Position aufgibt, daß er politisch Partei ergreift und sich zu einer inhaltlichen Politisierung der Literatur bereitfindet. Das hat – unter anderem – einen historischen Grund. Der Schriftsteller als Bürger hat die Folgen erkannt, die durch die traditionelle politische Abstinenz des Bürgertums entstanden sind. Das deutsche Bildungsbürgertum, das sich einst die Ideen der Französischen Revolution vermitteln ließ – durch den deutschen Idealismus schön ins Kontemplative erhoben und jedenfalls von energischem materiellem Begehren befreit –, dieses deutsche Bildungsbürgertum, das der erste Massenkonsument von Literatur war, mißbilligte den politisch handelnden Schriftsteller. Ein Zierfisch, der die inneren Harmonien der Natur – um die äußeren sorgte sich die Polizei – bestätigte: so wollte sie ihn. Eine nie der Zugluft ausgesetzte Zimmerlinde, die städtische Liedertafel flankierend: in dieser Rolle ertrug sie ihn. Erbauung und Bestätigung wurden von ihm erwartet, doch keine Initiative zur Veränderung der sozialen, ökonomischen und politischen Bedingungen.

Dennoch war Schiller bereits Ehrenbürger der Französischen Republik, Klopstock wollte es werden, und ein revidiertes Hölderlin-Bild zeigt uns auch die Beziehungen dieses Dichters zur Französischen Revolution. Die Literatur jedenfalls hatte Partei ergriffen; zumindest ein Teil von ihr hatte signalisiert, daß der Staat ohne Parteinahme nicht vermenschlicht werden kann.

Der aktuelle Grund, der zu einer Politisierung der Literatur im allgemeinen führte, liegt wahrscheinlich in der Enttäuschung des Schriftstellers über die Wirkungslosigkeit seiner Arbeit. Er schreibt, und die Zahl der Länder, in denen gefoltert wird, nimmt nicht ab. Er schreibt, und die erhoffte soziale Gerechtigkeit läßt auf sich warten. Er schreibt, und der Hunger in der Welt nimmt zu, die zerstörerischen Machtmittel wachsen, der Mensch hört nicht auf, vom Menschen zu leben. Hatte er noch mit dem Ende des Krieges voller Genugtuung eine schwarze Börse der Ideologien erlebt – eine beklemmende Re-Ideologisierung ließ nicht lange auf sich warten. Der Schriftsteller mußte erfahren, daß durch Literatur nicht verbessert werden konnte, was die Mehrzahl der Menschen für verbesserungsbedürftig hielt; er sah ein, daß angesichts von Unfreiheit und Verzweiflung nur politische Antworten angemessen sind. Was aber heißt es, wenn der Schriftsteller sich auf Politik einläßt?

Wenn er der Forderung Lenins entspricht, sind alle Zweifel ausgeräumt. Der Schriftsteller muß nicht nur einer Parteiorganisation angehören, er muß sich als »Rädchen und Schräubchen« der »allgemeinen proletarischen Sache« empfinden, er

muß zum »Bestandteil der organisierten, planmäßigen Partei-
arbeit« werden. Die Phantasie untersteht der Partei. »Nieder
mit den parteilosen Literaten!« – Lenins Ausruf ist Programm
und stellt eine der Möglichkeiten dar, die der Schriftsteller
wählen kann, um seine politischen Erwartungen zu verwirklichen. Mir scheint, dieser Weg führt zum Ende jeder individuell
autonomen Literatur: ich halte es für unvereinbar, gleichzeitig
Schriftsteller und Ruhmredner einer Ideologie zu sein. Schreibend im Dienst einer Doktrin: ein Eiertanz zwischen Taktik
und Wahrheit, zwischen Strategie und Einsicht. Politische Seh-
störungen: die Berufskrankheit schreibender Diener.

Und darin liegt der Unterschied: eine parteiische Literatur
fühlt sich dem Menschen gegenüber verpflichtet – eine Partei-
Literatur zunächst einmal und immer wieder der Partei. Der
Schriftsteller, der sich ihr unterwirft, muß damit rechnen, an
seine propagandistische Funktion erinnert zu werden, an sein
agitatorisches Soll. Möglicherweise wird er es leidenschaftlich
und mit reinem Gewissen tun: die Anfälligkeit des Schriftstellers für eine Wohlaufgehobenheit in geschlossenen Systemen
ist erwiesen, sein Traum von Ganzheiten ist bekannt. Lenins
Forderung zu entsprechen, ist jedenfalls die entschiedenste Art,
sich politisch zu binden.

Die am wenigsten gebundene Art, seinen politischen Willen
auszudrücken, besteht für den Schriftsteller wohl darin, daß er
im Gefühl umfassender Zuständigkeit – und die Gesellschaft
unterläßt offenbar nichts, um ihn in diesem Gefühl zu be-
stärken – seine private Resolutionspolitik betreibt. Als aufmerksamer Begleiter politischer Ereignisse läßt er Regierungschefs
Proteste ins Haus flattern, von Schreibtisch zu Schreibtisch; den
Mächtigen klopft er mit dem Silberstift auf die Finger; unermüdlich liefert er Solidaritätsbeweise durch seine Unterschrift.
Grotesk die Kompetenz, die eine ratlose Gesellschaft ihm zu-

schanzt: hier ein Protest gegen die Rassendiskriminierung in Südafrika, dort eine Petition für einen inhaftierten mexikanischen Maler, gestern ein geharnischter Rettungsversuch für eine aussterbende Mundart, heute ein Manifest zugunsten der indischen Opposition. Ich vermute, diese fleißige Resolutionspolitik, die lediglich Zeitopfer fordert, hat nicht mehr als einen Alibiwert, beschäftigt den Absender mehr als den Empfänger, ist, bei Licht besehen, von ehrenwerter Bedeutungslosigkeit.

Folgenreicher sind da ohne Frage die Versuche der Schriftsteller, für die Partei Stellung zu nehmen, die sie mit ihren politischen Hoffnungen betrauen – wenn auch freilich nicht im Sinne Leninscher Eingeschworenheit. Davon ausgehend, daß politische Parteien eine demokratische Willensbildung ermöglichen, macht der Schriftsteller von seinem Bürgerrecht Gebrauch, zu dieser Willensbildung beizutragen. Dabei ist sein Verhältnis zu der Partei, für die er eintritt, nicht durch Botmäßigkeit bestimmt, sondern durch kritische Sympathie. Er selbst stellt sich nicht zur Wahl, er hat keinen Mandatsehrgeiz, er handelt als einer, der von den Ergebnissen der Politik unmittelbar betroffen ist.

Als Außenseiter, als Bürger kann er es sich leisten, gegenüber denen, für die er »wirbt«, Vorbehalte zu äußern. Er kann sogar zugeben, daß es ihm unter gewissen politischen Konstellationen nicht möglich wäre, sich für dieselbe Partei einzusetzen; seine Glaubwürdigkeit wird dadurch keinen Schaden nehmen. Das Entscheidende: er muß sich zu einer Trennung entschließen, er muß darauf verzichten, die Literatur in den Dienst der Partei zu stellen; denn seine politische Aktivität betrifft ausschließlich den Bürger.

Der Anspruch, der hier an den Schriftsteller gestellt wird, scheint nahezu unerfüllbar: was von ihm erwartet wird, läuft auf klassische Persönlichkeitsspaltung hinaus. Ein ergiebiger

Dauerkonflikt läßt sich entwerfen: der Schriftsteller widerspricht dem Bürger gleichen Namens; der Bürger bezichtigt den gleichnamigen Schriftsteller elitärer Enthaltsamkeit. Indes, wenn Literatur nicht zur Magd der Politik werden soll, gibt es für den Schriftsteller keine andere Chance, als dieses Dilemma auf sich zu nehmen. Ich teile in dieser Hinsicht die Überzeugung George Orwells, daß es auch für die Aufrichtigkeit eines Schriftstellers sprechen kann, wenn sich sein Schreiben und sein Handeln mitunter widersprechen. Orwell hielt es für denkbar, daß ein Autor an einem Krieg teilnimmt, weil er der Auffassung ist, daß dieser Krieg gewonnen werden muß, und es gleichzeitig ablehnt, Kriegspropaganda zu schreiben. Wie übrigens die Praxis totalitärer Herrschaft zeigt, liegt in der Gespaltenheit nicht nur eine Möglichkeit, zu überdauern; für den Schriftsteller hat sich dieser Zustand gelegentlich auch als durchaus schöpferisch erwiesen.

Gesetzt aber den Fall, daß sich Autor und Bürger in einer Person für die gleiche Sache engagieren, daß sie in ihrem Handeln völlig übereinstimmen: welche Eigenschaft erhält dann die Literatur? Soviel ist sicher: wir werden sie weder sozialdemokratisch noch kommunistisch oder gar christlichsozial nennen können – selbst wenn es eine Vilshofener Ästhetik geben sollte. Es gibt eben nur gute oder schlechte Literatur.

Dies ist ein Widerspruch, den jeder Schriftsteller auf sich nehmen muß, der als Außenseiter für das Programm einer Partei eintritt: der Bürger in ihm kann sich festlegen, der Autor muß unabhängig bleiben. Das ist nicht der einzige Widerspruch, nicht das einzige Dilemma. Bei einem Politiker halten wir es für ausgemacht, daß er für die Folgen seiner Politik aufkommt, daß er sie rechtfertigen und verantworten muß. Jene Gesinnungs-Ethik, die sich Max Weber in der Politik wirksam wünschte, hält Carlo Schmid nicht mehr für ausreichend; er möchte sie durch eine Verantwortungs-Ethik ergänzt sehen. Kann aber der Schriftsteller verantworten, was er, mit soviel mißverstandener Kompetenz ausgestattet, auf politischem Felde unternimmt? Ist er bereit, sich haftbar machen zu lassen für die Empfehlungen, die er ausspricht, für die Parolen, die er formuliert?

Sein Zwischenspiel, scheint mir, ist moralisch nicht gedeckt, solange er, ein Pendler zwischen Elfenbeinturm und Barrikade, sich um die Folgen seines Auftritts unbekümmert zeigt. Das heißt aber, daß der Schriftsteller sich nicht willkürlich zu einem politischen Intermezzo bereitfinden, also die Bühne nicht, wann er es will, betreten und nach Gutdünken wieder verlassen kann. In die Praxis übersetzt: um zu seinem Wort zu stehen, muß er unablässig mahnend und kontrollierend, erinnernd und protestierend bei denen intervenieren, für die er Partei ergriffen hat.

Denn damit muß sich der Schriftsteller abfinden, der sich auf Politik einläßt: daß er an der Skepsis der eigenen Leute nicht vorbeikommt, daß er als Störer des bedingungslosen Einvernehmens angesehen wird, daß er für ein freundschaftliches Ärgernis jederzeit gut ist. Solcherart mit dem Echo seines Einzelgängertums konfrontiert, ergibt sich für ihn die Notwendigkeit, die Realität neu einzuschätzen. Er wird erkennen, daß Bereitschaft zur Teilhabe ein entscheidendes Element demokratischer Politik ist; er wird einwilligen in die Mühseligkeit politischer Arbeit. Welch hybride Ahnungslosigkeit, die Phantasie an die Macht zu rufen, wenn sie es schon von vornherein ablehnt, ausweispflichtig zu sein! Ich persönlich wünsche mir ebensowenig die reine Phantasie an der Macht wie die Macht als wohlmeinenden Lektor an meinem Schreibtisch.

Der zeitgenössische Schriftsteller kann sich nicht damit zufriedengeben, sich nur von anderen Menschen ein Bild zu machen. Er ist vielmehr gezwungen, auch von sich selbst ein Bild zu haben, und damit meine ich: die Rolle zu erkennen, die er – sei sie nun selbstgewählt oder ihm von außen zugedacht – in der Gesellschaft spielt. Es kann für sein Selbstverständnis nicht folgenlos sein, ob er im Sartreschen Sinne für einen Parasiten der herrschenden Klasse gehalten wird oder nach Marcuse nur eine dekorative Folie in einer Welt des Terrors darstellt. Das heißt: falls er es nicht vorzieht, zu verstummen, muß er die Gründe kennen, die ihn weiterarbeiten lassen. Ich glaube, die solidesten Gründe für die Fortsetzung schriftstellerischer Arbeit wurden uns von denen geliefert, die den Tod der Literatur proklamierten und, als reichte dies noch nicht aus, als Zugabe auch den Tod der bürgerlichen Literaturkritik.

Dieser Proklamation ging eine Wiederentdeckung voraus, nämlich die Einsicht in die soziale Bedingtheit aller Kultur: noch in der unscheinbarsten geistigen Manifestation ließen sich Herrschaftsspuren ökonomischer Motive nachweisen. Der Klassencharakter aller Erscheinungen schien offenbar zu sein, und mit dieser Erkenntnis war die Methode zur Entlarvung der Welt eingeführt, die Optik bestimmt: eine Klassen-Optik. Wir haben die Wiederentdeckung dieser großen Idee miterlebt, wir waren aber auch Zeugen eines allzu freimütigen Despotismus, mit dem sie in unser Verhältnis zur Wirklichkeit hineinzuregieren suchte. Es war unvermeidlich, daß die Literatur, einmal nach ihrem sozio-ökonomischen Ort befragt, sogleich zugab, ein vorwiegend bürgerliches Erzeugnis für die bürgerliche Klasse zu sein, ein Produkt sentimentaler Selbstbestätigung.

Unfähig, kollektive Sehnsüchte zu wecken, rückhaltlos auf Individuation bedacht, unwillig oder außerstande, sich einer Theorie zu unterwerfen, erwies sich die vorgefundene Literatur im Dienst einer – wie Günter Grass sagt – »angelesenen Revolution« als unbrauchbar. Selbst die artistische Intelligenz Hans Magnus Enzensbergers kam zu dem Befund, daß die Literatur sich offenbar bei der Bourgeoisie am wohlsten fühle und deshalb politisch wirkungslos sei.

Warum aber mußte der Tod der Literatur ausgerufen werden? Weil sie unentwegt Einspruch einlegte gegen das Wirklichkeitsverständnis radikaler Theorien. Literatur identifizierte zwar menschliches Unglück, ging jedoch nicht so weit, es in jedem Fall für klassenbedingt zu halten. Literatur bot die Möglichkeit zur Steigerung menschlicher Existenz, konnte aber nicht einräumen, daß diese Steigerung ausschließlich in der Lohnunabhängigkeit zu finden sei. Literatur hat Verhältnisse derart bloßgestellt, daß niemand sich unschuldig fühlen konnte, aber sie sah sich nicht zu der Feststellung gedrängt, daß diese Verhältnisse allemal ein Ausdruck unseres »Gewaltsystems« seien. Diese stillschweigende Widerlegung durch die Literatur konnten die unwirschen Liebhaber der Theorie auf die Dauer nicht hinnehmen: es wurde ein Urteil gefällt, das der Ungeduld entsprach, mit der man eine »erstarrte Gesellschaft« retten wollte. In welch ein Glück hinein? In das Glück einer allumfassenden Organisation, die angeblich frei ist von Herrschaft.

Organisation ist etwas, das sich im Besitz letzter Gewißheiten glaubt. Literatur dagegen macht uns Vorschläge. Organisation ist sich der Macht der großen Zahl bewußt – Literatur appelliert im Namen des Einzelnen. Indem eine radikale Theorie vorgibt, uns von aller Herrschaft zu befreien, meldet sie selbst einen rigorosen Herrschaftsanspruch an: nämlich über unsere erkannten, alles berührenden Interessen. Kurt Sontheimer, der die Anmaßung unserer Theoretiker aufgedeckt hat, kommt zu dem Fazit, daß die Theorie nur für »abstrakte Menschen und für eine abstrakte Gesellschaft« gilt.

Ist Literatur, da sie sich so wenig zum revolutionären Bündnispartner eignet, am Ende etwa reaktionär? Eine freie Literatur ist es gewiß – aber sie ist es in der gleichen Weise, in der ein chemisches Element reaktionär genannt werden kann oder das Gesetz des freien Falls. Mit anderen Worten: Literatur ist reaktionär, weil sie vollendete Tatsachen anerkennt – beispielsweise die Tatsache, daß es Manifestationen des Menschen gibt, die nicht wirtschaftlich bedingt sind. Doch wo nur der als progressiv gilt, der alle Erscheinungen der Welt unter dem Gesichtspunkt ihres Klassencharakters ins Verhör nimmt, da sollte der Schriftsteller sich zu seinen elementaren Erfahrungen bekennen und in Kauf nehmen, daß man nicht nur ihn »reaktionär« nennt, sondern auch seinen archetypischen Problemhaushalt – zum Beispiel Liebe, Geburt und Tod.

Aufschlußreich erscheinen übrigens auch die Versuche, aus Enttäuschung über die vorgefundene »reaktionäre« Literatur eine neue, den politischen Zielen dienliche Literatur zu schaffen. Damit kein Zweifel an ihrer Gebundenheit aufkäme, nannte sie sich progressive oder proletarische, realistische oder totale Literatur. Sie entwarf, bevor sie selbst da war, ihre eigene Theorie oder doch Bruchstücke einer Theorie, die, wo sie über den Widerspiegelungscharakter der Literatur hinausging, durchaus wesentliche Fragen aufwarf. Allerdings setzte sie stillschweigend voraus, daß ein zutiefst bedürftiger Konsument auf sie wartete, und zwar ein Konsument, den sich die Literatur selbst wählte, den sie anpeilte: den Lohnabhängigen. Indem sie darauf bestand, die Theorie – für ein neues Verständnis nämlich – mitzuliefern, machte sie sich selbst unverständlich; zumindest überwand sie nicht die trauten Gruppenbarrieren. Es ist eine nahezu ironisch anmutende Gesetzmäßigkeit: je entschiedener diese theoriegetränkte Literatur sich bemüht, im Dienst der arbeitenden Massen zu wirken, desto chiffrierter und unzugänglicher sind ihre Texte; offenbar kann man sich auch sprachlich einen Bruch heben. Wenn die Literatur eine politische Konsequenz haben soll, dann muß sie auch von Lesern leidenschaftlich verlangt und spontan verstanden werden – darin lag die Wirkung Zolas.

Literatur kann politische Erwartungen nur erfüllen als autonome, als kritische Literatur. Sie überzeugt, wenn sie auf Wahrheiten beharrt, die der politischen Macht nicht passen. Vielsagend genug, daß sie ihre beste Zeit oft in schlechten Zeiten findet; dann nämlich, wenn sie sich zu wehren hat, wenn sie in die Opposition gedrängt wird oder wenn sie in einer Epoche allgemeiner Not die verbliebenen Möglichkeiten ausschreitet. Eine kritische Partnerschaft zwischen Literatur und Politik: das läßt sich leicht wünschen. Doch die Praxis zeigt, daß dieser Wunsch unbescheiden ist, weil er von einer angenommenen Ebenbürtigkeit ausgeht. Literatur, wie ich sie verstehe, kommt auf die Dauer ohne das artistische Element nicht aus – in der Politik jedoch möchte ich jeden artistischen Glanz missen.

Man tut gut, sich als Schriftsteller daran zu erinnern, daß mehr als achtzig Prozent aller Menschen in der Welt ohne unsere Produkte auskommen; und es ist nicht auszuschließen, daß diesen Menschen die Bedingungen ihres Glücks ebenso bekannt sind wie die Ursachen ihres Unglücks – ohne Aufklärung durch Geschriebenes, ohne Erkenntnishilfe durch Literatur. Indem sie unsere Erzeugnisse, wie unfreiwillig auch immer, entbehren, demonstrieren sie, daß man auch ohne sie leben kann – vielleicht sogar mit einem Weltverhältnis, das nur der Hochmut verengt nennen möchte. Literatur zu entbehren, empfindet offenbar keiner als Mangel, dessen täglicher Mangel bestimmt ist durch die Sorge ums Sattwerden und Warmwerden – also immerhin zwei Drittel der Weltbevölkerung. Angesichts dieses Problems, das den Politiker augenscheinlich überfordert – sein Dilemma besteht darin, daß er immer noch national denkt, wo er global handeln müßte –, angesichts dieses

Problems wird deutlich genug, welche Rolle Literatur allenfalls spielen kann. Literatur und Politik, Geist und Macht: sie stellen längst nicht mehr die lesebuchreifen Gegensätze dar, als die sie so lange gegolten haben; auch die Zeit der Berührungsangst ist vorbei.

Daß die Politik den Schriftsteller braucht: Politiker haben es öffentlich festgestellt. Daß Literatur sich politisch besorgt zeigen sollte: Schriftsteller haben Beispiele dafür gegeben. Dies allerdings sollte kein Anfang einer unbeschränkten Gemeinsamkeit sein; jeder weiß, daß bei einer Versöhnung zuviel verschwiegen werden müßte. Lassen wir sie, Literatur und Politik, im alten Gegenüber: Zögern ist angebracht, Skepsis bekommt uns. Als Schriftsteller glaube ich, daß von unserer Zustimmung weniger abhängt als von unserem Widerspruch. Das Wirkliche ist leider nicht zwangsläufig zugleich das Vernünftige; dennoch ist es in der Lage, unsere Entscheidungen zu überprüfen. Versuchen wir, uns diesem vielgestaltigen Wirklichen gewachsen zu zeigen.

(1976)

Die Macht und die Phantasie

Jede Revolution hat ihr Ziel: darin sind sich ihre Theoretiker und Mystiker einig. Wie am Anfang das Nein zu etablierter Macht steht, so steht am Ende, wenn der Fluß, wie Trotzki sagt, in sein Bett zurückgekehrt ist, der neue Wert, die verheißene Autorität, das erkämpfte Heil. Die definierten Ziele ergeben sich aus der Lage und dem Bewußtsein des Revolutionärs. Sie reichen von dringender materieller Forderung bis zum irrationalen Sehnsuchtsprogramm. Selbst in der »totalen Revolution« bleibt der Blick auf die letzte Phase einer Normalisierung gerichtet, in der, wie Marx meint, nur noch dies zu tun übrigbleibt: »Sich den ganzen Dreck vom Halse zu schaffen.«

Das Ziel ist aber nicht nur Inhalt der Revolution, es ist zugleich auch Rechtfertigung des Revolutionärs. Was er für unerläßlich ansieht, geschieht im Namen der neuen Autorität, die, einmal in der Umlaufbahn, ihr Nichtschuldig sprechen wird. Und nicht nur dies: sie wird ihm das Gefühl geben, im Namen des einzigen, des »wahren« Rechts gehandelt zu haben. Das Ziel erhebt die revolutionäre Tat zum Recht – zumindest in den Augen dessen, der bei der Zählung der Opfer von der Krankheit des nagenden Zweifels ereilt wird.

Was – oft durch Leiden beglaubigt – von wissenschaftlicher Theorie als revolutionäres Ziel ermittelt wurde, gibt einen unmittelbaren Aufschluß über die jeweilige Epoche. Auf den schwarzen Trümmern eines zerschlagenen Regimes wollten die einen Hegels Vernunft triumphieren sehen, die andern Voltaires Toleranz und Gerechtigkeit; diese wollten bei Sonnenaufgang die Menschenrechte als Sieger erleben, jene die »Diktatur des Proletariats«. Vielfältig sind die Hoffnungen, die in »kopernikanische Wenden« gesetzt werden: sie hießen »allgemeines Wahlrecht« oder »mehr Brot«, »Gleichheit vor dem Gesetz« oder »Änderung der Besitzverhältnisse« – ausnahmslos Ziele, die den Zwang der Verhältnisse bezeichneten.

Und Zwang, das hieß: nicht mehr frei wählen zu können; das hieß: die eigene Lage soweit erkannt zu haben, daß revolutionäre Gewalt als unvermeidlich erschien. Wo aber Unvermeidlichkeit besteht, gewinnen revolutionäre Ziele an Schärfe – eine Erfahrung, die überall gemacht werden kann, wo der Mensch sich zur Auflehnung gegen unerträgliche Lebensbedingungen entscheidet. Und eine besondere Glaubwürdigkeit gewinnen revolutionäre Ziele seit je dadurch, daß sie nicht nur für die Betroffenen, sondern auch für jeden andern gelten können. Im Namen des andern zu handeln, dessen Würde wiederhergestellt werden muß: darin fanden mitfühlende Revolutionäre ihre Legitimation.

Aus den historischen Laboratorien der Revolutionen haben wir erfahren, daß die jeweiligen Prozesse – von der ideologischen Vorbereitung bis zur Morgenröte einer neuen Ordnung – durchaus gewisse Ähnlichkeiten aufweisen. Sie gleichen sich wie die Ziele, die Parolen, die, auch wenn sie zu nichts weniger als zum Ende einer Welt aufrufen, immer wieder nur darauf hinauslaufen, begriffenes Unglück aufzuheben. Wie gleichen sich die Namen, wie gleicht sich das Verlangen! Der Katalog revolutionären Begehrens war offenbar seit langem festgeschrieben, die Gründe zur Auflehnung schienen kaum noch ergänzungsbedürftig. Wie sich das Leiden wiederholte, so wiederholten sich auch die Inhalte revolutionären Handelns.

Und doch schienen noch nicht alle Antworten auf die unerträgliche Herausforderung des Menschen durch den Menschen gefallen. Anscheinend gab es noch Platz für eine revolutionäre Forderung, die, kaum gestellt, sowohl auf begeisterte Zustimmung als auch auf bedachtsame Skepsis traf. Eine verlockende, eine atemberaubende Forderung: nicht Vernunft, nicht Gerechtigkeit, nicht Toleranz sollte nach der Etablierung einer neuen Ordnung die Regierung übernehmen, sondern die Phantasie. Die Phantasie an die Macht: was Mitte des vergangenen Jahrhunderts als blitzartiger Wunsch entstand – und eben nur für einen Augenblick eine blendende Verheißung darstellte –, zeigte sich in den europäischen Unruhen, deren Zeugen wir wurden, als formulierter Anspruch. Eine Generation, durch Solidaritätsverlangen und Lektüre zur Revolte gebracht, erschütterte oder stürzte die alten Autoritäten, um an ihre Stelle einen Wert zu setzen, der als revolutionäre Valuta bis dahin noch nicht aufgetaucht war: Phantasie. Kein Zweifel, in ihrer Kühnheit und in ihrer Problematik entsprach die Forderung »Die Phantasie an die Macht!« jenem bedenklichen Postulat Platons, den Thron der Herrscher für Philosophen zu reservieren.

Was verbirgt sich hinter der Forderung, die Phantasie mit der Herrschaft zu betrauen? Vielleicht, weil es so naheliegt, dies: erstarrte Funktions-, Kompetenz- und Machtstrukturen zu überwinden und aus dem Leben ein zumindest chancenreiches Abenteuer zu machen. Vielleicht aber auch die Erwartung, die kalte Mathematisierung der Welt zu unterbrechen und eine Zukunft zu erzwingen, die, von Schmerz gereinigt, nur noch kollektive Spiele bereithält. Oder sollte die Phantasie das Kunststück vollbringen, den Staat überflüssig zu machen und damit alle Übel, die empfundenen wie die eingebildeten, zu beseitigen? Die Phantasie an die Macht! – ein Revolutionsziel, so unerwartet und vielsagend, daß es verdient, befragt zu werden.

Am Anfang jedenfalls ist das Vertrauen in die Phantasie. In wessen Phantasie, möchte man sogleich wissen, da Einbildungskraft ja nicht für sich existiert. In die von Cromwell oder Robespierre, von Lenin oder Mao? Oder ist gar die ungebundene Phantasie eines Weltgeistes gemeint? Es bleibt nicht im Ungewissen: die Phantasie, die an die Macht gewünscht wird, ist die des Künstlers, des Intellektuellen, des Schriftstellers. Ihr traut man eine glückliche Korrektur der Welt zu und eine unterhaltsame Herrschaft. Warum? Weil sie sich von jeher dadurch ausgezeichnet hat, daß sie überschaubare Schicksale erfand, daß sie die Grenzen des Daseins vorverlegte und auch unmögliches Verlangen ins Recht setzte. Im Unterschied zur vorgefundenen Welt, die offen und alles andere als einheitlich ist, hat uns die Phantasie eine Welt angeboten, in der alles zu einem Ende und zu einer Einheit gebracht ist. Sie hat Ziele erfunden. Sie hat den Dingen einen Sinn zuerkannt. Sie hat vor allem Namen gegeben – nach Hegel der erste Akt, in dem sich Herrschaft konstituiert. Die Phantasie, die unablässig zur Auflehnung gegen die Realität stimulierte, empfahl sich mitunter als Konkurrentin des lieben Gottes.

Offensichtlich empfahl sie sich auch als Regierungschefin. Und hat sie nicht Beweise dafür gegeben, daß sie auch ihre eigenen Gesetze erlassen kann? Hat sie nicht gezeigt, daß sie in der Lage ist, quälende Widersprüche aufzuheben? Und hat sie nicht schließlich das unstillbare Bedürfnis zufriedengestellt, die uns gelieferte Studie einer unvollkommenen Welt zu verbessern? Spricht denn nicht in der Tat vieles dafür, der Phantasie zur Macht zu verhelfen, und das heißt: den Schriftsteller, den Künstler an die Spitze zu rufen?

Häufig genug ließ er den »Blitz des Gedankens« in den »naiven Volksboden« einschlagen, wie Marx es nannte. Er war es, der Schriftsteller, der die revolutionären Interessen in Sprache faßte. Indem er sich die Not der anderen lieh, machte er ihnen das Elend bewußt. Sein Vorsprung an Erkenntnis schien auszureichen, um als Erwecker und Lenker revolutionärer Bewegungen aufzutreten. »Ich bin Dynamit«, warnte Nietzsche, und das heißt doch: Hütet euch vor dem Wort, das, wenn ich es will, materielle Gewalt auslöst. Wer über die letzte Erkenntnis verfügt, wer imstande ist, Sinn und Ziel der Revolution zu vermitteln: ist er nicht ganz selbstverständlich zur Herrschaft berufen? Und falls es zutrifft, daß Sprache sich kalkulierbar in politische Aktion umsetzen läßt: gebietet dann der Schriftsteller nicht bereits über eine unausgenutzte Macht, eine Macht auf Abruf?

Welcher Art die Macht des Schriftstellers auch sein mag: sie ist weder kalkulierbar noch im politischen Sinne legitim. In jedem Fall hat sie nichts mit der Macht zu tun, die sich als freiwillig akzeptierte, als geduldete oder erlittene Form der Herrschaft manifestiert. Wie Phantasie die Voraussetzung dafür ist, eine schwerelose Welt ohne jeden Zwang zu entwerfen, so ist Macht die Voraussetzung dafür, durch angewandten Zwang ein »passendes« Verhalten zu erzeugen. Und ist Phantasie, grob gesagt, auf Überwindung der Realität aus, so liegt der Macht an Sicherheit und an der Sicherung von Realien durch Unterordnung. Beide, sowohl die physische als auch die spirituelle Macht, verlangen diese Unterordnung, denn ihr Bedürfnis besteht ja darin, das Verhältnis anderer zur Welt festzulegen. Und ihr Vermögen drückt sich darin aus, dies auch gegen erklärten Widerstand tun zu können.

Macht bestimmt sich also durch Verfügungsgewalt über Mittel, mit deren Hilfe ein Wille durchgesetzt werden kann. Es ist gleichgültig, wie sie erworben wurde: ob durch den Gebrauch der Pranke oder durch magische Begabung, ob durch vorgefundenen Besitz oder die Unterstützung durch eine Gruppe. Macht muß, um ihre Position zu wahren, auf die Anwendung von Herrschaftstechniken zurückkommen. (Nach Machiavelli dürfen sie durchaus im Widerspruch zu den Normen überkommener Ethik stehen.) Sie tut es nicht ohne den Wunsch nach Rechtfertigung; besonders staatliche Macht wird sich beim Einsatz ihrer Gewaltmittel auf einen selbstgegebenen oder übernommenen Auftrag berufen. Ihre erhoffte Legitimität versucht sie dadurch herzustellen, daß sie nicht nur beansprucht, sondern auch gewährt, beziehungsweise garantiert – nämlich Schutz im Innern und im Äußeren, ferner Rechtssicherheit, Wohlfahrt und Freiheiten, soweit diese den herrschenden Ordnungsbegriff nicht gefährden. Institutionalisierte Macht setzt also die Interessen der Gesellschaft fest und verteilt die Funktionen so, daß individuelle und gemeinschaftliche Ziele verwirklicht werden können.

Freilich – die Erfahrungen, die wir gemacht haben, erlauben es uns nicht, Machiavellis Erkenntnis widerspruchslos zu übernehmen, der zufolge Macht vornehmlich ein konstituierendes Element der Politik sei. Zahlreiche Inhaber von Macht haben ein Beispiel dafür gegeben, zu welcher Anmaßung, zu welcher Amoralität die Verfügung über Gewaltmittel führen kann. Nietzsches Forderung jedenfalls, den »Willen zur Macht« zum höchsten Wert zu erheben, steht die Überzeugung entgegen, daß sie »bedingungslos verdirbt« und, wie Max Weber gezeigt hat, »soziologisch amorph« ist. Bedrängt und bedroht – und auch das entspricht unserer Erfahrung –, wird Macht zunächst immer mit diesem Ziel handeln: sich selbst zu erhalten und zu stabilisieren. Das ist der Inhalt des »Machttriebs«.

Er könnte sich auf nichts berufen, wenn es nicht das seltsame Bedürfnis nach Gefolgschaft gäbe, den »Unterordnungs-trieb«. Ratlos, schwankend, den Unsicherheiten des Lebens ausgesetzt, sind wir bereit, dem zu folgen, der uns neue Gewiß-heiten verheißt: ein Ende des Wählenmüssens. Bedürftig nach Zielen, bestätigen wir den, der sie uns zeigt. Wege weisen: eine Möglichkeit des Herrschens; Verkünden: eine Form der Macht-ausübung. Wie oft fand doch eine Macht unsere Zustimmung, wenn sie sich nur in der Lage zeigte, Widersprüche aufzulösen und unseren Aktionen einen »Sinn« zu geben. Geblendet von »Heilsgut«, das die Lenker von Schicksalen uns anboten, er-kannten wir ihren Führungsanspruch an und billigten ihnen physische und psychische Machtmittel zu. Herrschenkönnen schloß für die, die zur Unterordnung bereit waren, auch schon Sachverständigkeit ein.

Wer nun die Phantasie an die Macht wünscht, muß sich wohl danach fragen lassen, welche Machtmittel er ihr zugesteht; denn einmal mit Herrschaft betraut, wird sie diese ausüben und notfalls auch durchsetzen müssen. Man muß ja davon ausgehen, daß Interessenkonflikte auch unter dem Regime der Dame Phantasie weiterbestehen werden. Wie sie lösen, entscheiden? Mit Hilfe der Polizei? Das ist wohl ausgeschlossen, denn die zur Macht gelangte Phantasie ist es sich selbst schuldig, auf die Anwendung physischer Machtmittel zu verzichten; dieser Verzicht wird doch gerade von ihr erwartet. Durch geduldige Überzeugung also? Schon meldet sich eine spitzfindige Op-position und erklärt, daß auch im Akt des Überzeugens eine Gewaltmaßnahme liegt. Durch ein schön verziertes Dekret, das Frieden, Wohlfahrt und Rechtssicherheit in den Rang ver-bindlicher und vernünftiger Werte erhebt? Schon zeigt sich, daß mit Vernunft kein Staat zu machen ist, denn sie erweist sich nicht in der Lage, einen Ausgleich zu schaffen zwischen den Ansprüchen der Theorie und den Forderungen der Praxis. Auf welche Machtmittel kann sich demnach die Phantasie berufen, wenn sie, Erfüllung des revolutionären Ziels, zur Herrschaft gekommen ist?

Es ist zu fürchten, daß es immer nur das eine sein kann: das Kunstwerk. Das Kunstwerk, das zugleich Regierungserklärung und Regierungsform ist. Was aber heißt das?

Es heißt nichts weniger, als daß der Künstler als Herrscher uns einlädt, politische Prozesse als ästhetische Ereignisse zu erleben und zu bewerten. Er betrachtet es als seine Aufgabe, geschichtliche Vorgänge zu verwandeln: indem er die Welt auf seine Weise konzipiert, wird sie zum geschlossenen Kosmos. Das Flüchtige erhält durch ihn, den Liebhaber des Absoluten, Dauer. Nicht der einzelne Tod auf den Barrikaden wird dargestellt, vielmehr werden anhand des Einzelfalls, der zur Kunst erhoben ist, alle Tode dargestellt, die jemals auf den Barrikaden gestorben wurden.

Der Künstler bemächtigt sich des Ereignisses und gibt es so wieder, daß es über die Epoche hinausweist. Sein leidenschaftliches Interesse gilt dabei weniger dem Inhalt als dem vollkommenen Ausdruck: er wird das Scheitern einer Revolution verwinden, wenn es ihm ein Meisterwerk ermöglicht hat. Ein formaler Triumph wiegt eine Niederlage auf. Auf die Realität zwar angewiesen, wird der Künstler sie durchschreiten und hinter sich lassen auf der Suche nach dem reinen Inbegriff.

Daraus folgt, daß er – beziehungsweise die Phantasie – nicht unbedingt an der Seite des Fortschritts zu finden ist. Die Phantasie wählen: das heißt, sich für eine Welt im Reinzustand erklären. Gewiß, die Phantasie gibt der Welt, was ihr fehlt, doch sie gibt es ihr auf einer anderen Ebene der Wirklichkeit. Ihre Gaben stillen nicht das verzweifelte Begehren, das aus physischer oder sozialer Not entstanden ist. Physische Not, soziales Elend aber sind für uns keine Ansichtssache; ein Werk der Phantasie hingegen kann bis zu einem gewissen Grade Ansichtssache sein. Warum? Weil sie uns weder Garantien geben kann wie andere Autoritäten, noch dazu bereit ist, sich zu rechtfertigen. Ihre Gesetze gelten nur in ihrem Reich, sie sind nicht übertragbar. Da die Macht disqualifiziert ist, bleibt jeder aufgefordert, für die Verwirklichung seiner Ziele selbst zu sorgen. Wo Phantasie die Herrschaft übernimmt, da ist jeder sein eigener Souverän und vor allem mit sich selbst konfrontiert: wir sind in der Nähe des Absoluten.

Das aber kann nicht das ersehnte Ziel sein, zu dem wir aufgebrochen sind; denn wie Camus zutreffend sagt, verhöhnt die absolute Freiheit die Gerechtigkeit, während die absolute Gerechtigkeit die Freiheit verneint. Der Traum vom Absoluten mag denen entsprechen, die in der Revolution ein wissenschaftliches Experiment sehen; Menschen, denen daran gelegen ist, sich aus Zwangsverhältnissen zu befreien, entspricht er nicht. Die Phantasie an die Macht? Der Künstler in die Regierung? Was sich spontan fordern läßt, wirkt schon in dem Augenblick problematisch, in dem wir es weiterdenken; nicht bis ins Letzte einmal, sondern nur bis zu dem Punkt, wo das belegte Verhältnis des Künstlers zur Revolution überprüft werden kann.

(1979)

Der Knut-Hamsun-Prozeß

Am 7. Mai 1945, einen Tag vor der Kapitulation der deutschen Wehrmacht, erschien auf der Titelseite der norwegischen Zeitung »Aftenposten« ein Nekrolog, den niemand bestellt hatte. Das Manuskript war mit der gewöhnlichen Post gekommen; vierundzwanzig Stunden vor dem offiziellen Kriegsende, als Deutschland für jedermann erkennbar besiegt und zerstört und geächtet war, pries sein Autor den Führer Adolf Hitler als einsame reformatorische Gestalt, als Verkünder und Glaubenskrieger, und bemerkte zum Schluß: »Wir, seine treuen Anhänger, beugen nun unser Haupt angesichts seines Todes.« Der Verfasser dieses Gedenkworts, das buchstäblich im allerletzten Augenblick veröffentlicht wurde, war kein beliebiger Autor und noch viel weniger eine gemietete Zunge. Er war der bedeutendste Schriftsteller Norwegens, eine Autorität ohnegleichen, Nobelpreisträger, in mehr als dreißig Sprachen übersetzt; ein Mann, von dem sein norwegischer Kollege Sigurd Hoel sagte: »... stark wie ein Riese, mit einem Hirn, das alles auffing, und mit einem Künstlersinn, empfänglich für alle Stimmungen, von den kleinsten und feinsten zu den größten und gewaltigsten.« Der letzte Nekrolog trug den Namen des Verfassers in der eigenen Handschrift: Knut Hamsun.

Wie konnte es geschehen? Das fragten sich seine Bewunderer

und seine Richter, von denen es plötzlich, in der Zeit der Verachtung, sehr viele gab. Wie war es möglich, so fragten sich nicht allein seine Landsleute, sondern viele seiner Leser überall in der Welt, daß dieser große Schriftsteller – »empfänglich für alle Stimmungen« – einem Mann freiwillig sein Wort lieh, dessen Verbrechen längst aufgedeckt waren? Wie ist es zu erklären, so fragte eine fassungslose Öffentlichkeit, daß dieser einzigartige Menschenkenner, dieser durchtriebene Skeptiker, dieser herrische Sucher, der in weltläufiger Vagabondage alle Spielarten der List erkundet hatte, sich so verhängnisvoll irrte, daß man ihn im Alter von 87 Jahren unter die Anklage des Landesverrats glaubte stellen zu müssen? Wer sein Urteil nicht zu schnell fällte, wer verstehen wollte, bevor er richtete, sah sich einem Rätsel gegenüber, dem Hamsunschen Mysterium von Irrtum und Schuld.

Was diesem Mysterium vorausgeht, was es einschließt, was es preisgibt und im Dunkeln läßt, zeigt ein Buch, das mir zu denken gegeben hat wie lange keins: »Der Hamsun-Prozeß« von Thorkild Hansen.

Der dänische Verfasser, der mit seinem Bericht über dänisch-norwegischen Sklavenhandel schon einmal skandinavisches Gewissen beunruhigte, versucht nichts weniger, als die einst mit Erleichterung geschlossene Akte Hamsun noch einmal zu öffnen und die Haltungen und Aktionen eines nationalen Idols zum offenen Fall zu machen. Doch taugt Hamsun noch als offener Fall? Hat die immense Literatur über Hamsuns letzte Jahre nicht längst für ein definitives Urteil gesorgt? Kann sein Bild, sozusagen, noch schwanken?

Thorkild Hansen beweist – und das außerordentliche Echo auf sein Buch in den skandinavischen Ländern bestätigt es –, daß der Fall Knut Hamsun immer noch unabgeschlossen ist: als Herausforderung ebenso geeignet wie als Muster für die tragische Irrtumsfähigkeit des Menschen in extremen Situationen. Er beweist es mit Hilfe von Quellen, die bisher nur ihm zugänglich waren. Er zitiert aus den dreihundert bisher unveröffentlichten Briefen von Marie und Knut Hamsun; er läßt gehütete Gerichtsakten sprechen; er verwendet Gesprächsprotokolle aus der psychiatrischen Anstalt, in der Hamsun auf seinen Geisteszustand untersucht wurde, und schließlich befragt er ein bisher unbekanntes Tagebuch des greisen Schriftstellers und eine Reihe von Zeugen, die alles andere als sortiert sind.

Hier folgt er einfach einer Nötigung durch die Fakten, doch er beläßt es nicht dabei; in dem Bedürfnis, alles zu verstehen, sammelt und sichtet er den bekannten Riesenstoff noch einmal und organisiert ihn im Sinne seiner Beweisabsicht; wie alte Schreiberfahrung bestätigt, kommt es weniger auf den »Stoff« an – der ist jedermann verfügbar –, als auf die eigenen Investitionen, und das heißt: auf Bewirtschaftung, Selbstversetzung und Auslegekunst. So breitet er zeitgeschichtliche Befunde aus und zieht rechtspolitische Diagnosen zu Rate, so widmet er sich der Familiengeschichte mit der gleichen anfragenden Haltung wie dem epischen Personal des Schriftstellers, so zitiert er – im Vertrauen auf ihre Bedeutung – Eheerfahrungen, atmosphärische Bedingungen und erstaunlich erschöpfende Wetterberichte; nichts wird ausgelassen, alles wird herangezogen und gebündelt und verknotet zu einem monumentalen Werk, in dem vereinigt ist, was Knut Hamsun betrifft und betreffen könnte.

Was aber erfahren wir nun? Was trägt Thorkild Hansen zur Korrektur des Hamsun-Bildes bei, an das wir uns gewöhnt haben?

Die frühe Anfälligkeit Hamsuns für den Nationalsozialismus ist allgemein bekannt; bereits 1934 verhöhnte er die Gegner

Hitlers. Den Grund für diese Anfälligkeit findet Hansen weniger im Personal des Schriftstellers als in seiner Haltung, in seinen Überzeugungen. Hamsuns wichtigste Personen werden ausnahmslos in der Rolle des Antihelden vorgeführt; es sind einsame, enttäuschte, aus Schwachheit listige und zuweilen böse Menschen – also keineswegs Sieger und Eroberer, die Lieblingsfiguren der damaligen neuen Herren. Hier gab es keinen Gleichklang. Worin man übereinstimmte, das waren die gemeinsame Verachtung für die Zivilisation, der gemeinsame Haß auf die Großstadt, die gemeinsame Geringschätzung des Intellektuellen. Die Affinität ergab sich aber auch aus mehr oder weniger gleichartiger Schicksalsgläubigkeit und der Bereitschaft, die Natur als höchste Richterin und Beglückerin anzuerkennen: »Segen der Erde«. Für Hamsun, so demonstriert der dänische Autor, stand Hitler auf der Seite der Natur; für Thomas Mann stellte die Naturverbundenheit des Nationalsozialismus den Versuch dar, »die Welt im Zeichen des Strohdachs, des Volkstanzes und der Sonnenwendfeier zu erobern«. Es wird verständlich, warum Hamsun die Berufsangabe Landwirt der Bezeichnung Dichter vorzog.

Freilich, diese Übereinstimmung allein macht noch nicht Hamsuns Parteinahme verständlich, seine Handlungen in schwerer Zeit, auf die das besetzte Land mit Empörung und Zorn reagierte. Der knurrende Einzelgänger, der für sich immer in Anspruch nahm, jeden Unterschied zwischen Gut und Böse zu erkennen, der sogar der Anklagebehörde sein eigenes Rechtsgefühl entgegenhielt – er hatte seine privaten Zuneigungen und Abneigungen. Er liebte starrsinnig Deutschland, und er haßte starrsinnig England. Die Liebe war durchaus nicht nur eine Form der Dankesschuld, die der Schriftsteller gegenüber dem Land empfand, in dem sein internationaler Ruhm begründet wurde. Deutschland, das war für ihn eine Bauernnation, kräftig, urwüchsig, jedenfalls der Natur verbunden, während seiner Meinung nach aus England das Übel kam: Dampfmaschinen, Freihandel und Buchhalterei. Thorkild Hansen deckt gelassen alle Dispositionen auf, die später Hamsuns Entscheidungen beeinflußten, er besichtigt seine Vorurteile, überprüft seine Kenntnisse und schildert mit psychologischer Meisterschaft die Lagen, in denen der Mann, den Egon Friedell mit Homer verglich, sich jeweils befand.

Selbstverständlich vergißt er nicht, zu bemerken, daß Hamsun bei Beginn des Krieges achtzig war – ein Schriftsteller, von dem lange nichts mehr erschienen war, und von dem nicht wenige glaubten, daß er das Ende seiner Laufbahn erreicht hatte.

Knut Hamsun, das will sein Fallberichter verdeutlichen, war kein Opportunist, und er handelte nicht opportunistisch, als sein Land von Deutschen besetzt wurde und er, eine nationale Institution, das Wort nahm zugunsten der Besatzungsmacht. Er handelte – so ungeheuerlich es seinen Landsleuten auch vorkam – nach seinen Überzeugungen, als er die norwegischen Soldaten aufforderte, die Waffen wegzuwerfen; die norwegischen Seeleute im Dienst der Alliierten beredete, zu desertieren; an die norwegische Jugend appellierte, sich zum Kriegsdienst an der Ostfront zu melden; Hitler in Wort und Schrift huldigte; norwegische Widerstandskämpfer beschwor, ihr Leben nicht aufs Spiel zu setzen. Er selbst hat später in den »Überwachsenen Pfaden« die Möglichkeit zugegeben, hin und wieder im Geist des Nationalsozialismus geschrieben zu haben – allerdings ohne zu wissen, was dieser Geist des Nationalsozialismus war. Sein veröffentlichtes Wort entsprach seiner Grundhaltung.

Daß Hamsun von diesen Texten nicht freigesprochen werden kann: Thorkild Hansen weiß es und stellt es ausdrücklich fest; allerdings hält er es auch für unerläßlich, die Umstände zu untersuchen, unter denen sie entstanden sind. Er verweist auf das Alter des Schriftstellers, auf seine Taubheit, auf zwei Hirnblutungen, auf sein geschwächtes Sehvermögen; er zeigt ihn, geduldet von der Familie, im Kinderzimmer in Nörholm, Patiencen legend, ohne Informationsquellen, isoliert, sich selbst überlassen, auf das Klopfzeichen am Ofenrohr wartend, das ihn zum Essen rief. Monatelang, jahrelang. Thorkild Hansen bestätigt die Wahrheit des Satzes, den der fast Neunzigjährige vor seinen Richtern zu Protokoll gab: »Niemand sagte mir, daß es falsch war, was ich schrieb, niemand im ganzen Land.«

Diese Umstände zählten freilich nicht in der Zeit der Abrechnung; da zählten die Texte, die Fotos, die Hamsun zusammen mit dem verhaßten Reichskommissar Terboven zeigten, die Berichte von seinem Besuch bei Hitler; da zählte das Bedürfnis der Öffentlichkeit nach Vergeltung. Wie aber sollte Vergeltung geübt werden an einem Mann, der in biblischem Alter stand, der unter Taubheit und Aphasie litt und der, vor allem, immer noch zu den größten Schriftstellern des Landes zählte? Gefängnis? Strafarbeit? Dieselbe Exekutionsmauer, vor der Quisling endete? Wer wollte das Strafmaß festsetzen?

Um es vergröbert und verkürzt zu sagen: was Thorkild Hansen aus der Zeit der Vergeltung zutage fördert, und wie er seine beweiskräftigen Quellen sprechen läßt, das ruft mitunter den Eindruck hervor, als fände hier ein stiller Prozeß gegen die Ankläger statt, gegen die Ankläger im weitesten Sinne. Von Hamsun wissen wir, daß er seinen Prozeß wollte; bis zuletzt selbstgewiß und von seiner Schuldlosigkeit überzeugt, konnte es ihm nicht schnell genug gehen, vor die Schranken zu treten. Seine Ankläger hingegen hatten sich auf eine andere Lösung des Problems verständigt: sie wollten ihn für geisteskrank erklären oder, falls dies nicht gelingen sollte, den Fall des hochbetagten Schriftstellers durch unentwegten Prozeßaufschub »der Natur überlassen«. Das Bild Hamsuns beginnt sich bereits zu ändern bei der Lektüre der Protokolle, Briefe und Akten, die Hansen hier zum ersten Mal veröffentlicht und hinter denen er Arglosigkeit, Schlampigkeit und Hinterhältigkeit findet.

Das Bild Hamsuns erhält aber eine noch bemerkenswertere Korrektur, wenn man die Gründe erfährt, die ihn zu Terboven führten und die ihn veranlaßten, dem sogenannten Reichskommissar ungezählte Briefe und Telegramme zu schicken. Der Mann, der norwegische Widerstandskämpfer eben noch öffentlich beschworen hatte, ihr Leben nicht aufs Spiel zu setzen, versuchte unermüdlich, ihr Leben zu retten, wenn sie verurteilt waren. Die Bitten, die er von Eltern und Angehörigen erhielt, machte er zu eigenen Bitten. Es ist erwiesen, daß er eine nennenswerte Anzahl von verurteilten Widerstandskämpfern gerettet hat. Freilich, und auch das entspricht Hamsun: er selbst hat es nie erwähnt, nicht einmal während seines Prozesses; daß die Menschen, die ihm ihr Leben verdankten, ebenfalls schwiegen, mag auf einem anderen Blatt stehen.

Unbekannt ist nun auch nicht mehr der Inhalt des Gesprächs, das Hamsun mit Hitler führte; wie Thorkild Hansen berichtet, gab es einen Zeugen, der ein nahezu wörtliches Referat anfertigte: Ernst Züchner, einer der persönlichen Dolmetscher Hitlers. Kurz nach dem Krieg übergab er das Dokument der Norwegischen Gesandtschaft in Stockholm, davon ausgehend, daß es im Prozeß gegen Hamsun eine wesentliche Rolle spielen, ja, »zum Freispruch führen könnte«. Aus dem Dokument geht hervor, daß Hamsun Hitler aufgesucht hatte, um persönlich gegen Geiselhinrichtungen zu protestieren und um »in kategorischen Wendungen« Terbovens Absetzung zu erreichen. Züchner hatte sich angeboten, zusätzliche Auskünfte zu geben – niemand fragte bei ihm nach.

Schwerwiegend sind die Argumente, die Materialien, die Hansen beibringt; nicht, um den großen Schriftsteller ein für allemal zu entlasten, sondern – und das ist ein weit schwierigeres Vorhaben – um ihm die letzte Gerechtigkeit zuteil werden zu lassen, die er offenbar bisher noch nicht gefunden hat. Wie wenig er auf wohlfeile Entlastungsstrategie aus ist, beweist Thorkild Hansen oft genug; so zum Beispiel, wenn er erwägt, ob es nicht angemessener wäre, Hamsun statt Landesverräter Gesellschaftsverräter zu nennen – diesen aus sturer Treue Irrenden, der in der schwersten Zeit seines Landes Hitler huldigte und der zum Zeichen der Verbundenheit seine Nobelpreismedaille Goebbels verehrte.

Am Ende bekam Knut Hamsun doch noch seinen Prozeß – wir kennen die Umstände und die Folgen aus verschiedenen Quellen –, und er erhielt doch noch eine Gelegenheit zu jener unvergeßlichen Verteidigungsrede, die er lange genug bedacht hatte und die dann in den »Überwachsenen Pfaden« erschien. Die »oratorische Meisterleistung« – so nannte ein anwesender Journalist die Rede Hamsuns – enthält gegen Schluß den provokanten – ich meine: den vor einem Gericht provokanten – Satz: »Ich habe die Zeit für mich, ich kann warten, lebend oder tot, das ist gleichgültig.« Derart auf die Kategorie Zeit setzend, brauchte Knut Hamsun nicht sonderlich lange zu warten: schon kurze Zeit nach seinem Prozeß erschienen in Norwegen wieder seine Bücher und wurden gelesen und bewundert wie ehedem. In Thorkild Hansen hat er nun einen Berichterstatter gefunden, wie er souveräner, einfühlsamer und gerechter nicht sein kann.

Auch wer dem dänischen Autor nicht überall folgt – ich glaube zum Beispiel nicht, daß die »Fälle« Ezra Pound und Gottfried Benn so mit Hamsun in Beziehung gebracht werden können, wie er es tut –, auch wer mit seiner Verwendung einiger zeitgeschichtlicher Daten nicht immer einverstanden ist, wird zugeben müssen, daß dieses Buch eine außerordentliche Leistung ist. Immer an Hamsun gebunden, weist es gerade darum über seinen Fall hinaus und wird zu einer allgemeingültigen Erörterung von Irrtum und Schuld, von Verstrickung und Rechtfertigung.

(1979)

Logbuch des Lebens

Zu Tolstois Tagebüchern

Wie Tatjana Tolstoi, des Schriftstellers älteste Tochter, in ihren Erinnerungen bekannte, war ihre Mutter besonders deshalb hinter dem Geheimtagebuch des Vaters her, weil sie um ihren Ruf fürchtete. In diesem Tagebuch, so argwöhnte die bedauernswerte Hysterikerin, konnte ihr Mann verbal Rache dafür nehmen, daß sie ihm weder in seinen religiösen noch in seinen politisch-sozialen Überzeugungen folgte und einen permanenten psychologischen Kleinkrieg gegen ihn führte. Sofja Andrejewnas Befürchtungen waren, nimmt man alles in allem, grundlos: zwar führte der hochbetagte Schriftsteller resignierte Beschwerde über nächtliche Kontrollen seiner Ehefrau, zwar registrierte er gereizte Verhöre, quälende Aussprachen, Herausforderungen und Drohungen, doch immer wieder gestand er Nachsicht, verzweifeltes Bedauern und ein Mitleid, das ihn in die Nähe der Schwermut brachte. Das Ärgste, was er ihr im Tagebuch attestierte, waren Wahnideen, doch kaum niedergeschrieben, bekannte er gleichzeitig zages Glück: »Wir küßten uns und haben beide schön geweint.«

Nein, auch wenn das »Geheime Tagebuch von 1908« und das »Tagebuch nur für mich« von 1910 zusätzlichen Aufschluß darüber geben, warum Tolstoi schließlich seine Familie verließ – intime Rachejournale, wie Sofja Andrejewna fürchtete, sind diese Selbstzeugnisse nicht.

Tolstois Tagebücher, die nun in der bisher umfangreichsten Auswahl vorliegen – dazu drei Testamentsfassungen, eine chronologische Übersicht sowie ein Namen- und Werkregister –, offenbaren vielmehr etwas anderes: den erstaunlichen Wandel der Funktionen nämlich, die ein Tagebuch für seinen Schreiber haben kann. Eintragungen aus mehr als sechzig Jahren belegen, daß der »Aristokrat im Bauernkittel«, daß der »Sinnsucher« und Schriftsteller Tolstoi die unterschiedlichsten Bedürfnisse nach diskretem Anvertrauen empfand und daß er dem Tagebuch eine nahezu lebensentscheidende Rolle zuerkannte.

Am Anfang, als Student in Kasan, sieht er im diskreten Journal vor allem ein Hilfsmittel zur Selbstvervollkommnung: da werden, mit nicht gerade bescheidenem Anspruch, zunächst die Lebens- und Lernziele festgelegt: »1. Den gesamten Stoff der juristischen Wissenschaften durcharbeiten ... 2. Die praktische Medizin und einen Teil der theoretischen durcharbeiten ... 3. Sprachen lernen: Französisch, Russisch, Deutsch, Englisch, Italienisch und Latein. 4. Die Landwirtschaft erlernen, sowohl die theoretische wie auch die praktische. 5. Bücher über Geschichte, Geographie und Statistik durcharbeiten. 6. Das Gymnasialpensum in Mathematik durcharbeiten. 7. Eine Dissertation schreiben. 8. Einen mittleren Vollkommenheitsgrad in Musik und Malerei erreichen. 9. Die Regeln aufschreiben. 10. Einige Kenntnisse in den Naturwissenschaften erwerben; 11. Aufsätze zu allen Gegenständen schreiben, die ich studieren will«. In erfrischender Tolstoischer Maßlosigkeit wird für all diese Vorhaben ein Zeitraum gesetzt: zwei Jahre.

Der studierende Dandy, dem weniges so vertraut ist wie die eigenen Schwächen, spürt sehr wohl, daß die hochgemuten Lebensziele nicht zu erreichen sind ohne entsprechende Lebensregeln. Also zäunt er sich ein, stützt sich ab mit einem fein durchdachten, gegen sich selbst gerichteten System von Imperativen. Und wie überall, wo Regelbücher vonnöten erscheinen, ein gewisses Maß an belastender Selbsterkenntnis vorausgesetzt werden kann, darf man auch das Verlangen des jungen Tolstoi nach einem Wald von Gebots- und Verbotsschildern als Stabilisierungsbemühung eines jungen Mannes ansehen, der Gründe hat, nicht das allerbeste von sich zu denken. Das bestätigt sich, wenn man einzelne Regeln auf die Lebenspraxis des Gutsbesitzersohnes bezieht.

Er verfügt etwa: »Lege jeden Morgen fest, was du im Laufe des ganzen Tages tun mußt, und führe das Festgelegte selbst dann aus, wenn dies einen Schaden nach sich ziehen sollte ... Stehe zu deinem eigenen Wort ... Schlafe möglichst wenig ... Habe immer ein Verzeichnis, in dem auch die geringfügigsten Umstände deines Lebens festgelegt sind, sogar wieviel Pfeifen du am Tag rauchen darfst ... Lebe immer schlechter, als du leben könntest ... Halte dich von Frauen fern ... Verzichte auf Bedienung ...«

Mit derlei übrigens numerierten Regeln umstellt sich ein junger Mann, der, wie er zerknirscht notiert, seinen Bedienten prügelt, oft lange schläft, als Spieler sein Wort täglich bricht, Kosaken- und Zigeunermädchen reihenweise verführt, übermäßig Tabak qualmt und sich bilanzierend diese drei »verwerflichen Leidenschaften« bescheinigt: »Spielleidenschaft, Sinnenlust und Eitelkeit.« Das Tagebuch als Kalender von Tugenden und Regeln, als rigoroser Entwurf einer Selbstbestimmung zeigt einen Schreiber, der seinem hehren Lebensprogramm nicht gewachsen ist, der sich schlicht übernommen hat – einfach, weil die reinen Maximen von Vernunft und Moral durch den Widerspruch des Lebens keine Chance zur Regierung erhalten.

Der Autor scheint das selbst eingesehen zu haben, zumindest erschloß sich ihm beim Wiederlesen der Eintragungen der eklatante Widerspruch zwischen Programm und Realität.

Allmählich nimmt das Tagebuch deshalb einen anderen Charakter an, es erhält eine andere Funktion: es wird pädagogischer Beichtspiegel, eine trauliche Gerichtsstätte, wo es nur so hagelt vor Anklagen und Selbstbezichtigungen: »Habe mich betrunken und mit einer Frau geschlafen ... Habe Schulden gemacht ... Habe mir die Mädchen besehen ... Habe wieder gespielt ... Hatte einige Male Frauen ... Gestern wollte ich wieder; gut, daß sie mich nicht ließ ... Habe das Letzte verloren, das Haus in Jasnaja Poljana.« Am 31. Mai 1855 zählt der philanthropische Buchhalter das eigene Sündenregister dieses Tages auf: »2 Fälle von Charakterlosigkeit, 1 von Faulheit, 1 von Inkonsequenz und 1 von Eitelkeit. Macht zusammen 5.« Und das Urteil erster Instanz lautet: »... ich bin mir selbst so zuwider, daß ich am liebsten meine eigene Existenz vergäße.«

Freilich, der große Schriftsteller, der sich so detailliert verurteilen kann, setzt sich souverän über alle Konsequenzen hinweg, die Urteile dieser Art nach landläufiger Erfahrung nahelegen. Zwar fordert er eine Strafe für sich selbst, doch er hat immer ein eigenes Verständnis für das, was er sich zumuten darf: »... für meine Spielverluste verurteile ich mich dazu, für Geld zu arbeiten. Übrigens bin ich dazu wohl völlig außerstande.« So läuft alles wieder auf Bewährung hinaus. Die Selbstanalyse hält auch während Tolstois Militärzeit an, sie erscheint ihm wichtiger als äußere Ereignisse.

Mit zunehmendem Alter des Schreibers – und mit veränderter Selbsteinschätzung – bekommt das Tagebuch abermals eine neue, wenn auch nur zusätzliche Bedeutung: es dient der Sammlung und Bewertung von Beobachtungen, Erfahrungen, Einsichten, es wird zum lockeren Erlebnisprotokoll. Er spricht sich über Kollegen aus (»Turgenjews Leben besteht aus geheuchelter Einfachheit«), fällt seine berühmten Kunsturteile (»Las Ibsens ›Wildente‹, nicht gut – Goethes ›Faust‹ gelesen ..., wir wollen es besser machen«), analysiert Reiseeindrücke (»Nur Deutschland hat die Pädagogik aus der Philosophie abgeleitet«), bewertet sein schwankendes Familienglück (»Ich war niedergeschlagen, weil bei uns alles so ist wie bei den anderen«) und porträtiert einen Teil der Moskauer Gesellschaft (»Ich begreife nicht, daß sie sich nicht alle aufhängen«).

Allerdings, als Liebhaber des Landes, der Genugtuungen beim Mähen und Holzhacken empfindet, notiert und kommentiert er bereits 1865 vorausweisende Überzeugungen: »Es ist die international-nationale Aufgabe Rußlands, den Gedanken einer Gesellschaftsordnung ohne Eigentum an Grund und Boden in die Welt zu tragen.« Wodurch sein Denken beeinflußt wird: die Tagebücher bezeugen es oft auf unwillkürliche Weise. Die Schicksale der Bittsteller, die ihm täglich von zerkodderten Prozessionen aufgetischt werden; die »grausame Ungleichheit«, die er überall vorfindet; die Entdeckung des Widerspruchs in seinem Leben: sie führen zu Schlußfolgerungen, sie zwingen zum Handeln. Und das Tagebuch bietet die Möglichkeit, auf erkannte Nöte mit bekenntnishaften Sofortprogrammen zu antworten.

Das Tagebuch wird zum Programm gegen allgemein gesellschaftliche Situationen, die als unerträglich und dem Untergang geweiht empfunden werden. Der Religionsgründer, der nicht für ein künftiges, sondern für ein »Glück auf dieser Erde« eintritt, kommt zu der Ansicht: »Wir müssen uns entscheiden, wem wir dienen wollen – Gott oder dem Mammon. Beides geht nicht. Wenn Gott, dann müssen wir auf Luxus und Zivilisation verzichten und dennoch bereit sein, sie schon morgen wiederherzustellen, nur für alle in gleichem Maß.« Der Gesellschaftsreformer, der von den Liberalen belächelt, von den Radikalen als Mystiker verharmlost wird, gelangt zu diesem Fazit: »Dachte bei mir: da hätten wir sieben Punkte einer Anklageschrift gegen die Regierung: 1. Kirche, Betrug, Aberglaube, Vergeudung. 2. Armee, Laster, Grausamkeit, Vergeudung. 3. Körperstrafe, Demoralisierung, Sittenverderbnis. 4. Großgrundbesitz, Haß der Armen in den Städten. 5. Fabriken-Menschenmord. 6. Trunksucht. 7. Prostitution.«

Die Auseinandersetzung mit der Zeit und die Verständigungen mit sich selbst charakterisieren auch die Tagebücher der späten Jahre; allerdings bekunden Altersskepsis und oft eingestandene Hilfsbedürftigkeit, daß Tolstoi allmählich den Traum aufgab, sein eigenes und das Leben anderer von Konflikten zu reinigen. Am Ende fand er sich zwischen den Fronten, im Niemandsland, ein angestammter und – für einen Schriftsteller – traditionsreicher Ort, an dem eines besonders klar zutage tritt: die Bitternis der Erkenntnis. Er, der sich so entschieden und ausdauernd für die Lage der Bauern eingesetzt hat, muß erfahren, daß er von ihnen nicht akzeptiert wird; für sie bleibt er »Herr«, lebenslänglich.

Nicht zuletzt aber – und hier liegt ihre besondere Bedeutung – sind diese Diarien auch Logbücher schriftstellerischer Arbeit, in denen vieles vermehrt, überprüft, bilanziert wird, was Tolstois Meisterwerke allenfalls ahnen lassen. Da kommt der Selbstzweifel ebenso zu Wort wie ein argloses Vollkommenheitsbedürfnis, da werden Themen erwogen, Pläne ausgebreitet, die Ergebnisse von Studien notiert. Selbstverständlich werden zeitgenössische Autoren besichtigt und gewogen. Gelegentlicher Selbstvorwurf – »wieder Müßiggang« – scheint unangebracht: das Tagebuch beweist Tolstois enormen Arbeitseifer, und es spricht für sich, daß es aus der Zeit, in der »Krieg und Frieden« und »Anna Karenina« entstanden, keine diskreten Selbstzeugnisse gibt.

Ohne Zweifel: diese Tagebücher sind nicht nur eine Ergänzung des erzählerischen Riesenwerks, sie sind gleichzeitig auch ein Angebot, das Bild eines Schriftstellers zu überprüfen, der manchem Mißverständnis ausgesetzt war. Und sie bringen uns einem Geist näher, dessen imponierender Reaktionshaushalt alles einschloß, was seine Zeit bewegte, und dessen unaufhörliche Partizipation einmal mehr ein Beispiel dafür gibt, wozu Zeitgenossenschaft verpflichtet.

(1979)

Im Schatten der Katastrophe

Über Horst Langes »Schwarze Weide«

Als Horst Langes Roman »Schwarze Weide« im Jahre 1937 zum erstenmal erschien – sein Autor war damals gerade 33 Jahre alt –, war die Kritik sich einig: sie nahm und behandelte dieses Buch als episches Ereignis.

Was war, was ist das für ein Roman, der das außerordentliche Lob der Kritik fand und dennoch nicht nach dem Geschmack der damaligen Epoche war; der als Meisterwerk gefeiert wurde, ohne der herrschenden kunstrichterlichen Wunschästhetik zu entsprechen; der begeistert gelesen und dennoch von beamteten Kulturwächtern zuerst als zu »düster« und später als »unerwünscht« kategorisiert wurde? Wie kommt uns der Lieblingsroman Gerhart Hauptmanns heute vor? Müssen wir die »bedeutendste epische Aussage der Hitler-Zeit, die mit dieser Zeit selbst nichts zu tun hatte« – so Wolfgang Koeppen –, vor allem historisch verstehen?

Eine abermalige Lektüre bestätigt, daß die äußere Geschichte, die Horst Lange in der »Schwarzen Weide« erzählt, nichts eingebüßt hat von ihrer archetypischen Musterhaftigkeit; es ist eine Geschichte von Schuld und Sühne, von Begierde und Leid – der Autor verdankt sie, wie seine Frau Oda Schäfer erzählte, einer Zeitungsnotiz im »Berliner Tageblatt«.

Dem Ich-Erzähler, einem Gymnasiasten, der seine Ferien

bei einem Onkel in der Gärtnerei eines schlesischen Gutes verbringt, geht alles, was er erlebt, ins düster prächtige, ins gleichnishafte Bild auf: Orte, Jahreszeiten, Menschen und schließlich das Verbrechen selbst. Er, der heimgesucht wird vom Zweiten Gesicht, sieht das Verhängnis voraus, den Mord an dem Bauern Starkloff, doch er greift nicht ein, warnt nicht – zu befangen, zu gelähmt und verzaubert findet sich der jugendliche Besucher in einer Welt vor, in der es weniger Gewißheiten als dunkle Ahnungen gibt. Eine vegetative Trägheit herrscht über allem. Die Nähe der Gefahr erschließt sich aus sinnbildhaften Konstellationen der Natur.

Der Erzähler kennt die Mörder – Smorczak, den Gastwirt, und Smeddy, einen Besatzungssoldaten; er beläßt es bei dieser Kenntnis und greift auch nicht ein, als er erfährt, daß ein Unschuldiger durch einen Meineid ins Zuchthaus gebracht wird. Er kehrt in die Stadt zurück, nach Hause, wo er nach und nach merkt, daß er auch seinerseits verurteilt ist: er wird – als Mitwisser – zum Gefangenen seiner Vergangenheit. Die Last, die er zu tragen hat, wird noch dadurch vermehrt, daß er zum Universalerben des Ermordeten eingesetzt worden ist. Es erscheint nur folgerichtig, daß er eines Tages an den verhängnisvollen Ort Kaltwasser zurückgeht – etwa gleichzeitig wie der am Mord beteiligte Besatzungssoldat, dem, einem oft berufenen psychologischen Modell entsprechend, sein Gewissen keine Ruhe läßt.

Zehn Jahre später faßt der Erzähler den Entschluß, die Gerechtigkeit wiederherzustellen, ja, Rache zu nehmen, um »den Mörder vor die Augen der Leute zu zwingen«. Durch dramaturgisch arrangierte Zufälle gelangt er in den Besitz des entscheidenden Wissens, doch der empfindliche Zauderer kommt nicht dazu, es auszuspielen: der Täter richtet sich selbst. Die besondere Sühne erscheint fast als Gesetz in einer gespenstischen Empfindungswelt, in der jede Rationalität heidnisch anmutender Inbrunst, jedes Ordnungsbedürfnis einer dunklen Triebhaftigkeit unterliegen.

Doch dies ist nur die dürftige Skizze der Haupthandlung; mit einem bewundernswerten Sinn für Balance sind mehrere Familien- und Liebesgeschichten in sie hineingeflochten, Geschichten, die aus der unheimlichen, von Hochwasser gefährdeten Landschaft wie natürlich hervorwachsen. Erzählt wird von sehr irdischen und unirdischen Figuren: von einem umwölkten Gutsbesitzer, einem ehemaligen Obristen, der seine Frau verstoßen hat; von der flatterhaften Frau des Gärtners; von der Liebe des Erzählers zur Tochter des Obristen und zu seinem unglücklichen Idol Irene Zglinicki; aber auch von der längst verstorbenen Christiane, deren Geschichte der Erzähler in einer vergrabenen Truhe findet, und von der allzeit liebesbereiten Sofie.

Der enorme Figurenreichtum des Romans wird sicher gelenkt; die Legendengestalt hat die gleiche bedrängende Realität wie die derbste Gegenwartserscheinung; alle Zeiten, alle Sphären durchdringen sich so sehr, daß man mitunter den Eindruck hat, alles Wirkliche sei nur dazu da, um das Unwirkliche aufzunehmen und zu bestätigen. Die ordentliche Gelassenheit des Erzählers, mit der er alles seinem Verhängnis entgegenwebt, macht erst recht die tiefe Unruhe spürbar, von der die handelnden Personen erfüllt sind.

Ohne Zweifel: der Schlesier Horst Lange – geistesverwandt mit Silesius, Günther und Hofmannswaldau und, wie Oda Schäfer sagte, ein Bruder des Lyrikers Heym – hat mit der »Schwarzen Weide« einen Roman geschrieben, der es in mancher Hinsicht durchaus verdient, etwa neben Reymonts »Bauern« genannt zu werden. Die Zeit hat die Bedeutung des Buches nicht verringert.

Freilich, beim Wiedersehen erstaunt man über den schwelgerischen Beschreibungseifer des Autors, den man bei der ersten Lektüre so bereitwillig in Kauf nahm. Da wird nichts ausgespart, verkürzt, offengelassen, um der Phantasie des Lesers Raum fürs eigene Inszenieren zu geben; Deskription triumphiert. Jede Stimmung, jede Erscheinung, jedes Ereignis wird restlos, wird erschöpfend dargestellt, und zwar in einem Stil, der sowohl durch barocke als auch durch expressionistische Merkmale gekennzeichnet ist; kaum etwas ist sich selbst genug, muß in ein Bild gebracht, durch ein Bild gesagt werden.

Was mir heute in einigen Szenen zu groß geraten scheint, das ist sozusagen der mächtige, schicksalhafte Faltenwurf. Da waltet eine so pünktliche Dramaturgie der Verhängnisse, daß man sich gelegentlich ein wenig lebensbestätigende Beiläufigkeit wünscht, ungeschürztes Dasein. Manchmal möchte man das Signalalphabet des Schicksals schon übersehen, möchte das schicksalhafte Befragen überhören, das selbst bei dem Liebesangebot eines Mädchens nicht unterbleibt. Nur zum Beispiel: »Ich war im Begriff, ihr nachzugeben; sie hatte mir mit keinem Wort gesagt, daß sie mich lieben wollte, das war es nicht, und man konnte es nicht benennen, weil es genau so selbstverständlich war wie alles, was in den Zeiten vorgeht, wo Tiere und Pflanzen sich befruchten. Sie sah so erdig aus, daß ich eine seltsame Neugierde empfand. Ich fragte mich nämlich, ob ich nachher, wenn ihre schlechten, vertragenen Kleider von ihr abfallen würden, die Fingerabdrücke jener Hände an ihr finden könnte, welche diesen Leib aus Mergel und Staub geformt hatten.«

Langes bekenntnishafter Satz: »Geboren in einer verlorenen Zeit und in einem verlorenen Land« könnte indes seine Neigung zu einer Weltbetrachtung unter dem Aspekt der Schicksalhaftigkeit verständlich machen. Eine gewisse Schicksalsgläubigkeit hat übrigens seit je das Lebensgefühl der Menschen im Osten bestimmt – der Autor selbst war sich der Einflüsse sehr bewußt, die an seiner schriftstellerischen Arbeit ihren Anteil hatten.

Das Denkmal, das er dem Land seiner Herkunft gesetzt hat, läßt uns auch heute noch sogleich erkennen, warum Horst Lange den damaligen Amtswaltern der Literatur nicht genehm sein konnte. Sein Osten ist nicht der helle, wartende Siedlungsraum, das Aufbruchsland, das Land der Verheißung und der Chancen für den schlicht-arroganten Mythos von Blut und Boden. In Langes versumpfter ostschlesischer Hügellandschaft gibt es keine »Wehrbauern«, keine Bilderbuchpflüger, keine Schollendampfphilosophie. Bei aller Verbundenheit zu ihrem fortwährend bedrohten Boden sind seine Menschen keine heroischen Landnehmer. Sie stellen sich vielmehr dar, wie sie einst waren: grüblerisch und dumpf, geduldig und leidenschaftlich, mit Tücke begabt und von Begierden regiert. Selbstbehauptung, das allein zählt. Nicht große, leuchtende Ziele werden ins Auge gefaßt, sondern es werden Listen erfunden, um den Druck eines miserablen Daseins zu ertragen, eines Daseins, in dem der Aberglaube blüht und die Gewalttat naheliegt. Langes Osten widersprach der anmaßenden Vision der damaligen Machthaber, seine Darstellung korrigierte die offiziellen Parolen so schwerwiegend, daß man sich heute fragen muß, wie das Buch überhaupt hat erscheinen können.

Es fällt auch nicht schwer – und es ist wohl keine Überinterpretation –, in dem Gastwirt Smorczak gewisse Züge und Bereitschaften einer damaligen Führergröße zu erkennen: bei diesem wie bei jenem Sektierertum, Irrationalismus, Bauernfängerei; hier wie da Sendungsbewußtsein und Mord. Eine Warnung des Autors vor einem entsprechenden Typus ist jedenfalls unüberhörbar. Nicht die »Schwarze Weide« wurde

verboten, sondern Langes nächstes Buch »Ulanenpatrouille« –
freilich mit Verzögerung, nachdem bereits einige Auflagen verkauft worden waren.

Was an diesem Autor immer wieder unsere Zustimmung
findet: wie er, ein Schriftsteller in katastrophaler Zeit, den
Schatten der Katastrophe selbst sichtbar und fühlbar macht.
Da ist kein demonstratives Szenarium nötig; in der geradezu
unheimlichen Beschreibung eines Gewitters, eines Hochwas-
sers, in den scharfen Anschauungsbildern, die er aus Flora und
Fauna des Sumpfes bezieht, in der Beschwörung einer Landschaft, die seltsam infiziert zu sein scheint von einer Krankheit
der Auflösung, teilt sich eine Art schaudernder Erwartung mit,
Katastrophenerwartung. Nicht eine einzige Figur, nicht eine
einzige Aktion läßt sich nach der Lektüre erinnern, ohne daß
man zugleich der atmosphärischen Bedingungen inne wird,
unter denen sie auftrat oder geschah. Ja, in gewissen Augenblicken vermittelt uns Lange den Eindruck, als könne man
diese erdnahe, unheilvolle Welt am zuverlässigsten in ihren
Stimmungen erfahren.

Es ist eine entlegene, eine begrenzte Welt; dennoch hat sie
nichts von provinzieller Beschränktheit. Die Erfahrungen, die
sie zuläßt, sind unbedingt übertragbar. Der Erzähler Horst
Lange weitet und öffnet den kleinen schlesischen Ort derart,
daß er zu einem allgemeinen Ort wird, der alles birgt, was
den Menschen verständlicher macht, in seinen Sehnsüchten
und in seiner Trauer, in seiner Auflehnung und in seiner Befangenheit.

Auch nach dem Krieg – die »Schwarze Weide« ist im Jahre
1954 zum zweiten Mal erschienen – war die Kritik sich darin
einig, daß die Zeit dieses Buch keineswegs entwertet hatte. Eich
und Koeppen, Benn und Minder bestätigen es als ein Werk von
bleibendem Rang. Und Hans Dieter Schäfer bewertet in dem

Sammelband »Die deutsche Literatur im Dritten Reich« die »Schwarze Weide« als den »wohl bedeutendsten Roman der nicht emigrierten Schriftsteller«.

(1980)

Mutmaßungen über die
Wirkung von Literatur

»Vortrefflich«, soll Metternich gesagt haben, als er Heines Lyrik las, »ganz vortrefflich; muß man sofort verbieten.« Gesagt oder nicht gesagt – dauerhaft und zum Verwundern ist der Argwohn der Mächtigen gegenüber der Literatur; unangemessen kommen uns die Mittel vor, die sie gegen sie einsetzen. Die Geschichte der Literatur – längst haben wir es eingesehen – ist zu einem beträchtlichen Teil die Geschichte ihrer zeitweiligen Unterdrückung. Was aber ist es, so frage ich mich, das die Inhaber von Macht seit Aristophanes' Zeiten Verbote aussprechen läßt, welche Furcht, welcher Spürsinn, welche genaue Sorge? Von welcher Witterung beraten, verhindern sie die Veröffentlichung eines Dramas, eines Romans, eines Gedichts? Welche Erkenntnis leitet sie, wenn sie die Literatur der Verfolgung aussetzen und den Schriftsteller ins Exil zwingen? Die Erkenntnis eigener Bedrohung oder gar Gefährdung? Oder die Entdeckung der Literatur als einer subversiven Macht?

Ich kann mir nicht helfen: nachdenkend über die Wirkungsgeschichte der Literatur erscheinen mir die Gewaltmaßnahmen etablierter Macht auf den ersten Blick wie unverhältnismäßige Präventivhandlungen, wie Überreaktionen im Dienst einer, sagen wir, vorbeugenden Notwehr. Denn spricht nicht alles dafür, daß es, äußerlich betrachtet, nicht weit her ist mit der kalkulierten oder kalkulierbaren Wirkung von Literatur? Wo hat sie, schroff gefragt, zum Krieg Entschlossene von ihrem Vorhaben abgebracht? Wo gelang es ihr, dem nationalen Egoismus der Staaten Einhalt zu gebieten? In welchem konkreten Fall hat sie für bessere Gesetze gesorgt, die Ideen der Aufklärung endgültig und strahlend ins Recht gesetzt, zu gerechtfertigten Erhebungen gegen Not und Unterdrückung beigetragen? (Freilich, ich denke hier nicht an naturwissenschaftliche oder philosophische Literatur, also etwa an Thomas Paines »Rights of Man«; ich denke auch nicht an die Wirkung gerichteter Publizistik, also etwa an Emile Zolas »J'accuse«; ich frage vielmehr nur nach der verändernden politischen Kraft eines Romans, eines Dramas oder Gedichts.) Wo also und wodurch rechtfertigte Literatur den alten Argwohn der Throne, Ämter und Regierungssessel? Da es offenbar konkrete, abrufbare Wirkungen nicht waren – und nicht sein können –, handelten die Mächtigen vielleicht nur in eingebildeter Furcht, als sie Homer und Hemingway, Konfuzius und Kafka mit ihrem Bann belegten? Sind Verbote, Zensur und – ebenso folgenreich – Selbstzensur vielleicht nur die Ergebnisse einer tragischen Verkennung? Wird am Ende die Macht des Wortes heillos überschätzt? Ich spreche über die Wirkung von Literatur.

Worauf beruht sie, diese beharrlich unterstellte, diese befürchtete und leidenschaftlich erhoffte Wirkung, und worin liegt ihre Eigentümlichkeit? Soviel ist zunächst einmal sicher: Wirkung durch Literatur läßt sich vielleicht anstreben und wünschen – und welcher Schriftsteller täte es nicht? –, doch voraussagen oder gar kalkulieren läßt sie sich nicht. Sie folgt keiner Kausalität, keiner Gesetzlichkeit; was durch Literatur hervorgerufen wird, was sie anregt und vielleicht sogar mobilisiert, ist eine schwankende Größe, unzuverlässig, widerspruchsvoll, ein Resultat ohne notwendige Verpflichtung. Die Wirkung der Literatur bemißt sich an dem, was sie uns vermittelt, also an ihren Angeboten und Vorschlägen, und so wie diese die Antwort eines Einzelnen an die Welt darstellen, so werden sie auch von einem Einzelnen aufgenommen, in seiner besonderen persönlichen Lage, in seiner Bedürftigkeit.

Literatur, wie ich sie verstehe, wendet sich an den unbestimmten Einzelnen, der aus ihr das bezieht, was ihm entspricht und worauf er gewartet hat; freilich muß er auch auf unbeabsichtigte Folgen gefaßt sein.

Denn Literatur ist nichts Endgültiges – nicht einmal unsere Klassiker sind es –, und zwar in dem Sinne, daß sie uns einen liebgewordenen Erlebnishaushalt garantiert; vielmehr erweist sie sich als Prozeß mit ungewissem Ausgang: ein unendlich schwebender Fall, in dem es nur befristete Erkenntnisse gibt und vorläufige Befunde. Auch das Meisterwerk enthält noch ein Element des Fragmentarischen, läßt etwas offen und unabgeschlossen: den geringen Teil nämlich, den der Einzelne, an den es sich wendet, zu einer vorübergehenden Vollkommenheit selbst hinzuschaffen muß. Ohne den Einzelnen, der wählt, zustimmt oder zurückweist, gibt es keine literarische Wirkung; er ist ihre Voraussetzung.

Er ist aber zugleich auch ihre Möglichkeit: bereitwillig nimmt er auf, was Brecht ihm zeigen will mit dem eigenen Gestus des Zeigens; er läßt sich von Kafka die geheimnisvollen Tribunale der Welt deuten; er folgt Proust, der ihm das berauschende Aroma aller Vergangenheit vermittelt; und während er sich Erlebbares zeigen, deuten, vermitteln läßt, entsteht in ihm das Bedürfnis nach Vergleich. Er stimmt sich ab. Er bringt sich selbst ins Spiel. In diesem Augenblick, vermute ich, beginnt die Wirkung von Literatur: wir sind daran interessiert, uns selbst auszulegen an einem Beispiel. Wenn ich sage: wir geben einem Appell nach, so ist damit schon zuviel gesagt und das auch noch zu grob; eher könnte man feststellen: wir erhalten eine stillschweigende Einladung, unsere Sinne zu schärfen für vermeintliche Gemeinsamkeiten und Unterschiede – eine Einladung also, deutlicher zu leben.

Plötzlich sagen wir uns: so nicht, oder: so muß es werden, und wenn wir es nicht gleich sagen, so denken wir es doch zumindest; wir reagieren, ohne uns der Wirkung bewußt zu sein. Sie ist schwer beweisbar, diese erste unbewußte Wirkung der Literatur, sie hat keine sichtbaren Folgen; alles, was sie erreicht, ist eine Art von Erweckung. Wir staunen, wir sind ratlos, wir sind vielleicht erschüttert; wenn's hochkommt, antworten wir auf erkannte Signale mit spontanem Ja oder Nein, so wie unsere private Lage es uns eingibt. Denn das Dickicht unserer Privatheit, dieser uneinsehbare konspirative Bereich, birgt und verbirgt die entscheidenden Bedingungen für die Wirkung von Literatur. Von daher nur kann ich verstehen, daß es keine übereinstimmenden, keine absolut identischen Wirkungen geben kann – Reaktionen, die sich bündeln, kanalisieren lassen, um dann vielleicht als organisierte Energie ihre Ansprüche zu stellen. Der private Bereich ist der entzogene, der gehütete, der nicht kontrollierbare Bereich; in seinem Dunkel fällt die Entscheidung darüber, ob ich mich, von Literatur überredet, zum Beispiel schmerzhaft klar in meinen Möglichkeiten sehen möchte oder ob ich es vorziehe, dieser Prüfung auszuweichen.

Es liegt deshalb an mir, an meiner Verfassung, an meiner Betroffenheit, ob Literatur eine Chance zu wirken erhält oder nicht. Antigone und Fürst Myschkin, Nathan der Weise und Julien Sorel, Mutter Courage und Madame Bovary: auch wenn sie in ihrer anschaulichen Einmaligkeit die ganze Erfahrung der Welt und des menschlichen Herzens zusammenfassen – wahr werden sie erst in dem Augenblick, in dem ihr Schicksal mich persönlich berührt, mich, den Einzelnen. Ich nehme etwas an ihnen wahr, das sich mit meiner Einsicht, mit meiner Trauer oder Sehnsucht deckt, ich fühle, daß sie etwas repräsentieren, das jedermann betrifft, ich wähle sie oder lehne sie ab. Und darin liegt ohne Zweifel eine beständige Wirkung der Literatur: daß sie uns vor die Wahl stellt. Sie macht uns Vorschläge, sie zeigt und legt das Gezeigte aus; über Annahme oder Ablehnung indes läßt sie den Einzelnen selbst entscheiden.

Kann eine Literatur, die so unterschwellig und ungewiß wirkt, den Sitzplatz eines Herrschers gefährden? Ist sie nicht vielmehr, da sie sich erklärt an den Einzelnen wendet, da sie ihm in seiner tiefsten Privatheit Vorschläge macht, da sie ihn frei abstimmen läßt – ist Literatur nicht vielmehr eine Größe, die eben durch die Eigenart ihrer Wirkung in Harmlosigkeit aufgeht? Ich frage mich selbst: was genau ist es, das den Mächtigen seit zweitausend Jahren Anlaß liefert, ihre unfaßbaren Einsprüche gegen die Literatur zu erheben?

Ihre Wirkung, soviel steht wohl fest, besteht nicht in berechenbarer Aktivierung. Was ihr am häufigsten und erstaunlich schnell zugeschrieben wird, ist ihre Fähigkeit, verändernd zu wirken auf das Bewußtsein und damit auf den Zustand der Gesellschaft. Das setzt aber voraus: Einsichten, die wir auf der Kunstebene gewinnen, ließen sich in produktive politische Impulse verwandeln, kräftig genug, um dem gewünschten Entwurf einen Schritt näher zu kommen. Wenn es nur so wäre! Wenn Kunsterfahrung doch sichtbar eine Veränderung der Verhältnisse bewirkte!

Schon ist meine begleitende Phantasie mit Wunschvorstellungen zur Hand: Helmut Schmidt sieht den »Geizigen« von Molière; beim Verlassen des Theaters fällt es ihm wie Schuppen von den Augen, gehend entwirft er ein Haushaltssicherungsgesetz, eine verblüffte Nation wird Zeuge, wie an sehr spätem

Abend, durch Literatur bewegt, über bereits verdüsterter Landschaft die Sonne als D-Mark aufgeht. Und auch von Erich Honecker läßt sich spielerisch denken, daß er vielleicht nach dem Besuch von Becketts »Endspiel« oder »Glückliche Tage« einen unerwarteten Vergänglichkeitsschauer mitgenommen hat; die kosmische Mülltonne vor Augen, fragt er seinen Referenten nach der Altersgrenze für Westreisende, und tags darauf erfahren die Fernsehzuschauer durch Karl-Eduard von Schnitzler, daß seit vergangener Mitternacht bereits jeder ausreisen darf, der das neunundfünfzigste Lebensjahr erfüllt hat.

Nein, ich glaube nicht, daß die Verhältnisse durch Literatur verändert werden können. Die Annahme, daß sie anwendbar sei als Programm für die Welt, beruht wohl auf einer Selbsttäuschung. Erkenntnisse, zu denen wir im ästhetischen Bereich gelangen, entfesseln seltsamerweise nicht die politische Energie, die nun einmal nötig ist, um zu verändern. Das bürgerliche Publikum, sagt Broch zu Recht, war von Hauptmanns »Webern«, war von den Brechtschen Stücken begeistert, ist aber darum nicht sozialistisch geworden, und weder hat der Katholizismus durch Claudel noch die Hochkirche durch Eliot neue Gläubige gewonnen. Warum diese Umsetzung oder Verlängerung nicht gelingt – ich kann es nur vermuten. Möglicherweise liegt es daran, daß wir beides, Kunsterlebnis und Welterlebnis, immer noch gehörig voneinander trennen, für sich nehmen, jedenfalls zögern, sie zueinander in allernächste Beziehung zu bringen. Dies Zögern hat sogar verständliche Gründe: die Welt auf der Kunstebene ist dargestellt und gedeutet, sie ist durchschaubar geworden durch Gestaltung, und zwar derart, daß uns die Einsichten ohne sonderliche Anstrengung zufallen. Anders die konkrete Welt, die sich nur als undurchsichtig zeigt, als kaum abbildbar und nur in Maßen deutbar, und die mühelose Einsichten nicht gewährt.

Wir spüren instinktiv, daß die Welt, die in der Literatur gespiegelt wird, unbedingt mit unserem Leben zu tun hat; wir registrieren vielleicht einen Zuwachs unserer Empfindlichkeit, wir reagieren, wie gesagt, mit einem unwillkürlichen Ja oder Nein; doch es bleiben unabgeschlossene Reaktionen: Wirkungen, von denen wir uns nicht in die Pflicht genommen fühlen. Vermutlich deshalb, weil wir sehen oder uns eingestehen müssen, daß wir es auf der Kunstebene schon mit einer verwandelten oder doch veränderten Welt zu tun haben, mit einer Neuschöpfung – der Schriftsteller mußte sie verändern, um zeigen, bloßstellen, entlarven zu können, was eine komplexe Realität verbirgt. Wir erkennen uns und die Spielregeln der Welt sogleich wieder: in der schärfsten Fassung, in endgültiger Form, verfremdet, überhöht, und das heißt: emporgehoben auf Modell-Niveau.

Es wird gesagt, solch vollkommene Abbildung reiche schon aus, um etwas zu bewirken, bahne schon Veränderung an. Doch wie verhält es sich damit? Ich frage mich, welche Veränderungen wohl im Laufe der Jahre von Faust ausgegangen sind, der doch das bedeutendste Beispiel gegeben hat für waghalsiges Erkenntnisverlangen. Oder Hamlet: seine unerhörte Entscheidungslosigkeit, sein vielsagendes Schwanken im Haus eines Mörders; zu welchen Schlußfolgerungen oder Selbstkorrekturen mag wohl sein Beispiel geführt haben? Oder Raskolnikow: welchen Einfluß hat je seine private Moral ausgeübt, aus der er das Recht zu töten ableitete? Ihren außerordentlichen Erkenntniswert wird niemand in Zweifel ziehen, ihre verändernde Wirkung jedoch kann bestenfalls vermutet werden. Eine erfundene Welt verdeutlicht mir meine Wirklichkeit, sie hebt das Veränderbare hervor; das schon, das zugegeben. Doch sie behält ihren Kunstrang, und die Größe des Kunstwerks, sagt Benn, bestimmt sich eben dadurch, daß es phänomenal sei, historisch unwirksam, praktisch folgenlos – eine individuelle Monomanie.

Aber wenn es so ist – und ich komme von dieser Frage nicht los –, warum dann Verdächtigung und Verfolgung, warum diese auffällige Überreaktion der Mächtigen, die, sollte man meinen, ihrerseits doch hellhörige Leser sind, die den fiktiven Charakter der Literatur durchschauen, ihren Unterhaltungswert feststellen, ihre begrenzte Anwendbarkeit auf die Zustände voraussehen können? Stellt Phantasie denn ein Drohpotential dar?

Eine der verläßlichsten Wirkungen, die man der Literatur zutraut, soll ja darin bestehen, daß sie die Realität überprüft durch Gegenmodelle. Indem sie zeigt, was sein könnte – so wird gesagt –, deckt sie auf, was ist; also Verheißung als Korrektiv, utopischer Entwurf als verschlüsselter Widerspruch, poetische Vision als Mahnung, die erhofften Wirklichkeiten endlich zuzulassen. Weit verbreitet ist dieses Zutrauen in die korrigierende Wirkung der Literatur durch die ihr innewohnende utopische Tendenz. Noch im sublimiertesten Kunstwerk, sagte zum Beispiel Adorno, birgt sich ein Es-soll-anders-sein.

Das mag wohl zutreffen: fast alle Literatur impliziert ein mehr oder weniger verkapptes Sehnsuchtsprojekt; doch ich werde den Verdacht nicht los, daß wir – und jetzt spreche ich vom Schriftsteller – nicht nur deshalb mit utopischen Entwürfen auf eine unzumutbare Realität antworten, weil wir in ihnen ein besonders wirksames Mittel zur Überprüfung und Korrektur erkannt haben. Vielmehr scheint es mir, daß wir oft genug der utopischen Projektion nur deshalb den Vorzug einräumen, weil sie die ergiebigsten ästhetischen Möglichkeiten enthält. Eine weniger begrenzte, eine souveränere Art der Darstellung: das ist es, was wir im utopischen Gegenentwurf suchen und offenbar auch finden. Nein, die Anstiftungen zu utopischem

Denken und Handeln, die Anstöße, von utopischer Position her konkrete Wirklichkeit zu vermessen – sie zeitigen die Wirkung nicht, die man sich von ihnen verspricht. Warum? Vermutlich, weil sich utopischer Geist auf eine Voraussetzung beruft, die fiktiver Natur ist: er tut so und geht davon aus, als hätten die Veränderungen, auf die es ihm ankommt, bereits stattgefunden. Für ihn sind die Wölfe bereits Vegetarier geworden und liegen bei den Lämmern, die Herrscher haben sich bereits als Philosophen ausgewiesen, die Sonne und mit ihr Kraft, Weisheit und Liebe sind bereits als höchste Autoritäten anerkannt; utopischer Geist blendet uns mit dem vorweggenommenen Resultat, mit phantasievollem Vorgriff, ohne das Schwierigste zu beschreiben: den Weg, der zum verheißenen Ziel führt. Woran uns schmerzhaft gelegen ist: es wird übersprungen. Dieses »wenn erst« und »nachdem«, dieses »sobald« und »ist erst einmal«, ich meine: all das, was utopischer Geist zur Voraussetzung seiner Entwürfe macht – es spricht für die Wehrlosigkeit gegenüber den Realitäten. Wir finden unsere eigene Wehrlosigkeit wieder und merken bald: der ideale Ort ist kein Ort zum Wohnen, er bleibt unerreichbar, da es uns an der Kenntnis der Wege fehlt und wir auch nicht ausreichend gerüstet sind zur Beseitigung der Widerstände. Es ist kein Verlaß darauf, daß sich das *utopische* Element der Literatur als *kritisches* Element auswirkt – in dem Sinne, daß eine erwünschte Zukunft programmgemäß möglich wird.

Ich frage mich: muß man nicht, wenn man zu solchen Eingeständnissen genötigt wird, zu dem Schluß kommen, die Wirkung der Literatur werde überschätzt? Wo findet sie ihren ersehnten Ausdruck, diese Wirkung, wo nimmt sie Gestalt an, wo materialisiert sie sich?

Ich weiß, Literatur hat Gefühlsepidemien verursacht, sie hat exotische Engagements befördert, und vielen Bedürftigen hat sie sich als Stimulans empfohlen. Weltschmerz und Schiwago-Mantel, Selbstmordwellen im Frack und Aufbruch der Blumenkinder zum Reiherwald, gesellschaftliches Schäferspiel und deutscher Weg nach Innen: an nachweisbaren Wirkungen hat es doch augenscheinlich nicht gefehlt. Ihre Qualität freilich gibt uns zu denken. Denn worin sie sich zu erschöpfen schienen, das waren Moden, Muster und Imitationen, kurzlebige Parolen, die die seelische Kostümgeschichte beeinflußten. Nachahmung wurde groß geschrieben: Sterben à la Werther, Erziehen à la Rousseau. Haltungen wurden bereitwillig übernommen und zur Schau gestellt: Naturschwärmerei oder Endzeitstimmung.

Was Literatur an nachweisbarer Wirkung auslöste, spricht für sich. Sie rechtfertigt wohl kaum die Furcht der Mächtigen; ihretwegen wären die vielfältigen Methoden zur Unterdrückung von Literatur gewiß nicht praktiziert worden.

Bei soviel geschichteter Skepsis bietet der Schriftsteller, das ist mir klar, ein eigenartiges Bild. Er ist unentwegt tätig und muß einsehen, daß seine Tätigkeit nicht die beabsichtigte deutliche Wirkung hat. Alle Risikobereitschaft und alle Empfindlichkeit und alle Ausdauer, die er aufbringt, können seine Gegenwart nicht vor den Zuständen bewahren, gegen die er sich wendet. Jeder Blick aus dem Fenster beweist ihm, daß es nach wie vor Techniker und Krieger sind, die die Welt verändern, nicht aber Dramen, Romane, Gedichte. Vielleicht hat er sich sogar endgültig mit der Erfahrung abgefunden, daß es eine Illusion ist, mit Hilfe von Literatur für kontrollierte Auflehnung zu werben. Dennoch schreibt er weiter; dennoch folgt er einem Auftrag, den ihm niemand erteilt hat. Obwohl äußere Folgenlosigkeit, obwohl Ungewißheiten und Widersprüche zur Resignation überreden, gibt er nicht auf. Gewohnheit? Starrsinn? Heroismus eines privaten Heimarbeiters, der das Dilemma nicht wahrhaben will, vor das ihn eine unwillige Realität gestellt hat?

Weder das eine noch das andere. Vielmehr, glaube ich, setzt der Schriftsteller seine Arbeit fort, weil er ein eigenes Zutrauen in die Wirkung von Literatur hat, eine bescheidene, keineswegs gesicherte, aber doch so gravierende Wirkung, daß der Argwohn der Herrschenden zu Recht besteht, und daß die Einsprüche, die gegen die Literatur erhoben werden, nur zu oft als Bestätigung ihrer Notwendigkeit gelten können. Er weiß, daß von Literatur durchaus eine Gefährdung ausgehen kann, nicht prompt, nicht tumultuös, sondern schmugglerhaft, schleichend. Der Schriftsteller, wenn er radikal denkt wie Döblin, wird sogar den Verfolgungseifer der Mächtigen verstehen, die, auf Selbsterhaltung bedacht, gegen alles vorgehen müssen, was das verordnete Einverständnis bedrohen könnte. Solange es sich der Schriftsteller zur Aufgabe macht, den Kurswert der Vernunft, der Rechte und Gesetze zu überprüfen, muß er es sich gefallen lassen, als Unruhestifter zu erscheinen – zumindest in den Augen derer, die als Nutznießer einer dekretierten Ruhe erkennbar sind. Ja, er schreibt weiter, in seiner Hoffnung bestärkt, daß, auch wenn Literatur die Welt selbst nicht verändert, etwas anderes sehr wohl verändert werden kann, etwas, das durchaus nicht folgenlos bleibt, nämlich: unser Verhältnis zur Welt, die Art, wie wir sie sehen, die Urteile, die wir über sie fällen, die Erlebnisbereitschaft, die wir für sie aufbringen. Unbewußt übernehmen wir Ansichten und Einsichten.

Darum ist Literatur, vom Schriftsteller aus betrachtet, auch ein Erkenntnismittel. Kafka sprach von der Axt für »das gefrorene Meer in uns«, Walser vom Spaten, mit dem man sich selbst umgräbt, Musil von der Aufgabe, mit Hilfe neuer Konstellationen den »inneren Menschen zu erfinden«. Erkennen heißt sich versichern, in Zweifel ziehen, heißt in gewisser Weise auch, wenn nicht gleich in Opposition, so doch in Distanz zu treten: geh weiter weg von mir, damit ich dich besser sehen kann.

Der Schriftsteller bringt auf Distanz, was sich in der Nähe nicht erschließen will; er wählt Illyrien, wählt den Kaukasus oder das alte China, um seine Wirklichkeit durchsichtiger zu machen.

Auf Umwegen schafft er Klarheit über unsere Erfahrungen, drückt aus, was zum Verständnis nötig ist. Nicht verändern ist sein Metier, sondern durch Darstellung ans Licht bringen – so definiert sich sein Handeln. Wie ich schon sagte: dieses Handeln ist nicht zuallererst auf Wirkung aus, es besteht im Aufdecken, im Verdeutlichen, vielleicht im Überführen – jedenfalls besteht es darin, Fragen zu stellen. Das ist, wie die Verhältnisse zeigen, nicht überflüssig. Zugegeben, diese Art zu handeln läßt an eine Form der Notwehr denken, und im Grunde läuft die Arbeit des Schriftstellers auch darauf hinaus: er erwehrt sich eines Lebens, das er nicht verändern kann, indem er es kenntlich macht, indem er ausspricht, was ihm gehört und was ihm fehlt. Wie wenig dies aber an manch erhöhtem Ort erwünscht ist – Schriftsteller haben es oft genug zu spüren bekommen.

Es ist mir schon klar, warum Einschüchterung, Zensur und Verfolgung zur Geschichte der Literatur gehören. Auch wenn sie sich in Notwehr befindet, plädiert Literatur dafür, eine Wirklichkeit nicht als endgültig hinzunehmen. Auch auf Schleichwege angewiesen, besteht sie noch auf einer offenen Welt, in der mehrere Möglichkeiten zugelassen sind. Auch im Exil agitiert sie noch für die Wahrheit des Wortes – leise, doch darum um so eindringlicher. Vor allem aber: Literatur hebt auf und bewahrt, und zwar Hoffnungen ebenso wie Leiden, unsere Sehnsucht nicht weniger als unsere Enttäuschungen. Wörter tragen Erinnerung – zum Beispiel an den Traum von Gemeinsamkeit, an versprochene Rechte, die nicht zugestanden werden. Das macht sie gegebenenfalls subversiv. Sprache hat ihr eigenes Gedächtnis, ein nachtragendes Gedächtnis, das für immer behält, wozu Sprache mißbraucht wurde. Wir brauchen uns nur anzusehen, was sie unwillkürlich preisgibt, wenn sie zum Lob des Herrschers in Dienst genommen wird. Wo Literatur verfügbar gemacht wird, da entlarvt sie ihre Auftraggeber; wo sie nicht über sich selbst verfügen läßt – und für mich ist eine freie Literatur eine unverfügbare Literatur –, da muß sie Argwohn hervorrufen aufgrund der Unabsehbarkeit ihrer Wirkung.

Einer bescheidenen Wirkung, wir können es sagen. Dennoch: eine nötige, eine unentbehrliche Wirkung. Gewiß, immer noch gelten die alten Spielregeln, die uns unversöhnt lassen, immer noch sind es verhältnismäßig wenige, von denen der Lauf der Dinge abhängt, immer noch warten Menschen auf die Erfüllung elementarer Ansprüche. Hier ist der Literatur eine spektakuläre Veränderung versagt geblieben. Doch sie wird nicht müde, diese Spielregeln in Frage zu stellen, sie hört nicht auf, an die Erfüllung jener Ansprüche zu erinnern – ohne Literatur lebten wir in einer zumindest äußerlich einverständigen Welt, in der jedem das Staunen vergangen wäre. Wir könnten die Phiole nicht weitergeben, die die Säure des Zweifels enthält. Weniger bewußt wären uns unsere eigene Tragik, unsere eigene Komik. Keine Möglichkeit hätten wir, durch Selbstversetzung in fremde Gestalten mehr über uns selbst zu erfahren. Ohne Literatur – da fehlten uns einige Erschütterungen, die die Augen öffnen, da würden wir das Gleichnis übersehen, das in jedem Leben steckt, ja, und auch das: da hätte es keine Augenblicke gegeben, in denen uns die Welt verzaubert vorkam. Ich vermute: ohne Literatur hätten auch wir eine andere Vergangenheit und damit, was unsere Gegenwart angeht, ein anderes Zeitgefühl;

wir würden weniger betroffen zur Kenntnis nehmen, was um uns geschieht. Und schließlich läßt sich auch dies sagen: ohne Literatur hätten weder das Unscheinbare noch das Unerhörte ihren Ausdruck gefunden.

Wer nach Wirkungen fragt, braucht sich nur vorzustellen, wodurch unser Verhältnis zur Welt wohl bestimmt wäre, wenn es die Literatur nicht gäbe. Vom Vergnügen, das sie bereiten kann, von der Heiterkeit, der Spielfreude, der Unterhaltung, die wir ja auch bei ihr finden, will ich gar nicht erst reden. Jedenfalls, auf die zweihundertjährige Geschichte meines Verlages Hoffmann und Campe zurückblickend, und das heißt: auf Gründerstolz und kaufmännische Erwartung, auf behutsamen Dienst an der Aufklärung und füchsische Selbstbehauptung gegenüber der Obrigkeit, auf Genugtuungen und literarische Flauten, und nicht zuletzt auf all die Schriftsteller, denen wir unter anderem auch ein historisches Bewußtsein zu verdanken haben – auf diese Verlagsgeschichte zurückblickend, kann wohl gesagt werden: es empfiehlt sich, weiterzumachen.

(1981)

Krieg zwischen Küche und Kopf

Zu Elias Canettis »Die Blendung«

Wer weiß, wie das Spektrum der deutschen Gegenwartsliteratur aussähe, wenn damals kein einziger Schriftsteller hätte emigrieren müssen. Verfolgt, geächtet, zum Abbruch der Beziehungen verurteilt, büßten jene Autoren, die sich in die Fremde retten mußten, nicht allein ihre Sprachheimat ein; sie gerieten auch, da ihre Bücher keine Leser mehr fanden, in vorübergehende, jedenfalls folgenreiche Vergessenheit. Weil die Wirkung von Literatur auch auf dem Faktor Zeit beruht, und das heißt: auf Präsens, Kontinuität, auf der Möglichkeit, sich als Leser permanent abzustimmen und versichern zu können, verloren diese Schriftsteller etwas offenbar Uneinholbares: die Gegenwärtigkeit im Bewußtsein der Zurückgebliebenen. Und weil die Wirkung von Literatur weniger in kalkulierbarer Aktivierung als in langwieriger Unterwanderung besteht, nahm man ihnen die Voraussetzung für jede prägende Einflußnahme auf längere Sicht.

Die Bücher dieser Autoren, die uns dann mit Verspätung nach dem Krieg erreichten, fanden uns in veränderter Lage, von Bedürfnissen – auch Lesebedürfnissen – bestimmt, die der Zusammenbruch nahelegte, von Erfahrungen ereilt, die ein neues Sichten und Bewerten forderten. Erzwungene Abwesenheit erschwerte eine spontane Übereinkunft zwischen Autor und Leser, ein allgemeiner Gedächtnisschwund beeinträchtigte die sofortige Wiederaufnahme von Beziehungen. Eine Literatur, der man in der Zeit der Verblendung keine Gelegenheit zur Wirkung gelassen hatte, die dem Leser nicht zum ständigen Begleiter geworden war, mußte in einem Nachholprozeß rezipiert werden – eine komplizierte Aneignung insofern, als dabei unwillkürlich das Gewissen mitzusprechen begann.

Eines der Bücher, denen seinerzeit die Chance genommen wurde, längerfristig zu wirken, war der Roman »Die Blendung« des 1905 in Bulgarien geborenen Autors Elias Canetti. Der Roman erschien zum ersten Mal im Jahre 1935 in Wien – in Deutschland hatte das Werk eines jüdischen Verfassers nicht mehr herauskommen können. Bei mancher Einschränkung – Hermann Broch zum Beispiel sprach von einer »abstrakten Seelenlandschaft« – erkannte die Kritik die außerordentliche Bedeutung dieses Buches an, erwähnte fortgesetzt seine gigantische Statur, rühmte die unerhörte Erfindungsgabe des Autors und ließ sich den »Ulysses« und die »Brüder Karamasow« zum Vergleich einfallen. Thomas Mann bilanzierte: »Ich bin aufrichtig angetan von der Fülle dieses Romans, dem Debordierenden seiner Phantasie, der gewissen erbitterten Großartigkeit seines Wurfs, seiner dichterischen Unerschrockenheit, seiner Traurigkeit und seinem Übermut.«

Was dieses Buch mit seinem Leser damals hätte machen, was es ihm an neuer Empfindlichkeit oder Erfahrung hätte vermitteln können – es bleibt nur Erwägung, Mutmaßung; ebenso wie die Frage, welchen Dauerwert der Leser diesem Roman zuerkannt hätte. Canetti mußte sich zur Emigration entscheiden, das Band riß, das Buch war nicht mehr verfügbar, existierte mehr und mehr nur noch als legendäres Literaturereignis. Erst nach dem Krieg kehrte es auf dem Umweg über England zu uns zurück – um seine Legende vermehrt.

Ohne Zweifel, die Geschichte, die hier erzählt wird, ist alterslos, sie gehört zum archetypischen Bestand unserer Erfahrung. Es ist der Dauerkonflikt zwischen Realität und Phantasie, dem Canetti seinen persönlichen Ausdruck gegeben hat, und die Darstellung gerät zu einer Art Kriegsbeschreibung: Küche und Geist, Staubtuch und Intellekt fordern einander auf zugleich sublimste und abgefeimteste Weise heraus, die Schauplätze sind, wie es bei Schlachten dieser Art vorgegeben ist, Wohnung und Kopf.

Die Kämpfenden selbst können verschiedenartiger kaum sein: auf der einen Seite Peter Kien, der »erste Sinologe seiner Zeit«, ein Mann, der völlig beziehungslos lebt, der Unpünktlichkeit ebenso haßt wie Höflichkeit, und der nur noch seiner Bibliothek lebt (25 000 Bände); auf der andern Seite Therese, seine um sechzehn Jahre ältere Haushälterin, ein geducktes Wesen, das zeitlebens nur gedient hat und das der Autor so charakterisiert: »Sie ist nie über die Stadtgrenzen hinausgekommen. Ausflüge macht sie nicht, weil es schade ums Geld ist. Baden geht sie nicht, weil es unanständig ist. Reisen mag sie nicht, weil man sich nirgends auskennt. Wenn sie nicht einkaufen müßte, würde sie am liebsten immer zu Hause bleiben.« Diese Art von naiver Unschuld und eine grotesk anmutende Pfleglichkeit im Umgang mit Büchern nehmen den Sinologen derart für seine Haushälterin ein, daß er ihr, launisch und herrisch zugleich, einen Heiratsantrag macht. Der Krieg kann beginnen.

Realitätsblind in seiner Bibliomanie, unter dem vermeintlichen Schutz eines Ehekontrakts entwirft der gebildete Herr für sich ein Leben in dauerhafter Studierseligkeit. Er hält den Entwurf für um so einlösbarer, als Thereses Funktionen unerbittlich festgelegt sind: Kochen, Abstauben, den Weltentzug sicherstellen. Aber Therese, nach achtjähriger Haushälterinnenschaft zur

Ehefrau avanciert, beansprucht plötzlich etwas ebenso Naheliegendes wie Herausforderndes, Liebe nämlich, und zwar »laute und übergroße Liebe«. Sie wird, mit wachsender Empörung, zurückgewiesen, Liebe ist im Ehekontrakt nicht vorgesehen, liegende Bereitschaft ist für den kopflastigen Höhenbewohner ein einziger Grund zum Entsetzen. Verständlich, daß das gesunde hüftenwackelnde Leben sich da gedemütigt und verschmäht vorkommt und nach vorübergehendem Schluchzen seinen Rachefeldzug einleitet.

Wie Canetti den ersonnen und inszeniert hat, das ist schon aller Bewunderung wert. Mit kaltem Vergnügen wird hier vorgeführt, wie ein Trampel zu ziselierter Tücke findet, wie Unschuld sich ausgesuchte Spielarten der Bosheit aneignet, wie derbes Leben ohne Nachhilfe auf die wirksamsten Perfidien verfällt, um sich Genugtuung zu verschaffen für die empfindlichste Kränkung. Canetti gelingt es, den inspirierenden Haß deutlich zu machen, den diese typischen Kontrahenten immer dann füreinander empfinden, wenn es gilt, auf besonders geglückte Formen der Demütigung zu reagieren. Mit einer ebenso reichen wie methodisch arbeitenden Phantasie entwirft er Szenen und Situationen, die dem weltabgewandten Geist seine Fragwürdigkeit, wenn nicht Lächerlichkeit beweisen sollen. Gleichzeitig begründet er, warum die Klugheit der Instinkte am Schluß triumphieren darf.

Freilich, ich muß zugeben, daß mir dieser einfallsreiche Kleinkrieg, in dem der hochmütige Mann der Wissenschaft mit Hilfe von Schlüssel-, Möbel-, Küchen- und Sparbuchstrategien mattgesetzt wird, eigentümlich erkaltet erscheint. Gelegentlich drängt sich das Gefühl auf: dies ist erschrieben, ist erfunden. Der Kunstaufwand wird doch mehrmals allzu spürbar – allerdings ändert das nichts an unserer Bereitwilligkeit, die Geschichte als wahr zu empfinden. Wir fühlen uns unentwegt versucht, diesen vorgeführten Kampf als einen Modellkampf anzusehen und ihm folglich eine übergreifende Wahrheit zuzugestehen. Dies gilt in besonderem Maße für den ersten Teil des Romans, der den Titel hat »Ein Kopf ohne Welt«, und der auch heute noch ein lebensdeutendes Leseerlebnis bereithält. Nebenbei lassen wir uns von sardonischem Witz unterhalten, von hintersinniger Komik erwärmen.

Anders verhält es sich mit dem Teil, der den verstiegenen Sinologen in einer »kopflosen Welt« zeigt, unter Hausierern, Kanalräumern, Huren und Zwergganoven, die offenbar ausersehen sind, ihm die exemplarische Kläglichkeit seines Weltverhältnisses klarzumachen. Nach der Niederlage, die ihm Therese beigebracht hat – er mußte die eigene Wohnung verlassen –, erwarten ihn nun also die düsteren Weihen des sogenannten praktischen Lebens. Und was ungeduldige Vorstellungskraft längst vorweggenommen hat, tritt prompt ein: der Herr wird begaunert, wird nach Strich und Faden ausgenommen, ohne daß er in seiner Arroganz und Ahnungslosigkeit merkt, was mit ihm geschieht. Was er in diesem Panoptikum an halluzinatorischer Fähigkeit gewinnt, büßt er an persönlicher Tragik ein; wir empfinden immer weniger für ihn.

Wie eine Groteske, mit ausgeglühter Nadel hergestellt, kommt mir dieser Aufenthalt Kiens in der Unterwelt vor. Die außerordentliche Phantasie Canettis überbordet tatsächlich, seine Einfälle genügen mitunter nur noch sich selbst, und was die Erzählung sich hier zum Ziel gesetzt hat, nämlich die Darstellung eines Menschen, dem allmählich die Kraft abhanden kommt, Wirklichkeit und Einbildung voneinander zu trennen, wird manchmal außer acht gelassen. Der Reigen der Ganoven jedenfalls, von dem Kien mitgezogen wird, endet damit, daß der weltflüchtige Sinologe in Augenblicken an seinem Verstand zu zweifeln beginnt.

Man möchte ihn schon verloren geben, als gegen Ende Georges herbeieilt, ein ungeliebter Bruder, der in Paris als Irrenarzt tätig ist und über so viel Mitgefühl und dialektischen Scharfsinn verfügt, daß man bereits den Retter in ihm sieht. »Welt im Kopf« heißt der dritte Teil des Buches, muß so heißen, denn nun erhält die erlebnisgesättigte, die praktische Intelligenz Gelegenheit, ihre Vorzüge zu demonstrieren. Während Kien, der die »heiligen Bücher aller Völker im Kopf hat«, nicht begreift, was um ihn vorgeht, durchschaut der Arzt sehr bald die Umstände, die seinen Bruder zum Opfer werden ließen. In Erkenntnis der Lage bemerkt er einmal: »Wenn wir zu einem Menschen verschmelzen könnten, du und ich, so entstünde ein geistig vollkommenes Wesen aus uns.«

Es bereitet schon enormes Vergnügen, die praktische Intelligenz wirken zu sehen; selbstredend erweist sie sich allen Betrügern und Schuften überlegen, wickelt sie ein, überredet sie zur Aufgabe ihrer Ansprüche oder findet sie angemessen ab. Die kopflose Welt merkt nicht einmal, wie sie dirigiert wird. In einem, ich muß es so nennen, grandiosen Ermittlungsverfahren verschafft Georges sich schließlich auch Aufschluß über die wahre Situation seines halluzinierenden Bruders: da Kien sich als unwillig oder unfähig zeigt, über sich selbst zu reden, verwickelt der Arzt ihn in ein Bildungsgespräch von Graden – wissend, daß man, während man über entlegene Weisheiten spricht, auch sich selbst kommentiert. Der Versuch gelingt. Mit Hilfe von Schlußmethoden, die jeden Logiker erfreuen, erfährt er alles über die Entstehung der Zwangslage, in die sein Bruder geraten ist. Doch soviel er auch erfährt, er kann die Katastrophe nicht abwenden, die tödliche Verwirrung eines Geistes, die mit Weltversäumnis begann und mit Selbstzerstörung endet.

Elias Canetti hat den Titel seines Romans, der als beziehungsvolle Metapher für den Antagonismus zwischen Geist und Realität steht, vollauf gerechtfertigt. Der Problemhaushalt seines Buches ist aktuell und wird es bleiben. Als unbedingt zeitgemäß empfindet man seine Ironie und die konsequente Distanz, aus der die Figuren geführt werden. Immer noch gibt »Die Blendung« Anlaß, die Szenenfülle, eine verläßliche Kombinatorik, die Konzeption und den variationsreichen Stil des Autors zu bewundern. Dennoch ertappte ich mich während der Lektüre bisweilen bei Teilnahmslosigkeit und bei Unerregtheit selbst da, wo unerhörte Geschehnisse mir auch den letzten Rest von Gelassenheit hätten nehmen müssen. Ich hatte dann das Gefühl, wenn nicht auf einen anderen Planeten, so doch in ein phantasievoll eingerichtetes und gespenstisch besetztes Herbarium zu blicken, in dem alles, was geschieht, demonstrativen Charakter hat.

(1981)

Segen und Unsegen der Erde

Zu Halldór Laxness' »Sein eigener Herr«

Immer wieder denkt man bei der Lektüre dieses bedeutenden Romans an einen anderen bedeutenden Roman. Je tiefer man sich hineinliest in das Laxness'sche Epos, desto intensiver wird das Bedürfnis, Hamsuns »Segen der Erde« zum Vergleich heranzuziehen; fast hat es den Anschein, als möchte der große Isländer selbst den Vergleich mit dem großen Norweger herausfordern. Hier wie da das archetypische Modell von Landnahme und Lebensgründung; bei Laxness und bei Hamsun der gleiche Traum von Unabhängigkeit, die gleiche Mühsal der Selbstbehauptung in feindlicher Ödnis; in einem Fall wie im anderen die gleiche vorübergehende Genugtuung in der Arbeit, die, als biblische Schickung aufgefaßt, das Herz frei macht. Laxness' Bjartur in Sommerhausen und Hamsuns Isak in Sellanraa: auf den ersten Blick muten sie uns tatsächlich wie Brüder aus der Vorzeit an, jeder ein Ausbund an Kraft und Starrsinn, jeder geleitet von einem Hunger nach Freiheit, die für beide identisch ist mit gesichertem Besitz.

Freilich, wie sehr sich die Entwürfe in ihrer Modellhaftigkeit auch gleichen – und Laxness hat bereitwillig bekannt, daß er die gleichen Fragen stellt wie Hamsun in »Segen der Erde« –, in den Schlußfolgerungen, zu denen beide Autoren kommen, besteht ein fundamentaler Unterschied. Ja, die Einlösbarkeit des

Traums auf Unabhängigkeit wird am Ende so widersprüchlich ausgelegt, daß man beinahe annehmen möchte, Laxness habe mit seinem Buch direkt auf Hamsun antworten wollen – aus anderer, aus isländischer Erfahrungshöhe. Was er an Korrektur anzumelden hat, drückt sich nicht allein in den Schlußbildern beider Romane aus – Isak schreitet wie auf einem Kalenderblatt säend über sein Land; Bjartur verläßt unter drückender Schuldenlast seinen Hof –, es zeigt sich besonders in der Darstellung gesellschaftlicher Probleme. Der Isländer glaubt nicht an den schlichten Triumph der Ausdauer, er demonstriert, daß alle Auflehnung, alle Opfer und Schufterei für die Katz sind, wenn die politischen Verhältnisse nicht so sind, wie sie sein sollten.

Zugegeben: als Bjartur, der leidenschaftliche Schafzüchter, in sein gerade erworbenes Stück Wildnis aufbricht, um »sein eigener Herr« zu werden, da möchte man eine gesellschaftliche Katastrophe am wenigsten für möglich halten. Zu abgelegen ist das Leben dort draußen, zu bewußt hat man sich eingerichtet in der Armut, außer den Jahreszeiten regiert niemand die Gedanken in Sommerhausen. Das Schaf ist sozusagen das Maß aller Dinge, mit seiner Hilfe können die Ansprüche, die die Menschen stellen – satt werden, warm werden vor allem –, durchaus erfüllt werden. Kein Wunder, daß, wenn sich schon einmal Leute in dieser Einsamkeit begegnen, von den verzottelten Fleisch- und Woll-Lieferanten die Rede ist, von ihren Krankheiten, ihren Launen, von ihren Preisen. Wo das Schaf lebt, erklärt einmal Bjartur lapidar, da lebt der Mensch. Mit nachsichtiger Ironie beschreibt Laxness mitunter die endlosen Tiraden über Schafzucht, in Passagen von beklemmender Düsternis erzählt er aber auch, was der Mensch zuweilen riskieren muß, um seine wandernden Fleischtöpfe zu sichern.

Der Roman weitet sich zu einem einzigartigen Dokument, aus dem wir alle Lebensbedingungen erfahren, die für den isländischen Kleinbauern in der Zeit kurz vor dem Ersten Weltkrieg galten. Unvorstellbar, was in den rauchgeschwängerten, von Gras bewachsenen Hütten erduldet wurde; kaum glaublich für uns konsumselige Glücksjäger, wie man den Mangel gegen das Gefühl der Unabhängigkeit ausspielte. Bjartur, mit nordischer Mythologie vertraut, ein Dichter für den Hausgebrauch wie fast jeder seiner Nachbarn, erfährt an sich selbst, welcher Preis für diese Unabhängigkeit im Ödland zu zahlen ist: mehrere Kinder sterben, deren Leichname er in seinem Rucksack über das Gebirge zu einem Friedhof trägt; zwei Frauen sterben; durch Gemeinheit und Zauberspuk wird seine Schafherde dezimiert; üble Wetterperioden werfen ihn zurück; er selbst kommt beinahe in einem Schneesturm um; methodischer Verzicht auf alles, was als Luxus gilt – zum Beispiel Milch, Zucker, Fleisch –, beherrscht das tägliche Leben. Doch wann immer er mit einem Fremden oder einem Nachbarn spricht, wird seine Rede sicher und bestimmt und sogar kurzangebunden; es ist die Rede, die sich nur ein Unabhängiger herausnehmen kann. Daß sie von dem Wunsch nach Selbstzuspruch inspiriert ist, versteht sich am Rande; in der Rede erhebt er sich über sein Los.

Zum vertrackten, zum folgenreichen Segen für den Kleinbauern wird der ferne Krieg, der Erste Weltkrieg: in Europa brauchen sie Wolle und Fleisch, das isländische Schaf gewinnt enorm an Kurswert, man lobt den Krieg und vergrößert die Herde, baut Ställe an, nimmt Hilfskräfte; Bjarturs Traum scheint sich zu verwirklichen, seine frühe Überzeugung: »Ich für mein Teil sage, man hat nichts vom Leben, bis man unabhängig geworden ist.« Man kann sich Kaffee leisten und Plinsen aus Weizenmehl, und einer in Sommerhausen wird Besitzer einer Uhr. Und nicht nur dies: das »außergewöhnliche Glück des Krieges« verleitet Bjartur, dessen Bildung aus ein paar Reimerzählungen besteht, zum Bau eines richtigen Hauses; das soll weithin Zeugnis geben von erfolgreicher Selbstbehauptung. Er tut, was alle tun: er nimmt Kredite auf, die verschwenderisch angeboten werden, und läßt, ohne es zu ahnen, die Mauern seines persönlichen Schuldgefängnisses hochziehen; denn die Konjunktur findet alsbald ein Ende, Handelsgenossenschaften und Kreditinstitute bestehen unbarmherzig auf Erfüllung der Verträge. Auf einmal haben viele seinesgleichen den Kopf in der Schlinge, der Bedarf wird rationiert. Es bleibt ungewiß, ob ein organisierter Streik eine gewünschte Veränderung bringen wird; die Politiker, die einst ihn und seine Nachbarn umwarben, haben die Seite gewechselt, von ihnen ist nichts zu hoffen. Besiegt von den Verhältnissen, aber nicht bereit, sein Lebensziel aufzugeben, zieht er von seinem Hof und bricht, versöhnt mit seiner Tochter, zu einem neuen, zweifelhaften Anfang auf.

Die Erfahrung, die Laxness' Held gewonnen hat, ist erschreckend genug: er durfte »sein eigener Herr« sein, solange er Hunger und Not und Schufterei in Kauf nahm; für ihn war lediglich eine Freiheit im Elend reserviert. Die Konjunktur, die ihn zu größeren Plänen verführte, zeigte ihm, dem besessenen Liebhaber der Unabhängigkeit, seine mörderischen Abhängigkeiten; er begriff es erst in dem Augenblick, als er bereits in ihrer Falle saß.

Während Hamsuns Landnehmer Isak zum Schluß ein stattliches Gut besitzt und ein ansehnliches Konto, besitzt Laxness' Bjartur nur einen alten Klepper und seine Zuversicht. Isaks Triumph bedenkend und Bjarturs Niederlage, kommt mir, von heute aus gesehen, Hamsuns grandioses Epos einer sieghaften Lebensgründung wie ein entlegener Glücksfall vor, wie eine Legende, die uns aufseufzen und sogleich feststellen läßt, daß das, was in Sellanraa gelang, ein sehr hoch, ein allzu hoch hängendes Beispiel ist für die strahlende Unabhängigkeitserklärung eines Herkunftslosen. Laxness' dichtender Schafzüchter dagegen, der

Mann, der seinem Traum alles opfert und dann doch verliert, kommt uns eigentümlich nah und vertraut vor, seine Sehnsucht ist uns ebenso geläufig wie sein Scheitern, er demonstriert, was wir täglich erfahren: bei jeder versuchten Selbstbestimmung haben die anderen ein Wörtchen mitzureden. In gewissem Sinne hatte Laxness schon recht, als er erklärte: beide Bücher haben offenkundig entgegengesetzte Vorzeichen.

»Sein eigener Herr« ist ein bedeutendes, ein ergreifendes Buch. Hier werden Trauer und Ironie zu empfindlicher Balance gebracht. Mit beispielhafter Gleichmütigkeit in der Erzählhaltung werden Schicksale gebündelt, wird Einspruch eingelegt gegen unerträgliche Verhältnisse. Wer sich zusätzlichen Aufschluß über sich selbst verschaffen möchte, gleichviel, ob er auf dem Land lebt oder in der Großstadt – hier, in diesem isländischen Roman, wird er ihn finden.

(1982)

Von der Gegenwärtigkeit des Vergangenen

Für Manès Sperber

Es fällt mir schwer, ein Bild zu vergessen, ein für sich sprechendes, ein lebenserhellendes Bild: ein kleiner Junge, mit Kieselsteinen bewaffnet, steht auf dem Dach einer Scheune, er nimmt Maß und wirft Stein für Stein gegen den Himmel, erbittert, fordernd und schließlich enttäuscht darüber, daß keines seiner Wurfgeschosse das Ziel erreicht. Gott öffnet keine Klappe, wie der Junge es erwartet, er droht nicht von oben, er empört sich nicht über das ungehörige Bombardement, er läßt sich nicht herausfordern. Traurig, ohne seine Wünsche und seine Weltbeschwerden an die höchste Adresse gebracht zu haben, steigt der Junge wieder herab, vermutlich einig mit sich, daß er diese Aktion bei nächster Gelegenheit wiederholen wird, und nicht nur bei nächster Gelegenheit, sondern, wenn es sein muß, ein Leben lang.

Manès Sperber hieß dieser Junge, der kühn kalkulierte, daß man auf dem Scheunendach dem Himmel ein erhebliches Stück näher ist und daß man Gott notfalls verstimmen müsse, um bei ihm Gehör zu finden. Für diese Audienz jedenfalls, die mit Hilfe von Kieselsteinen zustande kommen sollte, hatte der junge Manès schwerwiegende Gründe. Nichts weniger lag ihm am Herzen, als Gott an sein Versprechen zu erinnern, den Messias zu schicken, endlich. Begabt mit aller erdenkbaren

Empfindsamkeit, hielt der Junge den ersehnten Augenblick für gekommen, die Situation der Welt war reif, seiner Ansicht nach, sie rechtfertigte vollauf die Einlösung des Versprechens, und so nahm er sich den Mut zur Mahnung. Nicht Empörung stimulierte sein einstweiliges Handeln, nicht Auflehnung, nicht formulierte Anklage, sondern Sehnsucht: es muß anders werden, so kann es nicht bleiben. Dort in Zablotow, in dem ostgalizischen »Städtel«, in einer verlorenen »Civitas Dei«, die geprägt war von Gesetzestreue und Hunger, von Heilserwartung und Häßlichkeit, nahm ein Junge seine Zuflucht zum Handeln, weil er »die Herrschaft der fehlenden Dinge« nicht mehr ertrug. Unterwandert vom Zweifel am religiösen Gesetz, setzte er sich über rituelle Tabus hinweg, er tat es nicht den »permanenten Betern« gleich, die umfassenden Trost in blühender chassidischer Weisheit fanden; seine Antwort an das früh begriffene Unglück der Diaspora war die phantasievolle Aktion. Handeln für ein definierbares, wenn auch kaum erreichbares Ziel: dies bestimmt den Schriftsteller, den Psychologen, den Menschen Manès Sperber; in der revolutionären Aktion fand er sein Metier, erkannte er das Mittel, das geeignet war, die Verhältnisse zum Wünschenswerten hin zu verändern.

Dennoch gibt Manès Sperber zu, daß die Erziehung, die er als Kind erhalten hat – eine Erziehung, die chassidisch beeinflußt war –, sein Selbstverständnis geprägt hat. Er sagte selbst: »Ich bin ein Jude, weil ich in meiner Kindheit von einer alles umfassenden, alles durchdringenden jüdischen Erziehung geformt worden bin. Man lehrte mich, alles im Hinblick auf Gottes Gebote zu erkennen, zu verstehen und zu deuten; noch vor dem Schulalter las ich die Bibel im Original, daneben auch deutsch, etwa Grimms Märchen, und die Zeitung, die aus Wien kam. Man belehrte mich aufs eindringlichste über die von der biblischen Ethik angeordneten Lebensregeln, deren gebieterischste für mich unabänderlich geblieben ist: den Einklang von Glauben und Tun, von Theorie und Praxis zu erlangen und in seinem Sinn zu leben. Ich wage nicht zu behaupten, daß ich dieses Gebot stets befolgt habe, aber ich habe nie aufgehört, an jenen Lebensregeln zu ermessen, ob ich jeweils meinem Leben einen Sinn gab oder in Gefahr geriet, es sinnwidrig zu vergeuden.« Hier läßt sich sogleich die Bedeutung erkennen, die er auch in seinem späteren Leben allen Erziehungsfragen beimaß.

Was dem Handeln zugrunde liegt, was die Aktion als unvermeidlich erscheinen läßt, sind häufig die gleichen Erfahrungen und Erkenntnisse; als klassische Forderung ausgedrückt, heißen sie: mehr Brot, mehr Freiheit, mehr Gerechtigkeit. Handeln im Sperberschen Sinne ist, wenn ich ihn richtig verstanden habe, vornehmlich ein stellvertretendes Handeln. Angesichts fremder Not, als Zeuge von Hunger und Demütigung und endloser Verzweiflung, entscheidet sich der Einzelne zur Tat, freilich in der Rolle des Delegierten, der weder gewählt noch ausdrücklich beauftragt ist. Wer sich, von Ungeduld überwältigt, für die revolutionäre Aktion entscheidet, muß diese Spannung ertragen lernen. Er spricht und handelt für Menschen, die ihn vielleicht insgeheim herbeigewünscht, doch nicht mit einem Mandat betraut haben. Hierin liegt das traditionelle Risiko des Revolutionärs, liegt aber auch eine Wurzel seiner späten Melancholie.

Über das Leben von Manès Sperber nachdenkend, erscheint mir sein ungeduldiges Bedürfnis nach Aktion als etwas Unvermeidliches: das Städtel Zablotow, in dem er 1905 geboren wurde, offenbarte bereits so viel an Leid, an Kummer und fremder Gewalt, daß es ihn nicht gleichgültig lassen konnte. Er selbst, aus einer Familie, die Rabbiner und Gottesgelehrte hervorgebracht hatte, brauchte dabei in windstillen Zeiten wohl nicht allzuviel zu entbehren: man hatte ein Haus, man hatte Bedienstete und Pferd und Wagen; es war die Lage der andern, ihr Elend, ihre Hoffnungslosigkeit, die zunächst den Zweifel weckte und später das Handeln nahelegte.

Das Städtchen Zablotow war einst das Verwaltungszentrum für etliche benachbarte Dörfer. Etwa die Hälfte der Bevölkerung war jüdisch; Jiddisch war ihre Umgangssprache. Da Jiddisch von den Behörden als deutsches Idiom angesehen wurde, zählten die Juden zur deutschsprachigen Bevölkerung. Latente Spannungen zwischen polnischen, ruthenischen und jüdischen Bevölkerungsgruppen machten Galizien damals zu einem Problemgebiet der Donaumonarchie. Was allen sozialen und nationalen Schichten gemeinsam war, das war die Armut. Nach der Schließung von Fabriken und der Aussperrung jüdischer Arbeiter kam es zu Hungersnöten, und die allgemeine wirtschaftliche Misere verstärkte den lokalen Antisemitismus.

Die Trostlosigkeit der Lage fand für Manès Sperber eine gewisse Entsprechung in der Landschaft, über die er schrieb: »Ich habe meine frühe Kindheit in einem Land verbracht, dessen längste Jahreszeit der Herbst ist. Dort ertränkt der kalte Regen den zu heißen Sommer, noch ehe der Monat August vorbei ist: er weicht die Straßen auf, so daß sie Sümpfen gleichen, und er engt den Horizont so ein, daß man unter dem verschrumpften Himmel beinahe fürchten muß, von der Welt für immer abgeschnitten zu sein.« Früh wurde sein Glaube durchlöchert, wie er sagte, früh entstanden in seiner von messianischer Erwartung getragenen Glaubenswelt »Enklaven des Unglaubens« – was nicht selten zur Selbstmarter führte.

Mit seltsamer Wachheit erlebte er die Grausamkeit des Ersten Weltkrieges und gestand sich ein oder wußte schon, daß er sie in seinem Gedächtnis bewahren mußte, um sie eines fernen

Tages zu erzählen, und das heißt, öffentlich zu bezeugen: »Ich ganz allein bin entronnen, um es dir zu melden, Hiob.« In seiner Autobiographie, in diesem außerordentlichen Dokument über die Gegenwärtigkeit des Vergangenen, schreibt Sperber: »Hochgemut oder niedergeschlagen, im Scheine von Erfolgen oder im Schatten der Enttäuschungen – immer, fast immer wollte ich wissen: Wofür, wozu leben? Welcher Inhalt gibt dem Leben einen Wert, der nicht nur für mich, nicht nur für diesen oder jenen einzelnen gilt?« Die »Unfähigkeit zur Gleichgültigkeit«, die er an sich selber entdeckte, ließ jedenfalls nur das eine übrig: die angemessene Wahrheit der Aktion; und die hat, mag der Handelnde beauftragt oder nicht beauftragt sein, alle im Sinn.

Da Handeln hier von rigoroser Moral inspiriert ist, ist das Gegenteil – folgerichtig – nicht Kontemplation, sondern Gleichgültigkeit: der Entzug, die Verweigerung, die achselzuckende Teilnahmslosigkeit; der Gleichgültige findet sich mit fremdem Unglück ab, er rettet sich in eine Art Versteinerung – für Manès Sperber eine verächtliche Rettung. Es erscheint unausbleiblich, daß der Mann der Tat immer wieder zu dem hinüberblickt, der sich im Gefühl der Unverantwortlichkeit für die Verhältnisse zur Tatenlosigkeit entschieden hat; ein Leben lang werden die beiden alternativen Haltungen gegeneinandergestellt und überprüft, sie werden ausgefragt angesichts der Tobsuchtsanfälle der Geschichte, sie werden analysiert auf den Trümmern der Hoffnung, und noch jedesmal, selbst in Augenblicken unaufhebbarer Resignation, zeigen sich Gründe, die das Handeln rechtfertigen. Wie ein Fazit kommt mir der Bekenntnissatz aus dem »Verbrannten Dornbusch« vor: »Die Gleichgültigkeit ist so furchtbar wie ihre Folgen, so mörderisch wie die furchtbarste Gewalt.« Manès Sperber hat sie am eigenen Leib erlebt.

Als Geschichtenerzähler kommt man ja nicht darum herum,

nach Motiven zu fragen, nach Gründen, die uns so oder so handeln lassen: welche Erkenntnis, welche bewegende Intuition, welch ein Akt der Augenöffnung ging der Entscheidung voraus, keinen beliebigen, sondern einen ganz bestimmten Lebenskurs zu wählen? In dieser Hinsicht bleiben wir bei Manès Sperber nicht im Ungewissen; sein Motiv ist Mitleid, tätiges Mitleid; sein erkanntes Ziel: Man darf Geschichte nicht nur erdulden, man muß sie selbst machen. »Man muß gegen das Schicksal sein«, bekannte er, »und alles dazu tun, daß wir uns selber Schicksal seien. Ton in des Töpfers Hand, so stand's geschrieben. Wie, sollen wir Ton in der Hand eines blinden Töpfers sein?«

Wer so fragt, hat bereits mit seinem Glauben gebrochen, ist ein Abtrünniger; Manès Sperber wurde sich dessen bewußt, als er dreizehn war. Überzeugt davon, daß die Zeit des Wartens vorbei sei, wurde er Sozialist, er wurde Marxist, er wurde Revolutionär. Später, bei gelassener Bewertung seiner Entscheidung, schrieb er: »Mich drängte zur Revolution das Elend der Armen, der Wasserträger meiner Kindheit, der Kohlengräber des Germinal, doch nicht der Überfluß der Reichen. Ich dachte und denke auch heute noch, daß der Klassenneid nicht ein Motiv echter revolutionärer Gesinnung ist, sondern nur jenes Verkürztheitsgefühl nährt, das die Besitzgier und die Flucht vor der eigenen Klasse fördert.« Doch Revolutionär wurde er später, in Wien, wohin seine Familie im dritten Jahr des Ersten Weltkriegs geflohen war – aus einem Städtel, das Heimsuchungen genug erfahren hatte, dem aber die schlimmste Heimsuchung noch bevorstand.

Wien, das aus der Ferne bewunderte, ersehnte, die kunstsinnige, prunkvolle Stadt, die den Jungen in Zablotow nicht losließ, sie hielt damals nur Enttäuschungen für ihn bereit. Es war nicht allein der Sturz in die Armut, den die eigene Familie erlebte; es waren die bedrängenden Ereignisse, die bei seinen täglichen Streifzügen auf ihn warteten. Er erfährt die Etappe des Krieges in öffentlichen Wärme- und Speisestuben, er trifft Invaliden und Verwaiste, Hungernde und Ratlose, ihm entgehen nicht die verzweifelten Gesten der Menschen, ihre Erbarmungswürdigkeit, ihre Unversöhnlichkeit, doch gleichzeitig wird er Zeuge dekretierter Kriegsbegeisterung und einer erhabenen Mystifikation des Schrecklichen, das sich an den Fronten ereignet. Und er erlebt fassungslos eine besondere Art der Feindlichkeit, die es so im Städtel nicht gab: die Feindlichkeit gegen den Juden. Nicht nur wir machen Erfahrungen, gewisse Erfahrungen machen auch etwas mit uns, sie bringen uns in Zugzwang, sie reduzieren die Möglichkeiten der Wahl und nötigen uns, zu handeln: Handeln als gerichtete Antwort.

In seinem ergreifenden Altersgespräch begründet Jean-Paul Sartre, warum für ihn individuelle Freiheit auch von der Freiheit der Anderen abhängt; in ähnlicher Weise empfand Manès Sperber für sich die Abhängigkeit seines Schicksals vom Schicksal derer, die in einem Zustand notorischer Erpressung durch die Umstände lebten. Man kann nicht sein eigenes Leben akzeptieren, ohne sich in Beziehung zu bringen zum Leben anderer. Ein Einzelner, ein Ich entdeckt und übernimmt eine elementare Daseinspflicht. Und nicht nur dies: er erkennt, daß das, was geändert werden muß, allein nicht zu schaffen ist, nur ein »Wir« kann das erreichen, und das heißt eine Gemeinschaft, eine Organisation. Manès Sperber schloß sich dem Schomer an, einer jüdischen Pfadfinderorganisation, in der nicht nur wehmütige Volkslieder, sondern auch Marschlieder gesungen wurden; man übte sich im Morsealphabet, im Landkartenstudium, man beschloß, sich zu stellen, keiner Auseinandersetzung aus dem Weg zu gehen, vor allem aber: man diskutierte. Der Meisterdiskutant – und ich weiß, was ich sage, denn ich bin kaum einem begegnet, der den Partner in so sublime, so einträgliche Schwierigkeiten bringt wie Manès Sperber –, der Meisterdiskutant hatte eine vorläufige Heimat gefunden. Die Ideen der russischen Sozialrevolutionäre wurden diskutiert, Kropotkins Anarchismus und seine »gegenseitige Hilfe«, Palästinaprobleme selbstverständlich – fast hat es den Anschein, als erwarteten Manès Sperber jeweils die leibhaftigen und intellektuellen Erfahrungen, deren er bedurfte, um seinem Ziel treu zu bleiben. In diesem Sinne erwarteten ihn, den hungrigen Leser, Gorki, Tolstoi und Hamsun, ganz besonders aber erwartete ihn Dostojewski, dessen Philosophie des Mitleids ihn tief beeinflußte und von dem er in seinem biographischen Essay sagte: »Mir wurde gewiß, daß alles, was zur ersonnenen und im Raum so fernen Welt Dostojewskis gehören mochte, mich so unmittelbar anging, als wäre ich unversehens in sie geraten und sollte den Weg zurück nie mehr finden ... Man steht seinem Werk nicht gegenüber, sondern wird mit verwickelt, hineingerissen ...« Was er nicht voraussah, das waren die Konflikte, die sich aus der Zugehörigkeit zu einer Organisation ergaben, die am Ende des Krieges zu einer revolutionären Jugendbewegung wurde. Er war Teil einer handelnden Gemeinschaft geworden, er hatte das große »Wir-Erlebnis« gefunden; doch der familiäre Zusammenhalt – das, was im Städtel so unendlich viel galt – ging verloren. Brüche, Abschied, Opfer – sie gehören zum Erfahrungshaushalt des Revolutionärs.

Wie und wodurch handelt ein Schriftsteller? Indem er bloßstellt; indem er aufdeckt, was Ideologien verschweigen. Aber auch das kann schriftstellerisches Handeln sein: die Realität so auszulegen, daß niemand sich unbetroffen fühlt, daß wir uns erfahren in unseren Möglichkeiten. Handeln heißt hier ebenfalls, Vorschläge für ein deutliches Leben zu machen, und zwar mit Hilfe sowohl der historischen Analyse als auch des Gegenentwurfs, der über eine enthüllte Gegenwart hinausweist: So war es, so ist es, so könnte es sein. Von Anfang an war Sperber darum bemüht.

Allerdings, mit dem Schriftsteller Manès Sperber, ich meine: mit seiner datierbaren Existenz als Schriftsteller, hat es so seine Eigenheiten. Er hat mehrmals erklärt, daß er verhältnismäßig spät zur Literatur gekommen sei, er hat darauf hingewiesen, daß er vierundvierzig war, als sein erster Roman erschien; gleichwohl konnte sich bereits der Gymnasiast veröffentlicht sehen, mit Arbeiten über Dostojewski und Hamsun, und der sehr junge Mann hatte sich mit einem Essay »Zur Psychologie des Revolutionärs« zu Wort gemeldet. Wollte der erfahrene Autor etwa über seine Anfänge nachsichtig hinweggehen?

Keineswegs. Manès Sperber hatte lediglich einen Lebensfahrplan für sich aufgestellt, und der sah vor, daß er bis zu seinem dreißigsten Jahr Psychologe sein wollte; danach sollte der Schriftsteller zu seinem Recht kommen. So streng wollte er seine Wirksamkeiten geschieden sehen; doch hier möchte ich Einspruch erheben, und zwar aus Hochachtung für den jungen Schriftsteller, der gleichzeitig Psychologe war. Schon bei ihm fanden Scharfsinn und Güte, höchste Empfindsamkeit und zwingende Auslegekunst zu einem so erstaunlichen Ausdruck, daß wir wohl die Trennung, die der Eigentümer der Biographie selbst vornahm, respektvoll in Zweifel ziehen dürfen.

Was immer es besagen mag: Revolutionäre waren in der Mehrzahl leidenschaftliche Leser, auch Manès Sperber war es, und in einer Zeit, die fast ausschließlich revolutionärer Lektüre gehörte, fand eine – für seine Selbstbestimmung – folgenreiche Begegnung statt, die Begegnung mit Alfred Adler, dem Begründer der Individualpsychologie. Adler, der »große Errater«, quittierte das erste Referat seines sehr jungen Schülers – »Zur Psychologie des Revolutionärs« – mit einem stimulierenden Kompliment: »Sie haben wie ein Individualpsychologe gesprochen, der noch nicht weiß, daß er einer ist.« Was lag nach diesem Kompliment näher als der Wunsch, einer zu werden, zumal da die Lehre in ihrer Weise dem Ziel diente, dem sich der junge Manès, schwankend noch vor mehreren Wegen, verpflichtet fühlte. So wie der Mensch zum Opfer äußerer Gewalt, so kann er auch zur Beute innerer Gewalten werden. »Jedes Leiden«, schrieb Manès Sperber, »greift den Menschen in seiner einzigen axiomatischen Gewißheit an, nämlich in dem Bewußtsein, eine unerschütterliche Einheit, ein unteilbares Ganzes zu bilden. Er entdeckt, daß es in ihm etwas gibt, das nicht zu ihm gehört … Er hielt sich für einen zusammenhängenden Kontinent, nun entdeckt er, daß er nur ein Archipel ist; er glaubte sich Herr über die Zeit und findet nun, daß er von dieser zerstückelt wird.«

Die Besessenheit von der Psychologie verdrängte vorübergehend die eingestandene Liebe zur Literatur; von Alfred Adler früh in den geweihten Kreis geholt und mit Kursen beauftragt, gab dessen schöpferischster und dann auch wohl ketzerischster Gefolgsmann eine Einführung in die Individualpsychologie und übernahm komplizierte Fälle von Kindern und Jugendlichen. Erziehung zur Gemeinschaft und ein Abbau des Machtstrebens: dies vor allem erschien dem jungen Psychologen an der Adlerschen Lehre so bedeutsam, daß er ihm eine Monographie widmete (»Alfred Adler, der Mensch und seine Lehre«) und in Übereinstimmung mit dem Meister – das war 1927 – von Wien nach Berlin ging, um dort als Lehrer für Individualpsychologie zu arbeiten.

Freilich, wie es die schon fast musterhafte Meister-Jünger-Problematik vorgibt, konnte es nicht bei lebenslanger purer Missionsarbeit bleiben; irgendwann kommt es bei diesem Modellverhältnis zum Entzug, zur Trennung, zu dem Bedürfnis nach Erweiterung der Lehre und eigener Unabhängigkeitserklärung; einsichtsvolle Meister jedenfalls werden immer darauf gefaßt sein, daß der Schüler sich erhebt, aus dem Schatten tritt, als mehr oder weniger »treuer Ketzer« das Wort nimmt. Von neuen politischen Erfahrungen genötigt, überzeugt von der Triftigkeit marxistischer Analyse, den Aufgaben zustimmend, die diese Analyse nahelegt, und nicht zuletzt als aktives Mitglied einer revolutionären Partei antwortete der Psychologe Manès Sperber auf die Herausforderungen seiner Wirklichkeiten; er trat mit dem Entwurf einer politischen, einer marxistischen Psychologie auf, in der sich aus den Grundlagen einer Charakterologie die Möglichkeit sozialer Praxis eröffnen sollte. Was ihm vorschwebte, war nach eigener, nach damaliger Bestimmung dies: »Unsere dialektisch-marxistische Psychologie ist nicht abgeschlossen, sondern völlig offen nach vorne. Ich kann mir keine Wahrheit vorstellen, der wir uns verschließen müssen, denn ist auch nicht jede Wahrheit revolutionär, so kann doch keine konterrevolutionär sein.«

Diese Art zu denken ist bezeichnend für Manès Sperber, für seine fortwährende Bemühung, eine Annäherung an Wahrheit im dialektischen Prozeß zu erreichen. Hier zeigt sich die geistige Mitgift des Thora-Schülers: von seinem Lehrer dazu angehalten, Schöpfungsbericht und Heilsversprechen immer neu auszulegen, wird ein Prinzip Zweifel von Anfang an ins Recht gesetzt. Zum Argument gehört notwendig das Gegenargument. Es gibt keine endgültige Sicherheit, man ist immer unterwegs, und das heißt, man muß bereit sein, liebgewordene Gewißheiten aufzugeben. Da die Auslegung der Thora auf die Lebenspraxis bezogen wird, kann gewonnene Erkenntnis nur jeweilig gelten und bleibt im Hinblick auf die Zukunft offen.

Jedenfalls: ein Herz für den Häretiker, denn wir wissen, was wir ihm durch alle Zeit hindurch zu verdanken haben; von Leidenschaft angestiftet oder von vernunftbegabtem Zweifel, nahm er Nachrede und Einsamkeit in Kauf, um übersehene Wahrheit ans Licht zu bringen. Manès Sperber wußte, was es hieß, gegen die reine Lehre zu verstoßen, indem er sie erweiterte; den Argwohn von Adlers sektiererischen Anhängern hatte er sich schon bald zugezogen, der Einspruch des Meisters erfolgte zu gegebener Zeit. Unterwerfung oder Bruch: wieder bot sich die für Sperbers Leben so charakteristische Alternative an, doch niemand wird bei ihm erwarten, daß er dem inneren Frieden um den Preis der Einäugigkeit den Vorzug gab gegenüber der Geistesunruhe, die Trennung und Abfall mit sich brachte. Wie einst sein Glaube »durchlöchert« wurde, bis es zur Abwendung kam, so vollzog sich auch, durch Erkenntnis eingeleitet, der Bruch mit dem Lehrer, dem Freund, dem »sozialen Genie« seiner Zeit. Wer mit Camus die Gewißheit teilt, daß ein Leben gerechtfertigt werden muß, der sieht sich fortwährend vor die Notwendigkeit gestellt, zu handeln; doch seltsam genug – irgendwann kommt ein Tag, an dem er entdeckt, daß Handeln ein schwankender Wert ist, daß es keine fortdauernde Legitimation darstellt, sondern allenfalls eine vorübergehende, eine jeweilige. Und das heißt wohl, daß wir nicht allein die Qualität unserer Handlungen und Entscheidungen festlegen; vielmehr gibt es etwas, das sie mitbestimmt: die historische Konstellation, die Lage der Zeit. Die Friedhöfe unserer Ideale und Idole, die uns einst zur Aktion brachten, beweisen es zur Genüge.

Manès Sperber war nur einer von Tausenden europäischer Intellektueller, die damals, als die große Wirtschaftskrise die kapitalistische Welt erbeben ließ, nach Antworten auf die allgemeine Not suchten. Ihr Traum: die Welt in einem kraftvollen revolutionären Aufräumen, in einem »letzten Gefecht« nicht nur vorübergehend, sondern ein für allemal von Existenzangst und Unterdrückung zu befreien – mit jenen Mitteln, die die Sache erforderlich machte. Arthur Koestler, Ignazio Silone, Manès Sperber: sie stimmten, unabhängig voneinander, darin überein, daß »unbedingt etwas geschehen mußte«, daß aber nichts geschehen würde, wenn sie es nicht herbeiführten, das heißt die kommunistische Partei, die ihren Willen zusammenfaßte, die ihnen ein Mekka anbot und Heil versprach. »Recht haben ist wichtig«, heißt es in »Tiefer als der Abgrund«, aber »nicht allein sein ist viel wichtiger.« Der suchende, der mitleidende Wanderer, immer Ausschau haltend nach den »Hügeln hinter den Hügeln« – ein oft beschworenes Bild –, glaubte wiederum, eine Art Heimat gefunden zu haben … »Ich beabsichtigte keineswegs«, sagte er, »ein Berufspolitiker oder – um mit Lenin zu sprechen – ein professioneller Revolutionär zu werden, sondern nur ein Militant, ein aktives Mitglied einer revolutionären Partei.«

Nicht allein Manès Sperber, viele seinesgleichen gingen davon aus, daß Geschichte, daß Leben einen Sinn habe, und wenn nicht dies: daß man ihnen dann einen Sinn verleihen müsse; aber welchen? Da in gegenwärtiger Realität nichts dergleichen auszumachen war, kam man überein, für ein sinnerfülltes Dasein in der Zukunft tätig zu sein; der Sinn wurde sozusagen zu einer utopischen Größe. Nachdem der Mensch aufgehört haben wird, vom Menschen zu leben, werden wir das letzte strahlende Ziel des geschichtlichen Ganges erreicht haben, das endliche Happy-End nach allen leidvollen Weltepochen. Sie handelten im »Namen der Hoffnung«, Männer von enormer Bildung und Erfahrung, die wohl niemals geglaubt hätten, daß sie eines Tages zu der gleichen Erkenntnis kommen würden wie jener Rubaschow, Koestlers Held aus dem Roman »Sonnenfinsternis«: nach allen Opfern und Niederlagen erwartete ihn nur das »Achselzucken der Unendlichkeit«.

Von manchem Leben möchte man sagen, daß es bis zu einem gewissen Grade einem Zwangskurs folgt, und das heißt, es folgt der vorgegebenen Spur, den eigentümlichen Markierungen, die Risiken und Unwägbarkeiten sind allemal absehbar. So erscheint es unvermeidlich, daß Manès Sperber, der auch als Marxist dem Prinzip Zweifel die Treue hielt, in Widerspruch zu einer Partei geriet, die immer recht hatte und die in behaupteter Irrtumslosigkeit lediglich genehme Wahrheit dekretierte. Lange hat es gedauert, bis er die Souveränität eigenen Erkennens für sich forderte, denn er hatte zuviel investiert und zuviel auf sich genommen: Schutzhaft in Berlin, Emigration nach Jugoslawien, Armut und Bitternis des Exils in Paris. Ihm entging nicht, in welcher Weise die Partei zum Instrument eines gigantischen Machtapparates gemacht wurde, wie so viele andere litt er unter einer unbegreiflichen Taktik, die als Generallinie ausgegeben wurde, doch vorerst konnte er sich zur Trennung nicht entschließen. Er arbeitete am Pariser Institut zum Studium des Faschismus, schrieb Artikel und Essays, übernahm Kurierdienste, hielt Vorträge in diesem und jenem Land – überzeugt davon, daß einer größeren Gefahr für Europa begegnet werden müsse, dem sich selbst entlarvenden Faschismus. Als Moskau endlich darin einwilligte, die Volksfrontpolitik zu unterstützen, wurden Manès Sperber und manche seiner Freunde aus einem Zustand schmerzhaften Haderns erlöst; sie konnten damit beginnen, sozialistische Gruppen und Organisationen, die bis dahin als Hauptfeind galten, für eine Aktionsgemeinschaft gegen den Faschismus zu gewinnen.

Dennoch – bei aller Bedeutung dieser Aufgabe –, der Bruch war angelegt, er mußte erfolgen, da der skeptische Gläubige nicht aufhörte, auf einer Forderung zu bestehen: auf der Unabhängigkeit des eigenen Urteils. Als in Moskau die großen Schauprozesse begannen, als Unschuldige mit den absurdesten

Argumenten zu Schuldgeständnissen gepreßt und in den Tod geschickt wurden, gab es keine Wahl mehr; wer die Wahrheit über diese Hexenprozesse kannte – und viele kannten sie –, mußte sich entscheiden. Pjatakow, Kamenjew und Rykow und mit ihnen tausend andere büßten für Verbrechen, die Stalins Geheimpolizei erfunden hatte – für alle, die sich ihren Verstand bewahrt hatten, eine alptraumhafte Herausforderung. Die Grenze der Selbstverleugnung war erreicht. Der Glaubensabfall von dem »Gott, der keiner war« ging, äußerlich betrachtet, verhältnismäßig still vor sich, fast wie ein Rückzug ins Privatleben. Manès Sperber bekannte indes, daß der Entzug, zu dem er sich als »Hoffnungssüchtiger« entschieden hatte, unerwartete und zum Teil bedrohliche Probleme mit sich brachte. Heimatlosigkeit und Einsamkeit hatte er bereits an sich erfahren; was hinzukam, das war ein Gefühl der Gegnerschaft gegen sich selbst. Welche Folgen hat mein Irrtum? Hab' ich am Ende mit verraten?

Man muß wählen, auch wenn die Wahl eine Möglichkeit des Irrtums einschließt. Wer seine Wahl trifft, hat die Zukunft im Auge, eine, das ist klar, unsichere Zukunft. Mut gehört allemal dazu. Und dieser Mut ist es, der den, der ihn aufbringt, über den Abgrund führt. Die rettende Brücke wächst unter dem Gehenden. In einem Gespräch hat mir Manès Sperber das Gleichnis von der Brücke, in dem er sein Leben gespiegelt fand, erläutert. »Wissen Sie«, sagte er, »ich habe dieses Bild vor mir, das Sie sicher kennen: die Gefahr, in der ein Mensch ist, der über eine Brücke geht, die es noch nicht gibt. Die Brücke wächst Stück für Stück unter seinen Füßen, wenn er den Mut aufbringt, den Fuß über den Abgrund zu setzen. Leider sind die meisten, die sich Revolutionäre nennen, nichts anderes als Parteileute, und die glauben natürlich, die Brücke ist da. Wenn man ihnen folgt, kommt man sicher ans andere Ufer. Ich bin ein Revolutionär, der sehr früh begonnen hat, sich vorzustellen, daß es vielleicht ein solches Ufer gar nicht gibt. Und ich wußte sehr bald, daß die Brücke nicht halten muß und daß ich in den Abgrund stürzen kann. Aber ich fand einen Sinn in meinem Leben, daß ich dieses Wagnis unternahm, daß ich nicht ununterbrochen auf dem gleichen Weg hin und her gehe. Gewißheiten erlangt man nicht dadurch, daß man weiß, man hat eine Versicherung! Es ist fast umgekehrt. Alles ist ungewiß, man muß wählen. Also wähle ich und kann mich irren. Tragisch wird es, wenn man hinter sich Menschen hat, und die Brücke setzt sich nicht unter den Füßen fort – man stürzt in den Abgrund und trägt die Verantwortung für die anderen. Da nutzt das eigene Schuldbekenntnis nicht viel. Das ist ein Teil der Tragödie meines Lebens und des Lebens vieler meinesgleichen.«

Es galt, sich in einem Niemandsland neu zu bestimmen, eine Zuflucht zu finden, wo man in Übereinstimmung mit sich selbst handeln konnte; diese Zuflucht wurde für Sperber die Literatur.

Freilich, für den schreibenden Einzelgänger, der sich von etlichen Kameraden mit den Worten verabschiedet hatte: »Vergiß mich nicht«, fand sich keine bukolische Einsamkeit, die Zeitgeschichte spürte ihn überall auf, holte ihn immer wieder ein und stellte ihn vor folgenreiche Entscheidungen. Den Zweiten Weltkrieg erlebte er als Freiwilliger, abermals wurde er Zeuge von Not und Untergang, die Spannungen illegalen Daseins blieben ihm ebensowenig erspart wie die nächtliche Flucht über die Grenze und die Erfahrungen des Lagers. Kaum schafft sich dieses Leben einen Entwurf, da wird schon eine gewaltsame Befristung erkennbar, Gegenwart wird fortdauernd entwertet: eine leidvolle Durchgangsphase, mehr ist sie nicht. Es gibt keinen vollkommenen Sieg, oder, mit Hemingway zu sagen:

»Der Sieger geht leer aus.« Nach dem Ende des Krieges fand Manès Sperber diese Erkenntnis bestätigt; doch auch sie führte ihn nicht in die Resignation. Als ob seine eigene Vergangenheit an ihn appelliert hätte, übernahm er, womit man ihn und womit er sich selbst beauftragt hatte; er handelte in wesentlicher kulturpolitischer Mission, er handelte mit der Legitimation des Zeugen überall da, wo er Vernunft und Wahrheit bedroht sah, er, der »Spezialist für Niederlagen«, handelte unentmutigt als Aufklärer und Vermittler des nötigen Worts.

Über sein Verhältnis zum Schreiben sagte er selbst: »Ich nehme das Schreiben so ernst wie das Leben und die Drohung des Todes, denn ich bleibe dessen stets gewahr, daß alles künstlerische Schaffen, besonders aber jenes des Dichters, den ganzen Menschen auf die Probe stellt; sein Wesen, sein Wissen und sein Bewußtsein, seine innere Wahrhaftigkeit ebenso wie seine nicht überwundenen Schwächen.«

Sperbers Themen, seine Motive und Konflikte – er brauchte sie nicht mühsam zu wählen, von weither zu beziehen, er verfügte bereits über sie als eine Art erlittenen Besitzes: die Erfahrungen des Überlebens reichten allemal aus, um den Zustand der Welt zu beschreiben. Auch wenn es arg allgemein klingt: für den Schriftsteller stellt sich nur ein Thema, und das ist die Welt in ihrer Unübersehbarkeit; um ihre Spielregeln aufzudecken, um zu zeigen, was sie verwehrt und möglich sein läßt, genügt es durchaus, ihr das Schicksal eines Einzelnen in seiner Zeit entgegenzusetzen, ja, durch das Schicksal des geprüften Individuums läßt sich die allgemeine Lage wohl am verläßlichsten darstellen. Man kann schließlich nicht von sich sprechen, ohne auf die andern einzugehen, sie zumindest mit zu meinen; die Aufbrüche des Einzelnen, seine Hoffnungen und Niederlagen weisen unwillkürlich über ein individuelles Dasein hinaus.

Nach seinen eigenen Worten wollte der Schriftsteller Manès

Sperber »nur ein Erinnerer« sein; er sagt »nur« und weiß, daß dies nicht wenig ist; denn erinnern, das heißt ja nicht allein wiederzubeleben, es stellt auch einen Akt der Auflehnung dar gegen das Vergessenwerden. Wir finden uns nicht ab mit der Gleichgültigkeit der Geschichte, die über alles hinweggeht. Als Angehörigem eines Volkes, dem das »Aufbewahren« unendlich viel gilt, ist Erinnerung aber – so glaube ich wenigstens – für Manès Sperber noch etwas anderes, nämlich eine besondere Form der Liebe, eine Liebe zu denen, die ihr Unglück stimmlos gemacht hat, deren Opfer vergeblich war. Sein Lebensbericht – die drei Bände »Die Wasserträger Gottes«, »Die vergebliche Warnung« und »Bis man mir Scherben auf die Augen legt« – ist ein einziges Beispiel dafür. Der Autor steigt hinab in das Schattenimperium seiner Zeit, doch er will es nicht damit bewenden lassen, daß alles in seiner Vergangenheit bleibt; er mischt die Zeiten, verschmilzt die Horizonte – die Trauer Galiziens findet ihre Entsprechung in Wien, die Hoffnungen, die Berlin zuließ und vereitelte, werden mit den Hoffnungen der Pariser Jahre verglichen, in einem forschenden Zwiegespräch wird »All das Vergangene« so nah gesehen, daß seine konstituierende Bedeutung für die Gegenwart offenbar wird.

Der Beter und der Wasserträger, der Komplize und der Mentor, der aufrichtig Irrende und der »Engel mit gebrochenen Flügeln«: durch die Kraft der Vergegenwärtigung werden sie für einen Augenblick zu Zeitgenossen, die in unser Leben hineinsprechen. Das Gleichnishafte, das Sperber in allem zu zeigen oder anzudeuten versucht, erhöht unsere Empfindlichkeit für die Situation. Auch in seinem bedeutendsten epischen Werk, in der Roman-Trilogie »Wie eine Träne im Ozean«, wird deutlich genug, wem die Sympathie des Schriftstellers gehört, wem er sich verbunden fühlt in lebenslänglicher Solidarität. Es sind die Gefährten, die aus Überzeugung die Aktion wählten und erfahren mußten, daß ihre Auflehnung vergeblich war. Es sind die skeptischen Wahrheitssucher, die, wenn auch von der Geschichte besiegt, ein Recht auf ihrer Seite behalten: das Recht, angesichts von Lüge und Gewalt zu handeln. »Wie eine Träne im Ozean«: ein großes Zeugnis europäischer Romanliteratur, ein politisches und philosophisches Werk, eine Gewissenserforschung, ein Zeitporträt ohnegleichen, an dem – so kam es mir mitunter vor – Dostojewskis Leidenschaft ebenso mitgewirkt hat wie die denkerische Luzidität der französischen Moralisten. Die Vorbereitung einer politischen Aktion und das Herz einer Stadt; die bisweilen aphoristisch anmutende philosophische Debatte und das sanfte Liebeserlebnis; die »todbringende Wahrheit« – wie Malraux es nannte – und das Bild einer Landschaft: die gleiche Meisterschaft verbindet den Ereignisreichtum und die Gestaltenfülle des Buches. »Wie so viele Schriftsteller vor ihm«, bemerkte Manès Sperber in einem Vorwort, »hat der Autor seinen Lesern nur eines angeboten – mit ihm seine Einsamkeit zu teilen.« Dies Angebot wurde angenommen, dankbar und nicht ohne Folgen; denn wie der alte Brandes in Kopenhagen sagte: »Gut ist das Buch, das mich verändert.«

Erinnerer wollte er sein; doch der Erinnerer wird nach eigenem Eingeständnis zum »besessenen Erben des Vergangenen«; wann immer er sein Judesein bedenken muß, er wird zum »Erben eines Unglücks«. Unfähig zur Gleichgültigkeit, aber auch unfähig zum Haß, ermißt er jüdisches Schicksal, das heißt jüdisches Leid; er deckt die historischen Ursachen des Antisemitismus auf und begründet, warum er, ein Ungläubiger, immer zum Judentum gehören wird. »Churban oder Die unfaßbare Gewißheit« – dieser Essayband gibt eine Antwort darauf, warum Zablotow gegenwärtig bleiben muß, warum auch die

Ahnen, die Gefährten und Wegbegleiter gegenwärtig bleiben müssen, die despotische Gewalt zum Opfer bestimmte. »Ich bin ein europäischer Jude«, sagte Manès Sperber, »der jeden Augenblick dessen bewußt bleibt, ein Überlebender zu sein, und der nie die Jahre vergißt, in denen ein Jude zu sein ein todeswürdiges Verbrechen gewesen ist.«

»Churban« – das steht hier für Holocaust und meint die Zerstörungen des Ersten und Zweiten Tempels. Was zerstört ist, vernichtet wurde – es verpflichtet den Nachkommen in besonderer Weise: er bereitet dem Verlorenen eine Heimat in seinem Gedächtnis.

Über sein »Judesein« hat sich Sperber immer wieder bekenntnishaft geäußert. Er sagte einmal: »Ich bin ein ungläubiger Jude«, und fuhr erläuternd fort: »Nicht ein einziger der zahllosen Riten, die den Alltag und den Festtag der Gläubigen beherrschen, hat für mich noch Geltung. Desungeachtet habe ich nie die geringste Neigung empfunden, mein Judesein zu verleugnen oder mich ihm zu entziehen. Nicht religiös und nicht ein Israeli – was bin ich dann für ein Jude? Diese Frage läßt nur eine persönliche Antwort zu, gilt also jeweils nur für den Einzelnen, in diesem Falle für mich.« Die persönliche Antwort lautet, daß er zeitlebens dem Wesentlichen des jüdischen Gebots die Treue gehalten hat. Und dies Wesentliche sah er darin, daß sowohl sein politisches Handeln als auch seine schriftstellerischen Bemühungen von der Überzeugung inspiriert waren, die gleiche Gerechtigkeit für alle herbeizuführen. In bestehender Ungerechtigkeit erkannte er ebenso eine Herausforderung an das Menschliche wie an das Göttliche. Dies war, so scheint es mir, sein persönlicher Sozialismus: Solidarität mit denen, die immer nur auf Gerechtigkeit hofften.

Daß der Agnostiker, daß der »treue Ketzer« Sperber der Bibel immer eine zentrale Bedeutung zuerkannte, wird nur den in Erstaunen versetzen, der übersieht, was Juden im Wort erkennen. Die Bibel, das heilige Wort, ist nichts weniger als Heimat. Sie ist Zuflucht, Stütze, Trost und Versprechen. Fast ergriffen gestand Sperber: »Die Lippen sprechen die Worte aus. Hast du sie erfaßt, so verstehst du, was die Worte sagen; hast du sie besser erfaßt, so weißt du, welchen Sinn sie mit sich tragen, wie der Fluß manches mit sich trägt, was nicht Wasser ist, sondern allerlei anderes ... Ich weiß genau, wie sehr ich unter dem Einfluß der Bibel schreibe.«

Aber Sperber ist nicht allein durch den besonderen Geist des Erinnerns geprägt, ich finde in ihm ebenfalls die charakteristischen Züge einer souveränen Gegenwehr gegen die Zumutungen der »täglichen Weltgeschichte«. In den programmatischen Essays von Manès Sperber zeigt sich: hier wehrt sich einer mit allen Mitteln des Scharfsinns und der analytischen Beweiskunst, hier teilt einer seine Antworten aus, indem er gelassen Erscheinungen ausfragt, demaskiert, was uns blendet, in Zweifel zieht, was sich nicht rechtfertigen läßt, bestätigt, was verantwortbar ist. Der bestimmende Anstoß für den Essayisten, wie er ihn selbst sieht: »... eine aufdringliche Ungewißheit, eine herausfordernde Fragwürdigkeit, in der sich eigenes oder fremdes Leben oder ein bedeutendes, aber widerspruchsvolles Werk oder schließlich ein vieldeutiges Ereignis darstellt.« Allein die Titel seiner Essays machen deutlich, daß das Programm, das er sich einst entwarf, für ihn verbindlich geblieben ist – man kann es auch Treue zu sich selbst nennen. Sie heißen etwa »Zur Analyse der Tyrannis«, »Die Achillesferse« (darunter »Die polizistische Geschichtsauffassung«, »Über den Haß«); sie heißen: »Die falschen Situationen«, »Die falsche Alternative«, »Wallfahrt nach Utopia« oder »Geschick und Mißgeschick der Intellektuellen in der Politik.«

Zeitlebens hat er nicht aufgehört, die Herausforderungen anzunehmen, uns ins Bewußtsein zu bringen, was Ideologie unterschlägt und welche Fallen sie bereithält. Kassandras Stimme war bis zuletzt nicht brüchig geworden; der alte Warner nahm unbeirrt das Wort, obwohl er oft genug erfahren hat, daß seine Warnungen vergeblich waren. Wo die Wahrheit in Bedrängnis geriet, wo man uns in trügerische Paradiese hineinzwingen wollte, wo die Gesetze der Moral außer Kraft gesetzt wurden und eine anmaßende Macht den Einzelnen zur Unmündigkeit verurteilte, konnte man mit Manès Sperber rechnen, mit seinem Einspruch, mit seinem Widerstand, der beglaubigt wurde durch jede Erfahrung am eigenen Leib.

Am 5. Februar 1984 starb Manès Sperber in Paris, in der Stadt, in der er die meiste Zeit seines Lebens gewirkt, geschrieben, gehofft hatte. Ein mutiger und – ich zögere nicht, es zu sagen – ein weiser Mann, der seine Arbeit als Erweckerdienst ansah. Den Leser und sich selbst immer wieder zu wecken, darauf kam es ihm nach eigener Bekundung vor allem an.

Was er einmal von seinem Freund Aron sagte, traf in höchstem Maß auf ihn selbst zu: »Nichts ist ihm recht, was nicht gerecht ist.«

(1984)

Erfahrungen beim Wiederlesen

Schwer ist es, bei abermaliger Lektüre der »Buddenbrooks« zu vergessen, was man mittlerweile über diesen Roman gelesen hat. Er ist ja ausgefragt nach allen Regeln der Kunst: die mythologischen und genealogischen, die philosophischen und religiösen, und selbst die – als Formprinzip bedeutsamen – musikologischen Aspekte sind weithin erkannt und in einer Sekundärliteratur ohnegleichen dargestellt. Hingebungsvoll bloßgelegt sind auch die mannigfachen Einflüsse und Abhängigkeiten – was der Autor Schopenhauers Lebensphilosophie verdankt, wieviel er dem spezifisch deutschen Charakter von Wagners Musik abgewinnt, wie weit er Nietzsche verpflichtet ist – alles ist festgestellt, und zwar so umfänglich, daß Unsicherheiten im »Verstehen« kaum noch vorkommen dürften.

Ich muß zugeben, dieses Vorwissen, mit dem uns eine außergewöhnliche Thomas-Mann-Forschung versieht, erweist sich zunächst beim Wiederlesen der »Buddenbrooks« nicht unbedingt als Vorteil. Man fühlt sich belastet, fühlt sich dirigiert. Vielfach ausgeflaggt ist ja der Pfad der Erkenntnis. Was Scharfsinn und Sitzfleisch analytisch an den Tag brachten, läßt kaum noch etwas übrig für eigenes Bemerken. Sacht stellt sich sogar das Gefühl ein, daß man nicht allein, sondern gleichzeitig mit den anderen liest, die beständig ihre Vorschläge machen, wie Probleme und Szenen, Haltungen und Bekenntnisse zu werten sind. Es fehlt nur wenig zu der Befürchtung, daß ein unbefangenes Originalerlebnis kaum noch möglich ist.

Doch es zeigt sich schon bald, wie unbegründet Befürchtungen dieser Art bei den »Buddenbrooks« sind. Auf einmal wird man gewahr, daß man nur noch Leser ist, der, wünschenswert befreit von einengendem Vorwissen, zum Leben erweckt, was der Autor ihm angeboten hat. Vergessen sind die Befangenheiten, die Direktiven. Die interpretatorischen Meisterstücke zwingen nicht mehr zu einer Habt-Acht-Lektüre. Verschlagen in die rollenbewußte Welt der »Buddenbrooks«, kehrt überraschend die Leser-Unschuld zurück. Das Original siegt über all seine Deutungen, wieder einmal.

Was den Kritiker bei der Formulierung seines Urteils wenig kümmert, nämlich die äußeren Bedingungen und Verhältnisse, unter denen etwas entstanden ist – mich hat es schon immer interessiert. Das liegt gewiß an meinem Deutschlehrer, der mir einst die Augen geöffnet hat und der mich nun – offenbar lebenslänglich – dazu anhält, die anscheinend vordergründigen Fragen zu stellen, Fragen nach Alter und Befindlichkeit, nach Erkenntnisstand und Arbeitsweise des Autors und nach seinem möglichen Leidensgrund an der Welt. Auch wenn das in den Augen des Kritikers nicht als Rabatt oder mildernder Umstand taugt: mir als Leser waren diese Kenntnisse dienlich zum Verständnis eines Werks.

Also die »Buddenbrooks«. Ich stelle mir den 22jährigen Autor Thomas Mann vor, in München, Ende der Neunziger des vergangenen Jahrhunderts. Er hat bereits einen Novellenband veröffentlicht, »Der kleine Herr Friedemann«, dafür gab es freundliches Schulterklopfen, doch verkauft wurden keine fünfhundert Exemplare. Von dem Wunsch besessen, einen Roman zu schreiben – und er dachte dabei noch durchaus nicht daran, ein »Stück Seelengeschichte des europäischen Bürgertums überhaupt« darzustellen –, möchte er es genug sein lassen mit der Geschichte des »sensiblen Spätlings Hanno«. Allerdings dachte er auch noch an einige andere Familienmitglieder. Bei der Konzeption des Buches machte er eine Entdeckung, die keinem Romancier fremd ist: »Ich wußte nicht genug.« Der junge Autor tut sich also um, holt Auskünfte ein, stellt Fragenkataloge zusammen, die er an verläßliche Zeugen schickt.

Was glaubte er wissen zu müssen? Um zu zeigen, wie und warum es mit dem Buddenbrookschen Imperium abwärts ging – »Abwärts«, das war ja zunächst auch eine Art Hilfstitel –, fragt er nach den Lebensbedingungen vor der Gründung des Kaiserreichs, fragt nach Getreidepreisen und sogar nach der ersten Straßenbeleuchtung in Lübeck. Er erforscht das Geschäftsgebaren, stellt Stammbäume auf, sammelt jedes ihm wichtig erscheinende Material, zieht sogar ein altes Familienkochbuch zu Rate. (Auf Menüs anspielend, die er schilderte, wird er übrigens nach Veröffentlichung des Romans sagen: »... In weiteren Kreisen bin ich, glaube ich, als Schilderer guter Mittagessen geschätzt.«) Dieser stupende Wissensbedarf, dies Fragebedürfnis, dieser penible Umgang mit allen erhaltenen Informationen, für mich sind sie nichts Außergewöhnliches, vielmehr halte ich sie für eine ordentliche Voraussetzung schriftstellerischer Arbeit. Jedenfalls, es ist verbürgt, daß alle entscheidenden Themen des Romans konzipiert wurden, bevor der junge Autor zu schreiben begann.

Daß er sich, als er an sein Unternehmen ging, finanzieller Sorglosigkeit erfreute, kann man gewiß nicht sagen. Von den Zinsen, die seine Mutter aus Lübeck erhielt, bekam er einen bescheidenen Anteil: 160 Mark im Vierteljahr. Außerdem lebte er von Zeitschriften-Honoraren und später dann von seinem

Lohn für die Tätigkeit beim »Simplicissimus« – einer Arbeit, die die Entstehung der »Buddenbrooks« verlangsamte. »Sie glauben nicht, wie zeitraubend der Quark ist«, klagte er einmal und meinte die Redaktionsarbeit. Unterwandert von früher Lebensskepsis, dazu bangend, daß der Einberufungsbefehl zum Militärdienst die Arbeit unterbrechen könnte – zweimal war er ja wegen zu engem Brustkorb und nervösem Herzen zurückgestellt worden –, schrieb er weiter und konnte nach dreijähriger »Schichtarbeit« einem Freund mitteilen: »Mein Roman [...] wird nun im nächsten Monat fertig werden, worauf ich ihn meinem Verleger wohl für ein Spottgeld werde in den Rachen werfen müssen. Geld und Massenapplaus ist mit solchen Büchern nicht zu erlangen; aber wenn es nur wieder ein kleiner literarischer Erfolg wird, so will ich stolz und dankbar sein.«

Wie bekannt, gab ihm Samuel Fischer keinen Vorschuß, bot ihm indes das enorme Honorar von 20 Prozent des Ladenpreises an. Als die »Buddenbrooks« dann 1901 in einer zweibändigen Ausgabe herauskamen, schienen sich die Befürchtungen des jungen Autors zunächst zu bestätigen. Der Roman blieb liegen. Erst als Fischer sich 1903 zu einer einbändigen Ausgabe entschloß, stellte sich, wie man untertreibend sagt, der Erfolg ein. Aber was heißt Erfolg? Es war ein Siegeszug ohnegleichen, die »Auflagen jagten sich«, wie es heißt, und später bilanzierte der Autor: »Ich wurde in einen Erfolgsstrudel gerissen ... Meine Post schwoll an, Geld strömte herzu, mein Bild lief durch die illustrierten Blätter, hundert Federn versuchten sich an dem Erzeugnis meiner scheuen Einsamkeit, die Welt umarmte mich unter Lobeserhebungen und Glückwünschen.«

Ich sagte es schon, das Original siegt über all seine Deutungen.

Mir ist es tatsächlich so ergangen, als ich die »Buddenbrooks« wieder las, dies für einen Mittzwanziger einfach erstaunliche Werk über den »Verfall einer Familie«: ich erkannte sie zwar sogleich wieder, die vier Generationen der lübischen Kaufmannsfamilie, es stellte sich sogar die alte Vertrautheit mit ihren wechselnden Lagen, Eigenarten und Redeweisen her, doch das verminderte weder die Spannung, noch schränkte es die Teilnahme ein. Man lauscht von neuem und sorgt sich, ist ergriffen und amüsiert und wehmütig, ganz so, als gehe man mit Personen von höchster Gegenwärtigkeit um. Seltsam, daß uns die Geschichte, die erzählt wird, nicht als historisches Geschehen vorkommt, obwohl der detailsüchtige Autor immer wieder Jahreszahlen nennt, längst Vergangenes beschwört. Wie von selbst stellen sich eine verblüffende Nähe und das Gefühl ein, an überzeitlichen Ereignissen teilzuhaben. Man ahnt schicksalhafte Gesetzmäßigkeiten. Die Unerschöpflichkeit eines Gleichnisses wird deutlich.

Es hat mich immer schon gereizt, etwas zu schreiben über die Bedeutung des ersten Satzes im Roman, in der Novelle. Vielfältig und ungemein aufschlußreich sind ja seine Funktionen. Wer erste Sätze aus der erzählenden Literatur sammelt, sie miteinander vergleicht, wird erfahren, wie verschiedenartig der Dienst ist, den sie versehen. Einmal haben sie schlicht konstatierenden Charakter, ein andermal enthalten sie antizipatorische Qualität. Hier laden sie uns zu einem Fernblick ein, dort gewähren sie schockartige Nähe. Der erste Satz kann ebenso Profil geben wie eine Unsicherheit in der Wahrnehmung begründen. Mit ihm wird eine Tür geöffnet, ein Verweis gegeben, ein Panorama vors Auge gebracht – er kann ein Eingeständnis enthalten, eine Situation erhellen, einen Zweifel anmelden. Immer aber wird er von der Absicht getragen sein, zu überreden. Mit dem ersten Satz beginnt die Überredungskunst des Autors.

Ich weiß, daß der erste Satz der »Buddenbrooks« hundertmal

ausgelegt und gewürdigt worden ist, dennoch halte ich es für angebracht, seine Einzigartigkeit, seine enthüllende Bedeutung und vorwegnehmende Tendenz noch einmal zu erwähnen. »Was ist das. – Was – ist das …« »Je, den Düwel ook, c'est la question, ma très chère demoiselle!« Dieser Romananfang stand für Thomas Mann schon bei der Konzeption fest. Die Szene wird allmählich deutlich: bei der Frage »Was ist das« kann es sich nur um eine Rezitation aus Luthers Katechismus handeln; da prüft der Großvater seine Enkelin über ihre Kenntnisse.

Herbert Lehnert, der Thomas-Mann-Forscher – er stammt aus Lübeck und lehrt seit vielen Jahren an der Universität von Kalifornien –, hat gezeigt, was alles dieser Anfang umfaßt, preisgibt und dem Leser aufgibt. Abgesehen von einer unwillkürlichen Charakterisierung der Person, die sich zugleich Plattdeutsch und Französisch äußert, erfährt man, daß es mit der Frömmigkeit in diesem Bürgerhaus seine eigene Bewandtnis hat. Es wird einem zu verstehen gegeben, daß Welt und Glaube hier sehr fraglich sind und daß der Leser gut beraten ist, wenn er die ganze hier gezeigte Welt in Frage stellt.

Bei dem Versuch, die Familiengeschichte knapp wiederzugeben, merkt man alsbald, daß sie inhaltlich kaum etwas Außerordentliches enthält. Mit dem Recht auf »Naivität«, das jeder Leser für sich beanspruchen darf, kann man durchaus sagen: Es wird die Geschichte der Getreidefirma Johann Buddenbrook zu Lübeck erzählt, und zwar vom Augenblick ihrer großen Blüte bis zum Erlöschen. Imponierend der Beginn: wir werden in eine Zeit glückhafter Kaufmannschaft versetzt, deren Standesbewußtsein sich in einem ruhigen Repräsentationsbedürfnis ausdrückt. Solange ein umsichtiger und lebensfroher Patriarch wie Johann senior die Geschicke der Familie lenkt, ist jede Krisenstimmung unbekannt, der Traum von Dauer scheint erfüllbar. Das frisch bezogene, stattliche Haus in der Mengstraße, ein steinerner Beweis der Reputation, führt jedermann vor Augen, daß es mit der Firma aufs glänzendste bergauf geht.

Doch schon des alten Johann Sohn, der Konsul, zeigt eine aufschlußreiche, eine signalhafte Empfindsamkeit, als er an die Vorbesitzer des Hauses erinnert, die, ehemals nicht weniger reputierlich und selbstgewiß als die Buddenbrooks, eines Tages verarmten, davonzogen, starben. »Traurig«, sagt der Konsul mit Blick auf die Vorgänger, »dieses Sinken der Firma in den letzten zwanzig Jahren« – und damit fühle ich mich als Leser schon vorbereitet auf bevorstehendes Unglück bei den Buddenbrooks. Noch ist das große resignierende Bibelwort »Alles hat seine Zeit« nicht gefallen, doch das Unabwendbare ist bereits angekündigt, zumindest für den Leser, den Thomas Mann fast immer mehr über die handelnden Personen wissen läßt, als diese über sich selbst wissen.

Es kann sein, daß man sich durch dieses Zugeständnis des Autors in besondere Spannung versetzt und zu besonderer Teilnahme stimuliert fühlt. Als Leser hat man unwillkürlich seine eigenen Wünsche, man hofft und bangt, man möchte korrigierend ins Geschehen eingreifen, hier begünstigen, dort verhindern. Und wie bei der ersten Lektüre wünschte ich mir auch diesmal, die Handelnden aufklären zu können über ihre Lage und ihre Entscheidungen. Mein leidenschaftliches Leserinteresse weckte tatsächlich das Bedürfnis, einige dieser ehrbaren Leute, die doch sonst eine »fast religiöse Achtung vor Tatsachen« hatten, auf die Zeichen und Symbole des Niedergangs aufmerksam zu machen. Warnen wollte ich sie vor Bankrotteuren, frommen Erbschleichern, sie, die Erfahrenen, Gewitzten, hätte ich gern auf die Krisenhaftigkeit des Wirtschaftslebens hingewiesen, und ein fast schmerzhafter Wunsch, sie vom Verkauf des Stammhauses abzuhalten, ließ sich nicht unterdrücken. Auch wenn man das Gesetz der Notwendigkeit erkennt: als Leser hadert man mit ihm, man wehrt sich wohl gegen die Gelassenheit, mit der der Untergang der Familie erzählt wird.

Aber gerade die ist die angemessene Erzählhaltung, um vorbestimmte Schicksale darzustellen. Wie sorgfältig, wie diskret und subtil wird mir beigebracht, daß mit dem Verschwinden der mitunter derben Kaufmannstugenden des Alten ein vorbestimmtes Schicksal seinen Lauf genommen hat. Die religiösen Neigungen des Konsuls, seine Ämterlast, seine Art zu denken lassen bereits von fernher Gefährdung ahnen; bei seinem Tod sind dann auch die geschäftlichen Schwierigkeiten offenkundig.

Die schlichteste Art, das Erlöschen einer Dynastie zu begründen, besteht wohl darin, das biographische Argument anzuwenden. Thomas Mann mutet es uns nicht zu. Er zeigt vielmehr, wie verschiedenartig die Symptome des Verfalls sein können und daß sie erst in ihrer Bündelung zum Niedergang führen, und damit, scheint mir, bestätigt er eine Erfahrung, die immer noch gilt. Tony Buddenbrooks unglückliche Heirat, die Aussteiger-Eskapaden ihres hypochondrischen Bruders Christian, die glückhaft aufsteigenden Rivalen Hagenström, denen sogar »der Ochse kalbt«, die Fixierung auf bedenkliche Traditionen: in allem zeigen sich die Symptome des Verfalls. Es wurde mir erst nach wiederholter Lektüre klar, wie ein umsichtig kalkulierender Kunstverstand alle Charaktere und Ereignisse zum Dienst an seiner Beweisführung bringt.

Vor vielen Jahren sprach ich einmal mit Heinrich Böll über die Charakterisierung literarischer Personen. Er war davon überzeugt – und sein Werk belegt es –, daß die Schilderung von Haut, Haaren und Zähnen einen Menschen ziemlich kenntlich macht. Wir stimmten weitgehend überein, ohne darüber zu spekulieren, wie weit die Erwähnung dieses Signalements auch symbolische Bedeutung haben könnte. Ich möchte nichts überinterpretieren, aber ich frage mich doch, warum einige Buddenbrooks – interessanterweise nicht der Alte – unter schlechten Zähnen leiden. Hanno zum Beispiel, aber besonders Thomas, der ja nach einer Zahnoperation einen Schlaganfall erleidet. Es scheint mir nicht ausgeschlossen, daß Thomas Mann in seiner behutsamen Symbolsprache selbst dem Befund der Zähne verweisende Bedeutung gab.

Doch die Geltung der Buddenbrooks wird auch durch etwas bedroht, das man – und zumal für eine Firma dieser Qualität – einen prekären Gewinn nennen kann: ich meine die intellektuelle Verfeinerung. Mit dem Abstieg geht tatsächlich ein eigentümlicher Aufstieg einher, der sich zum Beispiel in einer Offenheit für die Kunst und in einer besonderen Sensibilität für die eigene Existenz andeutet; freilich zeitigt dieser Aufstieg auch Selbstzweifel und zunehmende »Störungen der Magennerven«. Klar, daß man hier Verlust und Gewinn unter dem Blickwinkel der Dekadenzlehre sehen muß.

Empfänglichkeit für Eleganz und Kunst steht nun einmal im Gegensatz zu, sagen wir, backenbärtiger Kreditwürdigkeit – jedenfalls für eine Gesellschaft, die die bürgerliche Tugend des Geldverdienens in der Nähe einer »protestantischen Ethik« sieht. Der Senator Buddenbrook, heimgesucht durch Mißerfolge und Enttäuschung, ein Mann, der die unerschütterlichen Grundsätze seiner Vorfahren außer acht gelassen hat, sagt einmal bekenntnishaft: »Meine Stimmung ist nicht unter Null, weil ich Mißerfolg habe. Umgekehrt. Das ist mein Glaube, und darum trifft es auch zu.« Allein die Anfälligkeit für solche Stimmungen, die sich wohl nicht vereinbaren läßt mit dem Selbstbewußtsein resoluter Kaufmannschaft, spricht für »Degeneration« und verweist auf den Unterschied zur festgefügten Welt der Firmengründer. Der Senator hat den Verfall eingestanden, sein Eingeständnis kommt denn auch einer Unterwerfung gleich.

Auch wenn man weiß, mit welcher Genauigkeit Thomas Mann nicht nur materielle Daten aus der Familiengeschichte sammelte und sie in den Roman einbrachte, ist man doch immer wieder tief beeindruckt von der abstrahierten Wahrheit einer Erfahrung, einer Entwicklung, die ja von einem Mann formuliert wurde, der sich mit dreiundzwanzig an die »Buddenbrooks« setzte. Da hat nichts seinen Erkenntniswert eingebüßt. Beim Wiederlesen berührte mich dieses »Stück Seelengeschichte des europäischen Bürgertums« nicht weniger als bei meiner ersten Lektüre, und zwar weil die Erkenntnisse nie überholt sein werden, einfach, weil sie archetypischen Rang haben. Ich brauche nur an Tony Buddenbrook zu denken, an meine Lieblingsfigur – Leserbegeisterung erlaubt es wohl, von einer Lieblingsfigur zu reden –, und der klassische Konflikt Pflicht–Neigung ist sogleich personifiziert. Immer wieder wird sie mein Mitleid finden, immer wird sie mich ratlos machen mit ihrem Gehorsam gegenüber einer Tradition, die sie zwingt, eine Heirat grundsätzlich als »Partie« aufzufassen, und wenn nicht dies, so doch – wie bei ihrer zweiten Ehe – als Wiederherstellung der Familienehre. Ohne Frage, was Thomas Mann so gelassen enthüllt, ist das Erbarmungslose in den Konventionen der bürgerlichen Welt.

Es überrascht nicht, daß der letzte männliche Buddenbrook, der kleine Hanno, seinen Namen kaum noch zu Recht trägt. Während man hofft, aus ihm einen »starken und praktisch gesinnten Mann« zu machen, mit »kräftigen Trieben nach außen, nach Macht und Eroberung«, flüchtet sich das Kind, einem frühen Erlösungsbedürfnis folgend, in die exklusive Welt der Kunst. Von seiner Mutter eingeweiht, wird er der Musik »als einer außerordentlich ernsten, wichtigen und tiefsinnigen Sache gewahr«. Süchtig nach rauschhaften Offenbarungen, zart und ständig von Krankheit bedroht, gibt er zu erkennen, daß er kein »echter Buddenbrook« ist, jedenfalls, daß er nicht zum Firmenchef in schwieriger Zeit taugt. Tatsächlich wird die Musik von seinem Vater als »feindliche Macht« empfunden. Versteht man sie als eine Wendung nach innen, so erscheint sie als ein schwerwiegendes Symptom des Verfalls.

Welche Erlebnisse diese Macht zuläßt: kein anderer Autor, glaube ich, hat das mit ähnlicher Meisterschaft demonstriert wie Thomas Mann. Bewundernswert, welch einen endgültigen Ausdruck er zum Beispiel für das Meistersinger-Vorspiel findet; da gehen Epik und Musik eine Verbindung ein, so blühend, so kontrapunktisch, so gesteigert, daß man ein »Gesamtkunstwerk« zu erleben glaubt. An diesem Eindruck hat sich nichts geändert.

Gefragt habe ich mich, ob die Musik für den kleinen Hanno nicht noch etwas anderes bedeutet als eine Flucht ins Glück. Mitunter nämlich hat man das Gefühl, als schärfe das Kunsterlebnis seinen Blick fürs Leben, als fördere es seine Erkenntnisfähigkeit. Das Ergebnis sind Entdeckungen, die zur Trauer Anlaß geben – ich brauche nur an den Augenblick zu denken, in dem der Junge erkennt, daß die Repräsentationsbemühungen seines Vaters Schauspielerei sind: die Rolle, nicht der Mensch. Was übriggeblieben ist von solidem, herrscherlichem Geschäftssinn und mit sich selbst übereinstimmenden Gründungsvätern, sind geliehene Haltungen, kalkulierte Auftritte. Der Prozeß der »Entbürgerlichung« ist überdeutlich.

Unvergeßlich, über Jahre hin, ist mir Hannos Sterben geblieben, das heißt, die Schilderung seiner Krankheit, seines Todes. Es gibt ja etliche und sehr unterschiedliche Sterbeszenen in den »Buddenbrooks«; wir werden Zeugen eines sanften, fast möchte man sagen: repräsentativen Patriarchentods ebenso wie eines plötzlichen und lakonischen Endes, doch kein Sterben hat mich so bewegt wie das von Hanno. Angekündigt wird es mit dem Satz: »Mit dem Typhus ist es folgendermaßen bestellt«; und dann erfährt man in stilisierter Kliniksprache alle Manifestationen dieser Krankheit, für sich, gewissermaßen hinter Hannos Zimmertür. Auch wenn erwiesen ist, welches Konversationslexikon Thomas Mann hier zu Rate gezogen hat – er läßt die Krankheit so erscheinen, daß man sie sogleich als »Gewand des Todes« begreift, ohne daß Hannos Name zunächst erwähnt wird. Das letzte Verhängnis beweist noch einmal das unerhörte kompositorische Vermögen des Autors.

Je mehr man sich über die wiederholte Lektüre der »Buddenbrooks« ausläßt, desto spürbarer wird ein eigenartiges Ungenügen. Man merkt, daß man nicht gerecht werden kann gegenüber einem Buch, das einen solchen Reichtum an Motiven, solch eine Vielzahl an Aspekten birgt. Was müßte nicht alles erwähnt und gewendet, hervorgehoben und bewertet werden! Kein Wort bisher über das Wesen der Parodie und die Funktion des Leitmotivs, nichts über die Mythologie des Hauses und die romantischen Neigungen des Bürgertums. Es ist wohl schon so, daß man dieses welthaltige Erzählwerk als Leser nur annäherungsweise ausmessen kann. Doch ist das nicht schon genug? Und spricht es nicht für sich, daß man nach der Lektüre der »Buddenbrooks« sogleich beschließt, den Roman irgendwann ganz gewiß wiederzulesen?

(1986)

Sehnsucht nach Dauer

Über Theodor Storm

Er starb nicht einsam. In des alten Dichters Todesstunde, zwischen 16 und 17 Uhr am 4. Juli 1888, stand die Familie an seinem Bett, sieben Kinder und seine zweite Frau Dorothea, und wenn sie auch nicht letzten Ratschlag und Segen empfingen, so symbolisierten sie doch einfach durch tröstliche Gegenwart, was Storm zeitlebens am meisten bedeutet hatte: Familienband, Familiensinn. Hundertmal hatte er diese Erfahrung beschrieben und dargestellt, wie kein anderer hatte er die Feste der Familie – Hochzeit und Taufe, Geburtstag, Begräbnis und unermüdlich Weihnacht – in Prosa und Gedicht beschworen, dem Familienlob hatte wohl sein ganzer pädagogischer Eros gegolten – und nun, da es ans Sterben ging, fand sein Wunschbild konkreten Ausdruck. In der geräumigen, kastenartig wirkenden Altersvilla in Hademarschen umringten die Seinen das Bett, um dem scheidenden Patriarchen den letzten Abschied zu erleichtern.

Dieser beständige, sein ganzes Werk kennzeichnende Familienpreis hatte seinen eigentümlichen Grund, und es unterliegt keinem Zweifel, daß er in Storms Haltung gegenüber Zeit und Vergänglichkeit zu finden ist. Es gibt kaum einen Schriftsteller, dessen Werk so von Wehmut getränkt, so von Endlichkeitsbewußtsein erfüllt ist; Verfallenheit an die Zeit ist immer gegenwärtig, keiner entgeht dunkler Ach-wie-bald-Stimmung. Um dieser elegischen Erkenntnis zu entkommen, sie zumindest erträglich zu machen, setzt ihr der grübelnde Geist eine Hoffnung, einen Traum entgegen: den Traum von Dauer. Den einzulösen bietet sich naturgemäß zunächst die Familie an. In ihr wird sozusagen der Stab weitergegeben, in ihr wird bewahrt und erinnert, entwickelte Tradition wird fortgesetzt; die Einsicht, daß alles dem Versunkenen, dem Verlorenen zureift, wird durch den Gedanken gemildert, daß es eine haltbare Kette gibt, die das Vergangene an die Gegenwart bindet. In der Familie erfüllte sich für ihn die Sehnsucht nach Dauer; hier lagen, nach seinem eigenen Bekenntnis, »die heiligsten Tiefen seiner Seele«.

Dieser unverzagte Familiensinn, diese Feier der Häuslichkeit fand bei Storm eine aufschlußreiche Entsprechung: im Verlangen nach Heimat nämlich, in der Heimatmanie, wie Thomas Mann es nannte. Er hat ja nie ein Hehl daraus gemacht, daß sein Husum ihm genügte, daß er hier alles vorfand, was er als Autor brauchte. Der preußische Justizbeamte Storm, der in Potsdam und Heiligenstadt wirkte und auch sonst für seine Zeit nennenswert herumgekommen ist, sah für sich keine andere Lebensmöglichkeit als in der Enge und Abgelegenheit seiner grauen Stadt. Hier, wo er aufwuchs, in der Küsten- und Nebelwelt, in der Nachbarschaft flirrender Heide und dramatischer Stimmungen über dem Watt, in einer Gesellschaft, deren Befangenheit in aberwitzigem Standesdenken einen noch heute den Kopf schütteln läßt, hier war sein Zuhause, seine Heimat. Fontane, der diese freiwillige Begrenztheit ironisch »Husumerei« nannte – obwohl er im übrigen Storm sehr schätzte –, hatte wohl zunächst übersehen, wie ergiebig es für einen Schriftsteller sein kann, lediglich den eigenen Ort auszufragen.

Storms Heimatbefangenheit hat schließlich nichts mit fataler Gemütlichkeit zu tun, mit Biedersinn, Dumpfheit und einem selbstgenügsamen Hochmut; vielmehr ist sie ein Ausdruck für melancholische Anhänglichkeit und für das Bedürfnis nach einer überschaubaren Welt. Gewiß, man hat ihm vorgeworfen, daß bei dieser Zurücknahme die »großen Szenerien« fehlen, die »weiten Perspektiven«, man hat ihm angekreidet, daß er mehr von Geschichten als von Geschichte hält; doch diese Vorwürfe sind unbegründet. Was die graue Stadt ihm bot an menschlichen Verstrickungen und Verhängnissen, was er ihren Bewohnern an Schicksal erfand, das verwandelten seine Hellhörigkeit und sein enormer Kunstsinn in Weltliteratur. Und wenn man die Wahrheit des Satzes anerkennt, daß sich Weltliteratur überhaupt bis zu einem gewissen Grade dem Regionalen verdankt, dann läßt sich dafür auch in Storms Werk eine Bestätigung finden. Nein, er war kein Heimatdichter in des Wortes prekärer Bedeutung, und wie Karl Ernst Laage, sein kenntnisreicher Biograph, gezeigt hat, ging Storm keineswegs den Problemen der Gegenwart absichtsvoll aus dem Weg. Was seine schriftstellerische Arbeit bestimmte, hat Storm selbst so ausgedrückt: »Die Poesie wird in jedem Jahrhundert, dem sich ihr Stoff am sichersten anpaßt, ihr Zelt aufschlagen können; nur soll der Stoff nicht auf vorübergehenden Zuständen beruhen, sondern auf rein menschlichen Konflikten, die wir ewig nennen.«

Ewig oder etwas weniger – es steht fest, daß es Storm gelungen ist, der nördlichen Landschaft, der grauen Stadt, den Konflikten ihrer Menschen dauerhaften Ausdruck zu geben. Ja, mitunter hat man das Gefühl, daß dieser Norden Storm hervorgebracht hat, um ein Bild von sich selbst zu gewinnen, ein Bild, das von Daseinsmühe zeugt und von einer Sympathie für das Spukhafte, von Trotz, von Traditionsstolz und einer Nachgiebigkeit gegen Stimmungen. Wer in seine Region gerät, beginnt unwillkürlich mit seinen Augen zu sehen.

Ich kann mir nicht helfen: oft, wenn ich im benachbarten

Husum bin, in der Süderstraße, muß ich an »Pole Poppen-späler« denken, an die Zauberwelt im Schützenhof und an das kleine Gauklerkind Lisei. Wie beherzt hat Storm in dieser Novelle Partei genommen für das »fahrende Volk«, wie kunst-voll hat er die Vorurteile eines selbstgerechten Bürgertums widerlegt! Und unten am Hafenplatz suche ich nach dem Haus, in dem »Carsten Curator« gewohnt haben könnte, dem »eine Neigung zur Gedankenarbeit angeboren war«. Er exemplifiziert die Tragödie eines wirklich ehrsamen Bürgers, dem es nicht gelingt, den ruinösen Leichtsinn seines Sohnes aufzuhalten.

In einer Straße, die zum Hafen hinabführt, vermute ich das Anwesen des Senators Christian Albrecht Jovers, dessen Söhne einen bürgerlichen Erbschaftsstreit wegen eines Gartens vor-führen. Auf welche Ideen stures Besitzverlangen verfällt, hat Storm ein für allemal an den Söhnen des Senators deutlich gemacht – fast bedauert man, daß es am Schluß zu arg idyl-lischer Versöhnung kommt. Und mit aller Gutwilligkeit, leicht hinträumend, fühlt man sich versucht, einigen Leuten, die man trifft, Stormsche Namen anzupassen. Das fällt nicht allzu schwer. In der Tat begegnet man einem, der »Bötjer Basch« abgeben könnte; die alte Marthe, deren Uhr alles wußte, läßt sich ebenso erblicken wie die Frau Jansen aus dem Spukhaus und der »Herr Etatsrat« mit den »dehnbaren Lippen«.

Und auf dem Deich draußen, in des »Schimmelreiters« schwerer Welt, fühlt man sich auf alles seltsam vorbereitet und eingestimmt; man sieht tatsächlich mit Stormschen Augen. Fast möchte man annehmen, daß er den Wellen beigebracht hat, schräg gegen den Strand zu treiben, daß er den »tönenden Flug der Wandervögel« selbst organisiert und dem schimmernden, burbelnden, blasenwerfenden Watt sein Geheimnis verliehen hat. Ernst ist die Welt Hauke Haiens, des Schimmelreiters, voll von Naturgewalt, Bedrohung, Schicksalstragik. Ohne Zweifel ist

»Der Schimmelreiter« seine bedeutendste Novelle, bedeutender jedenfalls als »Immensee«. Wie genau er arbeitete, wieviel an Kenntnis er zu diesem Werk sammelte, bestätigte einst der oft konsultierte Deichbauinspektor Eckermann, der Storm für in der Lage hielt, »nächstens selbst einen Koog eindeichen zu können«. Vollendet hat er die Novelle als todkranker Mann; vermutlich wäre es nicht dazu gekommen ohne die List zweier Ärzte, die ihn über seinen wahren Zustand – er litt an Magenkrebs – hinweggetäuscht hatten.

Für seine Novellistik, die ihn bekannt machte und die er selbst nicht so hoch einschätzte wie seine Lyrik, hatte Storm eine eigene Theorie. Eine »auf's Tragische gestellte Novelle« sollte nach seiner Ansicht »erschüttern, nicht rühren«. Und offenbar in dem Wunsch, den Unterschied zu Goethes Definition festzustellen, schrieb er: »Die Novelle … ist nicht mehr wie einst die kurzgehaltene Darstellung einer durch ihre Ungewöhnlichkeit fesselnden und einen überraschenden Wendepunkt darbietenden Begebenheit; die heutige Novelle ist die Schwester des Dramas und die strengste Form der Prosadichtung. Gleich dem Drama behandelt sie die tiefsten Probleme des Menschenlebens; gleich diesem verlangt sie zu ihrer Vollendung einen im Mittelpunkt stehenden Konflikt.« Tschechow, so ist anzunehmen, hätte gegen diese Definition nichts einzuwenden gehabt.

Doch das ist wohl klar: wenn ein Autor auf sein Werk eine Theorie setzt, dann gilt sie zunächst einmal für ihn selbst. Sie ist Anleitung und diskrete Rechtfertigung, sie ist der Versuch, das ästhetisch Konstitutionelle der eigenen Arbeit ins Allgemeine zu erweitern, gesetzgeberisch sozusagen. In diesem Sinne muß man denn wohl auch einen Kunstbegriff bewerten, den Storm immer wieder anwendet, nämlich das formale Versteckspiel mit seinen Rahmenerzählungen. Als Liebhaber der Abschweifung und auch einer gewissen Umständlichkeit frage ich mich, wieviel zusätzliche Erkenntnis man gewinnt, wenn der Erzähler nach einer alten Erzählung berichtet (»Schimmelreiter«) oder den Novellenstoff vorgeblich aus »vergilbten Papieren« bezieht (»Aquis submersus«). Daß mit erinnerter Vergangenheit nur der Abstand zur Gegenwart hervorgehoben werden soll, wäre ein Grund, ein schlichter. Zutreffender aber ist wohl, daß auch Storms Erzählrahmen ein Ausdruck ist für Zeitverfallenheit, für, wie es in einem Brief an Mörike heißt, »erlittenes und überwundenes Vergänglichkeitsgefühl«. Eine ästhetische Notwendigkeit jedenfalls zeigt sich kaum, denn der Rahmen spiegelt und bricht nicht den Kern des Geschehens, und man muß dem alten Keller zustimmen, der hier einige Zweifel anmeldete – bei aller gutmütigen Bewunderung, die er für den Kollegen in der Nebelwelt empfand.

Storms Novellen, jedenfalls die früheren, lassen bereits unschwer erkennen, daß ihr Autor auch Lyriker war: Stimmung, Grundempfinden und eine Anschauungskraft von außerordentlicher Sinnlichkeit bestätigen es. Und wer beide in ihrem jeweiligen Werk bewertet, der wird wohl zugeben, daß der Lyriker Storm dem Novellisten durchaus ebenbürtig war. Welche Zartheit der Empfindung, welche Feinheit des Bildes; selten fand Schwermut eine so schlichte poetische Fassung, und man findet nicht leicht ein Gedicht, in dem Heimweh nach einem Unwiederbringlichen so vollkommen ausgedrückt ist wie zum Beispiel in »Verloren«. Schon der Anfang zeigt es: »Was Holdes liegt mir in dem Sinn, / Das ich vor Zeit einmal besessen; / Ich weiß nicht, wo es kommen hin, / Auch, was es war, ist mir vergessen …« Hier, wo das Heimweh offenbar auf der Suche nach einem Ziel ist, das nicht mehr feststeht, das unerreichbar ist, zeigt sich Vergänglichkeitsbewußtsein als seine Stimmung.

Wie Storm eine eigene Forderung an die Novelle stellte, so hatte er auch seine eigene Auffassung vom Gedicht. Es erschien ihm als geglückt, wenn es einen »unmittelbaren Ausdruck der Empfindung« spiegelte und in sinnlicher Wirkung aufging. Der Inhalt war zweitrangig, der Gedanke erst dann vertretbar, »wenn er ... zuvor durch das Gemüt und die Phantasie des Dichters seinen Weg genommen und dort Wärme und Farbe und womöglich körperliche Gestalt gewonnen hat«. Das getroffene Bild allein bestimmte für ihn die Qualität. Auf wie einzigartige Weise er Melancholie und Jugendglück ins Bild bringen konnte, beweist eines seiner bekanntesten Gedichte:

Die Stadt

Am grauen Strand, am grauen Meer
Und seitab liegt die Stadt;
Der Nebel drückt die Dächer schwer,
Und durch die Stille braust das Meer
Eintönig um die Stadt.

Es rauscht kein Wald, es schlägt im Mai
Kein Vogel ohne Unterlaß;
Die Wandergans mit hartem Schrei
Nur fliegt in Herbstesnacht vorbei,
Am Strande weht das Gras.

Doch hängt mein ganzes Herz an dir,
Du graue Stadt am Meer;
Der Jugend Zauber für und für
Ruht lächelnd doch auf dir, auf dir,
Du graue Stadt am Meer.

Storm hat, darüber besteht Einigkeit, einige Abschieds- und Trostgedichte geschrieben, die zu den schönsten in deutscher Sprache gehören; doch es gibt auch Liebesgedichte von ihm, in denen ausweglose Leidenschaft volksliedhaft verherrlicht wird und Glück und Verhängnis in unvergeßlichen Symbolen erscheinen. Da ist nichts von Hausbuch-Kunst, von Süße und romantischer Beklommenheit; ebensowenig läßt ihn sein vielgenanntes Naturempfinden als Bewisperer auftreten. Stormsche Prägung ist gekennzeichnet durch Schlichtheit, Kraft, Sinnlichkeit und einer als unaufhebbar erscheinenden Endgültigkeit des Ausdrucks:

Am Deich

An's Haff nun fliegt die Möwe, und Dämmrung bricht herein,
Über die feuchten Watten spiegelt der Abendschein.
Graues Geflügel huschet neben den Lachen her,
Wie Träume liegen die Inseln im Nebel auf dem Meer.
Ich höre des gährenden Schlammes geheimnisvollen Ton –
Einsames Vogelrufen – so war es immer schon!

Wo von Storm die Rede ist, heben sich wie von selbst die Silhouette seiner Stadt, die Profile seiner Landschaft vors innere Auge. Hier hat er geschrieben, hier hat er sein Leben gelebt, ein keineswegs ruhiges, behagliches, komplikationsloses Leben. Alles ist ja belegt: die Schwierigkeiten in seiner Ehe, die Reizempfänglichkeit für sehr junge Mädchen, die bangen Schulderwägungen des Vaters, der Grund zur Sorge mit seinen Söhnen hatte. Aber auch die Jahre als Amtsrichter in Preußen sind dokumentiert, wo er sich wie in der Emigration vorkam, und die einträglichen und zugleich fordernden Freundschaften mit Turgenjew, mit Mörike, Keller und Fontane. Er litt unter den politischen Verhältnissen, er haßte Preußen, er schätzte den Adel gering und wollte mit der Kirche nichts zu tun haben. Nicht einmal Preußens Siege machten ihm Eindruck. »Mein Hauptgefühl bei diesen ewigen Kriegen«, so sagte er, »ist Ekel.« Selbstverständlich wies er die Aufforderung zurück, eine Bismarck-Hymne zu schreiben. Er erregte sich über soziale Mißstände und veröffentlichte seinen Protest in Novellen. Auch wenn er sich selbst einen »wenig politischen Menschen« genannt hat: seine Probleme, Motive, Konflikte zeugen im weitesten Sinne von politischem Gespür, von politischer Besorgnis.

Was den Mann aus Husum, was den richtenden Dichter außerdem ehrt, ist sein eigensinniges Vertrauen in die aufklärerische Wirkung von Literatur. Dieses Vertrauen half ihm, etliche Phasen der Resignation zu überwinden. Er war überzeugt davon, daß Literatur in vielen Lesern ein Nachdenken, eine Vorstellung, eine neue Einsicht oder ein schärferes Empfinden und Auffassen der Verhältnisse bewirkte. »Freilich«, sagte er, »ist unsere Wirkung nicht so rasch und so handgreiflich, als wenn eine Armee gesiegt hat; aber daß die Wirkung da ist, das empfinden doch in unserer Zeit die Gewalthaber deutlich genug.« Beim Nachdenken über Storm kam Thomas Mann zu einem Fazit, das kürzer nicht gefaßt werden kann: »Er ist ein Meister, er bleibt.«

(1988)

Am Rande des Friedens

Soviel scheint mir sicher: wo es um die Sache des Friedens geht, gibt es keine Inkompetenz. Jeder hat seinen Traum, jeder ist betroffen; wer sich um den Frieden sorgt, hat das Recht, mitzureden, und wer gelitten hat, ist zuständig; denn Leiden, so glaube ich, sind Legitimation genug. Wir wollen den Herren der Staatskunst nicht die Kompetenz bestreiten – die alleinige Kompetenz indes, für den Frieden tätig zu sein, können wir ihnen nicht zubilligen. Geschichtliche Erfahrung rät uns, auf eigenem Mitspracherecht zu bestehen, und das heißt: das Wort zu nehmen – und ein Wort nehmen ist gleichbedeutend mit Handeln –, wenn wir den Frieden bedroht sehen. Und er ist immer bedroht, immer löcherig, im Kleinen wie im Großen. Keine Zeit – von den alttestamentarischen Propheten bis zu den heiser gewordenen Kassandras unserer Tage –, in der das Sehnsuchtsziel Friede nicht in Gefahr gesehen wurde. Keine Zeit auch, in der sich Vernunft nicht genötigt fühlte, auf die erkannte Gefährdung zu antworten: mit visionärem Programm, mit utopischem Entwurf. Der oft verheißene neue Mensch – der friedfertige, der konfliktfreie, der gute Mensch – schritt bisher unter keinem Horizont hervor, und es ist nicht schwer, vorauszusagen, daß wir vergeblich auf ihn warten werden. Gezwungen, mit offenen Problemen zu leben, müssen wir uns anscheinend auch mit einem Frieden abfinden, der immer etwas zu wünschen übrigläßt – was aber heißt, daß wir nicht nur zu begleitender Sorge, sondern, je nach Möglichkeit, auch zu gebotener Handlung aufgefordert sind. Mag er auch ausgefragt sein als Begriff, als Thema, als Wunschzustand, mag er auch erforscht und erkundet sein in seinen vielfältigen Bedingungen und Voraussetzungen: immer wird der Friede Aufgabe bleiben, denn wo er auch herrscht, er ist allemal unvollkommen.

Als Schriftsteller habe ich erfahren, wie wenig Literatur vermag, wie dürftig und unkalkulierbar ihre Wirkung war und immer noch ist. Niemals wurden kriegsentschlossene Mächtige zum Frieden hingeschrieben; kein Werk der Einbildungskraft reichte aus, um die Folter abzuschaffen, Kinder vor dem Hungertod zu bewahren, die Rechte Andersdenkender zu sichern. Literatur hat auch nicht verhindern können, daß Millionen unter der Armutsgrenze leben, daß wir zu Gefangenen monströser Bürokratien geworden sind, und daß wir fassungslos dem Sterben unseres Planeten zuschauen müssen. Und schließlich hat Literatur es auch nicht vermocht, der Instanz zu gebieterischer Autorität zu verhelfen, die nach Ansicht erfahrener Friedensforscher die bedeutendste Rolle bei der Lösung von Konflikten spielt: der menschlichen Vernunft. Nein, es ist nicht weit her mit der greifbaren Wirkung von Literatur; der Geschichtenerzähler von heute, der immer noch aus einer Art Notwehr handelt, hat manche Gründe zur Mutlosigkeit, und er wird, seine enttäuschten Hoffnungen bilanzierend, zugeben, daß Literatur niemals die Politik ersetzen kann. Die Ungleichheit ihrer Bedeutung und Wirkung läßt sich schon allein daran erkennen, daß, wenn ein Buch mißlingt, der Schaden auf Autor und Verleger begrenzt bleibt; daß aber, wenn eine fragwürdige Politik über uns kommt, alle betroffen sind.

Angesichts ihrer offenbaren Wirkungslosigkeit muß man

allerdings fragen, wodurch sich Literatur zu jeder Zeit die besondere Aufmerksamkeit der Mächtigen verdiente. Man muß sich fragen, wodurch sie Argwohn und Verdacht auf sich zog und woran es wohl lag, daß ihre Geschichte – wenigstens zu einem beträchtlichen Teil – gleichbedeutend ist mit der Geschichte ihrer Verfolgung. Traute man ihr doch mehr zu, als man sich eingestehen wollte? Was besagen – bei unterstellter Wirkungslosigkeit – die unablässigen Bemühungen der Mächtigen, Schriftsteller auf sich zu verpflichten und aus ihnen schönsprechende Bauchredner zu machen, die nur den Refrain kennen: Es herrscht Friede im Land? Verwiesen auf die Reservate der Phantasie, zum Sachwalter des Scheins bestellt: so wollte man oft den Schriftsteller haben. Ein Zierfisch, dessen Möglichkeiten an der Glaswand des Aquariums endeten: so ertrug man ihn. Es spricht für sich, daß sich Literatur fast immer dem Schicksal ausgesetzt fand, entweder verdächtigt oder aber verharmlost zu werden.

Das freilich – Verdächtigung und Verharmlosung – sind Reaktionsweisen, die nicht einem Gegenstand entsprechen, von dessen völliger Wirkungslosigkeit man überzeugt ist. Sollte es sich ausschließlich um Überreaktionen handeln? Zu einem Teil – gewiß; zum anderen – keinesfalls. Die Hellhörigkeit der Herrschenden jedenfalls war allemal gerechtfertigt; denn wenn es der Literatur auch nicht gelang, die spektakulären Probleme einer Zeit kalkuliert zu lösen, den Forderungen des Tages den entscheidenden Impuls zu geben oder die Vernunft für immer zu inthronisieren – vollkommen wirkungslos war sie nicht. Immerhin muß man zugeben, daß sie, auch wenn sie die Verhältnisse nicht geändert hat, etwas anderes erreichte: nämlich unser Verhältnis zur Welt zu ändern. Indem sie bloßstellte, aufklärte, bewußtmachte, wirkte sie. Indem sie Alternativen anbot, forderte sie dazu auf, die eigene Lage zu überprüfen, mit einem Wort: deutlicher zu leben. Oft aus der Defensive handelnd, schlug Literatur uns vor, den Traum von besseren Wirklichkeiten nicht aufzugeben. Immer an den Einzelnen gewandt, machte sie das Angebot, sich mit anderem Schicksal zu vergleichen und gegebenenfalls Schlüsse aus dem Vergleich zu ziehen. Und gerade dies: das unkontrollierte Zwiegespräch mit dem Einzelnen ließ sie in den Augen der Mächtigen als subversive Bedrohung erscheinen. Schließlich wirkte Literatur auch immer dadurch, daß sie aufhob und bewahrte, daß sie sich zu erkennen gab als geräumiges Gedächtnis. Und auf Erinnerung zu bestehen, kann mitunter schon Widerstand sein – zumindest dann, wenn Vergeßlichkeit großgeschrieben oder aber dekretiert wird.

Ist Literatur unfriedlich? Sie ist es, sie mußte es wohl immer sein, da die vorgefundene Wirklichkeit ihr nichts anderes übrigließ. Ihr unfriedlicher Charakter, das ist klar, besteht darin, daß sie gewaltsam herbeigeführte Ruhe stört, daß sie sich nicht abfindet mit verfügtem Schweigen, daß sie für die spricht, die man stimmlos gemacht hat. Unfriedlich, um einem besseren, einem nicht vorgetäuschten Frieden zu dienen, hat Literatur uns auch daran erinnert, daß Vergangenheit nicht aufhört und daß sie, die uns Wesen und Rolle des Menschen zugleich zeigt, uns in der Gegenwart überprüft. Es hat den Anschein, daß ohne diese Art von Unfriedlichkeit nicht der Friede erreicht werden kann, den zu wünschen wir nicht müde werden.

Wir können es uns wohl nicht leisten, Frieden ausschließlich als Nicht-Krieg zu definieren. Auch Definitionen kommen in die Jahre, sie schränken ein und verarmen und werden den Veränderungen nicht gerecht, die ein Begriff erfahren hat. Welch ein aufschlußreiches Zögern zum Beispiel bei dem Versuch, den Begriff »Gewalt« zu definieren: bei Kant, einem ihrer bittersten Verächter, eindeutige Bezogenheit, Bezogenheit nach oben, bei Alfred Grosser, unter dem Blickwinkel dieser Zeit, vielfältige Erwägungen. Nein, so wie »Gewalt« heute weiter ausgelegt werden muß, so müssen wir wohl auch den Begriff »Frieden« weiter fassen, müssen jedenfalls fragen, ob er bereits besteht, wenn sich, sozusagen, der Lärm der Waffen gelegt hat. Es ist ja nicht nur denkbar, sondern entspricht auch unserer Erfahrung, daß wir den Krieg aus wohlerwogenen Gründen ablehnen und uns dennoch nicht als friedensfähig erweisen, im Gesellschaftlichen, im Privaten, in unserem Verhältnis zu den Problemen der Zeit. Ich weiß nicht, ob unsere Hoffnung gerechtfertigt ist, daß wir jemals friedensfähig werden können – die schmerzhafte Unvollkommenheit des Friedens, in dem wir uns gegenwärtig befinden, bestätigt da eher meinen Zweifel. Und dieser Zweifel wächst und findet seine Gründe angesichts von Sachverhalten, die uns nicht erlauben, von erreichtem Frieden zu sprechen, sondern allenfalls von unfertigem. Was *auch* zu ihm gehört – außer Waffenstillständen, Friedensschlüssen und Verträgen –, daran möchte ich erinnern.

Nicht erst seit Shakespeares Königsdramen wissen wir, was der Macht zu ihrer Selbsterhaltung einfällt und wozu sie sich bereitfindet; schon die Antike liefert uns genügend Aufschluß. Außer einer Methodenlehre zur Beseitigung von Unruhestiftern und Rivalen, von Jugendverderbern und Staatsfeinden vermitteln uns vergangene Zeiten die Einsicht, daß Wörter ein Risiko darstellen können. Einmal ausgesprochen und vervielfältigt, können sie Waffe und Bedrohung bedeuten; sie können Forderungen zusammenfassen – wie die klassische Forderung: Mehr Brot, mehr Gerechtigkeit, mehr Freiheit –, und sie können, was sich an Herrschaft verselbständigt hat, in Frage stellen. Das ist leider keine Erfahrung, die der Geschichte angehört. Welch eine Gefahr von Wörtern immer noch auszugehen scheint, belegt ein Bericht des Komitees im Internationalen

PEN-Club: »Writers in Prison« (Schriftsteller im Gefängnis). Es ist der einstweilen letzte Bericht vom Juli 1988, und er besagt, daß zu diesem Zeitpunkt 305 Schriftsteller und Journalisten in den Gefängnissen von Ländern saßen, zu denen wir wirtschaftliche, kulturelle und sogar freundschaftliche Beziehungen unterhalten und mit denen wir in Allianzen verschiedener Art verbunden sind. Weil Herrschende nicht einverstanden waren mit ihrem Gebrauch von Wörtern, setzten sie diese 305 Männer und Frauen gefangen; es sind, ich muß es erwähnen, einige weniger als im vorhergehenden Jahr, doch wie der Bericht hervorhebt, bedeutet die verringerte Zahl keineswegs, daß die Freiheit des Wortes in der Welt sich zum Wünschenswerten hin verändert hätte. Die Gründe, die zu Verhaftung und Anklage führten, sind uns allesamt bekannt; es sind die alten, die trostlosen, die schmierigen Gründe, die eine argwöhnische Macht zu Hilfe nimmt, um die Störer der Kirchhofsruhe zum Schweigen zu bringen. Erbittert, doch ohne Erstaunen erfahren wir, daß eine Dichterin verurteilt wurde, weil sie in einem Poem an ein Massaker erinnerte, das die Regierung zu verantworten hatte: Erinnerung an ein Datum nationaler Schande darf nicht erlaubt sein. Wir hören von einem Urteil, das gegen einen Schriftsteller erging, der das Datum eines historischen Aufstands feierte: die Strafwürdigkeit, klar erkennbar, liegt in versuchter Aufwiegelung. Einer wurde verurteilt, weil er mit Studenten über Gedichte diskutierte, in denen die Ideale der Demokratie verherrlicht wurden; ein anderer, weil er ein »Buch der Demokratie« schrieb. Die Gründe der Anklage studierend, überraschte es mich nicht, »Verschwörung gegen den Staat« als häufigstes Vergehen genannt zu finden. Im Gebrauch von Wörtern wird eine »Rebellion gegen die Autoritäten« erkannt, Wörter fordern Regierungschefs heraus, sie verbreiten »umstürzlerische Gedanken«, sind also konterrevolutionär, sie tragen eine »gefährliche Ideologie« ins Volk, sie mißinterpretieren die Verlautbarungen der Herrschenden und bedrohen somit den Frieden.

Über die Beschaffenheit dieses Friedens braucht nicht viel gesagt zu werden; man kann, wie der Bericht »Writers in Prison« zeigt, verurteilt werden für die Verbreitung marxistischer Ideen, und man kann heute ebenso hinter Gittern landen, wenn man sich weigert, sich auf den Katechismuscharakter Marxscher Erkenntnisse einschwören zu lassen.

Ein Frieden unter Menschen – das ist wohl sicher – bestimmt sich nicht durch Palmenzweig und Zimbelton. Sanftmut in allen Herzen und verzichtbereites Glück sind auch nicht das Ziel. Zu einem Frieden, wie wir ihn herbeiwünschen, gehören durchaus Spannungen, Konflikte, auch ein unvermeidliches Maß an Unruhe. Er ist um so verläßlicher, je bereitwilliger er unsere Widersprüche aufhebt. Und deshalb können wir uns nicht mit einem Frieden abfinden, in dem es keine Antagonismen mehr gibt, keinen Einspruch, keinen Widerspruch zum Bestehenden. Mögen Eigentümer der Macht auch der Ansicht sein, daß es genug sei, wenn sie für uns denken und reden – das uns allen verheißene Wohlgefallen auf Erden wird sich erst dann einstellen, wenn die Freiheit des Wortes für jedermann garantiert ist. Sie gehört zum Frieden. Sie macht ihn zu ihrem Teil aus. Sie ist eine Forderung.

Ich weiß, es ist eine alte Forderung, wir können sie nur wiederholen – wie wir auch nur ins Gedächtnis rufen können, was bereits die alten Propheten als unerläßlich für den Frieden ansahen. Was zweitausend Jahre lang überhört wurde, ist deshalb keineswegs aus der Zeit: den Haß zu begraben und aufs Schwert zu verzichten, der Tyrannei ein Ende zu machen und einen Zustand zu schaffen, in dem, wie es bei Amos heißt, das Recht offenbart und die Gerechtigkeit wie ein starker Strom wird. Diese alten Forderungen gelten auch heute noch. Gewiß, in ihren Erwartungen berufen sich die großen Verkünder oft auf das Wörtchen »nachdem« – nachdem die Herrscher weise, die Wölfe Vegetarier geworden sein werden –, doch das ändert nichts daran, daß wir die alten Propheten zu den bedeutenden Aufklärern zählen müssen. Sie haben uns vor Augen geführt, daß, wie es einen Krieg nach außen und nach innen geben kann, der äußere Friede seine Entsprechung findet im inneren Frieden.

Was heißt das: innerer Friede? Vielleicht ist er das »volle Beisichsein«, von dem Ernst Bloch einmal sprach. Vielleicht ist er das Ende langer Identitätsnot, das Happy-End nach beschwerlicher Selbstsuche, also restlose Einigkeit mit sich und der Welt. Innerer Friede: vielleicht schimmert er im Lächeln des Genügsamen auf, vielleicht manifestiert er sich auch in der Genugtuung eines Menschen bei seiner Arbeit. Satt an eingelösten Wünschen, geben wir uns dem Gefühl hin, das Erreichbare erreicht zu haben – nichts ist mehr offen, die Sehnsucht ist an ihrem Ort angelangt, an dem nur noch Harmonien walten. Ich glaube, daß der innere Friede immer ein utopisches Fernziel bleiben wird, ein notwendiges Fernziel, und daß er, selbst wenn uns dies gelingen könnte, schwerer zu verwirklichen wäre als der äußere Friede, denn der Naturzustand des Menschen ist nun einmal notorisch friedlos.

Was *auch* zum Frieden gehört: daran möchte ich erinnern. Mir ist klar, welch eine außerordentliche Bedeutung für unser Leben die Rüstungskontrolle hat; mir ist auch bewußt, wieviel von Konfliktregulierung, von Abrüstung und der Errichtung eines europäischen Sicherheitssystems abhängt; doch wie erfolgreich diese Probleme auch gelöst werden mögen: der Friede, der uns wunschlos sein läßt, wird sich nicht zeigen. Er umfaßt, wie gesagt, mehr als den erklärten Verzicht auf Gewalt. Er bestimmt sich auch als einen Zustand, in dem es ebenso ein Recht auf Hoffnung für alle gibt wie die Pflicht zur Verantwortung für das, was ist, und für das, was war. Verantwortung sagt – so bilanzierte Hans Jonas –, daß uns etwas anvertraut ist. Es kann der Nächste sein, der Schwächere, der Verirrte; es kann aber auch eine Erkenntnis sein oder das Wasser, von dem wir leben, oder die eigene Geschichte. Für das Anvertraute müssen wir einstehen, auf welche Probe es uns auch stellt.

Wir haben in jüngster Zeit eine Auseinandersetzung über deutsche Geschichte erlebt, die unter dem Begriff »Historikerstreit« Aufmerksamkeit in der ganzen Welt fand. Bestürzt nahmen wir das Bemühen akademischer Lehrer zur Kenntnis, Auschwitz, also dem industrialisierten Mord an Millionen, seine Singularität abzusprechen, ja, es »verstehbar« zu machen. Auf Stalins Archipel Gulag verweisend, in dem bereits zuvor Millionen Menschen den Tod fanden, wollte man uns glauben machen, daß Hitler hier sein Beispiel gefunden habe. Schroff verkürzt, wurde uns das Fazit nahegelegt: ohne Archipel Gulag kein Auschwitz. Noch erschrocken über diese Schlußfolgerung, erfuhren wir, daß es nunmehr an der Zeit sei, auch die Geschichte des »Dritten Reiches« zu historisieren, seine Taten und Untaten zu entemotionalisieren. Historisierung und Entemotionalisierung, sie wurden reklamiert, um uns letzte Aufklärung über geschichtliche Ereignisse zu bringen.

Doch sind das die Vehikel, die Geschichte besonders erkennbar machen, die ja ein Zweig der Geisteswissenschaft ist? Spricht Geschichte noch zu uns, betrifft sie uns noch, wenn wir uns leidenschaftslos über sie beugen wie über ein Terrarium und kühl und erschütterungslos registrieren, was sich auf dem Grund tut? Und welch eine Art von Verständnis läßt sie übrig, wenn wir uns von ihr amputieren, um dem namenlosen Entsetzen eine wissenschaftliche Fassung zu geben? Ich kann mir nicht vorstellen, daß Unerschütterbarkeit eine Tugend des Historikers sein soll. Wenn Historisierung bedeutet, ein Ereignis als abgeschlossene Akte zu behandeln, als vorbei und erledigt und gereinigt von Schrecken, erweist sie sich als fragwürdiges Mittel geschichtlichen Erkennens. Denn Geschichte ist nie abgeschlossen, sie wirkt in jede Gegenwart hinein, sie überprüft uns, gibt uns etwas auf, sie verstört, erinnert und verpflichtet uns und läßt uns erschauern vor den Möglichkeiten des Menschen. Um den Geist oder Ungeist einer Epoche zu ermitteln – das zumindest glaube ich –, bedarf es weniger einer Entemotionalisierung als zum Urteil bereiter Anteilnahme: denn immer stand, immer steht die Sache des Menschen auf dem Spiel. Das historische Dokument findet jeder, den Geist einer Epoche aber nur der, der nicht absieht von sich selbst. Die Untaten anderer sind kein Argument der Entlastung.

Auschwitz läßt sich nicht im historischen Vergleich erfassen, der – außer willentlicher oder unwillentlicher Verharmlosung – keinen zusätzlichen Aufschluß gibt. Und Auschwitz läßt sich auch nicht verstehen. Gewiß, wir sollten immer zu verstehen suchen, bevor wir urteilen, aber hier, vor diesem Verbrechen, spüren wir, daß dem Verständnis Grenzen gesetzt sind. Im übrigen frage ich mich, wie wohl die Opfer unser Bedürfnis nach Verständnis quittieren könnten, sie und die Überlebenden, die noch unter uns sind. Dolf Sternberger hat gesagt, was in diesem Zusammenhang nur festgestellt werden kann: »Wenn wahrhaftig die Absicht des Verstehens den Sinn von Wissenschaft ausmachte, so müßte man den Schluß ziehen, daß zur Erkenntnis des Phänomens Auschwitz die Wissenschaft untauglich ist.«

So seltsam es klingen mag: Auschwitz bleibt uns anvertraut. Es gehört uns – so, wie uns die übrige eigene Geschichte gehört. Mit ihr in Frieden zu leben, ist eine Illusion; denn die Herausforderungen und die Heimsuchungen nehmen kein Ende. Schließlich haben wir es nicht mit der spirituellen Hinterlassenschaft von Hegels Weltgeist zu tun, sondern mit überlieferten unsagbaren Leiden. So ist zu fragen, ob es einen Frieden geben kann, in dem auch die Unversöhntheit einen Platz findet. Ich glaube: ja. Der Friede, der uns entspricht, schließt Verstörungen durch das Gedächtnis nicht aus. Jedoch: unversöhnt mit der Vergangenheit sind wir um so leidenschaftlicher für den Frieden. Unversöhnt geben wir der Vergangenheit, was wir ihr schulden, und der Gegenwart, was sie annehmbar macht. »Wer vor der Vergangenheit die Augen verschließt«, sagte Bundespräsident Richard von Weizsäcker in einer unvergessenen Rede, »wird blind für die Gegenwart.«

Geschichte, wir erfahren es, hat kein Ziel, läuft keinem strahlenden Ende zu; achselzuckend geht sie über unsere Taten und Irrtümer und Verhängnisse hinweg, und auf die Lektionen, die sie uns erteilt, ist nicht viel Verlaß. Des alten Gandhi Erfahrungsbilanz: »History teaches man that history teaches man nothing«, ist schwer widerlegbar. Dennoch, glaube ich, läßt sie etwas zu: die Einsicht nämlich, daß jede Zeit ihre Forderungen stellt, und daß wir keine Wahl haben, als diesen Forderungen zu entsprechen. Auch das ist Friedensarbeit.

Wo sich heute auch etwas ereignet: wir werden zu Mitwissern. Wo etwas in Scherben fällt, wo Mächtige Krieg gegen das eigene Volk führen, wo Heuschrecken einfallen, Delphine Marinedienst leisten, Verträge signiert und Politiker von Politikern geküßt werden: wir sind dabei, wir entgehen nicht der Mitwisserschaft. Und fast täglich nehmen wir Augenschein am Elend, am Elend in den Slums, in den Zonen des Hungers, am Elend in den großen Deltas. Wir glauben uns im Bilde. Gespickt von Informationen, sagen wir uns, daß die Erde kleiner geworden ist. Sie ist in der Tat kleiner geworden. Wir haben Anlaß zu der Frage: wieviel trägt und erträgt er noch, der alte, der ramponierte Planet; und wenn wir an den Frieden denken, zu dem ja auch Sattsein und Warmsein gehören: wie vielen wird, angesichts der Explosion der Weltbevölkerung, die Hoffnung auf ein friedsames Leben bleiben?

Eingedenk der Endlichkeit der Ressourcen und die Zeit vor Augen, in der sich die Weltbevölkerung verdreifacht haben wird, erscheint es mir nicht als ausgeschlossen, daß der Friede bedroht sein könnte durch Ereignisse, die Lenin, doch nicht nur er allein, »gerechte Kriege« genannt hat. Die Herausforderung für alle ist unübersehbar. Wie kann uns ein Krieg als gerecht oder unvermeidbar oder gar als heilig vorkommen, wenn wir im voraus wissen, daß viele sterben müssen? Es gibt kein Ziel – um das unmißverständlich zu sagen, das ist meine Überzeugung –, das den gewaltsamen Tod von Mitmenschen rechtfertigt, auch kein sogenanntes großes heiliges Ziel, das Herrschende ausrufen, um die Vernunft zu dispensieren.

Doch wenn wir schon zur Kenntnis nehmen müssen, daß die Möglichkeit eines sogenannten »gerechten Krieges« gedacht wird – und es könnte nur ein Krieg um Brot sein, ums Sattwerden –, dann müssen wir uns beizeiten, nämlich heute, mehr als besorgt zeigen. Um dem sozialen Elend, das auf Milliarden von noch Ungeborenen wartet, als Konfliktquelle entgegenzuwirken, muß heute gehandelt werden.

Als ich geboren wurde, lebten zwei Milliarden Menschen auf der Welt, heute sind es über fünf Milliarden, und um die Jahrtausendwende werden es – nach einem Bericht des amerikanischen Büros für Bevölkerungsstatistik – über sechs Milliarden sein. Daß Milliarden der nächsten Generation nicht damit rechnen können, eine bescheidene Genugtuung in der Arbeit zu finden, kann als sicher gelten. Aber wenn sie schon nicht die Zufriedenheit finden werden, die aus der Arbeit kommt, so werden sie doch genötigt sein, zu essen. Da heute schon Millionen Hungers sterben: welche Nahrungsquellen sollen zusätzlich erschlossen werden, damit der Hungertod von Milliarden abgewendet werden kann?

Und wenn es Nahrungsmittel genug geben sollte: woher soll die Energie kommen, um, schlicht gesagt, das Essen zu kochen – am Nil, am Ganges, in brasilianischen oder philippinischen Slums? Schließlich kann ich auch nicht die nächste Frage unterdrücken: welche absehbaren Folgen für die Erdatmosphäre wird der gigantische Energieverbrauch haben? Fragen, die uns nicht friedlich stimmen können. Wir werden den Frieden nicht gewinnen, wenn wir nicht bereit sind, uns des Elends der Dritten Welt anzunehmen, des gegenwärtigen und des noch furchtbareren in der Zukunft.

Daß eine neue Weltwirtschafts- und auch Sozialordnung dazu beitragen könnten, das Elend zu lindern, ist wohl wahr; von gleicher Bedeutung aber scheint mir ein bevölkerungspolitisches Aktionsprogramm, das unumgänglich ist, wenn wir uns auf diesem engen Planeten in eine friedliche Zukunft teilen wollen. Bevölkerungsprobleme – darin stimmen Experten überein – sind nicht Ursache, sondern Begleiterscheinungen der Unterentwicklung. Diese Probleme zu lösen, stößt auf Schwierigkeiten mannigfacher Art. Eine der subtilsten Schwierigkeiten liegt im religiösen Glaubensbekenntnis. Es ist klar: wenn sich Geburtenkontrolle und Familienplanung als unentbehrliche Maßnahmen anbieten, um der Bevölkerungsexplosion Herr zu werden, ist ein Konflikt mit religiösen Geboten vorgegeben. Sie sind ein Teil unserer Kultur. Sie bestimmen unser Verhältnis zu Ehe und Familie und regulieren den Alltag ebenso, wie sie die Notwendigkeit der spirituellen Welt bestätigen. Der Widerspruch ist evident. Wie läßt sich ein bevölkerungspolitisches Programm verwirklichen, ohne daß religiöse Glaubenssätze und Wertvorstellungen aus der Welt kommen oder an lebensregulierender Kraft einbüßen?

Daß Glaubenssätze auslegbar sind, wissen wir; selbst einige Suren des Korans sind erstaunlich auslegbar; doch das – die Interpretierbarkeit von Normen und Wertvorstellungen – wird ein globales Programm nicht ins Werk setzen können. Entscheidend ist die Zustimmung der Oberhäupter aller Weltreligionen. In seinem Gespür für die Forderungen der Gegenwart hat Helmut Schmidt Religionsführer und Politiker zusammengebracht zu einem Gespräch über Probleme des Friedens und der Weltbevölkerung; Moslems und Christen, Juden, Hindus und Buddhisten begegneten einander, und was nicht ohne weiteres vorauszusehen war: die Teilnehmer stimmten darin überein, die Entwicklung der Weltbevölkerung als eine der größten Herausforderungen dieser Zeit anzusehen. Verständnis und Einverständnis sind aber nicht genug; was wir brauchen, ist eine neue Politik, die diese ersten Erkenntnisse und Übereinstimmungen aufnimmt, eine wahrhaft ökumenische Politik. Wir brauchen sie jetzt, denn ihre Wirkung, das läßt sich errechnen, wird mit einer Verzögerung von Jahrzehnten eintreten. Friedenswilligkeit: hier, vor diesem Problem, läßt sie sich beweisen.

Es zeigt sich, daß der Friede, in dem wir leben, aus mehrfachen Gründen unfertig ist, daß wir sozusagen am Rande des Friedens leben. Dem Beispiel folgend, das Politiker und Wirtschaftler, Leitartikler und sogar Orthopäden geben, die in kniffligem Innenseiterstreit unsere Gerichte anrufen, liegt die Versuchung nahe, auch selbst einmal ein Hohes Gericht anzurufen, um rechtsverbindlich feststellen zu lassen, was den Frieden ausmacht, was ihm zukommt und was ihn aufhebt. Ich stelle mir vor, daß in solch einem Findungsprozeß die Gesichter des Krieges und die Erscheinungsbilder des Friedens gelassen verglichen, befragt, bewertet, beurteilt werden, mit all der gedanklichen Trennschärfe und der definitorischen Unüberbietbarkeit, die einem Hohen Gericht zu eigen sind. Die Richter, denke ich, wären nicht zu beneiden, denn müßten sie nicht sogleich feststellen, daß einige Kriterien des Krieges – zum Beispiel Gewalt und Bedrohung – auch in dem Frieden enthalten sind, in dem wir heute leben? Und müßten sie nicht andererseits bemerken, daß das, was wir uns im Frieden leisten – vergiftete Erde, verseuchtes Wasser, unzähliger anonymer Tod von Tieren und Pflanzen –, im Ergebnis einer Kriegsaktion gleichkommt? Unsere Zeit läßt keine reine Begriffsbestimmung zu. Selbst die Sprache der Friedensbewegung ist nicht frei von Anleihen aus der Terminologie des Krieges, benutzt Begriffe wie Strategie, Potential, Blockade.

Wir leben im Frieden und sind dennoch der Gewalt ausgeliefert, einer privilegierten, von den Ämtern gesegneten Gewalt, die unsere Welt immer unbewohnbarer macht. Gegen unseren Willen nimmt man uns Seen und Meere, läßt unsere Flüsse sterben, skelettiert die Wälder. Wer sich dagegen auflehnt, sagt ein Gericht, handelt moralisch glaubwürdig, ist jedoch juristisch im Unrecht. Soweit haben wir es gebracht: wer sich noch eine gewisse Loyalität zur Schöpfung bewahrt hat, kann juristisch im Unrecht sein. Da muß man sich doch nach der Beschaffenheit der Gesetze fragen, die es der Gewalt erlauben, gegen alle die zu handeln, die an der Zerstörung der Umwelt nicht verdienen. Es ist leider wahr, und ein resignierter Politiker hat es zugegeben: der Wirkungsraum Wirtschaft ist sehr viel größer als der Wirkungsraum Politik.

Wie anwesende Gewalt unseren Frieden kennzeichnet, so enthält er auch Elemente der Bedrohung, die nicht vereinbar sind mit dem Zustand, den wir uns unter vollkommenem Frieden vorstellen. Es sind globale Bedrohungen. Die Weltklima-Konferenz in Toronto kam zu dem Fazit, daß die Gefahren, die uns aus der Atmosphäre drohen, durchaus mit einem Atomkrieg vergleichbar sind. Was sich – von Industrie und Landwirtschaft verschuldet – in der Atmosphäre anreichert und zu einer Klimahülle verdichtet, ist geeignet, katastrophale Folgen für das Leben auf der Erde auszulösen.

Durch Erwärmung des Erdklimas werden Wüsten wachsen, die Polkappen schmelzen und die Meere so ansteigen, daß ganze Länder überflutet werden. Falls Industrie und Landwirtschaft sich so entwickeln wie bisher, kann es bereits in fünfzig Jahren zu dieser dramatischen Erwärmung des Erdklimas kommen. In der Sprache der Wissenschaft spricht man von einer »erstrangigen nicht-militärischen Bedrohung der internationalen Sicherheit«. Die ersten Anzeichen für die Katastrophe glaubt man bereits entdeckt zu haben: in außergewöhnlichen Dürreperioden und tödlichen wandernden Algengürteln. Das Ende des Lebens, so glaube ich, ist vorstellbar geworden.

Die Schöpfung stirbt langsam. Sie muß nicht im atomaren Blitz untergehen, der die Ozeane zum Kochen, die Gebirge zum Schmelzen bringt. Sie kann an unserer Verachtung der Schöpfung und an unserem Egoismus zugrunde gehen. Mit Appellen ist nichts zu erreichen, wir kennen ihr Elend, ihre Wirkungslosigkeit. Wenn überhaupt, dann kann nur eine tatkräftige und phantasievolle Politik etwas ändern, die bereit ist, sich zunächst den Wirkungsraum zurückzuholen, den Wirtschaft und Industrie ihr abgenommen haben. Es gibt kein Abonnement auf die Ewigkeit, und es gehört nicht einmal viel Phantasie dazu, sich die Erde unbelebt vorzustellen, von Staub bedeckt, den kalte Winde vor sich hertreiben. Ein Grabstein für diese Zeit könnte die Inschrift tragen: Jeder wollte das Beste – für sich.

Wir leben im Frieden, in einem unfertigen, notdürftigen, immer gefährdeten Frieden. Die Kräfte bedenkend, die ihm entgegenstehen, die Belastungen zählend, denen er ausgesetzt ist, die Aufgaben prüfend, die er uns stellt, möchte ich das, womit wir dem Frieden heute noch dienen können, mit wenigen Worten sagen: Widerstand, Widerstand gegen die, die den Frieden bedrohen mit ihrem Machtverlangen, mit ihrer Selbstsucht, mit ihren rücksichtslosen Interessen.

(1988)

Dostojewski – der gläubige Zweifler

Heute, mehr als hundertsechzig Jahre nach seiner Geburt, braucht einer nur zu sagen: Wie bei Dostojewski – und schon glauben wir uns im Bilde. Die Nennung des Namens allein genügt, um eine eigentümliche Welt zu vergegenwärtigen, einen ebenso beunruhigenden wie beispiellosen Kosmos, der für immer ihm gehören wird: Fjodor Mihailowitsch Dostojewski. Als sei sein Name ein Stichwort, hebt sich die Großstadt ins Blickfeld, wie er sie als erster beschrieben hat: die Mietskasernen von St. Petersburg, die Elendslöcher der »Erniedrigten und Beleidigten«, die kalten Straßen, in denen die Fremdheit herrscht. Und unwillkürlich denken wir bei seinem Namen an die Bewohner dieser Großstadt, an ihr Proletariat, ihr Kleinbürger- und Beamtentum, und wir sehen sie den Gesetzen der Großstadt ausgeliefert, Opfer von Armut, Wucher, Unbarmherzigkeit. Aber auch die namentlichen Gestalten, die er geschaffen hat, bringen sich sogleich in Erinnerung, die Sünder und die Heiligen, die Schurken und Gottsucher, die Besessenen und die Beladenen – alle jene zur Weltliteratur gehörenden Personen, die insofern dostojewskihaft sind, als für sie die Wirklichkeit durch das Leiden bestimmt ist. Wenn wir sagen: Wie bei Dostojewski – dann meinen wir die Maßlosigkeit der Gefühle ebenso wie eine unfaßbare Armut und das Bewußtsein der eigenen

Verächtlichkeit; wir denken an die Herrschaft der Begierden und an die schwierige Heimkehr in den Glauben. Der Name Dostojewski ist – von uns aus gesehen – gleichbedeutend mit einem Bekenntnis zum Menschen, zu seiner fragmentarischen Wahrheit.

Welche Wirkung dieser Schriftsteller auf seine Zeitgenossen hatte, was er ihnen bedeutete und was sie mit seinem Namen verbanden, das zeigte sich bei der großen Puschkin-Feier in Moskau am 8. Juni 1880. Dostojewski hielt die Festrede, er sprach zum Ruhm Puschkins, nicht frei, nicht virtuos, denn er war kein großer Rhetor. Das intellektuelle Rußland war anwesend, und nachdem der hinfällig wirkende Mann seine Rede abgelesen hatte, geschah etwas Außergewöhnliches. Die Zuhörer wurden von einer Art Bekennerbereitschaft erfaßt. Unbekannte umarmten einander. Man schluchzte und weinte. Wildfremde Menschen schworen einander, in Zukunft die christlichen Gebote einzuhalten. Man gelobte, sich künftighin nicht mehr zu hassen. Liebe allein sollte herrschen. Sie sind unser Prophet, rief man dem Redner zu, Sie sind unser Heiliger. Selbst der große Turgenjew, der erfolgreiche Vertreter der sogenannten »Gutsbesitzer-Literatur« und Dostojewskis Feind, umarmte ergriffen den Redner. Und junge Leute riefen ihm zu: »Sie haben uns besser gemacht durch Ihre Bücher.«

Wann hat es so etwas gegeben? Leser bekennen einem Schriftsteller: Sie haben uns besser gemacht durch Ihre Bücher. Wann ist die Wirkung von Literatur je so augenfällig gewesen? Wer einmal versucht hat, den verändernden Einfluß von Literatur allgemein zu bestimmen, wird festgestellt haben, wie schwierig das ist; denn das, was uns vorbereitet, imprägniert und umstimmt, die überredende Kraft, die aus uns einen andern macht – sie ist unkalkulierbar, wirkt im Verborgenen, ist kaum ermittelbar. Dostojewski ist wohl der einzige Romancier, der die Spontaneität seiner Wirkung, die sich in Bekenntnis, Schwur und Beteuerung äußerte, so unmittelbar zur Kenntnis genommen hat. Das ist gewiß nicht nur mit der Macht des Wortes oder mit der Kunst seiner Darstellung zu erklären. Wie er selbst oft genug sagte, schrieb er seine großen Romane mit dem Gefühl, daß es um alles, ums Leben ginge. Und ohne Zweifel wirft er in seinen Büchern die wesentlichsten Fragen auf, die sich auf den Sinn unseres Daseins beziehen: Demut und Macht, Schuld und Glauben, Gewissen und Unmenschlichkeit – sie beschäftigen ihn leidenschaftlich bis an sein Ende.

Sein Leben, das uns mitunter wie von ihm selbst geschrieben erscheint, ist bis ins Entlegenste dokumentiert. Am 11. November 1821 wurde Dostojewski in Moskau geboren, als Sohn eines Armenarztes, von dem erzählt wird, daß seine Strenge nur noch von seinem Geiz übertroffen wurde. Dank einer Mitgift kaufte sich Dostojewskis Vater ein kleines Gut mit zwanzig Leibeigenen; er gab die Medizin auf und zog sich aufs Land zurück. In einer Nacht wurde er ermordet – vermutlich von seinen eigenen Leuten, die im Mord den einzigen Ausweg sahen, um seiner Grausamkeit zu entkommen. Die Schuldigen kamen nie vor Gericht.

Dostojewski trat im Alter von siebzehn Jahren in die Ingenieurschule der Petersburger Militärakademie ein; nur weil es einen Freiplatz gab, hatte ihn sein Vater hierhergeschickt. Es verwundert nicht, daß der Junge dort nur »unzureichende Fortschritte« machte, denn Festungsarchitektur, analytische Geometrie, Taktik und praktische Mechanik waren seine Sache nicht. In Briefen an den Vater beklagte er sich über die niederdrückende Disziplin und die Armseligkeit seines Lebens und vergaß nie, den hartherzigen Alten um Geld anzugehen. Eine innige Freundschaft zu seinem Bruder Michail, der ihm Beichtvater, Vermittler und später sogar sein Verleger war, halfen ihm über die triste Zeit hinweg, und er war mehr als erleichtert, als er das militärische Ingenieurswesen im Rang eines Leutnants schließlich aufgab. Mit fünftausend Rubeln Einkommen im Jahr – das Geld sollte ein Hauptthema seines Lebens werden –, beschloß er, sich nur noch der Literatur zu widmen.

Die materiellen Voraussetzungen waren zufriedenstellend – oder hätten es jedenfalls sein können –, doch wie Zeugen versichern, hat Dostojewski eines zeitlebens nicht gelernt: Geld zu sparen. Barmherzig und impulsiv, wie er war, lud er viele zu Tisch, er bestand darauf, daß es jedem in seiner Nähe gutgehe, er half anderen, er versagte sich selbst nichts, er machte unsinnige Geschenke und wurde nach Strich und Faden bestohlen, ohne auch nur den Versuch zu machen, die Diebe zu überführen. Es gibt wohl keinen Schriftsteller, in dessen Tagebüchern und Briefen und Bekenntnissen soviel von Geld die Rede ist wie bei Dostojewski, und es gibt wohl auch keinen Schriftsteller, dessen Gestalten so vom Gedanken ans Geld beherrscht werden wie die des großen russischen Autors – die Armen, weil für sie alles davon abhängt; die Reichen, weil es ein Mittel ihrer Macht ist. Für Dostojewski selbst hatte Geld nichts Ordinäres, Schmutziges, Abstraktes; er, der ein Leben lang hinter ihm her war, der es unbedacht ausgab und verspielte, hatte ein eigenes Verhältnis zu ihm: er sah es verwandelt in Brot, in Miete, in Wärme, in Medizin gegen Krankheiten und in jene Freiheit, die er als Schriftsteller brauchte. Bei Dostojewski, sagte Böll einmal, gehört das Geld zu seiner Religiosität.

Es zeigte sich, daß die fünftausend Rubel, die er jährlich als Erbschaft und Gehalt bezog, nicht ausreichten, um die Unkosten des angehenden Schriftstellers zu decken. Sein Leichtsinn – aber auch seine Generosität – brachten ihn auf den Weg zum Wucherer. Dennoch, mit fünfundzwanzig veröffentlichte er sein erstes Buch, den Briefroman »Arme Leute«, und hatte einen außergewöhnlichen Erfolg. Belinskij, der bedeutendste Kritiker seiner Zeit, bescheinigte ihm »göttliche Eingebung«, Kollegen wie Turgenjew und Graf Sologub wünschten sogleich, mit ihm bekannt zu werden, alle Petersburger Salons öffneten sich ihm. Selbstverständlich war Dostojewski nicht der erste, der die Armut zu einem seiner wichtigsten Themen machte – Dickens und Hugo hatten bereits die Welt der »Erniedrigten und Beleidigten« auf ihre Weise dargestellt –, doch er machte deutlich, welch extremer Handlungen und Haltungen der heillos gedemütigte Mensch fähig ist: sie reichen von sprachloser Schicksalsergebenheit bis zu unberechenbarer Empörung und zum Mord. Von der Demut sagte Dostojewski, sie sei »die allerfürchterlichste Kraft, die es auf Erden gibt«.

Nach dem triumphalen Erfolg seiner »Armen Leute« publizierte er einige Erzählungen, über die die Kritiker sich ablehnend und sogar spöttisch äußerten – eine Erfahrung, der wohl kein junger Autor entgeht, dessen Erstling ungewöhnlich erfolgreich war. Immerhin, Dostojewski war ein anerkannter Schriftsteller, man lud ihn ein, und eines Tages kam er in Kontakt mit den Mitgliedern der Gesellschaft um Petraschewski – eine der folgenreichsten Verbindungen seines Lebens.

Auch wenn sie oft so genannt wird: es war keine Geheimgesellschaft, denn ihre Mitglieder – Schriftsteller, Beamte, Offiziere, Studenten – durften beliebig Gäste mitbringen. Im damaligen Rußland war es eine von vielen Gruppen, in denen Wahrheits- und Freiheitssucher über die Theorien Saint-Simons diskutierten, über Fouriers demokratischen Mystizismus, über Zensur und Sozialismus und über die Leibeigenschaft der Bauern. Dostojewski, den die Möglichkeit einer Verbindung von Christentum und Sozialismus lange beschäftigte, teilte zwar die Ansicht der anderen, daß die Staatsverwaltung reformiert, Zensur und Leibeigenschaft abgeschafft und die staatsbürgerlichen Rechte vermehrt werden müßten, doch er hegte keine umstürzlerischen Gedanken. Ein Revolutionär, der auf den Sturz des Zarentums hinarbeitete, war er nicht.

An einem Aprilmorgen 1849 wurden Dostojewski und dreiunddreißig Angehörige der Gruppe verhaftet, man sperrte sie in der Peter-Pauls-Festung ein. Nach langen Verhören wurden alle zum Tode verurteilt. Was der Despot Zar Nikolai I. danach inszenieren ließ, stellt eines der schändlichsten Schauspiele dar, auf die Mächtige je verfielen. Man führte die Verurteilten aufs Schafott, sie mußten weiße Sünderhemden anziehen, ein Pope sprach, ein General kündigte die Hinrichtung an. Bevor die Soldaten die Gewehre anlegten, wurde über jedem Verurteilten ein Degen zerbrochen. Im letzten Augenblick wurde dem General ein Begnadigungsschreiben überreicht: der Zar begnadigte die Verurteilten zum Leben – in der Katorga, in einem Zuchthaus in Sibirien.

Ohne Zweifel wurde Dostojewski durch diese erfahrene Marter für immer geprägt; er wußte, was ein zum Tode Verurteilter denkt und empfindet; in der Nähe des Todes fand er den Wert des Lebens, entdeckte aber auch an sich selbst eine unvermutete Gleichgültigkeit vor dem Sterben. Es ist denkbar, daß manches Unglück, das er später erlitt, an dieser Erfahrung gemessen wurde.

Etappe nach Etappe, mit zehn Pfund schweren Ketten an den Beinen, brachten sowohl offene als auch geschlossene Schlitten ihn und die andern Verurteilten nach Sibirien. Der »schreckliche Träumer«, wie er sich selbst einmal nannte, der größte russische Idealist: Dostojewski erreichte nach fünfzehntägiger Schlittenfahrt einen inneren Kreis der Hölle. Der Dichter der Armen und Wehrlosen schrieb über seine Ankunft: »Es sind rohe, gereizte, erbitterte Menschen; sie empfingen uns, die wir alle vom Adel sind, feindselig und mit Schadenfreude. Sie hätten uns am liebsten aufgefressen, wenn sie es nur gekonnt hätten.« In der harten, grausamen Welt der Sträflinge, die ihn verlachten, quälten und verhöhnten, erfuhr er, wozu der einfache Mensch aus dem Volk unter extremen Bedingungen fähig ist.

Bis zu den Erlebnissen in der Katorga hatte Dostojewski nur eine mystisch verklärende Ansicht vom einfachen Volk; gleich manchen Intellektuellen seiner Zeit vergötterte er es, idealisierte seine Eigenschaften, glaubte in ihm mythische Kräfte zu entdecken. Hier, unter Leuten, auf die das ganze Strafgesetzbuch Anwendung fand, an einem Ort, an dem es täglich darauf ankam, gegen die andern zu bestehen, wurde er teilweise desillusioniert. Dennoch, in einem Brief an seinen Bruder, in dem er die wesentlichsten Eindrücke seines Martyriums zusammenfaßte, bilanzierte er: »Auch in Sibirien unter Mördern habe ich Menschen kennengelernt. Ich weiß nicht, ob Du mir es glauben wirst, aber es gab tiefe, starke und edle Charaktere unter ihnen – es war eine Freude, das Gold unter der rauhen Schale zu entdecken.« Und an anderer Stelle schrieb er: »Man muß schließlich einmal die volle Wahrheit sagen: es waren außergewöhnliche Menschen. Vielleicht waren es die Begabtesten, die Stärksten unseres Volkes. Aber ihre gewaltige Energie wurde unnütz vertan – und wer ist schuld daran? Das ist es eben: Wer ist schuld daran?«

In seinen »Aufzeichnungen aus einem Totenhaus« hat Dostojewski über die Jahre im Zuchthaus berichtet. Das lesende Rußland war erschüttert; Leo Tolstoi bekannte: »Ich kenne kein besseres Buch aus der gesamten neuen Literatur, einschließlich Puschkin. Eine Grundsituation des Menschen, die Welt des Gefangenen, ist jedenfalls vor ihm noch nie so bewegend dargestellt worden.«

Aus Sibirien zurückgekehrt, wo er nach der Strafhaft noch einen Militärdienst ableisten mußte, im Besitz von Erfahrungen, die ihm das widersprüchliche Bild des Menschen bestätigten, setzte er seine Arbeit als Schriftsteller fort – ungeduldig, besessen, überempfindlich und immer auf der Jagd nach Vorschüssen. Charakteristisch für ihn ist die Neigung, »immer und überall bis zur äußersten Grenze zu gehen«, ja sie zu überschreiten. Wozu er, zum Unverständnis vieler, in der Lage war, hatte er bereits beim Tod des Despoten Nikolai I. gezeigt, der ihn zu einer grausamen Farce hatte verurteilen lassen: in einer Ode sprach Dostojewski der Zarenwitwe Trost zu, rühmte den Tyrannen als mächtigen Riesen und nannte sein Grab »heilig«. Verständlich wird diese Handlung nur, wenn man bedenkt, daß Dostojewski von einer Ethik des Verzeihens bestimmt wurde, die weder Groll noch Rachsucht kannte. Freilich, restlos erklären lassen sich einige Ereignisse in Dostojewskis Leben ebensowenig wie die bestürzenden Wesensveränderungen mancher seiner Gestalten.

Fassungslos nehmen wir zur Kenntnis, wie er auf mehreren Europareisen – oft genug auf der Flucht vor seinen Gläubigern – in bitterste Armut gerät und das letzte Geld, Brot und Tee für den kommenden Tag, am Spieltisch verliert. Er hatte dabei durchaus ein Gespür für die Erniedrigung, ein Bewußtsein für die Verächtlichkeit seines Tuns und für die Machtlosigkeit gegenüber seiner Schwäche; dennoch gab er dieser Schwäche unbeherrscht nach: in Wiesbaden, in Baden-Baden, an jedem Spieltisch. Er selbst nannte die Verfallenheit an das Glücksspiel den »verdammten Wirbelwind der Leidenschaften«. Allerdings hatte er auch eine naheliegende Begründung für diese Leidenschaft: hoch verschuldet, hoffte er, mit einem Schlag so viel beim Glücksspiel zu gewinnen, daß er seine Gläubiger befriedigen und alle weiteren materiellen Schwierigkeiten überwinden könnte. »Du hast es natürlich schon begriffen«, heißt es in einem Brief an seine Frau, »ich habe alles verspielt, die ganzen dreißig Taler, die Du mir geschickt hast. Denke daran, daß Du meine einzige Retterin bist und daß es niemanden in der Welt gibt, der mich liebhätte. Denke auch daran, Anja, daß es Mißgeschicke gibt, die in sich selbst auch die Strafe tragen …«

Manès Sperber, der Psychologe, fand für Dostojewskis Spielleidenschaft eine Erklärung, die wohl für jeden gleichgearteten Glücksritter gilt. Das Hasardspiel, so sagte er, bietet dem Menschen, der die Spannung der Erwartung nicht ertragen kann, die einzige Chance, die das Leben – diese epische Bewegung – nicht geben kann: der Spieler setzt alles auf eine Karte und braucht nur Sekunden, bis er das Ergebnis erfährt. Die Spannungslinie steigt raketenhaft auf. Für einen Augenblick schwebt der Spieler über dem Abgrund, im Begriff, aufs lockende, rettende Ufer zu springen – oder ins Nichts zu stürzen. Heimgesucht von seiner Schwäche und von familiärem Unglück, stöhnend unter seiner Schuldenlast, hielt sich Dostojewski in vielen europäischen Städten auf; er besuchte Genf, Paris und London, er war in Mailand, in Wien und Kopenhagen, und längere Zeit wohnte er in Dresden. Erstaunlich, wie er in seiner Lage noch die Kraft fand, zu arbeiten; er tat es mit dem Gefühl, »unter der Knute zu schreiben, notgedrungen, gehetzt«. Der Roman »Der Spieler« wurde in 26 Tagen geschrieben, sein Riesenopus »Rodion Raskolnikow« entstand in der Zeit von November 1865 bis Dezember 1866 – eine unglaubliche Leistung. Der literarische Ruhm und der Verkaufserfolg seiner Bücher änderten indes wenig an seiner privaten Situation, die Not blieb ihm treu, und in seiner Verzweiflung schloß er mit einem Literatur-Spekulanten einen Vertrag, der seinesgleichen sucht: für dreitausend Rubel verkaufte Dostojewski das Recht an seinen gesammelten Werken und verpflichtete sich außerdem, in kurzer Zeit einen neuen Roman zu liefern. Für den Fall, daß er nicht fristgerecht ablieferte, sollten dem Spekulanten nicht nur die bisherigen, sondern auch sämtliche zukünftigen Werke Dostojewskis gehören.

Mit fünfzig kehrte er nach seinem letzten, mehrjährigen Aufenthalt in Westeuropa nach St. Petersburg zurück – von seiner Spielleidenschaft nunmehr endgültig befreit. Da seine epileptischen Anfälle, die sich jede Woche wiederholten, schlimme Formen annahmen, fürchtete er, nicht mehr schreiben zu können. Er versuchte, die Krankheit zu bannen, zu überwinden, indem er ihre Manifestationen an einigen seiner Helden schilderte, unter anderem an Fürst Myschkin. Entscheidende Hilfe, die sein ganzes Leben unterfing, erhielt er von seiner Frau Anna Grigorjewna, die es verstand, ihm in der Krankheit beizustehen, die Schuldenlast einzudämmen und erträgliche Voraussetzungen für seine Arbeit zu schaffen.

Seine erzählerische Kraft ließ nicht nach: im Abstand von nur wenigen Jahren erschienen seine Romane »Der Idiot«, »Die Dämonen«, »Die Brüder Karamasow«; außerdem veröffentlichte er das »Tagebuch eines Schriftstellers«, in dem er Zeitprobleme aufgriff und Stellung nahm zu Ereignissen des Tages. Dieses Tagebuch – es erschien monatlich, und Dostojewski war Herausgeber und alleiniger Autor – machte ihn ungewöhnlich populär, und nicht nur dies: die Leser erkannten, daß sich hier ein bedeutender Realist und Kenner des menschlichen Herzens aussprach, ein Mann, dem man zutraute, Erzieher einer besseren Gesellschaft zu sein. Vielen, die sich an ihn wandten, gab er Rat und Trost, er äußerte sich über die Tragik des russischen Menschen ebenso wie über verwahrloste Kinder und den Sinn des Lebens.

Selbst der Hof wandte ihm seine Gunst zu: Alexander II., der die Leibeigenschaft aufhob, wünschte sich den Schriftsteller als Gesprächspartner für seine Söhne. Dostojewski, der die Zeit des Kerkers und der Zwangsarbeit nie vergaß, willigte ein; er war wohlgelittener Gast im großfürstlichen Haus, diskutierte, las vor. Es wird gesagt, daß die humanen Prinzipien der Regierung Alexanders II. nicht zuletzt dem Einfluß Dostojewskis zuzuschreiben sind. Auch die Kaiserliche Akademie erkannte seine Autorität und nahm ihn als korrespondierendes Mitglied auf. Jetzt endlich begann sich die Schuldenlast zu verringern; dennoch blieb es ihm nicht erspart, noch drei Tage vor seinem Tod – berühmt und geachtet und wie ein Heiliger verehrt – seinen Verleger um Vorschuß bitten zu müssen.

Als er im Januar 1881 begraben wurde, folgten trotz eisiger Kälte fast dreißigtausend Menschen seinem Sarg: Kollegen, Vertreter des Staates und der Kirche und Studenten, die, um an den Revolutionär Dostojewski zu erinnern, klirrende Ketten trugen, was die Polizei zu unterbinden suchte. Vor allem aber reihten sich in den gewaltigen Trauerzug seine Leser ein, Männer und Frauen, die allen Schichten angehörten und die in ihm ihren Anwalt sahen, der zeitlebens bemüht war, für ihre Würde einzutreten.

Jede erneute Lektüre von Dostojewskis Werk läßt erkennen, warum dieser Schriftsteller auch heute noch, mehr als hundertsechzig Jahre nach seiner Geburt, seine Leser bewegt und beunruhigt, sie seltsam bannt und erschüttert. Der entscheidende Grund liegt wohl darin, daß er, der Liebhaber extremer Situationen, jene fundamentalen Fragen aufwirft, die die Literatur nicht nur zu seiner Zeit an das Leben gestellt hat. Die Ideen und Modelle, die in seinen Personen liegen, haben jedenfalls nichts von ihrer Aktualität verloren; sie sind immer noch imstande, eine moralische, eine philosophische Erschütterung hervorzurufen.

Ohne Zweifel verkörpern viele seiner Gestalten – die Sünder, die verhinderte Heilige sind, und die Heiligen, denen die

Sünde nicht fremd ist – Dostojewskis eigenes Sehnsuchtsprogramm, zu dem die Überwindung der Fremdheit ebenso gehört wie die Überwindung der Herrschaft. Diese unsterblichen Figuren sind die Träger Dostojewskischer Wahrheiten, sie sind die Boten seiner Erkenntnisse. Es spricht für sich, daß sie in ihrer ungewöhnlichen Komplexheit die widersprüchlichsten Eigenschaften verbinden, daß sie enormen seelischen Bewegungen ausgesetzt sind und plötzlich in derart gebrochenem Licht vor uns stehen, daß wir zögern, etwas Endgültiges über sie zu sagen.

Eine der von ihrer Konzeption her kühnsten Gestalten Dostojewskis ist fraglos Fürst Myschkin, der »Idiot«. Eine Eintragung im Notizbuch des Schriftstellers belegt die Kühnheit der Konzeption: »Der Fürst-Christus«, heißt es da, und weiter: »Wie aber soll man Christi Antlitz im Fürsten offenbaren?« In der Tat versuchte Dostojewski nichts weniger, als den Menschensohn in der Literatur zu konkretisieren: »Christliche Liebe – das ist der Fürst. Sich nichtiger und niedriger fühlen als alle anderen. Die Gedanken der Mitmenschen durchschauen. Immer bereit sein, sich selbst zu beschuldigen.« Begeistert und erschreckt zugleich, mit »unnatürlicher Bangigkeit«, wie er in einem Brief sagt, wagte Dostojewski sich an das Schwerste: einen vollendeten Menschen zu beschreiben, der demütig ist und verständnisvoll, eine Erscheinung von höchster Sensibilität und Weltfremdheit, einen Heiligen in den Niederungen des Lebens, der zugleich geliebt und verspottet wird.

Fürst Myschkin, dieser reine Missionar des Mitleids, hat die Gesellschaft durchschaut, die allein auf die Macht und Gewalt des Geldes setzt. Seine Duldsamkeit angesichts von krudem Egoismus, seine Güte und Einfalt und nicht zuletzt seine kindliche Offenherzigkeit werden allenthalben belächelt. Weil er tatsächlich seinen Nächsten wie sich selbst liebt, erblickt man in ihm eine Abnormität; weil er jedem Menschen Gutes zutraut, nennt man ihn, der den anderen auch an Intellektualität überlegen ist, einen Idioten. Um ihre Schwächen und Mißstände aufzudecken, verkannte Don Quichotte die Welt auf methodische Weise; er stellte sie bloß, indem er sich selbst der Lächerlichkeit preisgab. Fürst Myschkin liegt nicht daran, die Welt bloßzustellen, er will keinen belehren oder bekehren, er selbst ist nicht »komisch«. Durch ihn spricht der Menschensohn zu einer erlösungsbedürftigen Welt, demütig, brüderlich. Die Gesellschaft, die ihn verspottet, tut es nicht, weil sie seiner Unschuld und Reinheit mißtraut, sondern weil sie insgeheim die unterwandernde Kraft seiner Tugend fürchtet. Dostojewskis »Idiot«, die große verschlüsselte Beichte, kann man als seine Antwort an den Atheismus verstehen, dessen Ausbreitung in Europa ihn verstörte. Er folgerte, daß, wenn es keinen Gott gibt, alles erlaubt ist, ja, daß der Mensch versucht sein könnte, sich selbst an die Stelle Gottes zu setzen und, im Besitz aller Machtmittel, die Welt ins Verderben zu stürzen. Mit Fürst Myschkin, der reinen Erweckergestalt, fordert er ruhig zu einer Heimkehr zum Glauben auf. »Leb wohl, Fürst«, sagt Nastassia Filippowna dem Apostel der Nächstenliebe zum Abschied, »ich habe zum ersten Mal einen Menschen gesehen.«

Nicht die Verehrung der Güte, sondern die Anbetung der Macht und der Stärke ist kennzeichnend für eine andere Gestalt Dostojewskis: für Raskolnikow, den Protagonisten aus »Schuld und Sühne«. Er bestätigt die Erkenntnis, daß der Wille zur Macht häufig eine extreme Überwindungsform erfahrener Demütigung ist. Sein Verlangen besteht darin, »Macht über all die zitternden Kreaturen«, über »den ganzen Ameisenhaufen« zu gewinnen; gerechtfertigt wird dies Verlangen, wie er glaubt, durch die Größe seiner Idee. Als Theoretiker eines bedingungslosen Individualismus erweitert er radikal bestehende Gesetze und Normen, und in der Meinung, daß er ein Recht dazu hat, fordert er für sich selbst außerordentliche Macht.

Um den Mord an einer alten Wucherin zu rechtfertigen, reklamiert er für sich, was ein Lykurg, ein Mohammed, ein Napoleon wie selbstverständlich für sich forderten, nämlich die Übertretung und Aufhebung überkommener Gesetze. Er beansprucht, als sein eigener Gesetzgeber anerkannt zu werden. Er nimmt sich, was er braucht – eingedenk der Erfahrung, daß, wer die Menschen in seinem Sinne zum Glück zwingen will, einverstanden sein muß mit Blutvergießen. Der wohltätige Herrscher darf in den Augen Raskolnikows einen Mord begehen. Wenn er es schafft, seinen Willen zum Gebot zu erhöhen, dann kann er ein Leben jenseits von Furcht, Schuld und Gesetz führen.

Es ist nicht unwesentlich, in wessen Namen wir etwas tun oder unterlassen und worauf wir uns berufen in unseren Entscheidungen. Raskolnikow, ein Opfer seiner extremistischen Fiktion, handelt ausschließlich in seinem eigenen Namen. Er tötet, um eine Theorie in der Praxis auszuprobieren, und proklamiert damit die Selbstherrlichkeit des Übermenschen. Allerdings, der Student Raskolnikow ist ein Geschöpf Dostojewskis, und das heißt: auf den Mörder mit selbstgegebener philosophischer Legitimation wartet ein unvermeidlicher Gewissenskonflikt. Das Geld, das er raubte und das er für selbstlose Taten verwenden wollte, wirft er von sich. Er kann nicht gleichgültig über das Blutvergießen hinweggehen wie sein Vorbild. Es graut ihm vor der eigenen Tat, und er fragt sich, ob er nicht doch nur böse war, und ob seine Tat nicht doch nur dazu diente, sich von den Entehrungen der Armut zu befreien. Er ahnt die Irrationalität seiner Handlung. Er sieht ein, daß er seinen Willen nicht zum Gesetz hat erhöhen können: er hat seine Rechnung ohne die Instanz des Gewissens gemacht. In der Katorga, wohin man ihn zur Sühne verbannt hat, erfährt er die Feindschaft der anderen Sträflinge. »Du glaubst nicht an Gott«, so beschuldigen sie ihn, und: »Ein Gottloser bist du, erschlagen muß man dich.« Raskolnikow, wieder zur zitternden Kreatur geworden, bereut nicht so sehr sein Verbrechen, sondern beklagt dessen Mißlingen. Dostojewski sah in ihm den anmaßenden Sünder, einen dem Untergang geweihten Empörer, der sich selbst als letztes Wertmaß nimmt und nicht anerkennt, daß eine transzendente Macht über ihm steht. Sünde zieht Schuld nach sich. Glaubensabfall, Mitleidlosigkeit: in den Augen Dostojewskis waren es Tatbestände, für die nicht nur der einzelne einstehen muß, sondern alle verantwortlich sind. Wer die Gegenwärtigkeit des Leidens anerkennt, muß eine vorhandene Schuld anerkennen. Gelangt der Mensch dorthin, wird er ein einzigartiges »Bedürfnis der Seele« empfinden. Dies Bedürfnis heißt Reue – bereuen und vergeben können: im Dostojewskischen Kosmos gilt das als Glück, als Gelegenheit zur Freude.

Von Schuld beschwert, zu Reue und Vergebung bereit, sollte sich der Mensch zu einem Sofortprogramm der Nächstenliebe entscheiden – ganz im Sinne der Lehre des Staretz Sossima. Der hat nicht den Himmel als den Ort bezeichnet, wo eine gute Tat ihren Lohn findet. Die große Tat wird vielmehr hier auf der Erde belohnt, durch Freude und inneren Frieden.

»Nicht fertig gewordene Probewesen«, so nennt Iwan Karamasow einmal die Menschen; und das trifft bis zu einem gewissen Grade auch auf manche Gestalten aus Dostojewskis epischem Personal zu. Sie sind Geschöpfe, die etwas zur Probe vorführen, eine extreme Überzeugung ebenso wie die Bereitschaft zum Leiden, die Konsequenzen äußerster Anmaßung nicht weniger als die Notwendigkeit der Güte. Es verwundert kaum, daß wir dieser Probewesen nie ganz habhaft werden, sie sind in besonderem Sinne unterwegs, suchen ihr Wesen und kommen sich abhanden, überraschen durch ein plötzlich schwankendes Bild und lassen Unvermutetes ahnen.

Selbst eine Gestalt wie Stawrogin – Thomas Mann nannte ihn die »unheimlich anziehendste Figur in der Weltliteratur« – kann in dieser Hinsicht als Probewesen verstanden werden. Stawrogin: er ist ein Ästhet, der die Gemeinheit feiert, ein Nihilist, der jede Schandtat als ein Experiment betrachtet. Ob er Geld stiehlt, ein kleines Mädchen in den Tod treibt oder mit einer verblödeten Frau eine Ehe eingeht – bei allem erprobt er, wieviel Gemeinheit seine Mitmenschen ertragen können. Was er tut, tut er bewußt und methodisch. Stawrogin ist ein Wesen, das nichts verabscheuen kann; die Genugtuung, die er nach einer bösen Tat empfindet, glaubt er auch nach einer guten Tat empfinden zu können. In seiner Beichte heißt es: »Ich kenne und spüre weder Gut noch Böse und habe nicht nur jegliches Empfinden dafür verloren, sondern für mich gibt es weder Gut noch Böse (und dieses Bewußtsein ist mir angenehm); alles beruht auf Vorurteilen, mir wäre es möglich, mich von allen Vorurteilen zu befreien; wenn ich aber so weit sein werde, dann bin ich verloren.« Allerdings, in einem bestimmten Augenblick läßt Stawrogin uns ahnen, daß er nicht nur die reine Negation ist: in einem Traum, unkontrolliert, erlebt er eine lichterfüllte griechische Landschaft mit freundlichen Menschen; eine unbekannte Freude erwacht in ihm, ein Glücksgefühl, und beim Erwachen stellt er fest, daß er zum ersten Mal in seinem Leben geweint hat. Auch an dieser Figur macht Dostojewski deutlich, daß es endgültige Gewißheiten über den Menschen nicht gibt.

Unter all seinen »Probewesen«, unter den Suchern und Wanderern wirbt eine Gestalt am sinnfälligsten für das Glaubensbekenntnis des Schriftstellers: Aljoscha Karamasow. In ihm suchte Dostojewski den – seiner Ansicht nach – vollendeten

Menschen darzustellen. Deuter seines Werkes glauben, daß Aljoscha Karamasow sozusagen ein wiedererweckter Fürst Myschkin ist, befreit allerdings vom Schicksal der Fallsucht und allen Folgen, die diese Krankheit mit sich bringt. Kräftig, rotwangig, von guter Gestalt, so erscheint Aljoscha Karamasow; seine ausgemachte Lebensnähe widerspricht keineswegs den zartesten Tugenden. Seine Fähigkeiten erscheinen wie ein dostojewskisches Programm. Wo immer er sich einstellt, mit wem er zusammentrifft, jedesmal gelingt es ihm, unter seinen Mitmenschen Liebe zu erwecken. Deshalb will ihn sein Lehrer und Meister, der Staretz Sossima, auch nicht im Kloster behalten. Überzeugt von Aljoschas Unversehrbarkeit, weist er ihm die Welt als Aufgabe zu. »Du bist dort nötiger«, sagt er. »Dort herrscht kein Friede, du wirst dich nützlich machen können ... An dir zweifle ich nicht, und darum schicke ich dich. Christus ist mit dir. Bewahre du Ihn, so wird Er auch dich bewahren. Großes Leid wirst du erfahren, und in diesem Leid wirst du glücklich sein. Und hier hast du mein Vermächtnis: Suche im Leid das Glück. Arbeite, arbeite unermüdlich.« Was Aljoscha den Menschen bringt, hört sich sehr schlicht an: es ist Verständnis. Bevor er sie tadelt oder verurteilt, sucht er den Grund für ihre Hartherzigkeit, für ihren Egoismus und ihre Glaubenslosigkeit zu verstehen. Seine Lauterkeit verhindert, daß ihm Argwohn entgegenschlägt; unaufdringlich, ganz ohne Lehrhaftigkeit zeigt er sich als das Gewissen seiner Umwelt. Den Verzweifelten – auch den an sich selbst Verzweifelten – flößt er Zuversicht ein. Er versöhnt die Bösartigen miteinander, stiftet Frieden unter Streitenden. Dank seiner Bedürfnislosigkeit ist er der glücklichste Mensch, der sich denken läßt. Freilich, Aljoscha Karamasow, der Gott liebt, indem er »den Anderen« dient, er wäre kein Geschöpf Dostojewskis, wenn auch er nicht in gewissen Augenblicken sich dem Zweifel ausgesetzt sähe:

»Ein Mönch soll ich sein? ... Aber ich ... ich glaube ja vielleicht gar nicht an Gott.« Doch gerade dieser Zweifel läßt ihn so glaubwürdig erscheinen bei seinem Versuch, eine Gemeinde der Brüderlichkeit zu gründen.

In den romanhaften Gestalten Dostojewskis spiegelt sich sein eigenes Menschenbild, sie verkörpern aber auch sein Sehnsuchtsprogramm für die Welt. Dies Programm ist erfahrbar an den Haltungen seiner imaginären Personen, an ihren Bekenntnissen, Aktionen und Träumen. In extremen Situationen geben seine Sünder und Heiligen preis, durch welch eine Kraft die unannehmbare Welt verändert oder sogar gerettet werden könnte. Es ist kein revolutionärer Messianismus, der dies Programm kennzeichnet, vielmehr offenbart es immer wieder nur dies: eine tiefe, eine mitunter verzweifelte Sehnsucht nach Brüderlichkeit, die durch die Erkenntnis genährt wird, daß »jeder von uns verantwortlich ist für alles, was auf Erden geschieht«.

Brüderlichkeit oder Nächstenliebe: fähig wird der Mensch dazu durch das Mitleid. Kein anderer Schriftsteller hat so beharrlich auf die verändernde Macht des Mitleids verwiesen wie Dostojewski. Von der Erfahrung ausgehend, daß jeder von vielfältigem Leid umgeben ist, sucht er uns davon zu überzeugen, daß der Mitleidende nicht nur gibt, sondern auch empfängt; indem er ein fremdes Schicksal mit seinem eigenen verbindet, öffnet sich sein Verhältnis zur Welt. Das eigene Dasein erfährt eine Steigerung. Mitleid, wie Dostojewski es versteht, geht also nicht auf in passivem Samaritertum; vielmehr gibt es dem, der es aufbringt, eine Kraft der Einfühlung, die wie von selbst zur Hilfsbereitschaft führt.

Die wird allerdings das Leid nicht aus der Welt bringen, denn in den Augen des Schriftstellers gehört es zu den beständigen Prüfungen, die auf den Menschen warten. Leiden können: hier ist es ein Beweis für geistige Größe. Manchmal hat man sogar den Eindruck, daß Dostojewski in einer Art mystischer Ehrfurcht das Leid als Auszeichnung betrachtet. In einem besonderen Fall allerdings sieht er das Leid als ungerechtfertigt an; dann nämlich, wenn Kinder leiden müssen. »Ich lehne die Welt nicht ab«, sagte er, »aber in dem Augenblick, da ein unschuldiges Kind durch grausame Menschen gemartert wird, gebe ich mein Eintrittsbillet ins Paradies zurück.« Warum die Kunstrichter der Stalinzeit Dostojewskis Werk für unerwünscht erklärten, liegt auf der Hand. Der Verkünder einer »Religion des Leidens«, der Psychologe schwacher, verwundeter Seelen, der Missionar, der für Güte und Demut warb, erschien den bestellten Propagandisten des sozialistischen Realismus als schädlich und gefährlich. Sein literarischer Kosmos wurde als »hysterisch, düster, pathologisch« zurückgewiesen.

Es ist klar, daß die Brüderlichkeit, für die Dostojewski eintrat, andere Voraussetzungen und Ziele hatte als das Kollektiv. Nicht ein sozialistischer Staat war für ihn das Erwünschte, nicht eine Utopie, wie sie die »Ingenieure der Seele« entwarfen, sondern ein Reich, in dem Christi Lehre galt und geübt wurde. Von der Wiederkehr Christi erhoffte er sich eine psychische und physische Veränderung des Menschen, ja, eine Aufhebung des Notstands, in dem er die Menschheit sah. Der Atheismus, wie gesagt, beunruhigte ihn zutiefst. Dostojewskis Furcht gründete darin, daß, wenn es Gott nicht mehr gibt, alles erlaubt sein könnte. Abtrünnigkeit, die zum Untergang führt, oder Heimkehr zum Glauben: vor diese Entscheidung sieht er den Menschen gestellt.

Indes: Glaubenkönnen, das ist für Dostojewski keine mühelos erreichbare, goldschnitthafte Fähigkeit. Angesichts des Zustandes, in dem sich die Welt befindet, muß der Gläubige sich oft genug mit Gott zerwerfen. Der Widerspruch ist qualvoll genug: neben dem Zweifel an Gott steht die Unfähigkeit, nicht an ihn zu glauben. Dieser Lage sah sich Dostojewski selbst so manches Mal ausgesetzt. In einem Brief, den er nach seiner Entlassung aus der Katorga schrieb, bekannte er, »ein Kind des Unglaubens und des Zweifels zu sein und es bis ans Lebensende zu bleiben«, doch im selben Brief stellt er fest: »Gott schenkt mir zuweilen Augenblicke vollkommener Ruhe.« Das Dilemma, in dem sich der gläubige Zweifler befindet, scheint dadurch erklärbar, daß er mit Gott zerworfen ist, weil er mit sich selbst zerworfen ist. Nicht von ungefähr beschreibt Dostojewski immer wieder den Prozeß einer Selbstversöhnung durch die Versöhnung mit Gott. Und schließlich besagt es auch etwas, daß nach seiner Ansicht der Gläubige das Heil nicht in einer überirdischen Welt, sondern in seinem eigenen Innern suchen muß.

Das Sinnbild seines Glaubens empfand er als sehr einfach. »Man muß glauben«, sagte er, »daß es nichts Schöneres, Tieferes, Sympathischeres, Weiseres, Vernünftigeres, Mutigeres und Vollkommeneres gibt als Christus, und nicht nur gibt, sondern ich behaupte mit eifersüchtiger Liebe: auch nicht geben kann.« Und dann gesteht Dostojewski etwas, das für ihn von erheblicher Bedeutung ist: »Wenn mir jemand beweisen würde, daß Christus außerhalb der Wahrheit ist, so zöge ich vor, lieber mit Christus als mit der Wahrheit zu bleiben.« Aus diesem Bekenntnis folgert Malraux mit Recht, daß Dostojewski wohl der einzige Mann des Glaubens gewesen sein dürfte, für den Glauben und Wahrheit sich nicht unbedingt decken und eins werden müssen. Diesen unauflösbaren und zugleich fruchtbaren Widerspruch trug er ein Leben lang in sich aus.

Mitleid, Brüderlichkeit, Glaubensleidenschaft: sie gehören zum Inhalt des Sehnsuchtsprogramms, das Dostojewski dem Zeitalter des Unglaubens entgegensetzte. Sie tragen aber auch zur Vervollkommnung des einzelnen bei, in der Dostojewski die wesentlichste Voraussetzung für eine von ihm erhoffte Gemeinschaft sah. Ohne die Idee der persönlichen Vervollkommnung – oder doch einer Annäherung an dieses Ziel – ist weder ein Volk noch ein Staat denkbar, die dem Menschen ein Leben ohne Demütigung und Angst gewähren. Soziale Reformen, politische Umwälzungen erschienen ihm nicht als taugliche Mittel, um eine Gemeinschaft zu formen, wie sie ihm vorschwebte. Keine ideale Gemeinschaft – was ideal ist, ist grausam, sagte er –, sondern eine Gemeinschaft, deren Fundament die Nächstenliebe ist.

Dieser russischste aller russischen Schriftsteller wußte, was seiner Vision einer brüderlichen, uneigennützigen Gemeinschaft entgegenstand: »Der Mensch«, sagte er, »liebt zu bauen und Wege zu bahnen, aber er liebt auch die Vernichtung und das Chaos.« Und über die Eigenschaft seiner Landsleute äußerte er sich: »Beurteilt nicht das russische Volk nach den Gemeinheiten, die es oft begeht, sondern nach den großen und heiligen Dingen, nach denen es sich auch in seiner größten Gemeinheit beständig sehnt.« Angesichts dieses Befundes maß er der Erziehung eine außergewöhnliche Bedeutung bei: »Wozu aber erziehen und nach welcher Lehre?« Bei dieser Frage gab es für ihn keinen Augenblick des Zweifels. Für Dostojewski war das Evangelium die Grundlage aller Erziehung, er glaubte, daß ohne die Frohe Botschaft niemand zu einem guten Menschen herangebildet werden könnte. Demut und ein Gefühl des Maßes, Glaubensmut und Verantwortung für den Andern, Entsagung und Mitleid: das Evangelium führt vor Augen, warum der Mensch ihrer bedarf. Und es spricht für sich, daß Dostojewski die Hauptaufgabe bei aller Erziehung und gesellschaftlichen Erneuerung der russischen Frau zudachte.

Was er für die Zukunft ersehnte, war keine alles glättende Harmonie. (»Die ewige Harmonie«, sagt Iwan Karamasow –

und damit spricht er gewiß die Überzeugung seines Schöpfers aus – »ist nicht eine einzige Kinderträne wert.«) Er dachte vielmehr an eine Welt, die auf so sicheren Fundamenten ruht, daß jeder Widerspruch und die Ungleichheit der einzelnen angenommen werden können. Das dachte ein genialer Schriftsteller, der sich zeitlebens in seinem eigenen Widerspruch befand und der seinen Leser nie mit der Illusion entläßt, diese Welt sei verläßlich. Eine ungemeine Fähigkeit zur Selbstversetzung läßt ihn alle Dunkelheiten des menschlichen Herzens erkennen, die Schärfe seines dialektischen Denkens brachte zutage, wodurch der Mensch seine Existenz gefährdet.

Dieser Realist und Visionär, dieser Dichter der Ekstase und der Maßlosigkeit hat, wie Manès Sperber zeigte, lange vor der deutenden Psychologie das Geheimnis des Unbewußten enthüllt. Und er hat – in seinen großen, unvergeßlichen Gestalten – die extremen Möglichkeiten zu leben dargestellt. Soviel machen sie deutlich: wer Gewalt anwendet, um die Welt nach seinen Ideen umzugestalten, der wird nicht zögern, Verbrechen und Brutalität zum System zu erheben und am Ende den Mord zu sanktionieren. Als wie verheißungsvoll ein Zweck auch ausgegeben wird – niemals kann ein Mensch Mittel zum Zweck sein. In seiner Rede auf Puschkin, die sich mitunter anhört wie sein persönliches Vermächtnis, erklärte Dostojewski, daß er auf jedes harmonische Weltgebäude verzichten würde, wenn zu seiner Errichtung auch nur das Leben eines armen, alten Mannes geopfert werden müßte.

Der Schriftsteller, sagte Sartre, handelt, indem er enthüllt. Kaum einer hat die Beschaffenheit der Welt so bloßgelegt wie der unsterbliche Russe. Doch damit begnügte er sich nicht. Auf der leidenschaftlichen Suche nach einer universellen Wahrheit, erfüllt von einem Hunger nach Gerechtigkeit, war er zeitlebens bestrebt, einen Ausweg aus vielfältiger Not zu zeigen und eine

Möglichkeit des Lebens zu entwerfen, in der es weder Fremdheit noch Entfremdung gibt. Legitimation besaß er genug dafür. Der russische Philosoph Wladimir Solowjew dachte an seinen bewunderten Freund Dostojewski, als er schrieb: »Die Tatsachen-Menschen leben von fremdem Leben, und sie sind es nicht, die Leben schaffen. Das Leben wird geschaffen von den Glaubensmenschen. Man nennt sie Träumer, Utopisten und Narren, sie sind aber die Propheten, die wahrhaft Besten unter den Menschen und die Führer der Menschheit.«

(1988)

Israels Träume

Über Amos Oz

Kein Schriftsteller der Gegenwart – da bin ich mir sicher – läßt seine erfundenen Personen so oft Nachrichten hören wie Amos Oz. Vor welche Tagesprobleme er sie auch stellt, welche Heimsuchungen er ihnen bereitet, was er sie auch erleben und erleiden läßt: plötzlich läßt er sie alle Hypotheken ihres privaten Schicksals vergessen und setzt sie ans Radio, vors Fernsehen. Als hätte sie ein Appell erreicht oder als folgten sie der schrecklichen Erinnerung, eine lebensentscheidende Medizin einnehmen zu müssen, hören seine erfundenen Personen schnell noch die letzten Nachrichten. Der Zwang ist so bemerkenswert, daß sie sogar ihren Schlaf unterbrechen, um nicht die 23-Uhr-Nachrichten zu versäumen. Hungrig auf das Neueste, bedürftig nach dem letzten Stand der Dinge, scheinen sie sich Klarheit darüber verschaffen zu müssen, ob die bevorstehende Nacht problemlos sein wird. Sie möchten vorbereitet sein, möchten nicht überrascht werden – von einer befürchteten Katastrophe ebensowenig wie von einem lange ersehnten Wunder, etwa dem Wunder ungefährdeter Existenz. »Wer weiß«, heißt es einmal, »welche Berechnungen da im Dunkel der Nacht angestellt werden, welche Lagebewertungen, welche schwindelerregenden Möglichkeiten die Feldherren und die Experten flüsternd diskutieren, ebenso wie es Mann und Frau im nächtlichen Schlaf-

zimmer tun: Was wird werden?« Die Sehnsucht nach Gewißheiten, der oft verzweifelte Wunsch, im Verläßlichen zu leben:
sie kennzeichnen israelische Wirklichkeit – eine Wirklichkeit,
der Amos Oz auf eigene, auf empfindliche und erschütternde
Art Ausdruck verliehen hat.

Es ist klar: wo die Realität zu wünschen übrig läßt, da wachsen Träume, blühen Visionen. Sie entstehen wie von selbst, sie
sind Antwort, sie sind Gegenentwurf, sie sind aus Notwehr
geborene Korrekturmodelle für ein annehmbares Dasein. Was
ihnen zugrundeliegt, ist das Eingeständnis: So kann es nicht
bleiben; und was von ihnen ausgeht, ist ein Plädoyer für Veränderung, ist eine Überredung zum Wandel. Auch wenn wir
wissen, daß die Träume scheitern, die Visionen nie einlös-
bar sind – wir riskieren es wieder und wieder, sie einer un-
genügenden Wirklichkeit entgegenzusetzen, ähnlich wie die
handelnden Personen im Werk von Amos Oz, seine Lehrer und
Kibbuzniks, Agenten, Angestellten, seine Aussteiger, Studenten
und weltberühmten Gelehrten. All diese von der Realität enttäuschten Zeitgenossen scheitern nicht allein deshalb, weil ihre
Träume zu monumental sind, sondern weil es in der grund-
sätzlichen Beschaffenheit der Träume liegt, zu zerfallen, sobald
sie verwirklicht werden. Der große Geschichtenerzähler Amos
Oz beweist es uns mit den epischen Berichten aus seinem Land,
aus Israel.

Doch schon sein Großvater, der aus Odessa stammte, gab ein
Beispiel dafür, daß es sich ohne Träume nicht leben läßt, ohne
den phantastischen Entwurf, der die Realität zurückweist. Im
fernen Odessa schrieb er Gedichte auf Jerusalem, sentimen-
tale, süße Gesänge, wie Amos Oz erzählt, in denen eine Stadt
gefeiert wird, in der »die Straßen mit Smaragden gepflastert
sind und Engel an den Straßenecken herumstehen.« Er schrieb
auf russisch. Als es ihn dann selbst nach Jerusalem verschlug,

als er sich der Wirklichkeit der heiligen Stadt ausgesetzt fand, fragte ihn sein Enkel, ob es nicht an der Zeit sei, sein Bild von Jerusalem zu korrigieren. Der alte Dichter war empört: »Was zum Teufel weißt du über das echte Jerusalem«, entgegnete er, »das echte Jerusalem ist das meiner Gedichte!«

Israels Träume sind aus Sorge, aus Not, aus Angst geborene Träume. Was sie erklärt, ist die jahrtausendealte jüdische Geschichte mit ihren Zeugnissen von Leiderfahrung und Exil, von Hoffnung und Tränen, von Sehnsucht und endlicher Sicherheit. Denn Jude sein, so heißt es in »Black Box«, »das bedeutet einstecken und durchstehen und unverwandt weiterschreiten auf unserem uralten Pfad. Das ist die ganze Tora auf einem Bein: sich überwinden und durchstehen. Und auch sehr gut begreifen, weswegen das Leben dich geschlagen hat ...« Einmal, im Kibbuz Hulda, sagte mir Amos Oz: »Wenn du Israel verstehen willst, wenn du die Seele des Landes wirklich erfahren willst, dann geh nachts durch die Straßen. In der sommerlichen Hitze der Nacht schlafen viele Leute auf ihren Balkonen. Wer still geht, hört sie in ihren Angstträumen seufzen und stöhnen und wimmern, sie träumen in mehreren Sprachen, überwältigt von Vergangenheiten, die nicht aufhören wollen.«

Auch seine eigene Familie, die aus Rußland und Polen stammt – überzeugte, kosmopolitisch denkende Europäer –, blieb nicht verschont von den Delirien der Zeitgeschichte, mußte, Wahn und Gewalt weichend, auf den »uralten Pfad«, der Rettung, der Überleben versprach. Amos Oz' Vater, ein namhafter Literaturwissenschaftler, der sechzehn europäische Sprachen beherrschte, wurde nicht, wovon er träumte – Professor an der Hebräischen Universität –, doch er fand eine Stelle als Bibliothekar in Jerusalem. Die Bücher, die er schrieb, werden mit Hochachtung genannt. Hier, in dieser Stadt der Könige und Propheten, der Weltverbesserer und Schmerzensmänner wurde Amos Oz geboren, und wann immer er sie beschreibt: erstaunlich oft stellt er sie im Regen dar, nur selten beschwört er sie in ihrem einzigartigen Licht: »Jerusalem, das Wunschziel vieler Generationen in den dunklen Tiefen der Diaspora.« Es hielt ihn nicht sehr lange in seiner Stadt. Schon in jungen Jahren – als Fünfzehnjähriger – verließ er sie und ging in einen Kibbuz; dieser Entschluß stellte wohl eine Rebellion gegen das intellektuelle Elternhaus dar, gewiß wurde er aber auch durch das leidenschaftliche Bedürfnis nahegelegt, in einer solidarischen Gemeinschaft an der Kultivierung des Bodens teilzuhaben. »Die Wüste und das trockene Land sollen sich freuen, die Steppe soll jubeln und blühen. Denn in der Wüste brechen Quellen hervor, und Bäche fließen in der Steppe.« Diese Vision eines alten Kibbuz-Sekretärs veranschaulicht die Begeisterung des Aufbruchs. Für viele Jahre blieb der Kibbuz der Ort für Amos Oz. Hier begann er zu schreiben, zu veröffentlichen, hier unterrichtete er, hier formulierte er seine Erwartungen an den Schriftsteller. Und hier, so schrieb er in seinem »Brief aus Arad«, entdeckte er auch eines Tages besondere Schuldgefühle gegenüber denen, die gepflügt und gemolken und Äpfel gepflückt und sich damit ihr Mittagessen verdient hatten, während er gerade anderthalb Zeilen geschrieben und sechs Zeilen vom Vortag gelöscht hatte: das vorübergehende Dilemma des Schriftstellers in einer körperlich hart arbeitenden Gesellschaft. Ich sage: vorübergehend, denn in seinem Werk hat Amos Oz – bildhaft und bezwingend wie Heinrich Heine – die Bedeutung bestätigt, die die Literatur seit jeher für einen Juden gehabt hat: »Unsere Pyramiden«, sagte er einmal, »sind aus Büchern errichtet.«

In dem imponierenden, dem sprachmächtigen Werk von Amos Oz hat mir manches zu denken gegeben; ganz besonders aber die dargestellten Entscheidungsnöte von Menschen, die sich dem Zwang ausgesetzt sahen, ein neues Leben zu planen.

Gewiß, sein Werk spiegelt sehr viel mehr: es zeigt die Spannungen und Gefährdungen der israelischen Gesellschaft, es zeigt die Krisen, die hochgestimmten Aufbrüchen folgen, es begründet den Antagonismus zwischen Kollektiv und Individuum und stellt die Frage, ob Kriege auch vergebens gewonnen werden können. Mich aber berührten immer wieder die Situationen, in denen der Autor seine Personen dahin bringt, ein neues Leben zu planen. Wo ein neues Leben geplant wird, geplant werden muß, möchte man das verflossene wohl als vergangen, als mißglückt und überholt ansehen. Aber ist das möglich? Kann man sich von einer Vergangenheit amputieren? Kann man, den neuen Lebensentwurf im Blick, den bedrückenden Fundus der Erfahrungen übergehen? Amos Oz gibt uns zu verstehen, daß gewisse Vergangenheiten nicht enden, und daß eine übermächtige Gegenwart Einspruch erhebt gegen allzu bedenkenlose Pläne. Seine erfundenen Personen, die sich verheißungsvolle Ziele wählen, werden irgendwann zurückverwiesen auf die Forderungen einer unbarmherzigen Wirklichkeit, zu der die Komplexität des alltäglichen Lebens ebenso gehört wie die permanente Bedrohung durch den Feind an den Grenzen. »... denn hier ist doch alles Heer und Militär«, heißt es im »Perfekten Frieden«, »das ganze Volk Armee, das ganze Land Front.« Dennoch – und vielleicht gerade darum – hören sie nicht auf, ein neues Leben zu planen – vor allem die Jungen, die sich vom Enthusiasmus und der Ausdauer der Gründerväter kaum noch verpflichten lassen.

Die Wirklichkeit hat verschiedene Aspekte, kann verschieden ausgelegt werden; nicht interpretierbar aber ist die Tatsache, daß Israel seit siebzig Jahren unter einer Todesdrohung lebt: arabische Führer haben keinen Zweifel daran gelassen, welches Schicksal sie dem Land und den Menschen bereiten möchten. Unter solch einer Drohung zu leben, kann nicht folgenlos bleiben, es beeinflußt die Mentalität, die Psyche, es nötigt zu Skepsis und Hellhörigkeit und hält die Ängste wach. Niemand kann die Tragik der Situation übersehen, zumal wenn man diese lange Existenzbedrohung Israels vor dem Hintergrund jüdischer Geschichte bewertet. Wie reagiert ein Schriftsteller auf diese Lage? Welche Forderungen stellt er – angesichts eines kollektiven Todesurteils über sein Volk – an sich selbst? Was bewirkt er, er, der auf den unterwandernden Einfluß von Wörtern vertraut, auf die Überzeugungskraft der Sprache? Amos Oz hat ein Beispiel dafür gegeben, was ein Schriftsteller tun kann, um den Frieden in einem Land zu bereiten, in dem Starrsinn, Vorurteil und Haß unentwegt Opfer fordern.

Daß er in all seinen Romanen auf das israelisch-arabische Verhältnis eingeht, ist nur selbstverständlich. Sein inständiges Werben für Verständigung ist unüberhörbar. Er, dessen Selbstversetzung in andere Charaktere oft erstaunen läßt, weist unermüdlich auf die Gottesebenbildlichkeit des Menschen hin. Er, der Erzähler, mahnt und beschwört, überredet und klagt an, wo es not tut. Keinem erspart er die Wahrheit. Geschieht etwas, das er für eine Schande hält, dann spricht er von »unserer Schande«. Wenn eine seiner epischen Personen in den Nachrichten hört, daß ein junger Araber von einem Plastikgeschoß tödlich getroffen wurde, dann läßt er sie sich über das Passiv in öffentlichen Verlautbarungen ereifern. Und wenn eine andere Person erfährt, daß ein Kibbuzmitglied von einem Araber erschossen wurde, dann quittiert sie diese Tat mit dem Bekenntnis: Nicht die Araber sind unsere Feinde, sondern der Haß. Ihm, dem scharfsinnigen Beobachter, bleibt bewußt, daß die Selbstbeschuldigung zum jüdischen Wesen gehört – im Unterschied, wie er feststellt, zu deutscher Art, denn hierzulande wird die Schande vornehmlich als eine Sache der anderen angesehen. Amos Oz zögert nicht, seinen Landsleuten Selbstgerechtigkeit gegenüber den Arabern vorzuwerfen; andererseits weist er die Araber darauf hin, daß sie sich darin gefallen, ein von Vorurteilen verdunkeltes Bild Israels zu pflegen. Seine Bücher sind auch Einladungen zu einem Erkenntnisprozeß: gemeinsam sollten beide Seiten zunächst versuchen, einander sehen zu lernen – ohne Trugbilder, ohne Ideologie.

Der Schriftsteller weiß selbstverständlich, daß die Wirkung von Literatur unkalkulierbar, nicht abrufbar ist, daß sie weder auf ein Losungswort hin Kräfte mobilisieren noch auf eine Parole hin Politik beeinflussen kann. Von der Notwendigkeit überzeugt, den israelisch-arabischen, aber zunächst einmal den israelisch-palästinensischen Konflikt auf friedliche Art beizulegen, gründete Amos Oz mit Gleichgesinnten die »Peace now«-Bewegung. Diese Bewegung ist, wie er selbst sagt, keine Partei, sondern eher eine Stimmung, die mit ihrer Aktualität wächst oder schrumpft. Illusionslos, pragmatisch, begleitet vom Protest der Falken treten ihre Mitglieder, die fast alle einmal in einem Krieg kämpfen mußten, dafür ein, Frieden mit den Palästinensern zu schließen. In der Gewißheit, daß auch die Palästinenser im Herzen den Wunsch nach Frieden hegen, setzen sie jeder extremistischen Politik ihr Konzept einer Zwei-Staaten-Lösung entgegen. Sie, die »peaceniks«, wie Amos Oz sie nennt, befürworten ausdrücklich die Souveränität und Nationalstaatlichkeit Palästinas – allerdings nur um den Preis verläßlicher Sicherheitsgarantien. Wer durch Blut und Feuer mußte, hat wohl keine andere Wahl, als auf einem durch Garantien gesicherten Frieden zu bestehen, noch bevor man sich darum bemüht, Vertrauen zu schaffen. Vertrauen, sagt Amos Oz – und seine und die Erfahrungen seiner Landsleute nötigen zu dieser Feststellung –, Vertrauen ist ein wünschenswertes Resultat des Friedens, doch was am Anfang stehen muß, ist ein Friedensvertrag, der ja nicht zwischen Freunden, sondern zwischen Feinden ausgehandelt wird. Über den Inhalt eines möglichen Friedensvertrags besteht Einmütigkeit unter den Friedensaktivisten: die nationalen Rechte der Palästinenser werden grundsätzlich anerkannt; die Besiedlung der besetzten Gebiete wird beendet; Land wird zurückgegeben für den Preis solider Sicherheit. Ins Bild gefaßt: es muß eine faire, eine nüchterne Scheidung sein wie nach einer gescheiterten Ehe, und da man nicht über beliebige Möglichkeiten verfügt, muß die Wohnung geteilt werden. Mit seinem Gespür, das sich Amos Oz als »Spezialist für vergleichenden Fanatismus« erworben hat – ein Titel, den er sich achselzuckend selbst gegeben hat –, sieht er die Zeit für Verhandlungen gekommen. Auch wenn der arabische Fundamentalismus manche Erwartungen beeinträchtigt: die von etlichen arabischen Staaten geäußerte Bereitschaft zur Koexistenz mit Israel rechtfertigt gewisse Hoffnungen. Auf Versammlungen und Demonstrationen, in Artikeln und Aufrufen nimmt dieser Schriftsteller das Wort, um für seine Konzeption eines gewaltlosen Zusammenlebens zu werben – Initiativen unterstützend, die dem Frieden förderlich sind, zornig protestierend, wenn Gewalt zu eskalieren und ein neuer Krieg auszubrechen droht. Unbeirrbar, gefaßt auf Widerspruch, ehrsam umstritten, wie es für einen Rufer wie ihn unausbleiblich ist, geht er seinen Weg. Politiker zu werden: dafür hält er sich nicht für qualifiziert genug, denn er könnte niemals »no comment« sagen.

Über seinen Friedensbegriff läßt Amos Oz, der selbst in zwei Kriegen kämpfte, kämpfen mußte – im Sinai und auf dem Golan –, keinen im unklaren. Manche einäugigen Friedensschwärmer werden wohl aufhorchen, wenn sie erfahren, daß er sich nicht für einen Pazifisten hält und daß er, um es überspitzt zu sagen, nicht bereit ist, gewaltsam für Gewaltlosigkeit in jeder Lage einzutreten. Wer einmal verurteilt war, mit dem Rücken zur Wand zu kämpfen, kommt wohl oder übel zu eigenen Schlußfolgerungen. Und so bekennt er: »Während die deutsche Friedensbewegung behauptet, daß der Krieg das absolut Böse ist, sage ich als Angehöriger unserer Friedensbewegung, daß Aggression das absolut Böse ist; während die europäische Friedensbewegung behauptet, daß alles, wirklich alles der Gewalt vorzuziehen ist, behaupte ich, daß eine Einzelperson oder ein Land, die unter allen Umständen Gewalt vermeiden wollen, Gewalt heraufbeschwören.« Ein Friedenskämpfer, der bereit ist, die Waffe in die Hand zu nehmen? Allerdings, doch niemals, wenn es um nationale Interessen geht, um Gebietsansprüche, um Prestige oder Ressourcen. Der Kampf ist nur das letzte Mittel, auf das man zurückgreift, wenn es um Leben und Tod der eigenen Familie geht, oder wenn das eigene Volk versklavt zu werden droht. Leben und Freiheit: nichts unterhalb dieser Schwelle, sagt Amos Oz, könnte mich oder meine Mitstreiter in der Friedensbewegung dazu bringen, zu kämpfen. Kann einer weiter gehen in seiner Friedenswilligkeit? Kann einer mehr einbringen, zumal wenn er die Parolen arabischer Politiker vernehmen muß, die dazu auffordern, die Juden ins Meer zu treiben?

Wie ich Amos Oz verstanden habe, beweist sich Friedensfähigkeit auch in der unbedingten Bereitschaft zum Kompromiß. Geben, um zu behalten; verzichten, um zu bewahren; entgegenkommen, um sich zu einigen: mit allem, was er einschließt, bietet der Kompromiß eine Hoffnung auf realistische Lösungen. Die Versteifung aufs Absolute ist keine Alternative. Forderungen, die im Namen des Absoluten gestellt werden, haben noch jedesmal eine furchtbare Schreckensspur in der Welt hinterlassen. Auch deshalb hört der Schriftsteller nicht auf, beredt für den Kompromiß zu werben, für die zwar naheliegende, doch aus Starrsinn verschmähte Einigungsformel, zu der die Vernunft rät. Partei zu nehmen, sich einzumischen in öffentliche Angelegenheiten ist etwas Selbstverständliches für ihn; jüdische Tradition verlangt es sogar.

Es ist klar, daß im Werk eines israelischen Schriftstellers der Gegenwart von Deutschland die Rede sein muß. Wer nicht gelitten hat, hat nicht gelebt, heißt es in einem frühen Roman von Amos Oz, und als Bewahrer und Erinnerer hat der Schriftsteller keine andere Wahl, als durchlebtes Leid aufzuheben. Er kann es nicht übergehen, wenn er die Menschen seines Landes in ihrer Eigenart darstellt. Als traumatische Erfahrung wirkt das Leid fort: es erklärt Obsessionen und Weigerungen, es begründet die Gebrochenheit eines Charakters, es macht die Sehnsüchte und die schweren Träume verständlich. Immer wieder – und wir sind nicht überrascht – begegnen wir in diesem Erzählwerk Menschen, die, wenn sie ihre Biographie überdenken, nach Deutschland blicken müssen; denn hier liegt der Erklärungsgrund für unfaßbares Schicksal. Hier liegt die Antwort auf verzweifeltes Fragen. Hier stößt sich die suchende Erinnerung immer von neuem wund. Vielfältig sind die Lebensäußerungen und Erfahrungen, die unwillkürlich auf Deutschland verweisen; sie tun es bereits, wenn eine alte Frau ein mangelhaftes Hebräisch mit polnischem Akzent spricht, und sie drücken sich in der selbstverständlichen Achtung aus, die man einem Überlebenden des Holocaust entgegenbringt. Beiläufig manchmal, doch unüberhörbar zeigt Amos Oz, welch eine unerbittliche Nähe zu Deutschland besteht, welch eine Verantwortung Deutschland hat für die Existenznot vieler Menschen in Israel. Und da es so ist, kann es nur eine Konsequenz geben: die Existenz des jüdischen Volkes ist auch ein deutsches Problem. Gewiß sind wir verpflichtet, uns gegen jede genozide Politik aufzulehnen, gleich, wo in der Welt sie erkennbar wird, doch wenn die Existenz Israels bedroht ist, sind wir es in besonderem Maße. Unsere Erbschaft läßt uns keine Wahl.

Der Erzähler Amos Oz klärt uns darüber auf, daß es im Hebräischen kein Äquivalent für das Wort »Glück« gibt; es gibt das Wort »Freude«, aber keine Entsprechung für »Glück«. Diese Tatsache, scheint mir, trägt in nicht unerheblichem Maß zum Verständnis seines bewundernswerten Werks bei. Hier nämlich erzählt einer, der, bedrängt von Wirklichkeit, auch selber verstehen möchte, warum es den Menschen so oft mißlingt, Frieden bei sich selbst zu finden. Er stellt sie mit ihren Idealen vor; teilnahmsvoll – oder jedenfalls mit Langmut – schildert er ihre Versuche zur Selbstbefreiung aus unerträglicher Lebenslage, er verschafft ihnen eine Gelegenheit zur Erkenntnis und läßt sie scheitern – an ihresgleichen oder an sich selbst. Was den Erzähler in ihm weckte, sagt Amos Oz, war immer das menschliche Elend, die Einsamkeit, der Verlust von Illusionen, das Scheitern. Im Spektrum seiner Romane spielen deshalb Abschiede eine wesentliche Rolle: Abschiede von der Gemeinschaft des Kibbuz, Abschiede von Grundsätzen oder einem einst geliebten Partner. Das ist kennzeichnend für seine Protagonisten: sie sind fast alle auf der Suche nach Sicherheit und Liebe; Liebe inspiriert ihre Handlungen, Liebe führt sie auf Irrwege; der Verlust von Liebe kommt mitunter einer Lebensgefährdung gleich. Was zum Schluß bleibt, ist häufig genug ein Rückzug auf sich selbst.

Aufschlußreich, was dieser souveräne Erzähler über die Entstehung einer Geschichte sagt. »Wenn ich in voller Übereinstimmung mit mir selbst bin«, so erläutert er, »gleichgültig, um was es sich dabei handelt, um einen Teil des Lebens oder den Aufbau des Landes, dann schreibe ich einen Artikel. Wenn ich jedoch auch nur ein bißchen ambivalent bin, wenn ich mehr als eine Stimme in mir habe, wenn ich mehrere Seiten, drei, vier, oder fünf in mir spüre, dann kann diese Widersprüchlichkeit, die Verschiedenheit der Stimmen zum Embryo einer Geschichte werden. Vielleicht können die verschiedenen Stimmen zu verschiedenen Charakteren werden, und wenn es Charaktere gibt, dann geraten sie in Konflikte, und die Konflikte ergeben Handlung.« Diese knappe Genealogie einer Geschichte wird durch Wahrnehmung beglaubigt: Leben behauptet sich zwischen Hinneigung und Abwehr, Spruch und Widerspruch, Zustimmung und Zurückweisung.

Doch welcher Art sind die Konflikte, die der Erzähler austragen läßt? An welchen Personen stellt er sie im einzelnen dar? Um dies deutlich zu machen, ist es wohl unerläßlich, einige seiner Romane zu nennen, die facetten- und metaphernreich ein authentisches Bild israelischer Wirklichkeit vermitteln. In »Black Box« werden sozusagen die Absturzursachen einer Ehe aufgeklärt: Alexander Gideon, ein Gelehrter, der mit einer Studie über »Vergleichenden Fanatismus« internationales Ansehen erworben hat, setzt sich in weitläufigen Korrespondenzen mit seiner geschiedenen Frau auseinander. Hart und abweisend nach außen, nachgiebig und keinesfalls gefühlsarm im Stillen, bringt er seinen eigenen, seinen problematischen Charakter zum Vorschein. Da seine ehemalige Frau, die auf eine »Erlösung durch Liebe« wartet, mit der Erziehung ihres gemeinsamen Sohnes nicht fertig wird, bittet sie den großen Gelehrten um Hilfe, und die lange andauernde Hilfeleistung für den Sohn Boas wird für manche der Beteiligten zu einem Rollenspiel mit fragwürdigem Resultat: sie demaskieren sich als selbstgefällige, als begehrliche, als machtbesessene Individuen, die signalhaft zeigen, daß es einen Dialog in der Gesellschaft kaum noch gibt.

An Jonathan Lifschitz, dem Protagonisten aus »Der perfekte Friede«, stellt Amos Oz nicht allein den Generationskonflikt dar, sondern macht auch deutlich, an welche Grenzen der Aussteiger gerät, der den Verheißungen von Luftspiegelungen folgt. In der bedrohlichen Schönheit der Negev-Wüste, gestreift von der Erfahrung der Todesnähe, erkennt Jonathan, daß das Leben, das ihm angemessen ist, doch nur in seinem Kibbuz zu finden ist, in einer von Einengung und auch Bevormundung gekennzeichneten Gemeinschaft, die mittlerweile auch alte Pioniere für überprüfenswert halten.

Ein Opfer ihrer Träume und unangemessenen Erwartungen ist Hannah, die Hauptfigur des Romans »Mein Michael«. Sie, die Literaturstudentin, heiratet einen sachlichen, auf seine Karriere bedachten Studenten der Geologie. Während der ersten Schwangerschaft bricht sie ihr Studium ab, flüchtet sich in Krankheiten, verfällt in Depressionen – der Krieg und die Situation des Landes bekümmern sie nicht. Sie glaubt erkannt zu haben, daß sie um ihr Leben betrogen wurde; was ihr bleibt, sind ihre Phantasien, in denen sie unter anderem die arabischen Zwillingsbrüder beschwört, mit denen sie als Kind gespielt hat. Ihnen fühlt sie sich so verbunden, daß sie sie – träumend – mit einem furchtbaren Auftrag betraut.

Viele der Werke von Amos Oz verdienen es, noch genannt zu werden: »Keiner bleibt allein« zum Beispiel, ein Roman, der die menschlichen Konflikte in einem Kibbuz spiegelt, in einer Welt, in der der Traktor mit Panzerplatten verkleidet wird, in der ein Melker nachts Hegel und Saint-Simon liest, und in der sich die Probleme genossenschaftlichen Lebens wie zwangsläufig zu erkennen geben. Oder »Eine Frau erkennen«, ein Buch, in dem ein Geheimagent des Mossad erfährt, wie Vergangenheit die Gegenwart durchdringt; und schließlich und nicht zuletzt »Der dritte Zustand«, dies Meisterwerk über den politischen Theoretiker Fima, der, ähnlich wie Pascal, »Gewöhnung als den Beginn des Todes« ansieht, und der sein Dasein rechtfertigt, indem er alles und jeden leidenschaftlich korrigiert.

Umfangreich ist das Werk von Amos Oz. In seinen parabolischen Geschichten, in seinen luziden Essays finde ich eine Diagnose der Gegenwart. Mit Erbarmen und Erbitterung, mit Trauer, Scharfsinn und abgründigem Humor erzählt er von Menschen, die dazu verurteilt sind, die Rätsel und Widersprüche des Lebens auszuhalten. Dabei bringt er die Gründe zum Vorschein, die uns unfriedlich sein lassen, und indem er das tut, verweist er zugleich auf eine Möglichkeit des Friedens.

(1992)

Über den Schmerz

Ein Bild meines norwegischen Lieblingsmalers Edvard Munch heißt »Der Schrei«. Dargestellt ist eine Frau mit haarlosem Kopf, mit einem Gesicht, das äußerste Abwehr verrät: ein Auge ist geschlossen, die großen Hände bedecken die Ohren – so, als dürfte kein Geräusch der Welt in sie eindringen –, und der Mund ist weit aufgerissen in unerhörter Qual. Die Frau steht am Geländer einer Holzbrücke, vor den dunklen Ufern eines Fjords, auf dem, schattenhaft, zwei Schiffe ankern; aus dem Hintergrund nähern sich ihr hochgewachsene, strenge Gestalten. Auf den ersten Blick deutet nichts auf den Grund hin, der den Schrei auslösen könnte; wir sind unseren Mutmaßungen überlassen. Der Schrei, als kreatürlichste Manifestation des Schmerzes, erscheint rätselhaft, zumindest interpretierbar: wir könnten ihn ebenso als verspätete Reaktion auf eine unheilvolle Nachricht begreifen wie als Ausdruck einer überwältigenden Not verstehen, die gerade erkennbar geworden ist. Der Maler indes hat den Schrei auf seine Art begründet; er, dessen Religion die Verzweiflung war, hinterließ uns nur eine Möglichkeit des Verstehens: auf einem abendlichen Gang am Fjord erkannte er »feurige Zungen« am Himmel, sah Wolken wie »geronnenes Blut«; allein, wie er bekannte, und bebend vor Angst, vernahm er den »größten Schrei der Natur«. Nach diesem Bekenntnis des Malers, nunmehr vertraut mit dem Schmerz seiner Wahrnehmung, wird auf einmal klar, daß es nicht allein der Schrei der Frau ist, den wir beim Betrachten des Bildes vernehmen; vielmehr scheinen auch die Farben zu schreien und das Entsetzen und das Leiden wiederzugeben, die die Gestalt beherrschen. Und der Schrei der Natur: er läßt allem Anschein nach nur das eine Dilemma erkennen, das unser Leben kennzeichnet, das Dilemma von Ewigkeitstraum und Endlichkeit des Daseins. Wir entdecken eine Selbstbestimmung ohne Hoffnung, und der Schmerz, der uns heimsucht, ist nicht nur allgemein gültig, sondern auch allgegenwärtig. Der Schmerz wird zum existentiellen Erlebnis.

Jeder kennt seine Wirkung, jeder weiß, wozu er uns bringen kann. Wir schreien, wimmern und weinen vor Schmerz, wir stöhnen und ächzen, jammern und klagen, zittern und beben, der Schmerz verschlägt uns die Sprache und läßt uns tanzen, er läßt uns hadern und zerreißt uns, er entstellt uns und – Heinrich Heine hat's gesagt – verklärt uns mitunter. Es ist klar, eine Empfindung, die sich, wie die Sprache belegt, so variationsreich manifestiert, hat zahlreiche Aspekte, sensorische nicht weniger als emotionelle. Psychologie und Neurologie, Anästhesie und klinische Medizin haben uns das Funktionssystem des Schmerzes verstehen gelehrt. In dem Wunsch, den pathologischen Schmerz zu lindern oder zu beseitigen, haben auch die Pharmakologie und die Physiologie ihren Beitrag geleistet. Einer eigenen Schmerzforschung verdanken wir die Kenntnis von Rezeptoren und Mediatoren, die, sobald sie durch nervliche oder chemische Reize in Erregung geraten, die Informationen an unser Gehirn weiterleiten. Sie gelangen dorthin über unsere Rückenmarksbahnen, die ein Geflecht von Fasern bilden, von Nervenfasern. Ein Muster von sensiblen Hautregionen gibt die Impulse an die Fasern ab, im Gehirn werden sie zusammengefaßt und, nachdem sie einige Wandlungen erfahren haben, dechiffriert.

Doch obwohl die Schmerzforschung zu erstaunlichen Ergebnissen gekommen ist, geben Wissenschaftler zu, daß es für die außergewöhnliche und mannigfaltige Erfahrungsqualität »Schmerz« noch keine zufriedenstellende Begriffsbestimmung gibt. Zu kompliziert sind die Wahrnehmungen, zu vielschichtig Ursachen und Auslöser. Der Schmerz als Erlebnis ist mehrdimensional, er ist, wie ein Forscher feststellte, nicht nur ein Problem, sondern auch ein Geheimnis. Dem reichen Spektrum seiner Wirkungen entspricht die Skala der Empfindungen, die der Schmerz in uns auslöst. Der eine empfindet ihn als stechend, reißend und hämmernd, der andere als brennend, pochend und schneidend, dieser von uns erfährt ihn als marternd, erschöpfend und lähmend, jener als durchstoßend und mörderisch. Auch hier belegt die Sprache, wie variabel die Empfänglichkeit unserer Sinne ist. Als was immer uns der Schmerz erscheint, ob wir ihn als Symptom oder Syndrom verstehen, ob wir ihn als Warner oder Heimsuchung begreifen, er ist ein Urphänomen, ist an den Menschen gebunden, einfach, weil unser Leben verletzlich ist. Du kannst den Gedanken nicht ertragen, heißt es bei William Faulkner, daß es dir einmal nicht mehr weh tut – und damit ist nichts anderes gesagt, als daß es der Schmerz ist, der uns des Lebens inne werden läßt.

Während die zeitgenössische Forschung die Entstehung von Schmerz als »multipel determiniertes Regelkreisgeschehen« bestimmt, hat der Volksmund eigene Entstehungsursachen namhaft gemacht. Wir kennen den Trennungsschmerz und den Schmerz der Enttäuschung, uns ist der Liebesschmerz vertraut und der Seelenschmerz, und befördert durch Imagination, haben wir auch den singulären Schmerz erfahren, den uns Erinnerung, den uns Geschichte bringt. Er steigt aus Erfahrungen auf, denen keine physische, keine Gewebsverletzung zugrunde liegt; dennoch ist seine Gewalt so groß, daß wir sie auch körperlich erleben. Das Schaudern vor den Möglichkeiten des Menschen kann eine ganze Existenz gefährden.

Als Schriftsteller hat mir seit je der Schmerz zu denken gegeben, der aus der Sprachnot, aus der Verständigungsnot entsteht. In eine extreme Situation gestoßen, stellen wir auf einmal fest, daß wir der Welt nicht gewachsen sind, weil wir uns nicht verständlich machen können. Plötzlich sind wir nicht mehr in der Lage, unsere Wünsche, unsere Mißgeschicke, unsere Bitten zu erklären, können uns weder rechtfertigen noch Zeugnis ablegen. Wer die Bitternis des Exils erfahren hat, wird sich gewiß an Augenblicke erinnern, in denen ihn ein exemplarisches Gefühl der Fremdheit überkam, der Wehrlosigkeit und sogar der Demütigung. Zu jeder erwarteten Auskunft bereit, muß der Exilant feststellen, daß er sich nicht kundgeben kann. Wer sich aber selbst nicht erklären kann, der verliert in den Augen der Welt seine Individualität: er wird hilflos, wird wie jener Gregor Samsa in Kafkas Novelle »Die Verwandlung«, der, zu einem Insekt geworden, die mediale Erkenntnis veranschaulicht, anonymen Instanzen ausgeliefert zu sein. Als Demütigung seltener Art erweist sich dabei die Tatsache, daß man nicht einmal dem empfundenen Schmerz einen angemessenen Ausdruck geben kann. Wortlose Unterwerfung und Depression sind die Folgen. Alles war vergeblich; Leben lief – nach einem Wort Polgars – auf den Versuch hinaus, das Meer zu pflügen.

Zu welch einem Schmerzerlebnis die Sprachnot führen kann: wir haben es auch in manchen Gerichtsprozessen erfahren, in denen Zeugen aufgerufen wurden, die Martern zu bestätigen, die sie durch Menschen erlitten haben. Jahre und Jahrzehnte nach ihrem Gang durch die Hölle, oft genug im Angesicht der Schergen, bemühten sie sich, Zeugnis abzulegen über das, was sie gesehen, gehört, an sich selbst erfahren haben. Erinnern heißt ja auch vergegenwärtigen, und nicht alle, die sich bereit fanden, auszusagen, waren darauf gefaßt, daß bei einer Wiedererweckung des Vergangenen das erduldete Leid mit unerwarteter Heftigkeit zurückkehren könnte. Mit jedem Wort, mit jeder Schilderung brach ein alter Schmerz auf, der wuchs und sich sowohl körperlich als auch psychisch manifestierte. Die Sprache versagte sich; sie reichte nicht aus, um das Erlebte angemessen wiederzugeben, obwohl ein begleitendes Bewußtsein dazu bereit war. Unsicherheit entstand. Im sicheren Besitz aller Zeugnisse und dennoch unfähig, sie zu artikulieren, schwand das Selbstvertrauen, und nicht nur dies: ein plötzlicher Zweifel regte sich, ob sich das Entsetzliche, das man überstanden hatte, jemals so darstellen ließe, daß es in seiner Gesamtheit zum Vorschein käme und dann noch glaubwürdig wäre. Primo Levi zitierte einen Schergen, der seinem Opfer in abgründigem Zynismus riet, ruhig hinzugehen und alles zu berichten, was er erlebt hat – die Welt würde es ihm nicht glauben. Wir haben die Reaktionen auf diese Sprachnot kennengelernt; überwältigt von einem Schmerz über das Nicht-Sagbare, äußerten sie sich in Zusammenbrüchen, in Weinkrämpfen, mitunter in einem Rückzug auf versteintes Dasein.

Da jede bewußte Wahrnehmung mit einem Gefühl verbunden ist – oder doch ein Gefühl in uns hervorruft –, hat ein empfundener Schmerz auch eine affektive Dimension. Keineswegs erleben wir ihn nur über die Haut. Einem Ereignis, einer Situation, einem Menschen gegenüber ein Gefühl aufzubringen, heißt zunächst nur, daß unser Bewußtsein nicht mit Gleichgültigkeit reagiert. Ein entstehendes Interesse führt uns dann aber zu Nähe oder zur Anteilnahme, führt zur Selbstversetzung: aus dem Gefühl wächst die Erkenntnis, daß wir mit im Spiel sind. Vielleicht ist es nur eine Erkenntnis, die zunächst im sinnlichen Denken ruht, gleichwohl löst sie etwas in uns aus, läßt Trauer entstehen, Erbitterung oder Mitleid. Wir sind motiviert. Wir vertiefen uns zum Beispiel in die Folgen eines Sprachenstreits oder eines Glaubenskriegs im heutigen Europa und kommen zu dem Fazit, daß hier die Vernunft dispensiert wird. Wir werden zu Mitwissern einer erbarmungslosen ethnischen Gewaltaktion und gestehen uns ein, daß hier der Geist der Humanität verhöhnt wird. Gleichzeitig aber empfinden wir einen eigentümlichen, nicht lokalisierbaren Schmerz, der uns allmählich unterwandert und in Fassungslosigkeit erstarren läßt: wir bemerken, daß es ein Schmerz über uns selbst ist, ein Schmerz der Enttäuschung über den Menschen. Seine Stärke, die im Zentralnervensystem bestätigt wird, ist abhängig von unserer eigenen Lage, von unseren kognitiven Möglichkeiten und der Bereitschaft, das, was Menschen tun, zu unserer Sache zu machen – und insbesondere das, was sie einander zufügen. Es schnürt uns das Herz zusammen. Einmal mehr zeigt sich der Signalcharakter des Schmerzes, und wer ihm aufmerksam genug nachdenkt, wird vielleicht auch seine Appellhaftigkeit erkennen.

Wie komplex die Mechanismen des Schmerzes sind und wie rätselhaft: die Literatur mit ihrem unerschöpflichen Fundus an dargestellter Welterfahrung beweist es uns zur Genüge. Kein Leiden, das nicht in ihr aufgehoben, keine Not, die nicht in ihr bewahrt, kein Schmerzerlebnis, das nicht in ihr überliefert worden ist. Schandtaten und vergebliche Träume, Verhängnisse und bleibende Verletzungen, Irrtümer und folgenschwere Verblendungen: in der Literatur ist gespeichert, was uns letzten Aufschluß über den Menschen gibt. Und vielleicht ist dies ihre wichtigste Aufgabe und ihr prekäres Privileg: erlittenes Dasein vor dem Vergessenwerden zu bewahren, auch wenn dabei das Bild des Menschen verdunkelt wird. Bewahren in der Literatur heißt freilich auch, einem Charakter oder einem Problem übertragbare Qualität zu verleihen. Zwar sind wir bereit, alles aus seiner Zeit zu verstehen, doch unwillkürlich entdecken wir, daß es Erscheinungen und Probleme gibt, die nicht altern, die uns auf die Probe stellen und die uns unsere Lage erkennen lassen wie die Menschen vor zweitausend Jahren die ihre. Die überlieferten archetypischen Konflikte der Literatur heben die Zeit auf. Seine Wange an den Stein geschmiegt, wird Sisyphos ihn immer zum Gipfel hinaufstemmen und, wie Camus meint, ein kurzes Glück empfinden, wenn er dem hinabgerollten Brocken folgt. Hamlet wird niemals aufhören, das Zaudern vor weitreichenden Entschlüssen zu legitimieren. Rücksichtslos gegen seine Mannschaft, wird Kapitän Ahab uns für alle Zeit vor Augen führen, welche Opfer gebracht werden müssen, um den weißen Wal der Träume zu erlegen. Und auch sie, die gehorsame Tony Buddenbrook, die uns das Erbarmungslose in den Konventionen der bürgerlichen Welt vorführt, wird für immer den klassischen Konflikt zwischen Pflicht und Neigung personifizieren.

Auch wenn wir die Genannten in zeitlicher Ferne erblicken: in einem blitzhaften Schmerz der Erkenntnis erfahren wir, daß ihre Auflehnung, ihr schicksalhaftes Schwanken, daß der vergebliche Traum und der Gehorsam gegen die Konvention zum Menschen gehören und darum auch uns betreffen. Es mag erstaunlich klingen, doch die Lebensmodelle, die die Literatur uns anbietet, sind nicht sehr zahlreich; dennoch können wir gewiß sein, daß unsere eigenen Probleme und Konflikte bereits dargestellt sind. Sie sind dargestellte Wahrheit, und um gewisse Wahrheiten auf uns zu nehmen – beispielsweise die Unsinnigkeit einer Koalition gegen den Tod – müssen wir schmerzbereit sein. Der Akt der Augenöffnung kann ein Leidensgrund sein: mit dem Licht fällt Schmerz in uns ein, und zwar ein nicht körperlicher Schmerz, der unsere Existenz erschüttert. Wir haben einen Zustand tragischer Klarheit erreicht; die Fragwürdigkeit unserer Entwürfe wird uns ebenso bewußt wie die Rolle, die wir spielen. Erkenntnis führt auch dazu, daß wir uns um Hoffnungen betrogen fühlen: hatten wir nach den Lektionen der Geschichte noch geglaubt, daß ein gewandelter Mensch am Horizont erscheinen würde, so müssen wir uns heute verzagt eingestehen, daß diese Hoffnung vergeblich war: immer noch sind wir es, die unseresgleichen Schicksale bereiten, untragbare Schicksale.

Literatur läßt uns nicht nur den umfassenden Problemhaushalt des Menschen erkennen, sie überliefert uns – wunderbarerweise – auch den Schmerz, den die Autoren aller Zeiten empfunden haben. Dieser Schmerz, den Dostojewski spürte, als er den Fürsten Myschkin mit seiner Botschaft der Nächstenliebe betraute – er erreicht uns immer noch, wir nehmen ihn auf. Beklommenen Herzens sehen wir zu, wie der »Idiot« als reiner Missionar des Mitleids auf eine Gesellschaft trifft, die in krudem Egoismus allein auf die Macht und die Gewalt des Geldes setzt. Seine Demut, seine Brüderlichkeit, seine Neigung, sich selbst zu beschuldigen, tragen ihm nur Spott und Geringschätzung ein. Weil er nicht aufhört, in jedem Menschen nur Gutes zu finden, hält man ihn für eine Abnormität. Wir nehmen es zur Kenntnis, wir heben den Blick und müssen uns sagen, daß die Welt jederzeit einem »vollendeten Menschen« mißtrauen wird – denn Dostojewski wollte im »Idioten« nichts weniger, als einen vollendeten Menschen schaffen –, einfach, weil sie die unterwandernde Kraft seiner Tugend fürchtet.

Selbst Don Quijote, der unsterbliche Kämpfer gegen Windmühlen und Schafherden, läßt noch einen sonderbaren Schmerz in uns zurück. Er, der auf ritterliche Weihen aus ist, die in einer veränderten Welt nicht mehr zu bekommen sind, beweist uns für immer, daß wir eine eingeborene Schwäche haben für alles, was uns erhebt, erhöht, herausragen läßt. Um dieser Schwäche nachzugeben, verkennt er die Realität und gibt nicht nur sich selbst, sondern auch seinen Stand der Lächerlichkeit preis. Ein lächerlicher Mensch aber wird immer mein Mitgefühl finden, und die Lehren der Erkenntnis, die ihm eingebleut werden, lassen auch mich nicht ohne schmerzhafte Anteilnahme.

Der Schmerz als Lebensbegleiter hat den Menschen zu allen Zeiten genötigt, sich mit ihm zu befassen; nicht allein Schriftsteller und Philosophen, sondern auch Theologen und bildende Künstler haben ihn, überwältigt von seiner heimsuchenden Macht, zu bestimmen versucht. Es überrascht nicht, daß er im Laufe der Jahrhunderte verschiedenartig bestimmt wurde und daß der Ausdruck, den man dem Schmerz in einer Epoche gab, nicht für immer Gültigkeit hatte. Fast kann man sagen, daß der Umgang mit dem Schmerz auch seine eigene Geschichte hat.

Wir erinnern uns an unsere Homer-Lektüre, rufen uns noch einmal die Helden und Krieger ins Gedächtnis, die so viele Beispiele von grimmiger Tapferkeit gaben. Welche Muskelpakete, welche kühnen Dreinschläger. Und doch, wenn diese Abziehbilder der Kühnheit selbst eine Wunde empfingen, glitten sie nicht, ihren Schmerz verbeißend, stumm zu Boden. Anders als die verhärteten Germanen, die sich eines Wehlauts schämten und gewaltsam unterdrückten, was ihnen Pein bereitete, äußerte der griechische Held freimütig seinen Schmerz. Er jammerte und klagte, weinte und schrie und beleidigte und verfluchte obendrein die, denen er den Schmerz zu verdanken hatte. Er, dessen strahlende Biographie Legendenstoff abgeben könnte, bestätigte im Augenblick des Leidens nichts anderes als die menschliche Natur: er war einer von allen. Keine verzweifelte Selbstbeherrschung, keine gefühllose Abrichtung, keine

Spottlust über den Tod, sondern das offene Eingeständnis: mich hat der Schmerz.

Es wundert daher nicht, daß auch auf der Bühne des antiken griechischen Theaters gewinselt und geklagt wurde und daß das Theater widerhallte von Schmerzensschreien. Sophokles gab dem Leidenden sein Recht, indem er dem Schauspieler die elementarsten Reaktionen auftrug. Sein Philoktet, dem die Folgen des Schlangenbisses zusetzen, und sein sterbender Herkules fanden das Mitleid des Zuschauers eben auch dadurch, daß sie sich unbeherrscht, daß sie sich menschlich äußerten.

Gewiß, der vielinterpretierte Laokoon zeigt auch eine andere Einstellung gegenüber dem Schmerz. Unter den erstickenden Windungen der Schlangen, die Muskeln äußerst gespannt und vermutlich schon den Einfluß des Giftes spürend, öffnet Laokoon seinen Mund. Was er hervorstößt, was ihm in seiner Qual gelingt, ist jedoch nur – Lessing hat es beispielhaft gezeigt – ein Seufzen, ein Stöhnen, jedenfalls nicht der Schrei, der seine Qual bestätigt. Und Lessing hat auch begründet, warum der erwartete Schmerzensschrei in diesem Fall nicht auf Laokoons Gesicht ablesbar werden durfte. Er verwies auf das Schönheitsideal des griechischen Bildhauers in der Antike, er argumentierte ästhetisch. Dem Auge das Äußerste zeigen, sagte er, heißt der Phantasie die Flügel binden. Laokoon darf also nur seufzen, damit wir ihn in unserer Einbildungskraft schreien hören. Mitleid mit ihm kann nur aufkommen, wenn Schmerz und Schönheit zugleich offenbar werden; der Schrei hätte sein Gesicht zu sehr entstellt und etwas erregt, was der Künstler nicht hervorrufen wollte: Unlust.

Gleichwohl, welch ein Unterschied zu den bekennenden Schmerzäußerungen der Alten und der Einstellung, die eine sogenannte aufgeklärte Gesellschaft dem Schmerz gegenüber hatte. Mit Verblüffung erfahren wir, daß zum Beispiel im

18. Jahrhundert gezeigter Schmerz als Unhöflichkeit bewertet wurde, zumindest in gewissen Kreisen. Gefühle zu zeigen, galt bereits als anstößig, und wer seinen Empfindungen freien Lauf ließ, wurde des Grobianismus bezichtigt. Adam Smith dekretierte sogar, daß öffentlich gezeigter Schmerz den Anstand verletze. In seiner »Theory of Moral Sentiments« behauptet er: »Aus diesem Grunde ist nichts unanständiger und eines Mannes unwürdiger, als wenn er den Schmerz, auch den allerheftigsten, nicht mit Geduld ertragen kann, sondern weint und schreit.« Ich möchte nicht wissen, um wieviel Schmerzerleichterung Adam Smith seine Zeitgenossen gebracht hat, die seiner Behauptung zustimmten. Und ich möchte ebensowenig wissen, wie sich auf die normierten Selbstbeherrscher eine Störung auswirkte, die Sigmund Freud die »Wiederkehr des Verdrängten« nannte. Den Schmerz zu leugnen, ihn zu bemänteln und unter Haltungen zu verbergen, hat auf längere Sicht noch nie dazu geführt, ihn folgenlos aus dem Leben zu verbannen. Er wird, ähnlich wie Horaz es von der Natur sagte, durch eine Hintertür wieder zurückkehren. Abgesehen davon: niemand, der seinen Schmerz eingesteht, büßt in meinen Augen das ein, was man unter Würde versteht.

Unser Zeitalter, das für sich in Anspruch nehmen kann, sogar eine Kosmetik des Todes erfunden zu haben, offenbart, zumindest was den körperlichen Schmerz angeht, ein eigentümliches Verhalten. Wir denken bei dem Wort Schmerz nicht an schicksalhafte Schickung, erinnern uns nicht seiner etymologischen Wurzeln – poena/Pein –, statt dessen empfinden wir den Schmerz als unwillkommene Beeinträchtigung unseres Lebensgefühls. Manche Ärzte können bestätigen, daß der Schmerz von vielen Patienten als lästig angesehen wird, jedenfalls dann, wenn er noch keinen angstauslösenden Signalwert besitzt. Ihn rasch zu beseitigen, um auf bewährte Funktionshöhe zu kommen, ist daher das naheliegende Ziel. Als gut unterrichtete Kostgänger der Pharmaindustrie wissen wir auch oft genug uns selbst zu helfen: in der Erwartung auftretender Schmerzen medikamentieren wir uns nach Gutdünken. Jedoch, auch wenn es uns gelingt, den Schmerz zu vermeiden, die Angst vor ihm, die Algophobie, bleibt.

Charakteristisch für unsere Zeit ist das Bemühen, das persönliche Leiden zu verbergen, es nur hinter einem Schirm geschehen zu lassen, in der Anonymität von Hospitälern oder in der Verschwiegenheit ärztlicher Praxen. Fast hat es den Anschein, als sollte der Gesellschaft erspart werden, was sie an etwas Unerträgliches erinnert: erduldete Pein, die wir zur Kenntnis nehmen, könnte uns peinlich berühren. Persönliche Schmerzerlebnisse gehen die Öffentlichkeit nichts an; falls sie ans Licht kämen, könnten wir – da ja die meisten von uns zu Markte stehen – unseren Schätzpreis einbüßen. Schon hat ein Hohes Gericht entschieden, daß ein über längere Zeit hin leidender Mensch einem Unternehmen nicht zuzumuten ist. Die nicht ausgesprochene, aber geltende Parole fordert den schmerzfreien Menschen, und dieser illusionären Losung versuchen wir nachzukommen.

Betrachtet man die Mannigfaltigkeit der Ursachen, die uns heute Schmerzerlebnisse bereiten, dann wird man gewahr, in welch einer Zeit wir leben, ja, ich möchte sagen, daß man die Gegenwart auch verstehen lernt, indem man sich mit ihren Schmerzquellen befaßt. Zahlreich sind insbesondere die seelischen Faktoren, die chronische körperliche Schmerzen entstehen lassen; sie verweisen auf Lebensprobleme der umfassendsten Art. Da spielt die Arbeitswelt ebenso eine Rolle wie die familiäre Bindung, da üben existentielle Ängste nicht weniger eine Wirkung aus als Gewissenskonflikte. Aber man erfährt auch mit Erstaunen, daß neben dem Schmerz, den die

Wahrheit bereitet, ein nationaler Schmerz existiert, der durchaus, wie der Wissenschaftler sagt, einen »somatischen Ausdruck eines ungelösten psychischen Schmerzes« finden kann. Dies Leiden entsteht zum Beispiel, wenn der einzelne bereit ist, sich mit seiner Nation zu identifizieren – mit allem, was Geschichte und Gegenwart ihm auferlegen. Trauer und Unversöhnlichkeit, Enttäuschung und begriffene Macht- und Wehrlosigkeit können hier ein Schmerzempfinden hervorrufen, das zu einem dauernden Lebensproblem wird. Dies eigenartige Schmerzempfinden führt nicht allein zu Klage und Depression, sondern auch zu Aggression: wir werden uns unserer Ohnmacht bewußt und erliegen dem Reiz, zu hassen – einfach, weil wir erfahren müssen, mit welcher Gleichgültigkeit die Zeit über die Leiden der Opfer hinweggeht und wie leicht es ihr anscheinend fällt, die Grundsätze menschlicher Gesittung außer acht zu lassen. Unversöhnt nehmen wir den Schmerz in Kauf.

Da ein gewisser Schmerz nun einmal auf jeden wartet, ist es nur verständlich, daß wir uns seit jeher dem Ziel widmeten, ihn zu bewältigen. Bewundernswert, was die Medizin bei der Schmerzbewältigung geleistet hat, aufschlußreich, welchen Versuchungen der einzelne nachgab, um seinen Leiden zu entkommen, ich denke zum Beispiel an die komfortablen Fluchtwelten östlicher Philosophie. Daß zur Bewältigung des Schmerzes aber auch die Vorbereitung auf sein unweigerliches Auftreten gehören kann: sogenannte Naturvölker haben mannigfache Beispiele dafür gegeben. Um die Grenzen des Aushaltbaren zu erkunden – und um sich mit dem Erlebnis des Schmerzes vertraut zu machen –, haben sie sich bereitwillig Wunden zugefügt. Sie haben sich Wangen und Lippen durchbohrt, haben sich eiserne Haken ins Rückenfleisch gestoßen, sie sind durch glühende Holzfeuer gegangen und haben Fingerkuppen geopfert: Zelebranten des Schmerzes, die in ekstatischer Benommenheit einen Beweis für gewonnene Unempfindlichkeit geben wollten. Sie wurden geachtet. Sie wurden gefeiert; und wie beim indischen Hakenschwung-Zeremoniell bat man den, der dem Schmerz sichtbar widerstand, um seinen Segen. Er hatte demonstriert, daß das, was das Leben bereithielt, wenn nicht zumutbar, so doch aushaltbar war: er war vorangegangen auf einer via dolorosa und hatte zu erkennen gegeben, wie hilfreich die Vorbereitung auf den Schmerz ist, auf ein Ereignis, das auch unsere Wahrnehmung der Welt beeinflußt. Schopenhauer hat es als Erwägung formuliert: Wenn unser Leben endlos und schmerzlos wäre, sagte er, würde es vielleicht doch keinem einfallen, zu fragen, warum die Welt da sei und gerade diese Beschaffenheit habe.

In der Tat, der Schmerz ist auch geeignet, unsere Wahrnehmung zu schärfen, und mitunter verdanken wir ihm einen Zuwachs an Erkenntnis. Wir stellen fest, daß Vorläufigkeit und Unsicherheit zu unserem Dasein gehören. Und nicht nur dies: durch den Schmerz entdecken wir den andern, den Mitleidenden, wir werden gewahr, daß wir nicht allein sind, jeder nur ein Fremder, der sich im Gegensatz zur Welt befindet. Unser Bewußtsein erweitert sich: wir sind bereit, die Weisheit John Donnes anzuerkennen und ihm darin beizupflichten, daß, wenn die Totenglocke für einen läutet, sie es gleichzeitig auch für jeden von uns tut. Unter Schmerzen sind wir nicht bereit, alle Erfahrungen als gleichwertig anzusehen; vielmehr gelangen wir in den Besitz einer Wahrheit, die vieles andere als unwesentlich erscheinen läßt. Es ist die Wahrheit eines befristeten In-der-Welt-Seins. In-der-Welt-sein aber heißt, vielfältigen Leiden entgegenzuleben.

Es gibt menschliche Gemeinschaften, in denen es zur Regel gehört, daß, wenn eine Frau ein Kind gebärt, der Mann sein Lager aufsucht in dem Wunsch, die Schmerzen der Gebärenden zu teilen. Er wimmert, er stöhnt und windet sich, seine Selbst-versetzung bringt ihn dazu, Schmerzen zu wecken und zu emp-finden, die Qual kann so unerträglich werden, daß er sogar besinnungslos wird. Welch eine Haltung, die nicht allein eine tiefe Solidarität im Schmerz zu erkennen gibt, sondern auch die Wahrheit aufschimmern läßt, daß In-der-Welt-sein bedeutet, Leben aushalten zu müssen. Und wie umfassend das verstanden werden kann, hat Zvi Kolitz bekenntnishaft geäußert, als er sagte: Nimm die Tageszeitung – jeder Tag ist eine Wunde.

Abgeneigt, jedem Ding, jedem Ereignis einen Sinn zu unter-legen, skeptisch gegenüber Mystifizierungen, argwöhnisch ge-gen einen feierlichen Irrationalismus, der vom Adel des Leidens spricht, möchte ich lediglich sagen, daß der Schmerz naturge-geben ist. Er ist ein Seinsereignis, das zum Menschen gehört, und je länger wir über ihn nachdenken, desto entschiedener rät uns die Vernunft, ihn nicht allein als Unheil zu betrachten. Wenn wir ihn mit gelassener Aufmerksamkeit bestimmen, zeigt es sich, daß er auch einen Offenbarungscharakter hat: er er-öffnet uns nicht nur unsere Ohnmacht und Verletzlichkeiten, sondern läßt uns auch eine tröstliche Möglichkeit der Existenz erkennen – die Möglichkeit einer Bruderschaft im Schmerz.

(1993)

Die Darstellung des Alters
in der Literatur

»Ein Mann wird älter«: so heißt ein Roman von Italo Svevo, der längst zur klassischen Moderne der italienischen Literatur gehört. Der Originaltitel lautet schroffer, apodiktischer: »Senilitá«, also Greisenhaftigkeit. Vorbereitet oder schon eingestimmt durch den Titel, erwartet man, in das Leben eines bejahrten Mannes eingeweiht zu werden, in seine Konflikte, seine Anomalien, in jedem Fall: in seine Verluste. Die Hauptfigur, die durchaus demonstrativen Charakter hat, heißt Emilio Brentani, und womit uns dieser erfundene Herr am nachdrücklichsten verblüfft, ist sein Alter. Nach dem Willen seines Autors nämlich, der den Titel »Senilitá« selbstverständlich rechtfertigen möchte, ist Emilio Brentani ganze fünfunddreißig Jahre alt. Da fragt man sich doch skeptisch, ob ein Fünfunddreißigjähriger denn überhaupt dazu taugt, die vertrauten Symptome des Alters zu belegen, die sich im allgemeinen erst an der letzten Wegbiegung des Lebens zeigen.

Und die Skepsis behält zunächst recht: Emilio unterhält uns nicht mit Altersneurosen, er ist weder geizig noch zänkisch oder wunderlich, sein Gedächtnis ist nicht porös geworden, Endzeit-Resignation lähmt ihn nicht, er erschüttert uns nicht, wie Tolstois Fürst Andrej, mit moderaten Delirien und scheint weit entfernt vom visionären Wahnsinn eines König Lear. Senilitá, so erfahren wir dann aber beiläufig, findet ihren Ausdruck bereits in unscheinbaren, alltäglichen Grundsätzen und Bekenntnissen. Wenn Emilio sagt: »Ich liebe dich sehr, und ich möchte, daß wir in deinem Interesse sehr vorsichtig sind«, dann erscheint er alt, jenseits von Leidenschaft und Risikobereitschaft. Er zweifelt an der Möglichkeit seines Glücks. Er beruft sich auf Erfahrungen, die aus Büchern stammen, und von denen er glaubt, daß sie ihn jede Gefahr für sich erkennen lassen. Nie hat er ein stärkeres Gefühl erlebt. Seine Leiden »sind ausdauernd, aber nicht sehr intensiv«. Er empfindet sein Leben als eine Öde, »farblos und eintönig«. Er hat seine Schwächen erkannt und sich mit ihnen abgefunden. Die Sehnsucht nach Ruhe und Sicherheit verdrängt jeden anderen Wunsch.

Was Italo Svevo uns durch seine Demonstrationsfigur zu verstehen geben möchte, wird deutlich genug: der Begriff des Alters umfaßt mehr als nur körperlichen Verfall und geistige Erbärmlichkeit, er schließt in seiner Komplexheit etwas ein, das man allgemein Lebenshaltung nennen kann. Man muß nicht alt an Jahren sein, um als alt zu gelten; auch ein Fünfunddreißigjähriger kann uns mit seinem Verzicht auf aktive Ziele die Fatalität des Alters vor Augen bringen: ich habe meine Grenze erkannt, alle Unternehmungen sind sinnlos, Indifferenz ist meine Antwort an die Welt.

Andererseits – und das verweist auf die erstaunliche Relativität des Begriffs – wird uns hier und da das schablonenhafte Bild des ehrgeizigen Greises vermittelt; im sogenannten Herbst des Lebens stehend, im Besitz von angesammelter Erfahrung, weißhaarig, doch mit dem Elan der Jugend versucht er noch einmal, der Welt seinen Stempel aufzudrücken: Seht her, ich habe meine Flagge aufgezogen, jetzt könnt ihr noch einiges von mir erwarten. Die launige Warnung von Shaw ist unvergessen: »Nehmt euch vor alten Männern in acht, sie haben nichts mehr zu verlieren.« Alter wird gleichgesetzt mit Freiheit, mit großer Ernte, mit jener Rücksichtslosigkeit, die letzte Meisterschaft begünstigt. Keineswegs indifferent gegenüber der Welt, träumt man noch einmal von wesentlicher Aktion, von Ruhm und Prestige. Daß die Auflehnungen des alten Menschen gegen den Verfall, daß seine Bemühungen um Geltung oft so bemitleidenswert erscheinen, ja mitunter sogar lächerlich, hat seinen Grund: er liegt in der tragischen Hoffnungslosigkeit des Handelnden. Die Wahrheit der abgelaufenen Zeit widerlegt alle Entwürfe des Abends.

Was wir Alter nennen, zeigt sich uns in sehr verschiedenen Erscheinungsformen und Zuständen, es wird unter verschiedenen Bedingungen erfahren, wird unter verschiedenen Aspekten interpretiert. Alter ist längst zum Synonym geworden für einen generellen, wenn mitunter auch irisierenden Befund. Es ist hinreichend biologisch definiert und sozial, es ist medizinisch bestimmt und gesellschaftlich erschlossen. Und unser Sprachhaushalt beweist uns einen verblüffenden Reichtum der Verbindungen mit dem Wort »alt«; er reicht von altbacken und altedel bis zu Goethes »altverfallenem« Haus. Daß sich die Literatur des alten Menschen annahm, ihn darzustellen versuchte an seinem Ende und vor dem Nichts, erscheint mir unvermeidlich; denn dies galt ja der Literatur von Anfang an: vor Augen zu führen, was es heißt, befristet in der Welt zu sein und am Schicksal des einzelnen den Zustand des Allgemeinen deutlich zu machen. Um das Leben in allen Manifestationen erkennbar zu machen, wählt Literatur den einzelnen und wendet sich an den einzelnen: er stellt das beziehungsvolle Beispiel dar. Was aber trägt sie bei zur Erkennbarkeit des Alters, welch ein Bild, welch ein Urteil legt Literatur uns nahe?

Soviel läßt sich sagen: eine uneingeschränkte Feier des Alters – für die André Gide nur Verachtung empfand – bietet uns die Literatur, soweit ich weiß, nicht an. Keine ausgebreitete Schönheit des Greisentums, kein früchtereicher Herbst der Patriarchen, keine Edelreife im Dämmerlicht, statt dessen Einsamkeit und Kälte, geistiges Elend und all die Treulosigkeiten des Körpers. Auch Shakespeare ließ keinen Zweifel an seinem Urteil über das Alter. »Hier steh ich«, läßt er seinen König Lear sagen, »ein alter Mann, arm, elend, siech, verachtet«, und gleich mehrere Symptome des Alters erwähnend, läßt er Lear bekennen: »Ich bin ein schwacher, kindischer alter Mann, achtzig und drüber: keine Stunde mehr noch weniger, und grad heraus, ich fürchte fast, ich bin nicht recht bei Sinnen … ich begreif es nicht, an welchem Ort ich bin; all mein Verstand entsinnt sich dieser Kleider nicht, noch weiß ich, wo ich die Nacht schlief.« Kindisch, von seinem Gedächtnis verlassen und nicht bei Sinnen: Lear hat die Tribute ans Alter entrichtet, es ist zu spät für ihn, die erträumte neue Ordnung zu schaffen, die aufzuckende Leidenschaft führt zu nichts, der Rest ist Wahnsinn. Lears Gegner, so scheint mir, ist auch die Zeit, die abgelaufene Zeit: sie vereitelt, daß sein visionäres Zerstörungswerk gelingt. Am Ende steht die niederschmetternde Erkenntnis: »Ist der Mensch nicht mehr als das? Ein armes, nacktes, zweizinkiges Tier wie du?«

Alter ist keine Zumutung, es ist vielmehr eine alltägliche Auferlegung, ist ein Refrain der Zeit. Und der Verfall ist kein Makel, sondern gegeben: das Leben nimmt sich mit Gewalt, was es einst dem Menschen zuerkannt hat. Kein Schriftsteller hat uns so eindringliche Protokolle dieses Verfalls hinterlassen wie Samuel Beckett. Diese epischen und dramatischen Protokolle ergreifen uns durch ihre Gelassenheit und lassen uns erstaunen durch ihre Protestlosigkeit. Der Mensch wird nicht als heroisches Opfer des Alters dargestellt, sondern als Erscheinung, die, wenn sich die unaufhaltsamen Schwächen und

Verluste einstellen, einfach vergeht. Es ist ein allmähliches Vergehen, und es ist fast immer das gleiche Ich, das sich eingesteht: »Ich versteh mich, alt wie die Welt, verrottet wie die Welt, überall amputiert, auf meinen treuen Stümpfen stehend.« Doch was der Alte wahrnimmt, das sind nicht allein Gleichgewichtsstörungen und Steifheit der Glieder, es ist auch das Versiegen der Sprache, und damit büßt er seine hoffnungsvollste Fähigkeit ein, denn: »Solange die Worte mir einfallen, wird sich nichts ändern, schon wieder die alten losgelassenen Worte. Sprechen ist das einzige Mittel, sprechen, sich aussprechen, hier wie jederzeit, das einzige.« Er stellt fest, daß er leiser spricht, daß die Pausen immer länger werden zwischen den Worten, den Sätzen, den Silben, den Tränen, »ich verwechsle sie, Worte und Tränen, meine Worte sind meine Tränen ...« In erbarmungsvoller Isolation, der Sprache beraubt, der Funktionsfähigkeit der Gliedmaßen beraubt, nicht aufrecht, sondern nur noch kriechend bewegt sich der alte Mensch bei Beckett dem Ende zu, der Auflösung. Das Leben ist für ihn eine abgeschlossene Sache, mitunter kommt es ihm wie ein Spaß vor. Ja, Beckett zeigt, daß es auch in der extremen Lage der Endzeit möglich ist, zu lächeln; sein manchmal abgründiger Humor besiegt dann das Elend des Alters. Mit welcher Haltung man der Auflösung begegnen kann, demonstriert seine Figur Molloy in dem gleichnamigen Roman. »Manchmal«, sagt Molloy, »vergaß ich nicht nur, wer ich war, sondern daß ich war, ich vergaß mein Dasein ... ich ließ mich von sanften Stengeln und Wurzeln durchdringen ... ich füllte mich an mit der Ruhe der Nacht und der Erwartung des Sonnenaufgangs ... Oder ich war der unsichere Frieden dieses Winters, das Schmelzen des Schnees, der nichts ändert, und das Grauen des neuen Beginns.« Und dann bilanziert Molloy: man muß gleichgültig bleiben gegen alles, was einen daran hindert, den Faden des Traums zu verlieren.

Kein Protest also, keine Auflehnung, sondern Gleichgültigkeit: das ist eine mögliche Haltung in der Endzeit.

Es ist in der Tat eine mögliche Haltung, und die Literatur macht uns darauf aufmerksam, daß es auch andere Haltungen gibt, eine andere Art der Gegenwehr, die herausgefordert wird durch die Erkenntnis, am Ende zu sein. Sich nicht abzufinden, sich nicht geschlagen zu geben durch das Alter: das gehört nun einmal zum Verhaltenskodex der Helden von Ernest Hemingway. Zwar erfahren auch sie die Bitterkeit von Niederlagen, müssen gegen Schwäche und Furcht ankämpfen, doch ihr Scheitern hat den Glanz des Heroischen – und nicht nur dies. Hemingway war davon überzeugt, daß es eine Würde des Tragischen gibt, und in seiner Erzählung »Der alte Mann und das Meer« versucht er nichts weniger, als einen Beweis dafür zu geben. Sein alter Fischer ist wirklich alt, er ist dünn, hager, seine Backenknochen haben die braunen Flecken von harmlosem Hautkrebs, sein Alter ist, wie er sagt, seine Weckuhr. Er hat – und das ist bemerkenswert – einen Zustand der Demut erreicht, von dem er weiß, daß er »nicht entehrend« ist. Die Demut ist ein Ergebnis langer Erfolglosigkeit auf dem Meer. Doch dann beginnt der Kampf mit dem riesigen Fisch, dem Fisch der Träume, und der demütige Alte läßt sich auf die größte Herausforderung seines Lebens ein. Ihn verlangt es nach einem letzten Selbstbeweis. Kraftlos, müde, nur auf sich selbst angewiesen, sagt er: »Der Mensch darf nicht aufgeben; man kann vernichtet werden, aber man darf nicht aufgeben.« Daß der Alte den Kampf verliert, daß Haie ihm die Beute entreißen, ist sozusagen vorgegeben, ein Triumph widerspräche der Wahrheit unserer Welterfahrung. Dennoch, der Besiegte hadert nicht, er gibt sich geschlagen, und darüber nachdenkend, was ihn geschlagen hat, findet er zu der lakonischen Einsicht: »Ich bin zu weit hinausgefahren.« Und das heißt wohl nichts anderes, als daß er zuviel gewagt hat, daß er sich überschätzt hat. Seine Einsicht hat konkrete und symbolische Bedeutung, und durch seine Haltung gibt er zu verstehen, daß der Gedanke, im Alter geschlagen zu sein, mit Maßen ertragbar ist. Wir haben keine Wahl, als die Verluste des Alters anzuerkennen, doch wir sind nicht bereit, sie unterwürfig hinzunehmen.

Dem Alter beizukommen, es nicht als Schiffbruch zu empfinden oder als ruinöse Kalamität, sondern es mit einer Gelassenheit durchzustehen, die man beneidenswert nennen möchte: Fontane zeigt es an seinem Dubslav von Stechlin. Dieser alte Junker – mit Selbstironie begabt und gewohnt, »hinter alles ein Fragezeichen zu machen« – hält sich für einen vergrätzten Einsiedler, was er, von außen betrachtet, aber keineswegs ist. Er ist ein gerecht denkender Mann, der jeden Dünkel verabscheut, der die freie Meinung verteidigt und »unanfechtbare Wahrheiten« für Unfug hält. (Wenn er gereizt war, bekannte er sich sogar zur Sozialdemokratie.) Sein Prinzip – und das wird unzweifelhaft durch das Alter bestimmt – heißt: Leben und leben lassen. Alter macht nachsichtig, macht mitunter, wie die Krankheit, gefügig. In seinen Meditationen auf einer alten Steinbank, während er sein Leben überdenkt, kann er sich bestätigen, seine Pflicht getan zu haben. Souverän, wie dieser ganze Kerl ist, quittiert er, was das Alter mit sich bringt. Er sagt: »… ich muß frische Luft haben. Vielleicht erstes Zeichen von Hydropsie. Kann eigentlich Fremdwörter nicht leiden. Aber mitunter sind sie doch ein Segen. Wenn ich so zwischen Hydropsie und Wassersucht die Wahl habe, bin ich immer für Hydropsie. Wassersucht hat sowas kolossal Anschauliches.« Daß er als Kranker in gewissen Momenten auch eigensinnig sein kann, versteht sich von selbst. Da er es schlicht für dumm hält, ohne Hoffnung zu leben, läßt er sich nicht nur von einem Arzt, sondern auch von einer Kräuterhexe therapieren. Selbstverständlich fragt er die Alte, was sie ihm zusammengebraut hat, und als er erfährt: Bärlapp und Katzenpfötchen, sinniert er: »Nu ja, nu ja, das kann schon helfen. Dazwischen liegt eigentlich die ganze Weltgeschichte. Mit Bärlapp zum Einstreuen fängt die süße Gewohnheit des Daseins an, und mit Katzenpfötchen hört es auf ... Katzenpfötchen, die gelben Blumen, draus sie die letzten Kränze machen.« Und er fügt hinzu: »Na, wir wollen sehen.« Er ist siebenundsechzig, also in dem Alter, in dem man als Stechlin stirbt – aus Familientradition. Auch wenn er Phasen von Angst durchstehen muß, erkennt er am Ende: ein ewig Gesetzliches vollzieht sich, weiter nichts ... In das Gesetzliche sich ruhig schicken, das macht den sittlichen Menschen und hebt ihn. In einem Nachruf auf ihn erfahren wir: »Er war das Beste, was wir sein können, ein Mann und ein Kind.«

Das Urteil gab zu manchen Betrachtungen Anlaß, und zwar zu Recht; denn man fragt sich, wie das Kindliche, das bis ins Alter bewahrt wird – oder dann wieder zum Vorschein kommt –, bewertet werden kann. Müssen wir dem Alter eine eigene Unschuld zuerkennen? Müssen wir ihm Rabatt geben? Müssen wir ihm Wirklichkeitsverlust zugute halten? Findet das Leben im Alter tatsächlich zu Ausdrucksformen zurück, die für den Anfang charakteristisch sind? Es ist wohl anzunehmen, daß die Erscheinung des kindlichen Greises, sanft in Goldschnitt gefaßt, eine Wunschvorstellung des Theologen ist, also von Pastor Lorenzen, des alten Stechlin langjährigem Freund. Beckett, dem kläglichen Dasein des Lebensendes nachspürend, kommt zu einem anderen Ergebnis: er findet nicht das übersonnte kindliche Wesen, sondern den kindischen Alten, der sich selbst unbekannt geworden ist.

Die Bekenntnisse alter Menschen, die die Literatur aufgehoben hat, lassen keinen Zweifel daran, daß begriffene Endzeit den Charakter verändert. Von Trübsal überwältigt, mit verfinsterter Seele, mit »der Eselslast der Zeit« auf dem Rücken – wie Ionesco in seinem Tagebuch schrieb – verändern sich überkommene Eigenschaften; Härte tritt an die Stelle von Sanftmut, Verbitterung löst Selbstzufriedenheit ab, Fühllosigkeit und Gereiztheit besetzen gegenteilige Eigenschaften. Der gefaßte, souveräne Alte findet sein Gegenbild. Tolstoi läßt uns ahnen, daß ein inspirierendes Gefühl des Alters der Neid sein kann, der Neid auf die, die noch leben oder ihr Leben noch vor sich haben. Worin habe ich mich denn vergangen, fragt Prinzessin Marja den kranken Fürsten Andrej, und dieser antwortet kalt: »Darin, daß du lebst und an einen Lebenden denkst, während ich …« Fürst Andrej fühlt den nahen Tod. Die Menschen, die sich seiner annehmen, mustert er nicht nur mit kaltem, sondern auch mit feindseligem Blick, und aus diesem Blick, so heißt es, »sprach ein Fremdgewordensein gegenüber allem Irdischen«.

Er hatte etwas verstehen gelernt, »was die Lebenden nicht verstanden und nicht verstehen konnten, und was ihn vollkommen in seinem Bann hielt«. Was es ist, darüber werden wir nicht im unklaren gelassen; denn in einem stillen Selbstgespräch äußert Fürst Andrej die Überzeugung, daß sie – also die noch Lebenden – nicht verstehen, daß alle diese Empfindungen, die sie für so wertvoll halten, »alle unsere Gefühle, alle diese Gedanken, die uns so wichtig erscheinen, daß die alle nichts wert sind«. Er glaubt, eine Entwertung aller Werte festgestellt zu haben. Das Alter wird zu einer langsamen Enteignung des Lebens, und da jede Auflehnung dagegen nutzlos ist, wird in Frage gestellt, woran man einst geglaubt hat.

Es gibt Augenblicke, in denen der alte Mensch sein Alter als Kränkung empfindet – ein Anlaß für ihn, sich daran zu erinnern, was er einmal war: unternehmungslustig zum Beispiel, belastungsfähig, aktiv und nicht zuletzt: gutaussehend.

Ich glaube jeder alten Frau, die von sich sagt: Einst war ich ein schönes Kind. In der Rückkehr zur Kindheit liegt ein unwillkürlicher Protest gegen den augenblicklichen Zustand. Die radikale Entwertung, die Fürst Andrej vornimmt, findet hier eine Art verzweifelter Entsprechung: es kann doch nicht alles unwichtig und sinnlos gewesen sein. In der Spur der Jahre muß doch etwas zu finden sein, was zu der Feststellung berechtigt: es hat sich immerhin gelohnt. Erinnern, um sich nicht aufzugeben, um den sogenannten Ruhestand auszuhalten: auch dies ist eine Entgegnung auf das Alter, es kann bereits eine rettende Aktivität sein. Es mutet ja wie ein Muster an: wenn wir uns der Mattigkeit überlassen, dem Dämmern der Leere, wenn wir uns von allen Bindungen verabschieden, dann hat die Selbstaufgabe stattgefunden, und es ist nur noch ein Schritt bis zur letzten Schwelle. Wie ein Ende – musterhaft – beschleunigt werden kann, hat Thomas Mann an Johann Buddenbrook senior veranschaulicht. Nachdem der weltläufige Kaufmann die ehrwürdige Firma seinem Sohn übertragen hatte mit allen Aktiva und Passiva, war er nicht mehr bereit, seinen Fuß ins Kontor zu setzen. Der tätige Mann zeigt nunmehr etwas, das die, die ihn kennen, erschrecken läßt, eine, wie es heißt, »nachdenkliche Apathie«. Die hat hier selbstverständlich signalhafte Bedeutung, und so hebt denn der Erzähler hervor, daß es bei diesem Zustand nur eines »kleinen Frühlingsschnupfens« bedarf, um den Senior Buddenbrook bettlägerig zu machen. Kurze Zeit darauf verabschiedet er sich mit einer patriarchalischen Sterbeszene, gibt in letzter Minute noch Ratschläge, ermutigt, fordert auf, und das Wort, mit dem er das »geräuschvolle Getümmel« seines Lebens auch schon früher bilanzierte, ist nun sein Abschiedswort: »Kurios«.

Ruhestand, für viele Menschen ein erwartetes Sehnsuchtsgefühl, erweist sich oft als ein höchst problematischer Zustand.

Von der Arbeitswelt getrennt, von Pflichten entbunden, nur noch damit beschäftigt, übriggebliebene Zeit hinter sich zu bringen, »totzuschlagen« – *leftover time to kill,* wie die Engländer sagen –, stellt sich alsbald das Gefühl ein, nutzlos geworden zu sein, und in einem zwangsläufigen Parallelismus findet die seelische Situation einen körperlichen Ausdruck. Der Traum von freier Selbstbestimmung endet nicht selten in bedingter Hinfälligkeit, in eingestandener Lebenserschöpfung. Man kann Hemingway in gewisser Weise zustimmen, der das Wort Ruhestand abstoßend genannt hat – es erinnert an Wartesaal vor dem Ende oder, wie er sagte, an den Abstieg ins Grab. Was er, dieses Abbild tatenfroher Männlichkeit, unausgesprochen ließ, ist nicht weniger, als daß man das Alter nicht darauf festlegen sollte, lediglich alt zu sein und die Einwände der Biologie zu respektieren.

Es ist klar: wie jede Erscheinung, so läßt sich auch das Alter von außen betrachten. Und zu dem Bild, das wir uns von ihm machen, gehören gewisse Normen des Verhaltens ebenso wie Gebote des Augenscheins. Die Aufforderung, sich seinem Alter gemäß zu verhalten, erinnert uns daran, daß die erreichte Endzeit Verpflichtungen mit sich bringt. Man darf nicht mehr beliebig leben, nicht über die Stränge schlagen. Angemessenheit ist empfohlen, und das heißt: der alte Mensch kann sich nicht beliebig kleiden, ernähren, frisieren, er sollte sich keine Extravaganzen leisten, keine verwegenen Pläne machen, keiner ungebührlichen Leidenschaft frönen. Auf gar keinen Fall sollte er den kümmerlichen Versuch machen, sich nach unten anzupassen, zur Jugend hin. Was ihm zugestanden, was von ihm erwartet wird, ist allem Anschein nach dies: lächelnde Entsagung, Stille, Gefügigkeit, kurz, unbemerktes Dasein. Würde im Verzicht, das soll er zeigen.

Wodurch gegen diese angenommene Würde verstoßen werden kann, Thackeray hat es berichtet in seinem »Jahrmarkt der Eitelkeiten«. Von der alten Miss Crawley heißt es, daß sie gottlos ist, weil sie die abendlichen Andachtsstunden nicht besucht. Außerdem aber wird Miss Crawley noch zu den Verworfenen gezählt, und die Gründe lassen sich hören: alt, wie sie ist, wird in ihr nämlich eine unglückliche Neigung erweckt – sie liebt auf einmal französische Romane, französische Küche und französische Weine. Von außen betrachtet, läßt sich diese Neigung natürlich nicht vereinbaren mit dem Entsagungsgebot des Alters.

Noch kurzweiliger aber korrigiert Bertolt Brechts »unwürdige Greisin« das klischeehafte Bild, das uns nahegelegt wird. In der gleichnamigen Geschichte lernen wir eine Frau kennen, die ihr Leben hinter sich hat. Sie hat sieben Kinder geboren, lebt allein in einem wackligen Haus, auf der kleinen Lithographenanstalt ihres gestorbenen Mannes lasten Schulden. Kargheit bestimmte den Alltag. Auf einmal – sie ist einiges über siebzig – tut sie etwas, was sie nie getan hat: sie geht ins Kino. Sie geht jeden zweiten Tag in den Gasthof, um dort zu essen. Sie macht allein mit einer Kutsche Ausflüge. Sie geht zu einem Pferderennen. Sie findet Gefallen an Gesellschaft und nicht zuletzt am Rotwein. Ihr erwachsener Sohn spricht von »unwürdiger Aufführung«; sie aber hatte nichts anderes im Sinn, als nach Jahren der Entbehrung ein zweites Leben zu leben – mit Hilfe einer Hypothek, die sie heimlich aufnahm. In dem Kommentar des Gastwirts: »Frau B. amüsiert sich ja jetzt« verbirgt sich die Ansicht, daß es Dinge gibt, die dem Alter nicht anstehen, die ihm nicht nachgesehen werden können.

Ich bin nicht dieser Ansicht; ich glaube vielmehr, daß wir kein Recht haben, Forderungen dieser Art an den alten Menschen zu stellen. Von anderen, denen alles schwindet, denen das Leben nur Aufschub gegeben hat, Angemessenheit im Verhalten zu verlangen, kann man wohl kosmetischen Hochmut nennen. Die schöne Greisin, der smarte Greis, die alle ihre Niederlagen verdrängen: sie können nicht das Wunschbild sein.

»Und Zeit verwüstet selbst, was sie gegeben hat«, heißt es bei Shakespeare; diese Verwüstungen – im übergreifenden Sinn – lassen sich nicht wegschminken, nicht kosmetisieren, wir sollten bereit sein, sie uns einzugestehen. Unvermeidlich, daß dabei ein gewisser Schmerz der Erkenntnis auftritt; im Bild des gealterten Freundes, den wir nach einer Ewigkeit plötzlich wiedersehen, erblicken wir das eigene Alter. Proust erzählt davon in der »Wiedergefundenen Zeit«, Dostojewski beschreibt den Augenblick schmerzhaften Erkennens in seinem »Jüngling«. Die Kennzeichen des Alters, die wir an anderen wahrnehmen, werden, wie Proust sagte, zur bestürzenden Offenbarung.

Auch Simone de Beauvoir, der wir ein profundes Buch über das Alter verdanken, gibt davon Zeugnis in ihrem ergreifenden Dokument »Ein sanfter Tod«. Über ein Wiedersehen mit ihrer alten, kranken Mutter notiert sie: »... ihr Nachthemd stand offen, und gleichgültig stellte sie ihren verrunzelten, von winzigen Falten überzogenen Bauch und ihre kahl gewordene Scham zur Schau. ›Ich schäme mich gar nicht mehr‹, sagte sie.« Die Tochter wendet sich ab, »verwundert über die Heftigkeit ihres Mißbehagens«, das durch die Unbekümmertheit der alten Frau verstärkt wird. Nicht zuletzt dadurch, daß die Mutter alle Verbote aufgibt und keine Scham mehr empfindet, glaubt die Tochter den Körper nur noch als Hülle wahrzunehmen, als ein »armseliges, wehrloses Wrack, in dem sich das Leben nur durch stumpfsinniges Beharrungsvermögen zu halten schien«. Was Simone de Beauvoir wie gelähmt sein läßt, ist der Mund der Mutter, dem sie »verdrängte Eßgier abliest, fast unterwürfige Demut, Hoffnung und Einsamkeit«. Während sie darüber mit Sartre spricht, verändert sich ihr Gesicht so, als hätte sie sich das Gesicht ihrer Mutter aufgesetzt, als ahmte sie es nach. Es ist nicht auszuschließen, daß hier eine unbewußte Antizipation ihren Ausdruck fand. Jedenfalls, der Augenschein ruft ein Mitleid hervor, das die Autorin herzzerreißend nennt. Mitleid mit einer alten Frau in Todesnähe: für mich ist es, ganz allgemein, die selbstverständlichste menschliche Regung.

Seit es sie gibt, hat sich die Literatur des alten Menschen angenommen, hat ihn dargestellt mit seinen Heimsuchungen und Illusionen, in seinem Elend und dem Bedürfnis nach Anerkennung. Da liegt es nahe, zu fragen, wie die Schriftsteller selbst auf das Alter reagieren, welchen Einfluß das Bewußtsein der letzten Etappe auf ihre Arbeit hatte, und nicht zuletzt: wie Kunst auf Biologie einwirkte. Gottfried Benn hat ja in seinem Essay »Altern als Problem für Künstler« erklärt, daß die Kunst nach der einen Seite ihrer Phänomenologie hin »ein Befreiungs- und Entspannungsphänomen sei, ein kathartisches Phänomen«, und diese Phänomene, so meinte er, haben die »engsten Beziehungen zu den Organen«. Ruft man sich die erreichten Lebensalter etlicher Schriftsteller in Erinnerung, dann möchte man sogleich Benn zustimmen und die Kunst als Förderin der Biologie bezeichnen: Goethe 83, Shaw 94, Hamsun 93, Gerhart Hauptmann 84, Tolstoi 82, Fontane 79, Victor Hugo 83, Heinrich Mann 80, Gide 82 – die aufschlußreiche Liste läßt sich mühelos fortsetzen. Dennoch kann man die Erklärung, daß Kunst als zentraler Impuls die gesamte Existenz des Schriftstellers begünstigt, nur eingeschränkt gelten lassen. Was seine Arbeit angeht, so erfahren wir aus Tagebüchern, Briefen und Autobiographien, daß das Alter unweigerlich seine Tribute fordert. Die Phantasie versiegt, die Projektionen der Wirklichkeit mißlingen; da die Kraft für schöpferische Entwürfe nicht ausreicht, greift man auf Erinnerungen zurück. Schnitzler konstatiert mit Trauer: »Zeit ist nur eine Einbildung. Aber das Altern ist real.« Gide fürchtet, sich zum Schluß nur noch zu wiederholen, Flaubert klagt über den Verlust der »Ausgelassenheit«, Mauriac entdeckt, daß erfundene Werke ihn weniger interessieren als das unbezweifelbare Dokument – ein Interessenwandel, den viele alte Menschen bestätigen können.

Und noch etwas zeigt sich, bevor das Schweigen beginnt: die Herausforderungen werden selten oder nicht mehr angenommen, die Spannung läßt nach, es gibt nur noch die Realität der Todesnähe. Auch wenn hier und da bemerkenswerte sogenannte Spätwerke dagegen sprechen: im allgemeinen verhilft das Alter – im Sinne einer Steigerung – nicht zur Vollkommenheit; es erleichtert nicht einmal die Arbeit des Schriftstellers.

Das Alter ist ein so vieldeutiges Phänomen, es ereignet sich auf so vielfache Weise, es läßt sich unter so verschiedenen Gesichtspunkten bewerten, daß auch die Literatur nicht imstande ist, es in all seinen Dimensionen erschöpfend zu bestimmen. Was sie vermag, ist lediglich dies: einige Erscheinungsformen, einige Aspekte ins Bild zu bringen und den Wandel der Beziehungen zur Welt zu veranschaulichen, den das Alter mit sich bringt. Und auch das läßt Literatur uns schließlich erkennen: daß wir es uns schuldig sind, dem Alter mit Offenheit und Zuneigung zu begegnen, und, wo es uns möglich ist, mit Erbarmen.

(1997)

Mutmaßungen über die Zukunft der Literatur

Das Ende des Gutenberg-Zeitalters?

I

Als die großen Erzähler noch Analphabeten waren, schien die Zukunft der Literatur gesichert. Mündlich, nur mündlich gaben die Meister des gesprochenen Worts, die Überlieferer, weiter, was sie erlebt und gehört hatten, was ihnen zugetragen oder geoffenbart worden war. Ihre Autorität war nicht geringer als die eines schreibkundigen Sumerers oder eines altägyptischen Bibliothekars; denn sie verwalteten, bewahrten und vermittelten das Wissen der Welt aus dem Gedächtnis. Wie man den Götterzorn vermeidet; was vom Lesen der Fährten abhängt; wie man sich in seiner Weltangst einrichtet; wie man Verhängnisse überlebt und seinen Traum von Glück und Beute einlösen kann: sie wußten es, und sie veranschaulichten es in beispielhaften Erzählungen. Mündlich überlieferten sie den Fundus menschlicher Erfahrung. Und das Überlieferte blieb keineswegs nur ortsgebunden, ging durchaus nicht in lediglich provinziellem Wissen auf. Es wanderte davon, wurde unterwegs angereichert, erweitert, verwandelt und wurde von einem fremden Erzähler aufgenommen, der dem Ereignis eine neue Nähe gab, seine eigene Nähe: Der Jäger des Nordens fand in der Geschichte eines entlegenen Jagdzaubers sein Gleichnis. Anscheinend konnte auch mündlich überlieferte Literatur – bedenkt man die Wanderschaft archetypischer Konflikte – zu begrenzter Weltliteratur werden. Auch wenn die noch keine Leser fand, an bereitwilligen Zuhörern schien es ihr nicht gefehlt zu haben; und zwar an Zuhörern, die sich, nimmt man alles in allem, im Hinblick auf ihre Erwartungen und Hoffnungen mit den Lesern eines Buches vergleichen lassen.

Unterhaltung, das ist gewiß, erwarteten sie allemal, und unwillkürlich auch eine Bereicherung des Wissensstandes, denn der Erzählende brachte die Welt in die Hütte, ins Zelt. Indem er unbekanntes Schicksal beschwor, lud er aber auch zum Vergleich ein: Hört, was der berühmte Schiffbrüchige erdulden mußte, und haltet eure eigenen Mißgeschicke daneben. Gesprochene Literatur erweckte Anteilnahme und trug zur Aufklärung bei, sie erschütterte, erheiterte und verstörte und lieferte, wo es verlangt wurde, genußreiches Schaudern. Sie reichte jedenfalls aus, um eine neue, vielleicht sogar kritische Sicht des Lebens zu ermöglichen. Damit sie dies aber ermöglichen konnte, war sie auf die nachschaffende Phantasie des Zuhörers angewiesen – eine Bedingung, die auch der Leser erfüllen muß, um einem Text zur Wirkung zu verhelfen. Gleichviel, ob gehört oder gelesen: die Bedeutung für das Wahrgenommene wird im Kopf erteilt, wobei wir uns darüber im klaren sind, daß gesprochene Literatur einmalig ist, sie erreicht uns, selbst in der Variation, als Original. Zurückblättern ist nicht möglich, endlose Interpretation, die den ursprünglichen Erzählkern entrückt, will nicht glücken.

II

Ein für allemal gesichert glaubte man die Zukunft der Literatur durch die Erfindung des Buchdrucks. Gutenberg, der die Typenstempel zunächst aus Holz schnitt, später dann härteres Metall verwandte, um durch ein Einschlagen der Typen in entsprechend weiches Metall eine Art Matrize herzustellen – Gutenberg, der Erfinder der Schriftgießerei und der Druckpresse, hatte, so durfte man annehmen, der Literatur zu problemlosem Überdauern verholfen. Das Buch belegte die Existenz der Welt, es beantwortete die Fragen, die der Einzelne an das Leben stellte. Man konnte es erwerben, verschenken, konnte es auch wiederverkaufen, denn was sich bereits vor Gutenberg zaghaft zu erkennen gab: ein gewisser Marktwert des Buches wurde nach seiner Erfindung immer gewisser, kalkulierbarer. Durfte der mündliche Überlieferer von Geschichten nur auf die Generosität seiner Zuhörer hoffen, so verständigten sich Käufer und Verkäufer eines Buches auf den kalkulierten Preis. Der Wert war so unbestritten, daß selbst Geldverleiher den Besitz von Büchern als Sicherheit anerkannten. In seiner »Geschichte des Lesens« hat Alberto Manguel gezeigt, daß der Buchhandel als Wirtschaftsfaktor schon im 15. Jahrhundert erstaunlich etabliert war: Auf den Handelsmessen in Frankfurt und Nördlingen wurden Bücher als ordentliche Ware gehandelt.

Daß gedruckte Literatur zum Kauf auslag, bedeutete aber noch keineswegs, daß sie jedermann zugänglich war. An Literatur teilzuhaben stellte lange ein Privileg dar, stand für besondere Lebensart und herausragenden sozialen Status. Ein Arbeiter, der damals zum Kauf eines Buches etwa ein Viertel seines Monatsverdienstes hätte aufwenden müssen, sah sich, wenn er es denn gewollt hätte, von einer Teilhabe ausgeschlossen. Die Voraussetzungen, die Gutenberg schuf, kamen zwar der enormen Verbreitung von Literatur zugute, doch mit ihr leben konnten nur die, die es sich leisten konnten. Sie aber verhalfen der Literatur zu unerwarteter Blüte.

Die Freiheit des Lesers wurde entdeckt. Der Deutungseifer feierte Triumphe. Die gedruckten Angebote eines Autors wurden als Anlaß genommen, sich selbst zu erörtern: die eigenen Taten und Unterlassungen, die Leidenschaften und Melancholien, das Befinden in der Welt. Literatur als wunderbare Möglichkeit, etwas durch ein anderes darzustellen, Nähe aus der Ferne zu gewinnen, wurde unentbehrlich. Niemals hätten sich ein humanistischer Literaturinterpret oder ein Buchliebhaber des 19. Jahrhunderts vorzustellen gewagt, daß es mit der geschriebenen Literatur ein Ende haben könnte. Da schon die Religionen nicht auf das Bild, sondern auf den Buchstaben setzten, konnte erwartet werden, daß dem Buch keine ernsthafte Konkurrenz erwachsen könnte; der Himmel schien mit ihm zu sein.

III

Die klassische Vorstellung vom Leser, der bereit ist, die Einsamkeit eines Autors zu teilen, mußte aber bereits überprüft werden, als das Radio erfunden wurde. In der Heraufkunft dieses neuen Mediums, das Literatur gleichzeitig an Millionen Konsumenten vermitteln konnte, glaubten einige wenn auch nicht den Verdränger, so doch den Ideal-Konkurrenten des Buches zu erblicken. Der Konsument, der wußte, daß er im Augenblick des Empfangs mit vielen anderen Hörern verbunden war, wäre nie auf den Gedanken gekommen, daß der Autor sein Buch für ihn, ihn allein, geschrieben haben könnte. Die Intimität überkommener Lesekultur wurde aufgehoben; eine andere Qualität der Wahrnehmung zeigte sich. Noch aber war der Autor nicht entmachtet: Auch im gehörten Buch ließen sich sein persönlicher Stil erkennen, seine formalen Fähigkeiten, seine Überredungskunst – sie erkannte man an, ihnen vertraute man. Da die Rezeption von sogenannten Hörbüchern eine andere Aufmerksamkeit erfordert als eine stille Lektüre – sie kann anscheinend beiläufiger geschehen, müheloser und genügt sich oft darin, überflüssige Zeit nutzbringend zu verwenden –, war es wohl absehbar, daß eines Tages regelrechte Hör-Bibliotheken entstehen würden, in denen Proust, Joyce oder Thomas Mann auf Kassette zu haben sind. Doch seltsam genug: Diese Hör-Bibliotheken haben das Buch keineswegs ersetzen oder überflüssig machen können; es läßt sich sogar in einzelnen Fällen nachweisen, daß das gedruckte Buch durch das gehörte begünstigt wurde. Aus aufschlußreichem Ungenügen nämlich entschieden sich Hörer dazu, das Gehörte noch einmal nachzulesen; nicht selten aus dem Bedürfnis, ein gewonnenes Urteil durch Lektüre zu bestätigen. Das aber legt die Vermutung nahe, daß wir bei der Entwicklung unserer kognitiven Fähigkeiten nicht aufs Lesen verzichten können. Lesend – so argumentierte schon Plato – wird die Urteilskraft gefördert, lesend wird das Erinnerungsvermögen verfeinert, wird die Phantasie entwickelt.

IV

Hellsichtige Diagnostiker, die die Zeichen der Zeit früh wahrgenommen haben, versichern uns, daß für den Erzähler die Spätzeit bereits begonnen habe, für ihn und die ganze narrative Literatur. Michael Joyce hat erkannt: »Wir befinden uns in der Spätzeit des Drucks, einer Übergangszeit, da das Buch, wie wir es kennen, dem Ausdruck des Geistes in Lichtform Platz macht.« Da stellt sich wie von selbst die Frage: Wird der

Bildschirm des Computers das Buch überflüssig machen, wird Gutenbergs schwarze Revolution bald nur noch ein Abreißblatt in der Geschichte der Textverbreitung sein?

Was sich dem computerorientierten Konsumenten heute an Informationsvielfalt bietet, hätte sich ein Schriftgießer alter Tage in der Tat nicht träumen lassen. Schon ist es möglich, am Bildschirm durch das gewaltige Labyrinth menschlichen Wissens zu streifen, durch ein scheinbar unbegrenztes Universum. Die enzyklopädische Offerte braucht nur angenommen zu werden, und wir können nicht nur in die Tiefe der Zeit tauchen, sondern auch alle gewonnenen Informationen miteinander verbinden. Die Musik eines Jahrhunderts, seine Philosophie, seine Malerei, seine Naturwissenschaften werden im Augenblick präsent, und nicht nur dies: Sie verweisen auch aufeinander. Der Semiotiker Eco, der selbst eine CD-ROM verfaßt hat – er nannte sie »Encyclomedia« –, ist sicher, daß die neue Technologie gewisse Bücher verdrängen wird, Handbücher vor allem, Enzyklopädien. Ihm stellte sich übrigens die Informationsbeschaffung durch den Computer als höchst praktikabel dar – im Vergleich zur Befragung einer Enzyklopädie. Doch welch ein Schicksal ist der Literatur vorbehalten, dem Roman, dem Gedicht?

In ihrem – durchaus begründbaren – Selbstbewußtsein glaubten die Virtuosen der neuen Technologie es sich schuldig zu sein, eine zeitgemäße, den Medien angemessene Literatur zu entwickeln, zum Beispiel den hypertextuellen Roman. Bei dieser Hervorbringung hat nun der einzelne Autor ausgespielt, es herrscht die äußerst freie, um nicht zu sagen: beliebige Kreativität einer Gemeinschaft. Über den Computer tausendfach mit anderen verbunden, darf jeder, der vor dem Bildschirm sitzt, seinen Entwicklungsbeitrag leisten, er ist eingeladen zu einem gruppendynamischen Puzzle-Spiel ohne Ende. Selbstverständlich braucht der Teilnehmer nicht dem traditionellen Prinzip der Linearität zu folgen; Chronologie ist aufgehoben. Man kann ein Romanende auflösen oder umstellen, man kann im Hypertext springen, kann in Konflikte eingreifen, sogenannte Synchron-Modellierungen schaffen, man kann buchstäblich alles mit allem verbinden, und das in der Absicht, »Bezüge« herzustellen. In den erkennbaren »Bezügen« rechtfertigt sich angeblich die Produktion. Und was uns verheißen wird, ist eine Literatur als unbegrenzter Prozeß – Bildschirmliteratur.

Es ist nicht schwer vorauszusagen, daß die Chancen des Buches gegenüber der Bildschirmliteratur auch für die Zukunft nicht schlecht stehen. Elektronisch hergestellte Literatur setzt einen Typus des Lesers voraus, dem wenig an geduldiger meditativer Aneignung liegt, und der – als eigener Produzent und Empfänger – es damit genug sein läßt, Kunsterzeugnisse in schnellen Sequenzen zu rezipieren. Zeit, die große epische Herrscherin, die auf jede Entwicklung im Roman Einfluß nimmt, wird weggeblendet, übergangen, entwertet. Nicht über dargestellte Schicksale, sondern über eine Textstruktur gebeugt, entschlüsselt sich angeblich dem Konsumenten der Bildschirmliteratur die Welt – eine Welt, die er selbst während der Rezeption beliebig verändern kann. Was aber beliebig ist, verpflichtet zu nichts und macht jede Interpretation müßig.

Der traditionelle Leser eines Buches indes, der die lustvollen Mühen einer geistigen Durchdringung auf sich nimmt, widmet sich einem begrenzten, einem fertigen Text, dessen Urheber ein einziger, und zwar belangbarer Autor ist. Mit ihm und seinem Vorschlag, die Welt zu erfahren, stimmt er sich ab. Er kann es um so mehr, als für beide – Leser und Autor – die verbindlich epische Erlebnisregel gilt, wonach, sozusagen, zuerst der König, dann die Königin stirbt, Linearität also im Prinzip gewahrt bleibt.

V

Globales Creative writing in der Gruppe wird das Buch nicht ersetzen. Literatur wird von dem Einzelnen geschaffen und wendet sich an den Einzelnen, und solange es Leser gibt, werden sie bestätigen, daß ein Buch um so mehr preisgibt, als man bereit ist zu investieren – an Gefühlen, an Gedanken, in konzentrierter Zurückgezogenheit. Vermutlich liegt darin eine Bedingung seiner Wirkung, eine Wirkung, die man erhofft, mitunter auch in Kauf nimmt. Und was das Buch vermag, davon kann nur der Einzelne Zeugnis geben. Diesem kann es – beispielsweise – die »Axt sein für das gefrorene Meer in uns«, jenem ein »Spaten, mit dem er sich selbst umgräbt«, und ein anderer nannte nur das Buch gut, das ihn verändert. Lesen ist offenbar eine riskante Tätigkeit: Wir geben etwas von uns auf und erfinden uns neu. Daß die Lust des Erfindens dabei nicht zu kurz kommt, kann ruhig vorausgesetzt werden. Diese Lust ist eine Erfahrung, an deren Ende sich ein überraschendes Glücksgefühl einstellt. Freilich kann es, wie Thomas Anz nachgewiesen hat, ein doppelbödiges Glücksgefühl sein: Es wird durch eine Literatur hervorgerufen, die einerseits die Freuden des Daseins darstellt, uns andererseits aber auch mit dem Unglück in der Welt konfrontiert. Wie unterhaltsam Unglücksfälle indes sein können, welch ein sonderbares Vergnügen wir in der Schaulust finden – tragische Geschehnisse beweisen es allenthalben. Schillers Versuch »Über den Grund des Vergnügens an tragischen Gegenständen« spricht jedenfalls für sich.

VI

Die Ambivalenz der Literatur: der Einzelne bringt sie zum Vorschein, indem er sie entschlüsselt und für sich eine Wahl trifft. Daß es unter hundert Einzelnen nicht zu übereinstimmender Rezeption kommen kann, ist nur selbstverständlich. Ob »Finnegans Wake« oder »Das Schloß« oder die »Wahlverwandtschaften« – sie werden in jedem Einzelnen einen anderen Leser finden, der zwar in denselben Text vertieft, dennoch zu unterschiedlichen Schlüssen kommt. Bei aller Anerkennung der Autorität des Textes fühlt er sich zu Deutungen berechtigt, und hierin zeigt sich der immanente Reichtum der Literatur. Sie bleibt eine Aufgabe, will immer von neuem entziffert, befragt, über die Zeit gebracht werden, als ein Angebot an den Einzelnen, übergreifende Erkenntnis zu gewinnen. Und solange es ein Bedürfnis danach gibt, wird es das Buch geben; die Ausgießung des Heiligen Geistes oder eine neue Bergpredigt mittels Elektrizität wird es nicht aus der Welt bringen.

Die Enkel Gutenbergs haben allerdings erfahren müssen, daß es offenbar neben dem »Leseglück« noch ein anderes Glück gibt, nämlich das wohlfeile Konsumentenglück, das der Bildschirm gewährt. Dies ist mit so wenig Anstrengung verbunden, daß das Buch, das eine Anstrengung erfordert, immer mehr an Bedeutung verliert. Eine zwangsläufige Folge: Das Lesen, oder, angemessener gesagt, die Kunst des Lesens wird zum Problem. Denn es kann in der Tat nicht folgenlos bleiben, wenn junge Leute – wie uns die Statistik zeigt – zwar neun Minuten pro Tag lesen, aber hundertsechsunddreißig Minuten fernsehen. Daß die Sprechfähigkeit bei derlei Konsum zurückgeht, ist wohl erwiesen, und daß die Lesefähigkeit sogar dramatisch abnimmt, wird uns aus Betrieben bestätigt: Fünfzehn Prozent der Lehrstellenbewerber gelten als nicht vermittelbar, weil ihre

Lese- und Schreibkenntnisse nicht ausreichen. Und schon unterrichten uns andere Statistiken darüber, daß die Zahl der in ihrer Sprachentwicklung gestörten Kinder weiter zunimmt und daß Legasthenie immer häufiger vorkommt. Auch wenn es dafür sicher verschiedene Gründe gibt – ein wesentlicher Grund ist der Bildschirm, ist das, was er von vorgewählter Wirklichkeit vermittelt. Wird er am Ende triumphieren und die Druckerpresse, die Luther die »letzte, unauslöschliche Flamme der Welt« nannte, endgültig verdrängen, sie und damit die Literatur?

Ohne Zweifel: Verblüffend sind sie Verheißungen der »magischen Kanäle«. Ein kollektives Gehirn kann eine »Netzkultur« entstehen lassen, die jeden mit jedem in der Welt in sogenannter Echtzeit verbindet. Globale Verständigung ist im Augenblick erreichbar, wer Wert darauf legt, kann sich, als eigener Sender, in eine weltumspannende Talk-Show einblenden. Dennoch, all diese neuen Möglichkeiten werden nicht das Ende der Literatur herbeiführen. Die inspirierende Quelle der Literatur – wie überhaupt der Kultur – ist nicht die Welt, sondern die Region, der überschaubare Ort, die erfahrbare Nähe. Über den Zustand oder die Spielregeln der Welt klären uns Schicksale an einem norwegischen Fjord oder in Petersburg oder in Oxford/Mississippi hinreichend auf. Hierher beziehen wir die »Informationen«, die aufschlußreich für unser Leben und unserer Wahrnehmung angemessen sind. Gewiß, es wird immer nur eine Minorität sein, die die Literatur braucht; aber war es je anders?

(1999)

Aus der Nähe

Über nordamerikanische Literatur

Ich lernte die amerikanische Literatur erst nach dem Krieg kennen – nicht in Klassiker-Ausgaben, sondern auf miesem Papier, in Form der unvergeßlichen *rororo* (Rowohlts Rotations Romane). Wahllos las ich, was mir vor die Augen kam, was ich mir leisten konnte: die Romane von Faulkner und Hemingway, von Thornton Wilder und Steinbeck, ich las dann in Taschenbüchern – dieser glorreichen Erfindung, der die Literatur eine außergewöhnliche Verbreitung verdankt – die Romane von Thomas Wolfe und Sinclair Lewis und Dreiser. Ich las nicht kritisch, nicht mit der Absicht, mir ein mehr oder weniger abschließendes Urteil zu bilden, sondern – ich muß es zugeben – wie ein Süchtiger, überwältigt von einem Lebenspanorama, das mir bis dahin unbekannt gewesen war. Leidlich vertraut mit dem Problemhaushalt der deutschen Klassik, kam mir das, was die amerikanische Literatur anbot, wie eine Einladung zu neuer Weltentdeckung vor.

Was war es, das mich damals so überwältigte, so einnahm für diese Literatur, was ließ sie mich entdecken und erkennen? Abgesehen von allen formalen Eigentümlichkeiten bot sie mir zunächst ein Bild von grandioser Widersprüchlichkeit, ein wahrhaft doppelgesichtiges Amerika: hier kruder Egoismus einer kapitalistischen Gesellschaft – dort missionierende Weltfreundschaft und brüderliche Gesinnung; auf der einen Seite Heimatsehnsucht und ein Bedürfnis nach Geborgenheit und Wärme – auf der anderen Preisgegebenheit und der Wunsch nach grenzenloser Mobilität; einerseits religiös verbrämtes Philistertum – andererseits die Freiheit der Jazz-Kultur und unbändiger Lebenshunger. Unerschöpflich erschien Amerika in seinen Manifestationen. Die Literatur enthüllte sie, stellte sie dar. Es waren erbarmungslose Enthüllungen, Darstellungen von einer Leidenschaft und Unerschrockenheit, die den Wunsch ahnen ließen, der ihnen zugrunde lag: es war der Wunsch nach Selbsterkundung. Und der schloß eine Interpretation amerikanischer Vergangenheit ebenso ein wie die Schilderung des einsamen, wehrlosen Individuums in einer bedrohlichen Umwelt.

Die Schriftsteller, die ich damals las, waren ausnahmslos Autoren des 20. Jahrhunderts, und was sie mir vermittelten, war nicht allein ein bitterer Befund der Gesellschaft sondern auch eine Vision von einem erhofften Amerika. (»Wir sind die verlorenen Amerikaner«, sagte Thomas Wolfe, »aber ich glaube, wir werden wiedergefunden werden.«) Ich sagte, es waren Autoren des 20. Jahrhunderts, die mir einen Begriff von der eigenständigen großen amerikanischen Literatur gaben, und obwohl es vielleicht ungerecht erscheint gegenüber einigen hervorragenden Schriftstellern des 18. und 19. Jahrhunderts: es ist wohl schon so, daß erst in diesem Jahrhundert ein Bewußtsein von einer geschlossenen amerikanischen Literatur entstanden ist – im Land selbst, aber auch in der Welt. Klar, daß Melville und Whitman, daß Poe und Henry James ihren einzigartigen Rang behalten und zu dieser Literatur gezählt werden müssen, doch ihre vollkommene Unabhängigkeit von Europa, ihre Eigenständigkeit, ihre eigenen Bewegkräfte, die der Neuen Welt ihre Prägung gaben, wurden erst im 20. Jahrhundert deutlich. Zu dieser Eigenständigkeit gehörten zum Beispiel die enge Verbindung von Literatur und Journalismus und die Bereitschaft des amerikanischen Schriftstellers, sich der politischen und wirtschaftlichen Probleme des eigenen Landes beherzt anzunehmen. Und dazu gehört der Sprachbeitrag vieler Bevölkerungsgruppen nichtenglischer Herkunft: der Slang der Missouri-Neger, den Mark Twain in die Literatur einbrachte (Huckleberry Finn) – eine von Hemingway bewunderte Tat – sei hier nur als Beispiel genannt. Mit der Aufgabe des King's English als bevorzugtem sprachlichen Ausdrucksmittel beginnt die souveräne Epoche amerikanischer Literatur – lange nach der Unabhängigkeitserklärung von 1776.

Was ist Amerika? Ich glaube, daß jeder, der diese arglose Frage stellt, eine zureichende Antwort aus der amerikanischen Literatur erhält. Er erhält Aufschluß über die Wesensart seiner Menschen, über ihre Kraft und latente Aufbruchsstimmung, aber auch über ihre Begrenztheiten und die Härte ihres Lebensgesetzes. Amerikanische Literatur: das ist ein sehr großes Spektrum der Lebensfülle; es in allen Erscheinungen wiederzugeben ist hoffnungslos. In der Überzeugung, daß der Ausschnitt, die Auswahl charakteristisch genug sind, möchte ich mich auf einige Schriftsteller beschränken, deren Werke das Bild Amerikas in besonderer Weise prägten. Da es in der Literatur keine objektiven Kriterien, kein verbindliches kritisches Besteck gibt, sage ich also gleich, daß es durch und durch subjektive Urteile sind. Außerdem möchte ich versuchen, zum Vergleich eigene Schreiberfahrungen zu erwähnen oder mit Hilfe eigener Schreiberfahrung die Haltungen und Einsichten der Autoren zu kommentieren. Aber welcher Autoren? Zuerst dachte ich an Theodore Dreiser und seine »Amerikanische Tragödie«; ich dachte an den vielgeliebten Steinbeck und seine »Früchte des Zorns« und nicht zuletzt an Francis Scott Fitzgerald und seine Romane »The Great Gatsby« und »Tender is the Night«. Was sie von Amerika vermitteln, ist aufschlußreich genug: Da erfahren wir etwas von der Bewunderung für die industrialisierte Welt und gleichzeitig etwas von dem brutalen Gesetz, das manchen Charakter deformiert; da werden wir vertraut gemacht mit Elend und unverschuldeter Not; und schließlich werden uns Prosperity-Anbetung und eine Jugend gezeigt, die die Wirklichkeit des Krieges erfahren hat und auf die Träume von materiellem Fortschritt nur zynisch reagiert. Ich dachte an diese und auch noch an andere Autoren und entschied mich schließlich für drei Schriftsteller – aus besonderem Grund. Dieser Grund liegt einfach darin, daß ich selbst in meiner Anfangszeit manches von ihnen gelernt habe.

Der erste, den ich nennen möchte – vermutlich ist er der am meisten nachgeahmte Autor der amerikanischen Literatur –, ist Ernest Hemingway. Als ich selbst versuchte, ein Schriftsteller zu werden, bewunderte ich ihn fast widerstandslos. Zwar glaubte ich, manches von Dostojewski, von Thomas Mann und Camus lernen zu können, doch zu ihnen empfand ich nicht die gleiche Hingezogenheit wie zu Hemingway. Ich konnte diese Hingezogenheit begründen. Die Wahrheit, die Hemingway in der Welt fand und seinem Leser anbot, war die Wahrheit einer »Welt im Krieg«. Ich war neunzehn, als der Krieg zu Ende war, und ich glaubte auch schon erfahren zu haben, daß die Haltung des Menschen in all seinen Konflikten von der Kriegsregel bestimmt wird. Es gibt keinen dauernden Frieden, keine Sicherheit, sondern nur die Gefahr, die eine glänzende Gelegenheit zur Würde ist, es gibt wortlose Abschiede, stumme Schmerzen, den Tod. Was allein gilt, ist die Wirklichkeit des Kampfes, eine Wirklichkeit, die auch besteht, wo anstelle des gegnerischen Soldaten der Stier getötet wird, der Löwe oder der Marlin. Der Kampf wird zum Ritus erhoben. Nicht der Ort oder der Gegner sind entscheidend, sondern das waltende Gesetz. Die Weisheit der Narben: die allein zählt. Alle Figuren Hemingways: die Boxer, die Matadore, die Soldaten, Fischer und Spieler erkennen das Gesetz an. Moral ist für sie lediglich das, wonach man sich hinterher wohl fühlt. Ihre Prüfung, die Prüfung der Hemingway-Helden, geschieht in einer einzigen Sekunde der Feigheit oder des Muts; angesichts des Todes erst beginnt das Verhalten des Menschen rein zu werden – rein, aber auch geheimnisvoll. Die Welt erprobt, zeichnet und zerbricht den Menschen; sein Problem heißt: Ausdauer gewinnen; wer keine Ausdauer aufbringt, wird die Feuerprobe nicht bestehen.

Aber das waren nicht die einzigen Erfahrungen, die Hemingway mir preisgab: seine Welt bestätigte mir, daß tatsächlich jedermann zu jeder Zeit entweder gerade einen Kampf vor sich hat oder hinter sich hat – ob es Jockeys sind, Killer, Jäger oder Trinker, ob sie an spanischen Brücken agieren, auf afrikanischen Steppen, in Venedig oder Havanna. Diese Situation bringt es mit sich, daß alle Gefühle vorsätzlich geächtet sind, alles Denken strikt verbannt ist. Das Inventar in Hemingways Welt ist kein meditierendes, sondern ein handelndes Inventar; was Wunder, daß da der Muskel gefeiert wird, ein gutes Auge, ein schnelles Reaktionsvermögen. Die bestimmenden Erscheinungen sind deshalb der Verlierer und der Gewinner. Für Hemingway zählte weniger die Weite eines Panoramas als die Tiefe einer einzigen Perspektive.

Wie er mit seinem Understatement bekannte, schrieb er etwas, um »es loswerden zu können«. (Von seiner Schreibmaschine hat er sogar behauptet, daß sie sein bester Psychiater gewesen sei.) Sein Stil gibt bereits sein Verhältnis zur Welt preis. Ich bin der Meinung, daß Hemingway als Stil-Schöpfer Anerkennung verdient, und wie groß der Einfluß war, den er als Stilist ausübte, läßt sich an seiner Wirkung auf viele junge

Schriftsteller überall in der Welt erkennen. Sicher, auch der Hemingway-Stil hat seine Vorläufer, und eine gründliche Stilanalyse wird unweigerlich zu diesen drei Namen führen: Stephen Crane, Mark Twain und Gertrude Stein; aber schließlich war es doch Hemingway selbst, der sich aus allen Elementen den Stil schuf, den er benötigte. Es ist ein Stil der Strenge, der Sparsamkeit, der Einfachheit. Sein typischer Satz ist gekennzeichnet durch schlichteste Präzision. Sein Satz stellt fest oder verbindet mehrere kurze Aussagesätze durch eine Konjunktion; er ist unbedingt rhythmisch und eingängig auch in der Monotonie. Alle Wahrnehmungen des Schriftstellers werden mit enormer Detailschärfe mitgeteilt.

Ich gebe zu, daß ich diesen Stil am Anfang vorbildlich fand – so wie ihn Autoren wie O'Hara oder Vittorini ebenfalls für vorbildlich hielten. Von Hemingway habe ich gelernt, wie man Ironie und Understatement dialogisch wirksam macht. Ich habe außerdem gelernt, wie sehr es auf die Auswahl der Einzelheiten ankommt und wie man Motiv und Geschehen verwebt. Eine der größten Schwierigkeiten beim Schreiben liegt ja darin, nicht nur über das Bescheid zu wissen, was man erzählt, sondern gleichzeitig zu wissen, was man selbst in jedem Augenblick gegenüber dem Erzählten empfindet. Höchste Aufmerksamkeit gegenüber der Erzählung genügt also nicht, wenn der Autor nicht die gleiche Aufmerksamkeit sich selbst gegenüber aufbringt. Hemingway machte daraus eine Forderung – ich tat es ihm mit meinen Möglichkeiten nach. Seine Absicht war mir klar: Er wollte erregen durch Unerregtheit, kommentieren durch Kommentarlosigkeit, zur Teilnahme bewegen durch Kühle und Distanz.

Allmählich mußte ich aber einsehen, daß sich meine Wirklichkeitserfahrung von der meines Lehrmeisters doch in mancher Hinsicht unterschied. Ich lernte einzusehen, daß auch andere Augenblicke Würde beanspruchen oder verleihen als nur die Nähe des Todes (bei einem Torero, einem Boxer). Die heroischen Augenblicke des Scheiterns à la Hemingway beherrschten jedenfalls nicht überdeutlich meine Welt. Ich sah, daß manchmal auch Milch getrunken wurde und nicht nur Calvados, und nahm überrascht zur Kenntnis, wie Tschechow eine Tragödie am Teetisch inszeniert. Hemingways Perspektive erschien mir doch ein wenig begrenzt – bei aller Bewunderung. Und was mich auf einmal verblüffte, war die Entdeckung, daß bei meinem Lehrmeister die Hypotheken der Vergangenheit keine Rolle spielten, ja, daß er offenbar keinen Sinn für die Bedeutung von Vergangenheit hatte – etwa im Unterschied zu William Faulkner, der nicht aufhörte, sie als Bedingung des Daseins zu erkunden, zu vermessen. Dennoch, der Kodex seiner Helden ist unverwechselbar, seine Statur in der amerikanischen Literatur unübersehbar. Als einer aus der »Verlorenen Generation« – so nannte Gertrude Stein die jungen amerikanischen Autoren, die nach dem ersten Krieg Paris zur Hauptstadt der Literatur machten –, als einer von ihnen hat Hemingway dem Lebensgefühl seiner Zeit bleibenden Ausdruck verschafft.

Der zweite Autor, den ich nennen möchte, ist William Faulkner, dessen Riesenwerk nach meiner Ansicht nichts weniger darstellt als eine epische Topographie des amerikanischen Südens, es ist Schöpfungsgeschichte und Zustandsbeschreibung in einem. Ich bin selbst da unten gewesen, in dem von ihm erfundenen, legendären Yoknapatawpha – das ungefähr mit den Grenzen von Lafayette County übereinstimmt –, war in seiner Heimatstadt Oxford, Mississippi, die bei ihm Jefferson heißt. Und ich habe die Landkarte gesehen, die er selbst gezeichnet hat – »surveyed and mapped by William Faulkner« –, ein unglaubliches Dokument insofern, als da nicht die Namen von Dörfern und Städten stehen, sondern Titel von Faulkners Romanen. Sie markieren dieses Land, sie erheben sich zu trigonometrischen Punkten, sie orientieren über hiesige Verhängnisse, Hoffnungen und Niederlagen. Faulkner, der besessene Chronist des amerikanischen Südens, sieht sich als Landvermesser, der zu einer Geographie der Schicksale beiträgt. Und damit keine Irrtümer aufkommen, steht unter einer Karte: William Faulkner, einziger Besitzer und Eigentümer.

Es ist wohl so, daß der Schriftsteller besondere Eigentumsrechte besitzt an Städten und Landschaften: wir sprechen von Dostojewskis Petersburg, von Joyces Dublin, von einem besonderen Köln, das allein Heinrich Böll gehört. Der Schriftsteller erwirbt dieses Eigentumsrecht durch die prägende Kraft seiner Imagination, die lebensstiftend oder lebensentlarvend das Vorgefundene so weit ver- und umwandelt, bis es zum äußersten Geständnis über sich selbst bereit ist. Schreiben ist ja auch eine besondere Art, etwas in Besitz zu nehmen, und in diesem Sinne erwarben Dickens sein London, Kafka sein Prag und William Faulkner den tiefen Süden der Vereinigten Staaten. Erben: das heißt hier also: noch einmal schaffen, und das heißt auch: die Wahrheit einer Stadt, eines Landes noch einmal finden. Kein Zweifel, bei zusammenhängender Lektüre nimmt sich Faulkners Riesenwerk – und zwar nicht nur die Romane des Yoknapatawphazyklus, sondern auch die zahlreichen Kurzgeschichten, die ihm zugeordnet erscheinen – wie ein Schöpfungsbericht aus. Und dies bedeutet, daß das jeweils Erzählte sogleich über sich selbst hinausweist. Wir erfahren unwillkürlich mehr als das, was der Autor uns anbietet: am individuellen Schicksal erkennen wir das allgemeine Los, Erfahrungen werden übertragbar.

Ein Schriftsteller, der die Kraft, die Ausdauer und die Kühnheit zu solch einem Unternehmen aufbringt, muß, glaube ich, von einer totalen Situation ausgehen. Faulkner tut es, indem er verschiedene Lebensmuster zu einem einzigen Grundmuster verbindet, und zwar zeitlich und existentiell: indianische Vergangenheit, herausforderndes Herrendasein, städtische Schicksale und poveres Pflanzerleben und nicht zuletzt das rechtlose Sklavendasein der Neger – dies alles bindet er zusammen zu einem Spektrum der Südstaaten-Existenz. Er läßt eine Gesellschaft entstehen, in der nicht nur – vom Farmer bis zum Baumwollaristokraten, vom Abenteurer bis zum Jäger und Rechtsanwalt – alle Existenzebenen vertreten sind; er gibt ihr auch eine Ordnung, einen Verhaltenskodex. Vor allem aber führt Faulkner sein Personal immer wieder in gleichnishaften Situationen vor. Die Snopes und die Sutpens, die McCaslins und Satoris, die Compsons und die indianischen Männer aus der Familie der Issetibeas werden gezeigt in Zeiten beispielhafter Entwürfe und ebenso beispielhafter Unternehmungen. Sie wiederholen die verpflichtende und übertragbare Erfahrung von Lebensgründung und Verfall, von Ehre und Skrupellosigkeit, von Stolz und Schande. Es sind fast ausnahmslos archetypische Erfahrungen, jedem vertraut, alterslos. Faulkner ist der Überzeugung, daß die Leute des Südens unter einem Fluch stehen und daß über ihren Handlungen ein Verhängnis liegt. Und das heißt: Bei ihnen kann Schuld vorausgesetzt werden oder doch schuldhafte Verstrickung. Im Hinblick auf Faulkners Roman »Die Freistatt« schrieb Malraux: Das ist der Einbruch der griechischen Tragödie in den Kriminalroman. Ich glaube, dieser Eindruck trifft nicht allein auf diesen Roman zu. Schuld, Fluch und Verhängnis bezeichnen das universale menschliche Drama, das Faulkner zu schreiben sich vorgenommen hatte – am Beispiel des amerikanischen Südens.

Was mich immer wieder beeindruckt hat, das ist die Art, wie Faulkner mit dem Phänomen Zeit umgeht, wie er sie auffaßt. Tief in die Vergangenheit und in die Traditionen des

Südens zurückblickend, kommt er zum Eingeständnis, daß nichts seinen Abschluß gefunden hat, keine vergangene Schuld, kein noch so entlegenes Unglück. Wie er selbst sagte, gibt es für ihn nur das »es ist«, nicht das »es war«. Wenn es jenes »es war« gäbe, erklärte er, dann gäbe es weder Kummer noch Sorge. Das bedeutet wohl nichts anderes, als daß das Drama des Südens noch keineswegs entschieden ist und in der Zeit ruht; vielmehr ist Faulkner der Ansicht, daß es mit all seinen Problemen – Rassenkonflikte und Zerstörung der Wildnis, Landraub und wirtschaftlicher Niedergang – fortdauert. Wie aber stellt der Erzähler das dar? Faulkner versucht es – zunächst rein äußerlich – mit dem für ihn typischen Mittel der Zeitlupe. Er bremst sozusagen Bewegungen ab, er läßt ein Bild erstarren, so augenfällig, daß man glaubt, Zeit werde angehalten. Um nur ein kurzes Beispiel aus seiner ungemein dichten Prosa zu geben (aus »Licht im August«): »Er bog in einen langsamen und schwerfälligen Galopp in die Straße ein, beide, Mann und Tier, ein wenig steif nach vorn gelehnt, gespenstisch, wie um eine wahnsinnige Eile vorzutäuschen, obwohl wirkliche Eile fehlte, als seien bei jener kalten und unerbittlichen und unbeugsamen Gewißheit von zugleich Allmacht und Hellsicht, an der sie beide teilhatten, ein genaues Ziel und Eile gar nicht mal mehr nötig.«

Wie bei dieser Schilderung einer Bewegung verlangsamt Faulkner auch das Fortschreiten einer Katastrophe. Er will demonstrieren, wie Gewesenes und Gegenwärtiges zusammenfällt, wie es miteinander verwächst. Und dabei wird deutlich, wie jede erzählenswerte Geschichte unweigerlich neue Geschichten nach sich zieht, alles berührt und überschneidet sich zu einem einzigen epischen Bericht, einem Schöpfungsbericht. Im Grund erzählt Faulkner »die alten Geschichten«, die unaufhörlichen Geschichten.

Seine Konflikte sind unser aller Konflikte: Wir finden bei ihm Gelegenheit, uns selbst zuzusehen. Ob er über Gründung und Verfall einer Plantage erzählt (»Absalom, Absalom!«), ob über Krieg und Vergeltung (»Die Unbesiegten«) oder über Schuld und Gerechtigkeit (»Griff in den Staub«): bei Faulkner, dem erklärten Regionalisten, wird alles zum Abbild der Welt. Ob er Reinheit und Sünde im Rassenkonflikt aufdeckt (»Requiem für eine Nonne«) und ob er schließlich die Grenzen von Leid und Buße bestimmt (»Schall und Wahn«): bei diesem Schriftsteller erlangt jeder dargestellte Konflikt universelle Bedeutung. Er macht sein legendäres Jefferson zur Hauptstadt menschlichen Scheiterns und Yoknapatawpha zur auserwählten Provinz exemplarischer Verhängnisse. Er hat den Süden der Vereinigten Staaten, er hat seinen Süden wirklich unvergänglich gemacht. Und wie existent sein imaginärer Süden ist, das hab ich an mir selbst erlebt: Auf einer Reise durch seine Heimat stellte sich unwillkürlich der Zwang ein, konkreten Leuten, die ich sah, Gegenden und Dingen Namen zu geben – die Namen, die Faulkner ihnen einmal gegeben hatte. Ich war fast sicher, den Neger Lucas Beauchamp getroffen zu haben, der einmal gelyncht werden sollte, und Thomas Stutpen, der dem Wahnsinn verfiel; ich fand die Baumwollfelder der Compsons und den Wald des unbesiegbaren Bären Old Ben, und indem ich Faulknersche Namen verteilte, schien sich mir der Süden auf einmal zu erschließen. Jeder ist die Summe seiner Vergangenheit, sagte er einmal. Sein Werk ist die Summe des Südens.

Es gibt wohl keinen Schriftsteller, der es nicht versucht – und sei es auch nur für sich selbst – das Wesen seiner Zeit zu bestimmen oder ihren angemessenen Ausdruck zu finden. Einer, der dies auf mancherlei Weise unternahm, war John Dos Passos. Anders als Faulkner, dem Vergangenheit soviel bedeutete, stellen seine Romane den Versuch dar, Gegenwart in allen Erscheinungen kenntlich zu machen, amerikanische Gegenwart der zwanziger und dreißiger Jahre. Sein übergreifendes Thema ist immer wieder: der Einzelne und die Gesellschaft; und der epische Befund läßt fast allemal eine Anklage gegen Amerika übrig. Was ihm nach eigenem Bekenntnis vorschwebte: die »nackte Wahrheit über die typische amerikanische Lebensführung in ihrer Hohlheit und in ihrem Verfall während eines zusammenbrechenden Zeitalters« zu enthüllen. Er war ein Radikaler, ohne Frage, doch sein sozialer Protest ließ ihn nicht die ästhetischen Forderungen vergessen. Seine USA-Trilogie (mit den Bänden »Der 42. Breitengrad«, »Neunzehnhundertneunzehn« und »Hochfinanz«) beweist es, und ebenso der Roman »Drei Soldaten«, in dem er mit den Vorstellungen von Ehre und Heldentum ins Gericht geht. Weltberühmt wurde der Autor durch sein Werk »Manhattan Transfer«. Weil in ihm alle Möglichkeiten und Fähigkeiten von Dos Passos zum Ausdruck kommen und weil hier die realistischen Erzählkonventionen erweitert, erneuert wurden, möchte ich mich mit diesem Buch etwas näher beschäftigen. Schon Sinclair Lewis hatte dem Autor Dos Passos attestiert, mit »Manhattan Transfer« etwas Außergewöhnliches geschaffen zu haben. Dos Passos bringt hier eine Sache fertig, sagte er, die wie wir alle häufig genug bewiesen haben, unmöglich sein sollte: Er gibt das Panorama, das Wesen, den Geruch, die Klangfarbe, die Seele von New York. Lewis hielt den Roman für bedeutender als Prousts Werk, ja, sogar für bedeutender als den »Ulysses« von Joyce.

»Manhattan Transfer«, zum ersten Mal 1925 erschienen, ist ohne Zweifel der Roman, in dem die amerikanische Großstadt, also New York, literarische Wirklichkeit geworden ist – als Existenzform, als Verheißung, als Anfall und – als Delirium.

Sehr gute Schriftsteller haben sich ja an ihr versucht. James und Fitzgerald etwa und auch O. Henry spürten ihren Offenbarungen nach, suchten nach den Ausdrucksformen und Symbolen des neuen Babylon, doch keinem gelang es, die überwältigende Polyphonie der Riesenstadt in gleichem Maße einzufangen wie John Dos Passos. Sein Roman ist – inhaltlich – die Beschreibung eines täglichen Kampfes, einer täglichen Jagd nach Erfolg, Liebe und Prestige in Straßenschluchten, Mietskasernen und Wolkenkratzern. Er ist ein epischer Krankheitsbericht vom Gipfel der Welt, wo allen Schicksalen am Ende nur eines bewiesen wird: ihre Belanglosigkeit. Und schließlich ist dieses Buch auch die geglückte Annäherung an die Wahrheit Manhattans: die Spielregeln, auf die der Einzelne sich in allen Situationen der Selbstbehauptung festgelegt sieht, werden in ihrem ganzen Folgenreichtum aufgedeckt.

Um sein kolossales Werk zu meistern, erfand Dos Passos sich eine ganze Skala von Erzähl- und Darstellungsmöglichkeiten. So virtuos wie er hat wohl kaum ein Schriftsteller die Technik des Films auf die Epik übertragen. Das »Kameraauge«, wie man ihn nannte, versuchte dem Wesen der Stadt mit Hilfe von Schwenks und Überblendungen, von Perspektivenwechsel und Schnitten beizukommen. Er verzichtete auf jede Art von traditioneller Kontinuität im Erzählprozeß und setzte, der für sich sprechenden Kraft der Bilder vertrauend, Großaufnahmen hart gegeneinander. Damit, scheint mir, entsprach er bereits dem Lebenstempo des Giganten. Die große Bewährungsprobe für jeden Schriftsteller – nämlich die Bewirtschaftung epischer Zeit – bestand er auf seine Art: durch methodischen Verzicht auf Übergänge. Indem er diese chaotische Welt spiegelte, gelang es Dos Passos, der Großstadt ihre mythische Dimension zu verschaffen: Rom und Konstantinopel, Babylon und Ninive heben ihre Silhouetten in die Dämmerung.

Was der Schriftsteller von den Leuten in Manhattan erzählt, läßt sie ausnahmslos, ohne Rücksicht auf soziale Höhenlage, als Bewohner eines ungeheuren Umschlagplatzes erscheinen. (Manhattan Transfer, so heißt ja eine Umsteigestation der New Yorker Untergrundbahn.) Sie sind allesamt auf vielfältige Weise unterwegs. Zu städtischer Existenz verurteilt – es heißt ausdrücklich: »Das Schreckliche, wenn einem New York zuwider wird, das Schreckliche ist, daß man nirgendwo anders hin kann« – zeigen sie dennoch kein Verlangen nach definitiver Seßhaftigkeit. Jeder wird irgendwann vom Aufbruchsfieber erfaßt: der Matrose und der Kellner, der Anwalt und der Milchmann, der Schmuggler und der Bankrotteur, und schließlich auch die Schauspielerin und der Reporter. Es gibt hier – bezeichnenderweise – keine Hauptfigur, die alle anderen auftretenden Figuren überragt, überstrahlt. Sherwood Anderson, Dreiser, Lewis und Fitzgerald: sie vertrauten der Demonstrationseigenschaft (auch der Signalhaftigkeit) einer Hauptperson – Dos Passos kommt ohne sie aus; denn er will zeigen, wie sich im kunstvoll gelenkten Figurengewimmel von Manhattan, wo sich alles wie zufällig kreuzt, verschränkt, überschneidet, die Schicksale zu Episoden schrumpfen. Die Auflehnungen, die Versuche, verkorkstes Dasein noch einmal einzurenken, müssen verloren und episodenhaft anmuten angesichts des steinernen Riesen, der gleichmütig über alles hinwegsieht. Vergeblichkeit: das ist es, was Dos Passos an seinen hundert Charakteren demonstrieren will; Vergeblichkeit der Entwürfe, der Handlungen. Hier, wo der Gewinner leer ausgeht, wo der jeweilige Tag die Ziele setzt und das Scheitern zum Woolworth-Erlebnis wird – hier, in dieser monströsen Gründung, triumphiert zum Schluß nur dies: Bewegung. Die Bewegung von Leuten und Fährbooten, von Feuerspritzen und Rettungswagen – eine betäubende Bewegung, die sich als letzter Inhalt aufdrängt. Für mich ist »Manhattan Transfer« die Vision einer Auflösung aller menschlichen Beziehungen unter dem Gesetz von Metropolis.

Ich glaube, daß diese drei Schriftsteller die amerikanische Literatur in hervorragender Weise repräsentieren; freilich muß ich mir gleich sagen, daß zur amerikanischen Literatur sehr viel mehr gehört als das, was ich hier auswählend skizziert habe. Das Panorama einer Literatur wird ja dadurch bezeichnet, daß gleichzeitig zwei, drei Generationen von Schriftstellern mit sehr unterschiedlichen ästhetischen Überzeugungen und inhaltlichen Hingezogenheiten tätig sind, und das erklärt ihren Reichtum, ihre mitunter widerspruchsvolle Erscheinung. Jedenfalls, je länger ich über die Probleme, die Stile und Tendenzen der amerikanischen Literatur nachdenke, desto notwendiger scheint es mir, auch den bedeutsamen Beitrag von ein paar anderen Autoren zu erwähnen; nicht aus Gründen der Vollständigkeit, denn Vollständigkeit ist eine Chimäre, sondern einfach weil er eine Seite der amerikanischen Wirklichkeit belichtet. So ist es wohl unerläßlich, Saul Bellow zu nennen, der in seinen Büchern Witz, Scharfsinn und eine stupende Bildung vereinigt. Zum Code mancher seiner Helden gehört eine sanfte neurotische Disposition – ähnlich wie im Werk von John Updike. Desgleichen kann ich nicht zwei Generationsgefährten unerwähnt lassen, die das Profil der Gegenwartsliteratur wesentlich bestimmen: ich meine Truman Capote und Norman Mailer. Beide haben etwas getan, was zu denken gibt: Sie begannen als Erzähler – Capote als Schilderer des leisen, idyllischen Amerika; Mailer mit einem furiosen Antikriegsroman – und entschlossen sich eines Tages, dem dokumentarischen Epos den Vorzug zu geben. Als ob sie kein Zutrauen mehr gehabt hätten zur reinen Fiktion oder als ob ihnen die Ergebnisse der Einbildungskraft nicht mehr genügten, widmeten sie sich sogenannter Tatsachenliteratur; Capote: »Cold Blood«; Mailer: »Heere aus der Nacht«; »A Fire on the Moon«.

Aus naheliegendem Grund möchte ich auch Jack Kerouac erwähnen. Auch wenn er als Schriftsteller nicht einen ähnlichen Rang hat wie Faulkner oder John Dos Passos: mit seinem Buch »On the road« hat er das Lebensgefühl (und das Protestbedürfnis) einer ganzen Generation ausgedrückt, der Beat-Generation. Dieser Roman – 1957 erschienen – enthält eine dezidierte Absage an den American Way of Life und liefert auch gleich Hinweise dafür, auf welche Weise man ihn überwinden, ihm entkommen kann. Gleichgültig gegenüber der Vergangenheit, gleichgültig gegenüber Karriere und Wohlstand und alten Konventionen der Gesellschaft, sucht und findet der Abtrünnige die Erfüllung des Lebens im Unterwegssein. Das Ideal besteht darin, von einem Augenblick zum andern zu leben, ohne Ziel. Nicht die Gesellschaft verdient Interesse, sondern das Ich in seinem Verlangen nach Wahrheit, Liebe und so weiter. Als großer Stern steht über dieser Ausbruchsphilosophie die Lehre des ZEN. Die Parole heißt: Zurück zum einfachen Leben – eine Aufforderung, die bereits Thoreau und Walt Whitman, jeder auf seine Weise, formuliert hatten. Der Einfluß von Kerouac war enorm, sein Roman wurde nicht nur in Amerika zum »Kultbuch«.

Mir ist klar, daß zum bewundernswerten Reichtum der amerikanischen Literatur die Lyrik ebenso gehört wie das Drama. Nicht nur bei uns, auf allen europäischen Bühnen wurden die Stücke amerikanischer Autoren mit großem, mit rechtmäßigem Erfolg gespielt. Ich denke nur an Thornton Wilder, der uns ein abgelegenes Amerika zeigte mit seinen unspektakulären Problemen, denke an Arthur Miller und Tennessee Williams, die Gerichtstag über Pseudomoral hielten bzw. die Obsessionen eines amerikanischen Jedermann aufdeckten. Und selbstverständlich denke ich an Eugene O'Neill, der in seinen Dramen – wie er selbst sagte – »den mißtönenden, zerbrochenen, glaubenslosen Rhythmus unserer Zeit« erkennbar machen wollte. Seine Ideen und Initiative haben gewiß zur Erneuerung des amerikanischen Theaters beigetragen.

Gleichwohl, in einer Hinsicht gleichen sich in Amerika Dramatiker und Erzähler: nämlich in ihrer erklärten Verbundenheit mit den sozialen, moralischen und politischen Bedingungen des Lebens. Amerikanischer Literatur kann man – anders als bei uns – den Stand der »res publica« im weitesten Sinne ablesen. Selbst im Schelmenroman – »Tortilla Flat« – kommt noch der Wunsch zum Ausdruck, an soziale Wirklichkeit zu erinnern. Und diese Selbstverpflichtung des Autors, Realität zu spiegeln oder zu verändern, bezeichnet nicht allein die Eigenständigkeit der amerikanischen Literatur, sondern beginnt mehr und mehr auf die Alte Welt – deren Kulturerbe durchaus gegenwärtig ist – zurückzuwirken; im Dokumentar-Roman ebenso wie im Drama, in der Kurzgeschichte nicht weniger als im Gedicht.

(1999)

»Literatur ist Selbstzeugnis«

Siegfried Lenz im Gespräch mit Ulrich Wickert

Ulrich Wickert: Am 17. März werden Sie 85 Jahre alt. Sicher ist das auch für Sie ein Anlass zur Rückschau. Sie haben in diesem Zusammenhang einmal Albert Camus beifällig zitiert, der sagte: »Man muss sein Leben rechtfertigen.« Wie stehen Sie heute dazu?

Siegfried Lenz: Das bleibt jedem selbst überlassen. Ich für meinen Teil bin nie dazu gekommen, mein Leben explizit zu rechtfertigen. Ich schaue auf meine Bücher und denke mir, mein Verlag hat ja gerade eine 20-bändige Ausgabe herausgebracht. Andere sollen darüber befinden, ob es damit in meinem Leben genug gewesen ist.

Ulrich Wickert: Ihr erstes Buch »Es waren Habichte in der Luft« erschien vor nunmehr sechzig Jahren, 1951. Wie kamen Sie damals zum Schreiben?

Siegfried Lenz: Ich war Student, dazu Feuilletonredakteur bei der »Welt«.

Ulrich Wickert: Richtig studiert haben Sie wohl nicht?

Siegfried Lenz: Ich ging zumindest zu den philosophischen Hauptseminaren und pendelte zwischen Universität und Redaktion hin und her. Bei der »Welt« hatte ich den Auftrag, den Fortsetzungsroman zu bestimmen und jeden Tag in Kapitel einzuteilen. Ich versuchte es mit Graham Greenes »Brighton Rock«, auch mit anderen Romanen. Während dieser Arbeit dachte ich, das könntest du selbst ja auch einmal versuchen. Ich tat es, und zu meiner Überraschung und Freude sagte Willy Haas, der legendäre Gründer der »Literarischen Welt«: »Lieber junger Freund, das bringen wir!« So ist mein erstes Buch erschienen. Bevor es in Buchform herauskam, hat die »Welt« es vorab gedruckt.

Ulrich Wickert: Was haben Sie eigentlich als Junge gelesen?

Siegfried Lenz: Als Junge war ich verliebt in sogenannte Schundliteratur, Jack London, Tom Mix und so etwas. Das war wie eine Infektion. Denn alle meine Mitschüler lasen »Rolf Torrings Abenteuer«. Also, ein Gorilla klaut das Kind einer weißen Farmerdame und flüchtet mit diesem Kind in die allerhöchsten Baumwipfel Afrikas. So etwas fand ich damals atemberaubend.

Ulrich Wickert: In »Es waren Habichte in der Luft« steckt ja auch so etwas wie ein Abenteuerroman.

Siegfried Lenz: Na ja, in einem gewissen Alter kann man Gelassenheit nicht als einen wünschenswerten Lebenserwerb ansehen. Da braucht man Aktion.

Ulrich Wickert: Ihre Bücher sprechen eigentlich nie von dem, was Sie selbst sein könnten. Bei Martin Walser oder Philip Roth hat man dagegen das Gefühl, hier schreibt jemand über sich selbst. Interessieren Sie sich literarisch nicht für sich?

Siegfried Lenz: Ich glaube, jeder Schriftsteller schreibt über sich selbst. Fast jede Art von Literatur ist ein Selbstzeugnis des Schriftstellers. Man delegiert eigene Wunschentwürfe an einen anderen. Allein die Wahl der Themen, der Probleme, der Konflikte charakterisiert einen Schriftsteller. Damit gibt er etwas über sich selbst zu erkennen.

Ulrich Wickert: Sie arbeiten schon wieder an etwas Neuem. Darf ich verraten, dass Ihr nächstes Buch »Die Maske« heißen könnte?

Siegfried Lenz: Aber selbstverständlich. Ja, ich versuche eine neue Novelle. Ich habe mir vorgestellt, dass einem Schiff der China Shipping Line ein Container fehlt. Er ist bei Stürmen über Bord gegangen, was ja oft vorkommt. Ich habe mir vorgestellt, was geschieht, wenn ein Container auf einer Insel an den Strand geschwemmt wird, Leute ihn öffnen. Im Container finden sich Masken, die für das Hamburger Völkerkundemuseum bestimmt waren. Die Finder probieren die Masken an, stellen fest, dass sie plötzlich anders sprechen. Natürlich gibt es auch ein Liebespaar. Wie verhält es sich, wenn ER die schöne Maske eines sehr menschenfreundlichen Drachen gewählt hat, während SIE entweder einen Puma oder einen kleinen Tiger als Maske trägt? Kurzum: Daraus ergeben sich Komplikationen.

Ulrich Wickert: Wie entwickelt sich ein solches Buch bei Ihnen?

Siegfried Lenz: Also, der wichtige Gedanke, der Konflikt sind rasch da. Und dann versuche ich, für diesen abstrakten Konflikt ein Personal zu finden. Personen wiederum sind eingebunden in eine bestimmte Landschaft, soziale Gegebenheiten. Und so entwickelt sich eines nach dem anderen.

Ulrich Wickert: Sie waren ja bei der Kriegsmarine. Fühlen Sie sich immer noch als Seefahrer?

Siegfried Lenz: Das kann ich nicht sagen. Ich war Seekadett auf dem schweren Kreuzer »Admiral Scheer«. Ich habe das

Deck geschrubbt, habe gelernt, was bei der Seefahrt zu lernen ist, Tanken, Spleißen, Knotenmachen und so weiter. Damit hat sich meine Tätigkeit erschöpft. Ich war 17, 18 Jahre alt. Ich kann aber auch sagen, dass ich damals leidenschaftlich gern Seefahrer war.

Ulrich Wickert: Und dann sind Sie desertiert.

Siegfried Lenz: Das war später in Dänemark, weil ich mir dachte, der Krieg ist jetzt zu Ende. Ich kam sehr schnell in englische Gefangenschaft.

Ulrich Wickert: Aber auf Desertion stand die Todesstrafe.

Siegfried Lenz: So weit habe ich gar nicht gedacht.

Ulrich Wickert: Sie wollten nur noch weg?

Siegfried Lenz: Ich wollte vor allem sehen, was aus Deutschland geworden war und ob ich dort leben könnte. Dann hatte ich das Glück, von der englischen Armee aufgefangen zu werden. Und da meine Englischkenntnisse allem Anschein nach ausreichten, war ich dann Dolmetscher, sagen wir Hilfsdolmetscher.

Ulrich Wickert: Sie wurden relativ schnell freigelassen und bekamen einen richtigen Schatz mit, nämlich 600 Zigaretten. Und dann begann Ihre durchaus erfolgreiche Karriere auf dem Schwarzmarkt in Hamburg.

Siegfried Lenz: Es waren an die tausend Zigaretten, ein großes Vermögen damals. Das half mir, zumindest in der ersten Zeit zu bestehen. Ich hatte auch das große Glück, dass ich rasch studieren konnte an der Hamburger Universität.

Ulrich Wickert: Dann wurden Sie Moderator beim NWDR und Redakteur bei der »Welt«. Wie kam das?

Siegfried Lenz: Unter den englischen Offizieren dieser Entlastungseinheit gab es zwei Captains, die literarisch interessiert waren. Und die fragten mich, was ich nach meiner Entlassung tun wolle. Ich sagte, studieren. Dank ihrer Fürsprache kriegte ich einen Studienplatz, was nicht leicht war. Denn es kamen sehr viele alte Soldaten aus dem Krieg zurück, die natürlich ein Vorrecht hatten. Und da die Verbindung dieser englischen Offiziere auch in die »Welt« hineinreichte, kam ich dank einer Empfehlung auch dorthin und habe also als Volontär angefangen und wurde dann Feuilletonredakteur – bis hin zu der Möglichkeit, mein eigenes Buch zu empfehlen.

Ulrich Wickert: Phantastisch. Sie hatten wirklich sehr viel Glück in Ihrem Leben. Was halten Sie übrigens von Kennedys Motto: »Frag nicht, was dein Land für dich tun kann; frag, was du für dein Land tun kannst.«

Siegfried Lenz: Das ist natürlich sehr hoch gegriffen. Ich glaube, dass ein Mensch, der in einem bestimmten Sinne etwas für sich selbst tut, gleichzeitig etwas für sein Land tut, indem er darauf verweist oder sich dafür einsetzt, dass ein erwünschtes demokratisches Gemeinwesen eingeführt wird nach Zeiten der Diktatur. Und ich glaubte damals wie andere Kollegen auch, mich politisch engagieren zu sollen und mich für die Partei einzusetzen, die ich mit meinen politischen Hoffnungen betraute.

Ulrich Wickert: Für die SPD, für Willy Brandt.

Siegfried Lenz: Ja, für Willy Brandt und später dann für Helmut Schmidt. Und ich war dankbar dafür, dass Willy Brandt oder Helmut Schmidt mich mitnahmen auf bemerkenswerte politische Reisen.

Ulrich Wickert: Sie waren 1970 in Warschau dabei, als Willy Brandt vor dem Ehrenmal für die Helden des Ghettos niederkniete. Haben Sie damals Stolz empfunden? Stolz auf Deutschland? Grass hat das mal von sich gesagt.

Siegfried Lenz: Nein, Stolz nicht. Es war eine Geste der Anerkennung. Nun kannte ich Willy Brandts Biographie. Und dass ein Mann mit dieser Biographie zu dieser Geste fand, erfüllte mich mit Freude.

Ulrich Wickert: Es gibt in Deutschland ja immer wieder Leute, die sich gegen Symbole aussprechen, die auch missbilligen, dass sich Kohl und Mitterrand in Verdun die Hand gaben. Halten Sie solche Symbole für wichtig?

Siegfried Lenz: Ja, weil sie einen Mitteilungswert haben, den Worte nicht haben können. Mitterrand und Kohl Hand in Hand wird unvergesslich bleiben. Man ist eingeladen, die Vorgeschichte zu bedenken, sich in Erinnerung zu rufen, wann dieser Händedruck nicht möglich gewesen wäre.

Ulrich Wickert: Später wollte Bundespräsident Karl Carstens Sie, Grass und Böll mit dem Bundesverdienstkreuz ehren. Grass und Böll haben aus politischen Gründen abgesagt, weil ihnen Carstens politisch nicht passte. Sie haben einen anderen Ablehnungsgrund genannt. Weshalb?

Siegfried Lenz: Ich schätzte das, was als »Verdienst« bezeichnet wird, nicht als so verdienstwürdig ein. Außerdem betrachtete ich mich, obwohl in Masuren geboren, als Hamburger. Und wie Sie wissen, ist in Hamburg nicht gerade Gesetz, aber Gewohnheit geworden, Verdienste, Verdienstkreuze und Orden abzulehnen, nicht empört, sondern höflich abzulehnen.

Ulrich Wickert: Wir Deutschen haben ja besonders wegen des Dritten Reichs Schwierigkeiten mit der nationalen Identität. Ist mein Eindruck richtig, dass Ihr Werk mit Romanen wie »Deutschstunde« oder »Heimatmuseum« belegt, dass Sie persönlich diese Schwierigkeiten nicht haben?

Siegfried Lenz: Ich habe lange Zeit im Ausland verbracht, in Dänemark zum Beispiel. Meine Frau ist Dänin. Ich habe sehr früh den Vorbehalt – nicht allein in Dänemark, auch in Norwegen – dieser Menschen gegenüber Deutschland gespürt. Aber die Fairness dieser Leute, die noble Art des Umgangs zeigten mir, dass es etwas gibt, zu dem du dich bekennen musst. Ich habe immer gesagt, dass ich Deutscher bin, immer und überall, und dass ich versuchen möchte, diesem Bekenntnis zu entsprechen – sagen wir es mal so.

(2011)

50 Jahre später

Vorwort zu »Amerikanisches Tagebuch 1962«

Vor fünfzig Jahren erhielt ich eine Einladung, die USA zu besuchen. Diese Einladung war mit keinen besonderen Erwartungen verknüpft. Man bot mir an, auf einer Reise Land und Leute kennenzulernen und mir ein Bild zu machen von den Vereinigten Staaten. Leidlich vertraut mit Geschichte und Literatur überließ man es mir, die Orte zu wählen, die ich sehen, die Menschen zu nennen, denen ich begegnen wollte. Fürsorglicher, großzügiger kann eine Reise nicht geplant werden.

Von Anfang an zeigte sich die Vollkommenheit amerikanischer Gastfreundschaft: Im Osten und im Westen, im Süden und Norden, wohin ich auch kam, überall wurde ich erwartet, fragte man mich nach meinen Wünschen. Überall gab man mir zu verstehen, daß ich mich nicht allein fühlen sollte. Allein zu sein, ratlos und vielleicht sogar hilflos zu sein: Dieses Gefühl wollten mir alle Gastgeber ersparen. Sie fragten mich nicht zuerst: »Wie finden Sie Amerika?«, sondern: »Was können wir für Sie tun auf Ihrer Reise?« Diese Besorgtheit um den Gast ließ wie von selbst die Vermutung entstehen, was das Alleinsein für manche meiner Gastgeber selbst bedeutet haben mag. Schon zu Anfang der Reise hörte ich das Bekenntnis: Man kann leicht verlorengehen in diesem Land, auch im betäubenden Gewimmel des großen Molochs New York.

Dankbar stellte ich fest, daß man mich an die Hand genommen hatte und an der Hand hielt, wohin immer ich kam. Unübersehbar waren die Bemühungen, mir selbst bei zufälligen Begegnungen das Gefühl der Fremdheit zu nehmen. Noch bevor ich eingeladen war, dem offiziellen Besuchsprogramm zu genügen, legte sich mir eine Hand auf die Schulter und ein Kontorist, oder ein Lehrer, oder ein Feuerwehrmann lud mich ein, ihn in seinem Haus zu besuchen, zu einer örtlichen Spezialität.

Verblüfft nahm ich das Anvertrauen der Amerikaner zur Kenntnis: Schon nach dem Abendgespräch wusste ich, wieviel das Haus gekostet hat, ich kannte die Arbeitsbedingungen meines Gastgebers, kannte sein Einkommen und seine politischen Neigungen. Der Vergleich stiftete Nähe. So manches Gespräch machte mir deutlich, daß wir alle ähnlichen Bedingungen unterworfen sind, ähnliche Hoffnungen haben, ein Ende der Fremdheit zeigte sich da wie von selbst. Und auch dies ist ein Grund, Dankbarkeit zu empfinden. Je mehr du mich in dein Leben einweist, desto mehr erfahre ich über mein eigenes Leben. Das Anvertrauen meiner Gesprächspartner bedenkend, wächst auch ein Gefühl der Verbundenheit.

Es gibt mancherlei Gründe zur Dankbarkeit. Unwillkürlich mußte ich bei mancher Begegnung an die Erfahrungen der Nachkriegszeit denken, an die Kälte, den Hunger, an andere mannigfache Not. Sie waren es, die Amerikaner, die Sieger, die bemüht waren, die große Not der Geschlagenen zu lindern, und nicht nur in meinem Land. Amerikanische Hilfeleistungen erreichten etliche europäische Häfen, bewahrten viele Menschen vor der Verzweiflung: Es gibt Erfahrungen, die nicht dem Vergessen anheimfallen sollten; dies wird für immer meine Erfahrung bleiben.

Zum ersten Mal in dem Land, dessen Menschen wir für die

Hilfe in extremer Zeit zu danken haben, wollte ich nur dies: ein Tagebuch führen. Ich wollte nicht so sehr herausfinden, ob das, was ich sah und erlebte meinen Vorstellungen entsprach, sondern einfach festhalten, was der Tag brachte, was er mir an Kenntnissen ließ. Damit so wenig wie möglich verlorengehe, entschied ich mich für schlichte abendliche Bilanzen. Und während ich schrieb – erschöpft mitunter, überwältigt vom Augenschein, glücklich über neue Informationen –, erfüllte mich abermals ein Gefühl großer Dankbarkeit. Was ich im Kopf und im Herzen trug, offenbarte sich als ein besonderes, ein unverlierbares Geschenk.

(2012)

Nachweise

Die Reihenfolge der ausgewählten Essays folgt der Chronologie der Erstveröffentlichungen. Textgrundlage ist, wenn nicht anders vermerkt, die Werkausgabe (WA) in Einzelbänden.
- Band 18: Essays 1. 1955–1982, Hoffmann und Campe: Hamburg 1997.
- Band 19: Essays 2. 1970–1997, Hoffmann und Campe: Hamburg 1999.

Vorturner der Nation. Friedrich Ludwig Jahn: ein Jubiläum in moll
- WA Essays 1, S. 357–370.
- *Die Welt*, 29. 4. 1961, unter dem Titel: Jeder Klimmzug ein Dienst am Volk. Vor 150 Jahren zog Friedrich Ludwig Jahn zum ersten Mal mit seinen Turnern auf die Hasenheide.
- S. L., Beziehungen, Ansichten und Bekenntnisse zur Literatur, Hoffmann und Campe: Hamburg 1970, S. 248–258.

Gelegenheit zum Staunen
- WA Essays 1, S. 141–144.
- *Die Zeit*, 30. 3. 1962, unter dem Titel: Müßiggang oder das aktive Nichtstun.
- Vorwort zu: Ben Witter, Tagebuch eines Müßiggängers, Claassen: Hamburg 1962.

In Faulkners Welt. Augenschein am Mississippi
- WA Essays 1, S. 233–262
Es sei erwähnt, dass das in den Faulkner-Essays verwendete Wort »Neger« in den sechziger Jahren auch von Afroamerikanern selbst gänzlich wertfrei gebraucht wurde.

Der Künstler als Mitwisser. Eine Rede in Bremen
- WA Essays 1, S. 87–98.
- Rede zur Verleihung des Literaturpreises der Stadt Bremen, gehalten am 26. 1. 1962.

- *Die Welt*, 27. 1. 1962, unter dem Titel: Jeder Künstler ist ein Mitwisser.
- S. L., Beziehungen, Ansichten und Bekenntnisse zur Literatur, Hoffmann und Campe: Hamburg 1970, S. 280–286.

Die Chancen der Frist. Über Carson McCullers' »Uhr ohne Zeiger«
- WA Essays 1, S. 298–303.
- Nachwort zu: Carson McCullers, Uhr ohne Zeiger, Diogenes: Zürich 1962.

Faulkners Gedächtnis
- WA Essays 1, S. 226–229.
- S. L., Beziehungen. Ansichten und Bekenntnisse zur Literatur, Hoffmann und Campe: Hamburg 1970, S. 150–152.

Der unspaltbare Nachtkern
- WA Essays 1, S. 106–110.

Die Deutschen, die Polen und die Literatur
- WA Essays 1, S. 174–183.
- Erstsendung in der Rundfunksendung »Gedanken zur Zeit«, *Norddeutscher Rundfunk*, 21. 2. 1965
- *Tribüne*, Heft 33, 9/1970, S. 3528–3532.
- S. L., Beziehungen. Ansichten und Bekenntnisse zur Literatur, Hoffmann und Campe: Hamburg 1970, S. 270–277.

Gepäckerleichterung. Ernst Jünger zum 70. Geburtstag
- WA Essays 1, S. 217–225.
- *Der Spiegel*, 31. 3. 1965, S. 130–133, unter dem Titel: Gepäckerleichterung mit 70. Siegfried Lenz über Ernst Jünger: »Werke in zehn Bänden«.
- S. L., Beziehungen. Ansichten und Bekenntnisse zur Literatur, Hoffmann und Campe: Hamburg 1970, S. 143–149.

Hervorragend missglückt. Zu Herman Melvilles »Pierre«
- WA Essays 1, S. 269–273.
- Erstsendung in der Rundfunksendung »Zum Lesen empfohlen«, *Norddeutscher Rundfunk* (NDR 2), 27. 2. 1966.
- S. L., Beziehungen. Ansichten und Bekenntnisse zur Literatur, Hoffmann und Campe: Hamburg 1970, S. 183–186.

Eine Lieblingslandschaft
- WA Essays 1, S. 136–140.
- *Die Zeit*, 5. 8. 1966, S. 31, unter dem Titel: Meine Landschaft: Die Flensburger Förde. Schöne ergiebige Langeweile.
- S. L., Beziehungen. Ansichten und Bekenntnisse zur Literatur, Hoffmann und Campe: Hamburg 1970, S. 96–99.

Ich zum Beispiel. Kennzeichen eines Jahrgangs
- WA Essays 1, S. 11–51.
- *Jahr und Jahrgang 1926: Waldemar Besson, Siegfried Lenz, Gerd Klepzig*, hrsg. v. Joachim Karsten, Will Keller und Egon Schramm, Hoffmann und Campe: Hamburg 1966, S. 59–87.
- S. L., Beziehungen. Ansichten und Bekenntnisse zur Literatur, Hoffmann und Campe: Hamburg 1970, S. 11–41.

Mein Vorbild Hemingway. Modell oder Provokation
- WA Essays 1, S. 63–81.
- *Eckart-Jahrbuch 1966/67*, Witten und Berlin 1966, S. 167–277, unter dem Titel: Warum ich nicht wie Hemingway schreibe.
- *Fünfzehn Autoren suchen sich selbst. Modell und Provokation*, hrsg. v. Uwe Schultz, List: München 1967, S. 9–20.

Heinrich Bölls Personal
- WA Essays 1, S. 311–326.
- *Die Zeit*, 15. 12. 1967, S. 17 f., unter dem Titel: Heinrich Bölls Personal. Zum 50. Geburtstag des Schriftstellers.
- *In Sachen Böll. Ansichten und Einsichten*, hrsg. v. Marcel Reich-Ranicki, Kiepenheuer und Witsch: Köln 1968, S. 32–42.
- S. L., Beziehungen. Ansichten und Bekenntnisse zur Literatur, Hoffmann und Campe: Hamburg 1970, S. 214–225.

Die Sprache des Präsidenten. Gustav Heinemann und seine Reden
- WA Essays 2, S. 94–104
- *Der unbequeme Präsident*, hrsg. v. Joachim Braun, mit einem Vorwort von Siegfried Lenz, C. F. Müller Verlag: Karlsruhe 1972, S. 1–5, unter dem Titel: Zum Geleit.
- S. L., Elfenbeinturm und Barrikade. Erfahrungen am Schreibtisch, Hoffmann und Campe: Hamburg 1983, S. 68–75.

Aufenthalt auf Erden. Über Pablo Nerudas Memoiren
- WA Essays 1, S. 517–526
- *Frankfurter Allgemeine Zeitung* (Literaturbeilage), 7. 12. 1974, unter dem Titel: Bei ihm drängt sich alles zum Gedicht. Pablo Nerudas Memoiren.

Letzte Worte an das Leben. Über Katherine Mansfields Tagebücher
- WA Essays 1, S. 510–516.
- S. L., Elfenbeinturm und Barrikade. Erfahrungen am Schreibtisch, Hoffmann und Campe: Hamburg 1983, S. 198–202.

Thomas Mann war viel später
- *Erste Lese-Erlebnisse*, hrsg. v. Siegfried Unseld, Suhrkamp: Frankfurt am Main 1975, S. 73–78 (Textgrundlage).

Elfenbeinturm und Barrikade. Schriftsteller zwischen Literatur und Politik
– WA Essays 2, S. 9–41.
– Rede anlässlich der Ehrenpromotion im Auditorium Maximum der Universität Hamburg, 23. 6. 1976.
– S. L., Elfenbeinturm und Barrikade. Schriftsteller zwischen Literatur und Politik, Hoffmann und Campe: Hamburg 1976.
– S. L., Elfenbeinturm und Barrikade. Erfahrungen am Schreibtisch, Hoffmann und Campe: Hamburg 1983, S. 9–31.

Die Macht und die Phantasie
– WA Essays 2, S. 60–71.
– *Die Zeit*, 13. 4. 1979, S. 51.
– Vorwort zu: Thomas von Vegesack, Die Macht und die Phantasie, Albrecht Knaus Verlag: Hamburg 1979, S. 9–18.

Der Knut-Hamsun-Prozeß
– WA Essays 1, S. 456–466.
– *Die Zeit*, 12. 10. 1979, S. 77, unter dem Titel: Irrtum und Schuld – Thorkild Hansen: »Der Hamsun-Prozeß«.
– S. L., Elfenbeinturm und Barrikade. Erfahrungen am Schreibtisch, Hoffmann und Campe: Hamburg 1983, S. 158–165.

Logbuch des Lebens. Zu Tolstois Tagebüchern
– WA Essays 1, S. 546–554.
– S. L., Elfenbeinturm und Barrikade. Erfahrungen am Schreibtisch, Hoffmann und Campe: Hamburg 1983, S. 223–228.

Im Schatten der Katastrophe. Über Horst Langes »Schwarze Weide«
– WA Essays 1, S. 400–407.
– *Frankfurter Allgemeine Zeitung*, 17. 1. 1980, S. 19.
– S. L., Elfenbeinturm und Barrikade. Erfahrungen am Schreibtisch, Hoffmann und Campe: Hamburg 1983, S. 118–123.

Mutmaßungen über die Wirkung von Literatur
– WA Essays 2, S. 42–59.
– *Festreden zum zweihundertjährigen Bestehen des Verlags Hoffmann und Campe*, Hamburg 1981, S. 11–26.
– S. L., Elfenbeinturm und Barrikade. Erfahrungen am Schreibtisch, Hoffmann und Campe: Hamburg 1983, S. 32–44.

Krieg zwischen Küche und Kopf. Zu Elias Canettis »Die Blendung«
– WA Essays 1, S. 439–447.
– *Frankfurter Allgemeine Zeitung*, 16. 6. 1981, unter dem Titel: Kopflos in die Unterwelt. Siegfried Lenz über Elias Canettis »Die Blendung«.

– S. L., Elfenbeinturm und Barrikade. Erfahrungen am Schreibtisch, Hoffmann
und Campe: Hamburg 1983, S. 146–151.

Segen und Unsegen der Erde. Zu Halldór Laxness' »Sein eigener Herr«
– WA Essays 1, S. 467–472.
– S. L., Elfenbeinturm und Barrikade. Erfahrungen am Schreibtisch, Hoffmann
und Campe: Hamburg 1983, S. 166–170.

Von der Gegenwärtigkeit des Vergangenen. Für Manès Sperber
– WA Essays 2, S. 285–313.
– *Manès Sperber. Ansprachen aus Anlaß der Verleihung des Friedenspreises des
Deutschen Buchhandels*, Verlag der Buchhändler-Vereinigung: Frankfurt am
Main 1983, S. 19–40, unter dem Titel: Von der Gegenwärtigkeit des Vergange-
nen: Manès Sperber – eine Laudatio.

Erfahrungen beim Wiederlesen
– WA Essays 2, S. 223–238.
– *Frankfurter Allgemeine Zeitung*, 18. 7. 1986, S. 23, unter dem Titel: Das un-
ausmeßbare Erzählwerk. Über Thomas Manns Buddenbrooks.
– *Romane von gestern – heute gelesen*. Bd. 1: 1900–1918, hrsg. v. Marcel Reich-
Ranicki, S. Fischer: Frankfurt am Main 1989, S. 9–16.

Sehnsucht nach Dauer. Über Theodor Storm
– WA Essays 2, S. 314–325.
– *Frankfurter Allgemeine Zeitung* (Literaturbeilage), 2. 7. 1988, unter dem Titel:
Erlittenes Vergänglichkeitsgefühl. Zum hundertsten Todestag von Theodor
Storm.

Am Rande des Friedens
– WA Essays 2, S. 183–204.
– *Friedenspreis des Deutschen Buchhandels 1988: Siegfried Lenz. Ansprachen aus
Anlaß der Verleihung*, Verlag der Buchhändler-Vereinigung: Frankfurt am
Main 1988, S. 33–50.

Dostojewski – der gläubige Zweifler
– WA Essays 2, S. 256–284.
– S. L., Dostojewski. Der gläubige Zweifler. Essay, Edition Pongratz: Hauzenberg
1988 (Edition Toni Pongratz; 28).

Israels Träume. *Über Amos Oz*
– WA Essays 2, S. 373–390.
– *Friedenspreis des Deutschen Buchhandels 1992: Amos Oz. Reden zur Verleihung*,
Verlag der Buchhändler-Vereinigung: Frankfurt am Main 1992, S. 19–34,
unter dem Titel: Laudatio.
– S. L., Über den Schmerz, Hoffmann und Campe: Hamburg 1998, S. 143–163.

Über den Schmerz
(= Rede anlässlich der Verleihung der philosophischen Ehrendoktorwürde durch
die Ben-Gurion-Universität, Jerusalem, Mai 1993)
– WA Essays 2, S. 391–410.
– S. L., Über den Schmerz, Hoffmann und Campe: Hamburg 1993.
– S. L., Über den Schmerz, Hoffmann und Campe: Hamburg 1998, S. 7–29.

Die Darstellung des Alters in der Literatur
(= Vortrag vor der Deutschen Geriatrischen Gesellschaft 1997)
– WA Essays 2, S. 447–466.
– *Frankfurter Allgemeine Zeitung* (Literaturbeilage), 3.1.1998, unter dem Titel:
Die Eselslast der Zeit. Die Darstellung des Alters in der Literatur.
– S. L., Über den Schmerz, Hoffmann und Campe: Hamburg 1998, S. 73–95.

Aus der Nähe. Über nordamerikanische Literatur
(Vorlage ist ein Vortrag in der Freitagsgesellschaft, 9.3.1990, unter dem Titel:
Etwas über nordamerikanische Literatur und ihren Einfluß auf Europa.)
– *Erkundungen. Beiträge zum Verständnis der Welt*, hrsg. v. Helmut Schmidt,
Deutsche Verlags-Anstalt: Stuttgart 1999, S. 17–33, unter dem Titel: Die soziale
Wirklichkeit in der amerikanischen Literatur.
– S. L., Mutmaßungen über die Zukunft der Literatur. Drei Essays, Hoffmann
und Campe: Hamburg 2001, S. 27–59 (Textgrundlage).

Mutmaßungen über die Zukunft der Literatur. Das Ende des Gutenberg-Zeitalters?
– *Was steht uns bevor? Mutmaßungen über das 21. Jahrhundert. Aus Anlaß des
80. Geburtstages von Helmut Schmidt*, hrsg. v. Marion Gräfin Dönhoff und
Theo Sommer, Siedler: Berlin 1999, S. 229–240, unter dem Titel: Literatur –
Ende des Gutenberg-Zeitalters?
– S. L., Mutmaßungen über die Zukunft der Literatur. Drei Essays, Hoffmann
und Campe: Hamburg 2001, S. 7–26 (Textgrundlage).

»Literatur ist Selbstzeugnis«. Siegfried Lenz im Gespräch mit Ulrich Wickert
– S. L., Über die Phantasie und das Alter. Hommage zum 85. Geburtstag, Hoffmann und Campe: Hamburg 2011, S. 7–14 (Textgrundlage).

50 Jahre später. Vorwort zu »Amerikanisches Tagebuch 1962«
– S. L., Amerikanisches Tagebuch 1962, Hoffmann und Campe: Hamburg 2012,
S. 5–7 (Textgrundlage).